Walter-Jörg Langbein
Geheimnisvolles Wissen

Walter-Jörg Langbein

GEHEIMNISVOLLES WISSEN

MOEWIG

Bildnachweis:

S. 25, 27 u., 28 u., 53, 54, 55, 81 o., 83 o., 147 o., 148, 150 u., 174, 175, 176 o., 203 o., 204, 205, 206, 267 o., 291 o., 319 (Walter-Jörg Langbein)

S. 26, 56, 81 u., 82 u., 84 (Gustave Doré)

S. 27 o., 28 o., 82 o., 268, 270, 291 u., 292, 293, 294, 320, 321, 322 (Fortean Picture Library)

S. 83 u. (Ursula Weißmann-Müller)

S. 147 u. (Anne Chloulet)

S. 149 (Ilse Pollo)

S. 150 o., 173, 176 u. (Erich von Däniken)

S. 203 u. (Kerstin Scheibe)

S. 267 u., 269 (Ulrich Magin)

Inhalt

TEIL 1

Geheimnisse des
Alten Testaments

Bibel, Götter und Propheten

Kein anderes Buch der Weltgeschichte ist so weit verbreitet wie die Bibel. Mit Fug und Recht darf man sie als den erfolgreichsten Bestseller aller Zeiten bezeichnen. Zu beklagen ist aber, daß das »Buch der Bücher« viel zuwenig gelesen wird. Dabei steht es wie kein zweites Werk fast der gesamten Menschheit zur Verfügung. 98 Prozent der Weltbevölkerung könnten die Bibel lesen. Das war nicht immer der Fall. So lag im 16. Jahrhundert in England nur eine lateinische Übersetzung vor, die ausschließlich von studierten Theologen benutzt wurde. William Tyndale (etwa 1494–1536) unternahm das Wagnis, weite Teile des Alten Testaments und das gesamte Neue Testament ins Englische zu übertragen. Er verstieß damit gegen geltendes Gesetz. Der hochangesehene Wissenschaftler, er unterrichtete an der Universität von Cambridge, mußte seine akademische Laufbahn beenden, vor den Behörden fliehen. Jahrelang war er auf der Flucht, hielt sich lange Zeit in Deutschland auf. Schließlich wurde er verhaftet und der Ketzerei bezichtigt. Ein Schauprozeß wurde durchgeführt, Tyndale zum Tode verurteilt. Der Bibelübersetzer wurde erdrosselt, sein Leichnam öffentlich verbrannt.

In Deutschland gilt Martin Luther auch heute noch als der Mann, der die erste deutschsprachige Bibel erarbeitet hat. Dabei wird übersehen, daß bereits im Jahre 1466, also lange vor Luther, eine deutschsprachige Bibel erschien. Wer sie übersetzt hat, ist nicht bekannt. Nicht überliefert sind auch die Übersetzer der 14 weiteren Bibelausgaben, die allesamt längst vor Luther veröffentlicht wurden.

Was ist ein Prophet?

In Deutschland finden wir das »Buch der Bücher« wohl in fast jedem Haushalt. Einer neueren Umfrage zufolge sind aber nur 15 von einhundert Bibelbesitzern bei uns auch Bibelleser. Zur Weihnachtszeit wird relativ häufig zum Neuen Testament gegriffen, man erinnert sich an die Evangelien, blättert etwas in der »Weihnachtsgeschichte«. Eher stiefmütterlich wird das Alte Testament behandelt. Regelmäßige Kirchgänger erfahren in der Adventszeit, daß die Propheten des Alten Testaments bereits die Wiederkehr Jesu avisiert hätten. So sollte also auch das Alte Testament eigentlich viel bekannter sein. Auch wenn viele Zeitgenossen nur in bescheidenem Maße am Alten Testament interessiert sind: Gerade diese Schrift ist ein wirklich wahres Buch. Wie kein zweites enthält es echte Tatsachenberichte – über den Menschen.

Die Texte des Alten Testaments wurden in hebräischer und aramäischer Sprache, die des Neuen in griechischer Sprache verfaßt. Sie entstanden in einem Zeitraum von etwa eineinhalb Jahrtausenden, die ältesten um das Jahr 1200 v. Chr., die jüngeren um 150 n. Chr. Eine »Urfassung« gibt es nicht. Heute sind rund 1700 Teilmanuskripte des Alten Testaments bekannt. Sie werden als kostbare Schätze in den wissenschaftlichen Bibliotheken unserer Erde gehütet.

Das Alte Testament ist, wenn man die enthaltenen Schriften datiert, nicht chronologisch geordnet. Wir finden Texte, die weit zurück in die Vergangenheit des Menschen reichen, in Zeiten, zu denen die Menschen an eine Vielzahl von Göttern glaubten, denen grausame Menschenopfer dargebracht wurden. Wir können einen der wichtigsten Prozesse in der Menschheitsgeschichte kennenlernen, wenn wir gründlich das Alte Testament lesen, wir können eine Revolution nachvollziehen, die wohl eher Jahrtausende als nur Jahrhunderte währte, vom Mehrgottglauben mit blutigen Menschenopfern hin zum Eingottglauben, geprägt von der Hoffnung auf einen liebenden, gütigen Gott.

Das Alte Testament ist das wohl archaischste Buch überhaupt, das kraftvollste Werk, das je von Menschen geschrieben wurde. Es ist in einer Zeit, da sich immer mehr Menschen von den christlichen Kirchen abwenden, in der aber zugleich immer mehr Menschen nach religiösem Halt suchen, zur Lektüre dringend zu empfehlen. Denn das Alte Testament bietet eine Fülle von konkreten Tatsachen, die über die vordergründige Aktualität, wie wir sie aus Zeitungen und Nachrichtensendungen kennen, weit hinausgeht.

Im alten Israel spielten Propheten stets eine zentrale Rolle: Das war schon so, als die Menschen an ein wahres Heer von oft miteinander konkurrierenden Göttern glaubten, das blieb so, als sich immer mehr Menschen dem Eingottglauben zuwandten. Propheten waren die Vermittler zwischen der überirdischen und der irdischen Welt, zwischen den Gefilden des Göttlichen und des Irdischen.

Propheten stellen wir uns heute als religiöse Wahrsager vor. Auch wenn biblische Propheten in die Zukunft blicken konnten, ist das nur ein spezieller Teilaspekt der Prophetie. Als Prophet wurde – so Wolfram Buismann (*Geheimnis der Religionen*, Augsburg 1994, S. 145) – jeder Mensch angesehen, der mit Göttern oder Gott Kontakt hatte. Nach diesem alttestamentarischen Verständnis waren auch Adam und Eva Propheten, begegnete ihnen doch Gott im Garten Eden. Propheten in diesem Sinne waren auch Abraham und Moses: Dem Abraham verhieß Gott das Gelobte Land als künftige Heimat (1. Buch Mose, Kapitel 13, Verse 14–17), und dem Moses übermittelte er auf dem Berge Sinai die heiligen Gebote. Propheten waren demnach auch Josua, den Gott anwies, das Heilige Land in Besitz zu nehmen, und Joseph, dem sich Gott in Träumen offenbarte. Als Propheten müssen dann auch die Könige David und Salomo bezeichnet werden: Sie hatten die Bundeslade, konnten mit Gott sprechen.

Die Geschichte des Volkes Israel ist nach dem Verständnis des Alten Testaments geprägt von Propheten, die Kontakt mit Gott hatten: von Adam bis Salomo. Nach dem Tod des weisen Königs gab es mehr Propheten denn je zuvor: Das Großreich Israel war in seiner Existenz bedroht. Viele Propheten waren davon überzeugt, daß daran ein religiöser Rückfall schuld sei – vom Eingottglauben zum alten Vielgottglauben.

Von Adam bis Zarathustra

Grundlegende Begriffe heutigen christlichen Glaubens finden sich im Alten Testament – und bereits in älteren Quellen. »Hölle« und »Paradies« galten als höchst reale, wirkliche Orte. Es geht im Alten Testament mehr um Fakten als um Märchen. Immer wieder zeigt es sich, wie wahr die Berichte der Bibel sind.

11

Wer sich heute, an der Schwelle zum dritten nachchristlichen Jahrtausend, mit Fragen über Tod und Leben – die wohl schon gestellt werden, seit es Menschen gibt – auseinandersetzt, kommt am Alten Testament nicht vorbei.

Die Propheten des alten Israel erlebten den wohl wichtigsten Wandel der Religionsgeschichte: vom Vielgottglauben zum Eingottglauben. So darf es nicht verwundern, daß die Welt des Alten Testaments von Extremen geprägt ist: Am Anfang war die Angst vor Menschenopfern. Am Ende steht die Hoffnung auf den Messias, auf den Erlöser.

Die wohl wichtigste Frage: Ist Jesus der Messias, den Jesaja im Alten Testament angekündigt hat? Diese Frage muß gestellt werden. Nur wer das Alte Testament kennt, kann sie beantworten.

Das Ende des Menschenopferkults

Die religiöse Welt an der Schwelle zum dritten Jahrtausend wird vom Eingottglauben geprägt. Im Zentrum der wichtigsten Religionen – Christentum, Judentum, Islam – steht ein einziger, allmächtiger Gott, der als Erschaffer aller Dinge zwischen Himmel und Erde angesehen wird. Diese religiöse Überzeugung ist keineswegs sehr alt. Im Judentum setzte sich der Eingottglaube wohl erst im 7. Jahrhundert v. Chr. endgültig durch, ab dem 1. Jahrhundert n. Chr. wurde er zum Fundament des Christentums, vom 7. Jahrhundert n. Chr. an im Islam gelehrt.

Sandra Grabow, Journalistin, hat sich in ihrer Abhandlung »Die Menschen und ihre Götter« (*Unknown Reality,* Frankfurt/Oder 1996) ausführlich mit den religiösen Tendenzen in der Menschheitsgeschichte auseinandergesetzt. Die Autorin schreibt: »Schon solange die Menschen auf dieser Erde existieren, gibt es ›Götter‹. Unabhängig von Zeit und Ort schrieben die Menschen, vom Standpunkt ihrer Entwicklung aus, Unerklärbares den Göttern zu. So glaubten beispielsweise die Griechen, daß ihre Götter aus dem Chaos entstanden und die Erde schufen. Ebenfalls glaubte man damals, daß das Feuer von den Göttern auf die Erde gebracht wurde.«

12

Auch die wichtigsten religiösen Vorschriften des Alten Testaments, die Zehn Gebote, enthalten noch deutliche Hinweise auf den alten Vielgottglauben. Die Existenz anderer Götter wurde zunächst allem Anschein nach gar nicht bestritten, es wurde aber verboten, diese anderen Götter zu verehren oder gar anzubeten. So heißt es im ersten Gebot (2. Buch Mose, Kapitel 20, Vers 3): »Du sollst neben mir keine anderen Götter haben!« Nur noch Jahwe, dessen heiliger Name nicht ausgesprochen werden durfte, galt es anzubeten. So heißt es bei Jesaja (Kapitel 41, Vers 29) über die fremden Götter: »Siehe, sie sind alle nichts, und nichtig sind ihre Werke, ihre Götzen sind leerer Wind.«

Liest man das Alte Testament gründlich, so begegnen einem Hinweise dafür, daß der neue Eingottglaube noch lange gefährdet war. Als etwa König Ahab, der Sohn Omris und mächtige König des »Nordreichs Israel«, etwa 940 v. Chr. eine phönizische Prinzessin heiratete, da wurde ein Tempel für einen fremden Gott erbaut – für Baal.

Die Wende vom Vielgottglauben zum Eingottglauben war alles andere als eine rein äußerliche, neue theologische Richtung: Das Leben der Menschen änderte sich von Grund auf. Die Angst vor der Willkürherrschaft zahlreicher Götter wurde abgelöst von der hoffnungsvollen Zuversicht, vom Glauben an einen einzigen, gütigen, den Menschen wohlgewogenen Gott.

Menschenopfer, die kultische Tötung von Menschen, oft begleitet von grausamen Riten wie Kannibalismus, dienten dem Zweck, sich die Götter gewogen zu machen. Sie wurden schon in der Steinzeit praktiziert, waren fester Bestandteil im kultischen Leben der Völker etwa Chinas, Afrikas und Europas. Selbst noch die grausamen Gladiatorenkämpfe im alten Rom müssen als Erinnerung an die kultischen Massaker angesehen werden. Der Mensch opferte Menschen und erwartete als Gegenleistung Zuwendung der Götter. So ließen die etruskischen Herrscher rituelle Zweikämpfe ausfechten, den toten Verlierern wurde die Maske des Totengottes aufgesetzt. Die Azteken des alten Mexiko brachten ihren Göttern blutige Menschenopfer dar, den Opfern wurde bei lebendigem Leibe die Haut vom Körper gezogen.

Treffend hält das grundlegende Nachschlagewerk *Lexikon der*

Alten Kulturen (Mannheim 1993, S. 647) fest: »Im Verlauf der Höherentwicklung der Religionen und der wachsenden ethischen Sensibilität wurden Menschenopfer durch andere Opfer ersetzt.«

Das Alte Testament legt Zeugnis ab für die Abwendung vom Menschenopfer, das auch im alten Israel zum religiösen Kult gehörte. So legte Jephta, bevor er in den Krieg mit den Amoritern zog, ein Gelübde ab. Sobald der Krieg überstanden sei, wolle er ein Dankopfer darbringen. Er wolle den Menschen verbrennen lassen, der ihm als erster zur Begrüßung in der Heimat entgegentrete, gleichgültig, wer das auch sei. Als das dann ausgerechnet sein geliebtes Kind, seine Tochter war, zerriß er wehklagend sein Gewand. Auf keinen Fall aber wollte er sein Versprechen brechen. Seine Tochter fügte sich in ihr Schicksal, erbat sich aber eine Gnadenfrist von zwei Monaten, die sie mit »Gefährtinnen« in den Bergen verbrachte. Anschließend kehrte die gehorsame Tochter, deren Name im Alten Testament nicht genannt wird, zurück, wurde anscheinend planmäßig als Opfer dargebracht. Seither betrauerten die Töchter Israels alljährlich Jephtas Tochter. (Buch der Richter, Kapitel 11, Verse 1–39)

Auch im Buch der Könige wird ein Menschenopfer beschrieben. Der König von Moab, Mescha, erleidet im Krieg gegen die Israeliten eine schlimme Niederlage. Es graust ihm vor den möglichen Konsequenzen für sein Volk. In der Hoffnung, daß der zornige Gott Kemos mit ihm und seinen Untertanen nicht allzu hart umgehen möge, opfert er ihm seinen eignen Sohn: »Da nahm er seinen erstgeborenen Sohn, der an seiner Statt König werden sollte, und opferte ihn zum Brandopfer auf der Mauer.« (2. Buch Könige, Kapitel 3, Vers 27)

Das Alte Testament (2. Buch Könige, Kapitel 3, Vers 27) berichtet vom Erfolg dieser Maßnahme: Obwohl die Israeliten den Krieg gewonnen hatten, verließen sie fast fluchtartig die Stätte ihres militärischen Triumphs. »Da kam ein großer Zorn über Israel, so daß sie von ihm abzogen und in ihr Land zurückkehrten.«

Erfolgreich setzte auch Josua den Ritus des Menschenopfers ein, um eine drohende Niederlage in einen glanzvollen Sieg zu verwandeln. Der Krieg gegen die Männer von Ai hatte ein aussichtsloses

Stadium erreicht, eine Niederlage stand drohend bevor. Konnte ein Menschenopfer helfen? Ein gewisser Achan wurde ausgewählt. Der Mann war als bösartiger, gieriger Plünderer aufgefallen, hatte wertvolles Gut unterschlagen. Er wurde als Opfer erwählt und zu Tode gesteinigt, mit seiner gesamten Familie begraben. Die erhoffte Wirkung trat ein: Das Opfer wurde angenommen, der König von Ai erlitt eine schlimme Niederlage, er wurde gefangengenommen und erhängt.

Ein weiteres Menschenopfer, das im Alten Testament beschrieben wird, sei erwähnt: Agag, König der Amelekiter, wurde rituellbrutal getötet. Samuel, dankbar für den errungenen Sieg über die mächtigen Feinde, so steht es bei Samuel (1. Buch Samuel, Kapitel 15, Vers 33) »hieb den Agag in Stücke in Gilgal«.

Wir müssen dem Alten Testament entnehmen, daß Menschenopfer keineswegs nur in Ausnahmesituationen erfolgten. Sie gehörten zum Alltag des Lebens, etwa wenn ein neues Haus errichtet wurde. Dann tötete man rituell Menschen, um Unbilden vom neuen Bauwerk fernzuhalten. Archäologische Ausgrabungen haben zahllose Belege erbracht: Man fand beispielsweise in Geser im Allerheiligsten des Tempels die sterblichen Überreste zweier Kinder, die offensichtlich im Alter von sechs Jahren rituell getötet worden waren. Man hat sie mit großer Wahrscheinlichkeit verbrannt. In Meggido wurde, als man ein imposantes Gebäude errichtete, eine etwa fünfzehnjährige junge Frau vielleicht sogar bei lebendigem Leibe in das Fundament des Bauwerks eingemauert.

Es ist bemerkenswert, daß Texte des Alten Testaments Menschenopfer nicht nur als alltäglichen Kult beschreiben, sondern auch auf ihre Wirksamkeit hinweisen. Es wird berichtet, wie sie Niederlagen in Siege verwandelten. Und doch wurden sie abgeschafft. Man verzichtete bewußt auf eine grausame Methode mit Erfolgsgarantie, weil jener Gott, der an die Stelle der blutdürstigen Vielgötter tritt, das so wünschte.

Gott lehnt Menschenopfer ab

Die Abwendung vom Menschenopfer wird im Alten Testament (1. Buch Mose, Kapitel 17, Verse 5 f.) begründet: Der »neue Gott« lehnt den grausamen Brauch ab. Es ist Abraham, der von Gott ein Zeichen erhält.

Abraham, nach dem Alten Testament »Stammvater einer Menge von Völkern«, lebte, wenn man die Chronologie der Bibel wörtlich nimmt, vor rund 4000 Jahren. Er wurde 352 Jahre nach der Sintflut anno 2018 v. Chr. geboren. Ob es wirklich eine historische Figur Abraham gegeben hat oder nicht, ist letztlich von allenfalls geringer Bedeutung. Klar und wichtig ist die Aussage des Textes.

Abraham erfährt von Gott, daß er von seiner Frau zum Vater gemacht werde. Das kann er zunächst gar nicht glauben. Ist er doch selbst hochbetagt. Ob der Vorstellung, sein Weib Sara könne schwanger werden, muß er herzhaft lachen (1. Buch Mose, Kapitel 17, Vers 17): »Wird einem Mann im Alter von hundert Jahren ein Kind geboren werden, und wird Sara, ja wird eine Frau im Alter von neunzig Jahren gebären?« Auch Sara selbst findet die Kunde vom zu erwartenden Nachwuchs komisch (1. Buch Mose, Kapitel 18, Verse 12 und 13). Sie »lachte bei sich selbst und sprach: Meinst du, daß es wahr sei, daß ich noch gebären werde, da ich doch alt bin?«

Sara und Abraham können es nicht fassen: Ihnen wird tatsächlich ein Kind geschenkt. Sie nennen es, nicht ohne Humor, »Lachen« oder »Gelächter«: Isaak. Und just diesen Sprößling, so scheint es, soll Abraham opfern.

»Und er (Gott) sprach: Nimm Isaak, deinen einzigen Sohn, den du liebhast, und geh hin in das Land Morija, und opfere ihn dort zum Brandopfer auf dem Berge, den ich dir sagen werde.« (1. Buch Mose, Kapitel 22, Vers 2)

Am frühen Morgen steht Abraham auf, trifft alle notwendigen Vorbereitungen. Er hackt Holz, füttert einen Packesel und zieht schließlich mit Sohn und zwei Knechten los. Am zugewiesenen Berg angekommen, läßt er Knechte und Esel zurück, steigt mit seinem Sohn hinauf und errichtet einen Altar. Schon will er seinen Sohn opfern, das Messer ist bereits gezückt, da fällt ihm Gott in den Arm. Er schickt ihm einen Engel, der das grausame Ritual unterbindet.

16

Auf wundersame Weise taucht ein Widder auf, der statt des Sohnes geopfert wird.

Der Versuch, die Erzählung historisch zu hinterfragen, geht aber am Kern der Aussage vorbei. Die beschriebene Episode ist für den Gläubigen von fundamentaler Bedeutung und wahrer, als es jede historische Tatsache sein kann. Das Alte Testament bezeichnet Abraham als zehnten Nachkommen Noahs, er ist einer der ersten Menschen, mit denen Gott selbst spricht. Matthäus, einer der Autoren des Neuen Testaments, führt den Stammbaum Jesu über David bis auf Abraham zurück.

Damit wird die Aussage des Textes deutlich: Mit Abraham endet der grausame Kult des Menschenopfers. Gott erweist sich als liebender, guter Gott, der derlei Gaben ablehnt. Und auf jenen Menschen, der den neuen Gott als gütig kennenlernt, geht letztlich der Erlöser der Menschheit, der Messias des Neuen Testaments, zurück: Jesus.

Kain, Abel und das Tieropfer

An die Stelle des Vielgottglaubens war der Monotheismus getreten. Anstatt der Götter, die Menschenopfer forderten, wurde der liebende Gott Jahwe verehrt, der nur noch Tieropfer annahm. Das Alte Testament verlegt in einem weiteren Text diese Ablehnung alten Kultglaubens in die früheste Zeit der Menschheitsgeschichte.

Gott hatte Adam und Eva erschaffen, den beiden ersten Menschen waren zwei Knaben geboren worden: Kain und Abel. »Es begab sich aber nach etlicher Zeit, daß Kain dem Herrn ein Opfer brachte von den Früchten des Feldes. Und auch Abel brachte von den Erstlingen seiner Herde und von ihrem Fett.« (1. Buch Mose, Kapitel 4, Verse 3 und 4) Das Opfer Abels wurde angenommen, das Kains abgelehnt. Kain empörte sich über diese Zurückweisung und ermordete seinen eigenen Bruder. Für diese Mordtat wurde er bestraft.

Während meines Studiums der evangelischen Theologie sprach ich mit einem der führenden Alttestamentler Deutschlands, Professor Dr. Fohrer, über die Kain-Abel-Episode. Der Gelehrte zum

Autor: »Zu Zeiten des Vielgottglaubens wäre die Tötung des eigenen Bruders als Opfer für die Götter angesehen worden, das die Allmächtigen mit huldvollen Gaben belohnten. Unter Gott Jahwe, im Eingottglauben, war der blutige Kult verpönt. Es sollte den Gläubigen verdeutlicht werden, daß ihr alleiniger Gott einen solchen Kult vollkommen ablehnt.«

Wie bei Abraham wurde in der Bibelforschung auch versucht herauszufinden, ob der Erzählung von Kain und Abel eine historische Begebenheit zugrunde liegt. Tatsächlich enthält die Geschichte auch einen im historischen Sinne wahren Kern. In wenigen Versen wird ein Wandel beschrieben, der sich im alten Israel vor vielen Jahrtausenden ereignete, der eine einschneidende Veränderung der Lebensgewohnheiten mit sich brachte, die für die Menschen von grundlegender Bedeutung war: Dieser Wandel vollzog sich aber keineswegs im Laufe einer einzigen Generation, er zog sich mit Sicherheit über viele Jahrhunderte hinweg. Die Kain-Abel-Episode umschreibt in wenigen Versen zwei unterschiedliche Lebensarten: Kain steht stellvertretend für den seßhaften Bauern, der Landwirtschaft betreibt, Abel für den nomadischen Hirten. Beide Lebensformen dürften lange Zeit nebeneinander bestanden haben.

»Darauf machte der Herr dem Kain ein Zeichen, damit ihn keiner erschlage, der ihn finde«, heißt es bei Moses (1. Buch Mose, Kapitel 4, Vers 15). Wie dieses Kainsmal aussah, beschreibt der Text des Alten Testaments nicht. Es diente auch keineswegs dem Zweck, Kain als Mörder zu brandmarken. Vielmehr beschreibt der Bibelvers einen uralten Brauch, der auch heute noch, an der Schwelle zum dritten nachchristlichen Jahrtausend, im Raum Israel anzutreffen ist. Die verschiedenen Nomadengruppen kennzeichnen sich mit bestimmten Zeichen, um zu verdeutlichen: Dieser Mensch gehört zu unserem Stamm. Wer ihm Leid zufügt, wer ihn gar tötet, sei gewarnt. Er muß damit rechnen, daß wir unseren Stammesbruder rächen.

Wohin mit den alten Göttern?

Professor Dr. Ad. E. Jensen (1899–1965) gehörte zu den führenden Völkerkundlern Deutschlands. Er führte verschiedene Expeditionen durch in die abgelegensten Gefilde unserer Erde, untersuchte das religiöse Brauchtum von Völkern in Neuguinea und Äthiopien. Besonders interessiert war er daran zu erfahren, inwieweit sich Glaubenslehren wandeln. Er kam zum Ergebnis, daß als mächtige Gottheiten verehrte Wesen der einen Generation von den folgenden Generationen abgelehnt, durch neue »Allmächtige« ersetzt wurden. Der Wandel erfolgte aber, so Professor Jensen, nicht abrupt. Die alten Gottheiten wurden nicht von heute auf morgen vergessen, sie degenerierten aber zu weniger angesehenen Geistern.

Geschah zu biblischen Zeiten Ähnliches? Was wurde aus den zahlreichen Göttern, nachdem man zum Eingottglauben übergegangen war? Auch sie verschwanden keineswegs spurlos. Hinweise auf die alten Götter finden sich noch heute im Alten Testament, das damit anschaulich dokumentiert, wie sich die Glaubenswelt änderte, wie an Stelle der blutdürstigen Götter, die Menschenopfer forderten, ein liebender Gott trat, der derlei »Gaben« verabscheute.

Im 1. Buch Mose (Kapitel 6, Verse 1 bis 4) lesen wir: »Als aber die Menschen sich zu mehren begannen auf Erden und ihnen Töchter geboren wurden, da sahen die Gottessöhne, wie schön die Töchter der Menschen waren, und sie nahmen sich zu Frauen, welche sie wollten. Zu dieser Zeit und auch später noch, als die Gottessöhne zu den Menschen eingingen und sie ihnen Kinder gebaren, wurden daraus die Riesen auf Erden.«

Was müssen wir uns unter »Gottessöhnen« vorstellen? Das Alte Testament gibt darüber keine weiteren Auskünfte. Erfahren wir aus anderen, weiteren Texten aus dem alten Israel mehr?

Die Textauswahl

Die »heiligen Schriften« der Bibel werden grob in zwei Teile gegliedert: Da gibt es einerseits die »kanonisierten Schriften« des Alten und des Neuen Testaments, und andererseits die »nicht kanonisierten« Schriften. In der Frage der Wertung der Schrifttexte unterscheiden sich evangelische von katholischen Christen. Während in der evangelischen Welt nur die Texte des Alten und des Neuen Testaments als wertvoll erachtet werden, schätzt man in der katholischen Welt auch andere Schriften, die ebenfalls viele Jahrhunderte als »heilig« angesehen wurden.

Auf den ersten nachchristlichen Konzilien wurde beschlossen, welche Texte in die Bibel aufgenommen, sprich kanonisiert werden sollten, und welche nicht. Die jüdische Tradition geht davon aus, daß etwa 500 v. Chr. der Prophet Esra 120 Schreiber zusammenrief, die den Text des Alten Testaments erstellen sollten. Das mag eine fromme Legende sein, der Kern der Geschichte kann aber wahr sein. Wir wissen heute, daß die 39 Schriften unseres Alten Testaments das Ergebnis einer lange währenden Entwicklung sind. Bereits im frühen Judentum wurden nicht alle Schriften im Gottesdienst selbst verwendet, die weniger gebräuchlichen Texte aber wurden nicht minder geachtet – so etwa die Bücher Esra, die Himmelfahrt Mose und das Buch Henoch. Jene Texte, die nicht in den Kanon der Bibel aufgenommen wurden, werden als »apokryphe Texte« bezeichnet. Sie sind durchaus lesenswert und bieten wertvolle Ergänzungen zum Alten Testament.

Das »Buch Henoch« wurde, und darin sind sich die meisten Bibelexperten einig, im letzten Drittel des zweiten vorchristlichen Jahrhunderts in aramäischer oder hebräischer Sprache verfaßt. Das Original ist nicht mehr vorhanden, es fand sich aber in Ägypten eine griechische Übersetzung. James Bruce (1730–1794) stieß in Äthiopien bei seinen ausgedehnten Reisen auf drei Exemplare dieses Henochbuchs. Professor Richard Laurence, er wurde später der Bischof von Cashel, nahm eine Übersetzung ins Englische vor, August Dillmann (1823–1894) verdanken wir eine Übertragung ins Deutsche.

Auch im Buch Henoch begegnen wir den »Gottessöhnen«. In den Kapiteln 7 und 8 werden sie als »gefallene Engel« beschrieben. Da heißt es:

»Es begab sich in diesen Tagen, als die Menschen sich vermehrt hatten, daß herrliche und schöne Töchter ihnen geboren wurden. Und da die Engel, die Söhne des Himmels, diese sahen, entbrannten sie in Liebe zu ihnen und sagten: ›Komm, laßt uns Weiber wählen unter den Nachkommen der Menschen und mit ihnen Kinder zeugen.‹ Da sprach Samjaza, ihr Anführer: ›Ich befürchte, daß ihr euch von diesem Plane abschrecken lasset und ich alleine für ein so schweres Verbrechen büßen muß.‹ Aber sie erwiderten und sprachen: ›Wir schwören alle und verpflichten uns durch gegenseitige Eide, unseren Vorsatz nicht zu ändern, sondern unser Vorhaben auszuführen.‹ Da schworen sie alle untereinander und verpflichteten sich durch gegenseitige Eide. Ihre Zahl betrug 200, die hinabstiegen auf Ardis, den Gipfel des Berges Armon. Da nahmen sie Weiber, ein jeder wählte für sich, sie näherten sich ihnen und wohnten mit ihnen und lehrten sie Zauberei, Beschwörungen und Anwendungen von Wurzeln und Bäumen. Außerdem lehrte Azaziel die Menschen, Schwerter und Messer, Schilde und Brustharnische zu machen, die Anfertigung von Spiegeln, Armbändern und Schmuck, den Gebrauch von Schminke, die Verschönerung der Augenbrauen, den Gebrauch von Steinen jeder kostbaren und auserwählten Art und Farbe, so daß die Welt ganz verändert wurde. Gottlosigkeit nahm zu. Hurerei breitete sich aus, und sie sündigten und verdarben alle auf ihrem Wege. Amarzarak lehrte alle Zauberei und den Gebrauch von Wurzeln, Armers lehrte das Lösen des Zaubers, Barkajal die Beobachtung der Sterne, Akibeel die Zeichen, Tamiel lehrte Astronomie und Asaradel die Bewegung des Mondes.«

Für Professor Hans Bellamy, Wien, der als Archäologe in aller Welt forschte und sich intensiv mit dem Alten Testament auseinandersetzte, gab es keinen Zweifel: Die Texte im Buch Henoch über gefallene Engel stellen eine Verarbeitung des Wechsels vom Vielgottglauben zum Eingottglauben dar.

Bibelverse mit geheimer Botschaft

Nach Professor Dr. Alfred Lehmann, Kopenhagen (1858–1921), finden sich im Alten Testament selbst versteckte Hinweise auf jene gefallenen Engel, die mittels eines komplizierten Systems eingebaut wurden. Der Leser, des Hebräischen unkundig, vermag die verborgene Botschaft freilich nicht zu erkennen.

21

Im 2. Buch Mose (Kapitel 14, Verse 19 bis 21) heißt es:

»Da erhob sich der Engel Gottes, der vor dem Heer Israels herzog, und stellte sich hinter sie. Und die Wolkensäule vor ihnen erhob sich und trat hinter sie. Und kam zwischen das Heer der Ägypter und das Heer Israels. Und dort war die Wolke finster, und hier erleuchtete sie die Nacht, und so kamen die Heere die ganze Nacht einander nicht näher. Als nun Moses seine Hand über das Meer reckte, ließ es der Herr zurückweichen durch einen starken Ostwind die ganze Nacht und machte das Meer trocken und die Wasser teilten sich.«

Professor Lehmann entdeckte nun, daß diese drei Verse eine verborgene Flut von Informationen enthalten, freilich nur im hebräischen Original (*Aberglaube und Zauberei*, Stuttgart 1925, S. 171).

Jeder der drei Verse hat im hebräischen Urtext genau 72 Buchstaben. »Schreibt man nun jeden dieser drei Verse (im hebräischen Original) in einer geraden Linie«, sagt Lehmann, »den einen über den anderen, und zwar den ersten Vers von rechts nach links, den zweiten von links nach rechts und den dritten wieder von rechts nach links, so erhält man offenbar 72 senkrechte Reihen von je drei Buchstaben. Jede der 72 Reihen bildet ein Wort von drei Buchstaben, und fügt man dann die Endungen AL, JH, EL oder JAH jedem dieser Wörter hinzu, so hat man die Namen der 72 Engel.«

Professor Lehmann stieß vor rund einhundert Jahren durch mühevolles, langwieriges Herumexperimentieren mit hebräischen Bibelversen auf die versteckten Namen der 72 Engel. An der Schwelle zum dritten Jahrtausend nach Christus nahmen zwei Mitarbeiter der »Technischen Universität Haifa«, der Bibelforscher Dr. Moshe Katz und der Computerfachmann Dr. Menachem Wiener, Computer zu Hilfe, um dem Alten Testament weitere entschlüsselte Botschaften zu entreißen. Sie ließen die Computer Buchstaben zählen – und siehe da: Zählt man im hebräischen Original des 1. Buch Mose die Buchstaben ab, dann formieren alle Buchstaben Nr. 26 immer wieder das Wort Elohim, zu Deutsch »Götter«. Sollte die Erinnerung an die Götter von einst dadurch erhalten werden, daß die Textautoren den Begriff Elohim immer wieder, einem präzisen Schlüssel folgend, »einbauten«?

Versteckte Prophezeiung?

Die Bibelwissenschaftler konzentrierten sich zunächst auf die fünf Bücher Mose, wandten sich dann dem gesamten Alten Testament zu – im hebräischen Original. Im Buch Esther, es wurde vermutlich um 475 geschrieben, machten sie ein seltsames Kuriosum aus. Da heißt es (Kapitel 9, Vers 13): »Aber die zehn Söhne Hamans soll man an den Galgen hängen.«

Liest man diesen Vers im Zusammenhang, so muß er unlogisch erscheinen. Da äußert die Gattin des Königs den grausamen Wunsch, man möge die zehn Söhne Hamans hängen, obwohl das Todesurteil schon längst vollstreckt war. Warum sollte des Herrschers Frau einen Wunsch vortragen, der schon längst in Erfüllung gegangen war? Dr. Katz ist davon überzeugt, daß der unscheinbare Vers eine höchst unheimliche, konkrete Prophezeiung enthält. Als Kenner altjüdischer Zahlenmagie wußte er, daß Buchstaben auch Zahlen bedeuten, fand er ein verschlüsseltes Datum: den 16. Oktober 1946. Die Hinrichtung, so Dr. Katz, um die die Königsgattin bat, würde laut Text des Alten Testaments am Purimfest 1946, am 16. Oktober 1946, stattfinden.

Was geschah an jenem Tag? An jenem Tag wurden nach den Nürnberger Prozessen zehn führende Nazigrößen gehenkt. Ursprünglich waren 11 Exekutionen geplant, aber Hermann Göring zog es vor, sich durch das Zerbeißen einer Giftampulle der weltlichen Justiz zu entziehen.

Kann man nun die hingerichteten zehn Nazis als »Söhne Hamans« bezeichnen? Der Name ging in die Kriminalgeschichte des 20. Jahrhunderts ein: Friedrich Heinrich Karl Harmann war in den zwanziger Jahren ein grausamer Lustmörder, dem viele junge Männer zum Opfer fielen. Man kann die Naziverbrecher getrost als »Söhne Ha(r)man(n)s« bezeichnen.

Laut Titelschlagzeile der *International Herald Tribune* schrie Julius Streicher, einer der Chefideologen der Nazis, Sekunden vor seiner Hinrichtung: »Purim-Fest! 1946!« Kannte Streicher den Zusammenhang zwischen dem Buch Esther und den Exekutionen vom 16. Oktober 1946?

Von Göttern, Engeln und Dämonen

Für die Theologieprofessoren und Bibelkommentatoren Hamp und Stenzel waren die biblischen Gottessöhne »Engel«. Nach Meinung von Professor Dr. Georg Fohrer waren »Gottessöhne« und »Engel« »untergeordnete Gottheiten«.

Mit jenen Wesen setzte sich niemand so intensiv auseinander wie Jacques Albin Simón Collin. 1818 gab er ein »Dictionnaire Infernal«, ein »Höllisches Lexikon« heraus. Das Werk wurde von ihm immer wieder ergänzt und erweitert. 1863 lag es in der sechsten Auflage vor: Es enthielt die Namen von 7000 »Engeln und Dämonen«.

Das umfangreiche Opus macht deutlich: Bei vielen der »Engel und Dämonen« handelt es sich eindeutig um Wesen, die einst als mächtige Götter verehrt worden waren. Unbewußt führen wir auch heute noch manchmal einige ihrer Namen im Munde.

»Abrakadabra« zum Beispiel ist eine verstümmelte Form des Namens Abraxas. Abraxas aber galt einst als die Verkörperung des »unsagbaren höchsten Seienden«. Er wurde als furchteinflößendes Mischwesen dargestellt, als eine Kreatur, bestehend aus Rumpf und Armen eines Menschen, mit dem Kopf eines Hahnes und zwei Schlangen als Beinen.

»Azazel« wurde im alten Israel noch gefürchtet, als man sich offiziell schon dem Eingottglauben zugewandt hatte. Am 10. September, am Sühnefest, erhielt er ein Opfer. Zwei Böcke wurden ausgewählt. Durch Losentscheid wurde einer Gott Jahwe zugedacht, der andere dem Azazel. Jahwes Bock wurde getötet, indem man ihm die Kehle durchschnitt, Azazels Bock wurde irgendwo in der Wüste ausgesetzt, durch Handauflegen mit den »Sünden des Volkes« belastet. Man war davon überzeugt, daß das Tier stellvertretend für die sündigen Menschen starb.

Dämon Baal begegnet uns noch im Alten Testament – zunächst einmal als Wort mit der Bedeutung »Besitzer« Baal bezeichnet (1. Buch Mose, Kapitel 20, Vers 3) den Mann als »Besitzer« seiner Frau. Der Begriff wird aber auch verwendet, wenn jemand als Landeigentümer bezeichnet wird (Buch Josua Kapitel 24). Ursprünglich war aber Baal ein mächtiger Gott, der zu einem Dämon

Als die Israeliten den Eingottglauben annahmen, gab es rings umher nur Völker, die an viele Götter und Götzen glaubten. Das altägyptischen Relief zeigt eine Opferszene mit dem Pharao und der Göttin Hathor.

Jakob ringt mit dem Engel.

Moloch, dem Gott der Ammoniter, wurden Kinder geopfert. Der Kultplatz Gehinnom galt im Alten Testament als Ort der Hölle.

Diese alte Landkarte verzeichnet noch die genaue Lage des Paradieses - links unten als "Eden".

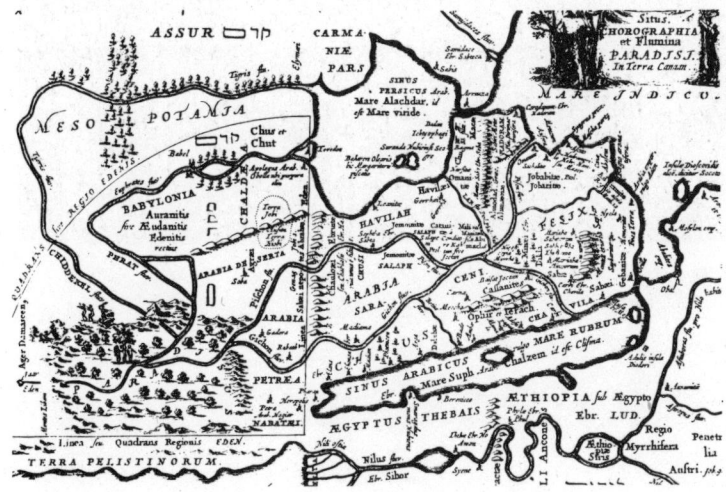

Der Sündenfall - die Menschen widersetzen sich dem Gebot Gottes und werden aus dem Paradies vertrieben.

Die Arche Noah auf einer mittelalterlichen Darstellung. Gab es die Sintflut wirklich?

degradiert wurde. Zu seinen Ehren wurden ausufernde Feste veranstaltet (T. Imman: *Ancient Pagan and Modern Christian Symbolism*, 1875). Männer verkleideten sich dabei als Frauen, Frauen als Männer. Was an karnevalistische Vergnügungen erinnert, war eine Anspielung an die Zweigeschlechtlichkeit des Gottes Baal, den man als männlich und weiblich zugleich ansah.

Im alten Israel kam es anscheinend manchmal vor, daß Baal und Jahwe miteinander verwechselt wurden. In der Schrift des Propheten Hosea (Kapitel 2, Verse 18 und 19) verwahrt sich Jahwe vehement dagegen, mit Baal angeredet zu werden: »Alsdann, spricht Jahwe, wirst du mich nennen ›mein Herr‹ und nicht mehr ›mein Baal‹. Denn ich will die Namen der Baale von ihrem Munde wegtun, daß man ihrer Namen nicht mehr gedenken soll.«

Baal trug viele Namen. Er wurde auch als Moloch verehrt. Zu seinen Ehren wurden Kinder geopfert (5. Buch Mose, Kapitel 12, Vers 31): »So sollst du dem Herrn, deinem Gott, nicht dienen, denn sie haben ihren Göttern alles getan, was dem Herrn ein Greuel ist und was er haßt, denn sie haben ihren Göttern sogar ihre Söhne und Töchter mit Feuer verbrannt.«

Mit dem Einzug des Eingottglaubens nahmen die grausamen Menschenopfer ein Ende. Die einst so mächtigen Götter, die mit menschlichem Blut gewogen gemacht wurden, wurden nicht sofort abgeschafft, sondern zu Dämonen degradiert, verachtet und verabscheut. Aus Gott Baals Opferstätte wurde schließlich sogar der Inbegriff der Hölle.

Hölle und Paradies

Ein humoriges Wortspiel versucht die moderne Glaubenswelt ironisierend zu umschreiben: Ein Missionar macht die Wilden fromm, ein moderner Theologe macht die Frommen wild. Tatsächlich finden immer mehr Menschen in der von ultramodernen Theologen propagierten Glaubenswelt keinen Rückhalt mehr. Da wird für ihren Geschmack zuviel wegerklärt. Hölle und Paradies werden als Symbole oder Sinnbilder verstanden, verlieren dadurch an Bedeutung. Symbole und Sinnbilder sind nun einmal wenig dazu geeignet, um Richtlinien fürs tägliche Leben zu bieten. Wenn aber der christliche Glaube dem modernen Menschen immer unverbindlicher erscheint, verliert er an Kraft.

Hölle und Paradies waren für die Menschen des alten Israel keineswegs leere Phrasen, sondern reale Orte, genauso wirklich wie der Alltag.

Wenn Sie in Ihrem Wohnzimmer sitzen, ein Buch lesen und es an der Tür klopft, dann rufen Sie: »Kommen Sie nur ungeniert herein!« Dabei führen Sie, ohne es auch nur zu ahnen, die »Hölle« im Mund. Das biblische Wort »Gehenna« wurde nämlich im mittelalterlichen Frankreich zu »gene«, woraus sich »geniert/ungeniert« entwickelte. Der Begriff der Gehenna freilich bezeichnete ursprünglich einen konkreten geographischen Ort auf Erden, im Südwesten von Jerusalem gelegen. Im Ge-Henna-Tal, das ursprünglich Ge-Hinnom hieß, geschah vor Jahrtausenden Entsetzliches: Dem Gott Baal alias Moloch wurden Kinder geopfert. Sie wurden bei lebendigem Leib in speziell entwickelten Öfen verbrannt. Die örtliche Priesterschaft zelebrierte die grausamen Opfer, sie übertönte das Geschrei der sterbenden Kinder mit lärmender Musik.

Der Baalskult wurde zeitweise von den Römern übernommen, die den grausamen Gott auf die gleiche Stufe mit ihrem Saturn stellten. Wie viele Kinder verbrannt wurden, läßt sich nicht auch nur annähernd schätzen. Man muß von einer entsetzlich großen Zahl von Opfern ausgehen. So wurde bei Ausgrabungen im heutigen Tunis ein Baal geweihter Kultplatz gefunden. 6000 Urnen mit den verkohlten Überresten kleiner Kinderleichen erinnerten an einen schaurigen Brauch.

Menschen, die bei lebendigem Leibe dem Feuer ausgesetzt werden – dieses entsetzliche Szenario erinnert doch sehr stark an unser Bild von der Hölle.

Im alten Israel war die »Hölle« She'ol zunächst kein Ort, der nur den bösen Sündern vorbehalten war. Man siedelte sie freilich bereits in unterirdischen Gefilden an.

Vergegenwärtigen wir uns das Weltbild des alten Israel. Unsere Erde galt als flache Scheibe. Darüber wölbte sich eine gewaltige Kuppel. Direkt unter ihr waren Sonne, Mond und Sterne angebracht. Unter der Erdscheibe, so glaubte man, gab es eine Art Höhle. Alle Verstorbenen kamen nach ihrem Tode an jenen höchst ungastlichen Ort, wo sie ein trauriges Dasein in vollkommener Dunkelheit schweigend fristen mußten.

Ist also unsere Vorstellung von der Hölle als einem Straflager für die Sünder vollkommen unbiblisch? Keineswegs. Allem Anschein nach gab es in Israel eine Entwicklung, eine Veränderung des Bildes, das sich die Menschen machten. Im 4. Buch Mose (Kapitel 16) wird beschrieben, wie ein gewisser Korach aus dem Stamme Levi mit 250 Anhängern den Aufstand gegen Moses und Aaron wagte. Seine Revolution scheiterte. Die Strafe folgte unmittelbar. Die Erde zerriß »und tat ihren Mund auf und verschlang sie mit ihren Sippen, mit allen Menschen, die zu Korach gehörten, und alle mit ihrer Habe. Und sie fuhren lebendig zu den Toten hinunter mit allem, was sie hatten, und die Erde deckte sie zu. Und ganz Israel, das um sie war, floh vor ihrem Geschrei; denn sie dachten: Daß uns die Erde nicht verschlinge.« (4. Buch Mose, Kapitel 16, Verse 32 bis 34). Erstmals wird »Hölle« mit »Feuer« in Verbindung gebracht: »Und Feuer fuhr aus dem Herrn und fraß die Männer.« Unterstrichen wird diese Beschreibung von einem weiteren Text des Alten Testaments : »Denn ein Feuer ist entbrannt durch meinen Zorn und wird brennen bis in die unterste Tiefe.« (5. Buch Mose, Kapitel 32, Vers 22).

Die von Goethe in seinem »Faust« so plastisch beschriebene Vorstellung, daß man als Mensch leibhaftig zur Hölle fahren kann, ist also ebenso biblisch wie das Bild von jenem Ort der Strafe für sündige Menschen. Sie findet sich aber bereits in Quellen, die weitaus älter sind als das Alte Testament.

Vor etwa fünf Jahrtausenden entstand das vermutlich älteste Werk der Weltliteratur: das Gilgameschepos. Nach altbabyloni-scher Überlieferung wurde es von einem Mann namens Sin-lege-uninni verfaßt. Der Held jener gewaltigen Dichtung, Gilgamesch, wird von einem Höllenvogel ins Reich der Toten gebracht. Gilgamesch, der aber zur Erde zurückkehren darf, stellt entsetzt fest, daß die Verstorbenen ihr trauriges Dasein in großer Zahl nackt und bloß in vollkommener Finsternis verbringen müssen.

Sie müssen sich von Schmutz und Dreck ernähren. Gewaltigen

31

Tafeln können sie entnehmen, was sie zu Lebzeiten Gutes und Böses getan haben. Je schwerer die Verbrechen sind, die begangen wurden, desto länger müssen die Verstorbenen in der Hölle ausharren, bevor sie in das eigentliche Jenseits eintreten dürfen. Wie diese andere Welt aussieht, erfährt Gilgamesch nicht. Das von ihm beschriebene Höllenbild nahm bereits die spätere christliche Vorstellung vom Fegefeuer vorweg.

Die Vorstellung von der Welt des Jenseits war bei den alten Ägyptern ähnlich: Jeder Verstorbene mußte nach dem Tode erst einmal ein schwarzes Zwischenreich passieren, schlimme Gefahren überstehen. Dabei halfen ihm Zauberformeln, die er schon zu Lebzeiten eifrig übte.

Schlimmstenfalls konnte ein Verstorbener in dieser Vorhölle gefangen bleiben und zugrunde gehen. Um dieser Gefahr entgehen zu können, wurden zu Lebzeiten eifrig geheime Formeln einstudiert, die den Toten dereinst davor bewahren sollten, ein zweites Mal zu sterben, bevor er ins eigentliche Jenseits eingehen konnte. So heißt es in Kapitel XLIV des Ägyptischen Totenbuchs: »Als Götterkönig gekrönt werde ich nicht zum zweiten Male sterben.«

Die Hölle war für die Menschen des alten Israel ein höchst realer Ort – genauso wie das Paradies.

Der Garten Eden

Für viele Menschen ist das Paradies allenfalls ein überirdischer Ort, den sie sich nicht so recht vorstellen können. Für die Menschen des alten Israel war es ein höchst realer, greifbarer Ort. Wenn wir rekonstruieren wollen, wie sie sich den Garten Eden vorstellten, müssen wir die Schöpfungsberichte des Alten Testaments vornehmen. Strenggenommen gibt es davon drei.

Der älteste Schöpfungsbericht entstand bereits zwischen 1200 und 900 v. Chr. Der Text kann im 1. Buch Mose nachgelesen werden (Kapitel 2, Verse 4 bis 25). Als er geschrieben wurde, entstand gerade das Volk Israel als eine Einheit. Es bildete sich ein Zusammengehörigkeitsgefühl zwischen einzelnen Stämmen, die von der Wüste Sinai aus in das Kulturland Kanaan eindrangen. Die neue

32

Heimat erschien ihnen als Paradies: Es war das Kulturland Kanaan, fruchtbar und reich an gutem Ackerland. Welch ein Gegensatz zur lebensfeindlichen Wüste. »Und Gott der Herr pflanzte einen Garten gegen Morgen ... und allerlei Bäume ... und das Gold des Landes ist köstlich.« (1. Buch Mose, Kapitel 2, Vers 8) X

Der zweite, wesentlich jüngere Schöpfungsbericht entstand Jahrhunderte später, vermutlich um 600 v. Chr. Inzwischen gab es längst ein Volk Israel, der Staat Judäa hatte sich gebildet. Israel war eine feste Einheit, das Leben der Gemeinschaft wurde von religiösem Denken bestimmt. Als Psalm 104 ging der Text in das Alte Testament ein, als hymnischer Lobpreis des Herrn. Theologen schließen aus seiner sprachlichen Form, daß sich inzwischen eine feste, stabile Glaubensgemeinschaft gebildet hatte.

Man ist vom Vielgottglauben zum Eingottglauben übergegangen. Die Menschen leben nicht mehr in Angst und Schrecken vor der Willkürherrschaft zahlreicher Götter. Sie vertrauen auf den einen, allmächtigen Gott. Sie preisen seine Schöpfung, loben die Weite des Himmels, rühmen die Berge und Täler.

Der dritte Schöpfungsbericht ist der bekannteste. Viele Zeitgenossen kennen nur ihn. Der Text leitet das heutige Alte Testament ein (1. Buch Mose, Kapitel 1, Vers 1 bis Kapitel 2, Vers 4). Nach 587 v. Chr. entstanden, belegt er, wie konkret die Vorstellung vom Paradies, vom Garten Eden war. Mit dem Alten Testament im Handgepäck können wir uns ruhig auf die Suche nach dem Paradies machen.

Das Paradies – auf der Suche nach dem Garten Eden

Das heute so gebräuchliche Wort »Paradies« findet sich nicht im Alten Testament. Es geht auf das persische Wort pardes zurück, was soviel wie Garten heißt. Eden ist hingegen sumerischen Ursprungs und bedeutet Ebene. Müssen wir uns also den Garten Eden als ebenes Grünland vorstellen? Wo aber lag es?

Die Menschen des alten Israel waren wie die Sumerer felsenfest davon überzeugt, daß es das Paradies wirklich gegeben hat. Die Sumerer bezeichnen es als Dilmun, beschreiben es auf uralten

Keilschrifttexten. Dilmun und Eden sind wahrscheinlich miteinander identisch.

Das Alte Testament nennt geographische Begriffe (1. Buch Mose, Kapitel 2, Verse 10 bis 14): »Es entspringt aber ein Strom in Eden, den Garten zu bewässern, von da aus teilt er sich in vier Arme, der erste heißt Pischon, das ist der, welcher das ganze Land Chawila umfließt, wo das Gold ist. Und das Gold jenes Landes ist köstlich, auch Balsamerz und Karneolsteine sind dort vorhanden. Der zweite Fluß heißt Hildekkel, das ist der, welcher von Assur fließt. Der dritte Strom heißt Tigris, der fließt östlich von Assyrien. Der vierte Fluß trägt den Namen Euphrat.« Diese präzisen Angaben haben Paradiesforscher schon seit Jahrhunderten in Verzweiflung versetzt. Hildekkel wurde als Tigris identifiziert. Euphrat und Tigris fließen von Norden nach Süden. Wenn beide Flüsse einer gemeinsamen Quelle entstammen, dann müßte das Paradies nördlich vom Zweistromland zu finden sein. Andererseits heißt es aber (1. Buch Mose, Kapitel 2, Vers 8), das Paradies habe sich im Osten befunden. Gott habe die Menschen in den Osten gebracht. Zudem heißt es, nach der Vertreibung aus dem Paradies hätten sich die Menschen im Osten angesiedelt. Müßten sie dann aber nicht aus dem Westen gekommen sein? (*Wo lag das Paradies?*, Das Neue Zeitalter Nr. 39/1986.)

Lag das Paradies in Kaschmir?

Folgt man dem Theologen und Bestsellerautor Holger Kersten, dann gibt es eine Erklärung für die scheinbaren Widersprüche des Alten Testaments über das Paradies. Dann liegt dem biblischen Text tatsächlich ein real vorhandenes geographisches Gebiet zugrunde, das freilich nicht im Gebiet von Israel, sondern in Indien gesucht werden muß.

Im 1. Buch Mose (Kapitel 2, Verse 11 bis 13) lesen wir: »Der eine (Fluß) heißt Pischon. Er umfließt Chawila, wo das Gold ist. Und das Gold jenes Landes ist köstlich ... Der zweite Fluß heißt Gischon, das ist der, welcher das ganze Land Kusch umfließt.« Dieses Kusch, meint Holger Kersten, hat sich im Laufe der Zeit durch eine Sprach-

34

verschiebung in Kasch verwandelt. »Mir« beschreibt im Russischen das Land einer Gemeinschaft, im Türkischen ist es ein Ehrentitel, im Persischen bedeutete es »Kleinod, Kostbarkeit«. Läßt sich Kashmir zurückführen auf Kash-mir, auf Kush-mir? Bedeutete der Name einst »Kleinod von Kusch« oder »Land der Leute von Kush«?

Kash-mir läßt sich aber auch auf das hebräische Wort kascher oder koscher zurückführen. Es läßt sich mit »einwandfrei« übersetzen. Ausgesagt werden soll, daß nur rituell geschlachtete Tiere als »einwandfrei« bezeichnet und verzehrt werden dürfen. War also »Kash-mir« ursprünglich das »einwandfreie Land« – das Paradies?

Ein Blick auf die Landkarte verrät: Viele biblische Namen finden sich in Kaschmir. Das Agur des Alten Testaments, von Salomo beschrieben (Sprüche Salomos, Kapitel 30, Vers 1), findet sich in der Provinz Kulgam – in Kaschmir. Das Ajas der Provinz Srinagar wird im 1. Buch Mose (Kapitel 36, Vers 24) erwähnt. Amon (1. Könige, Kapitel 22, Vers 26) liegt in der Provinz Anantnag, heißt heute Amonu. Amariah in Srinagar ist ebenso biblisch – im Alten Testament heißt es Amariah (1. Buch Chroniken, Kapitel 23, Vers 19). Josua (Kapitel 12, Vers 2) verweist auf ein Aroer. Meinte er damit Aror in der Kaschmir-Provinz Awantipur?

Das Paradies wurde durch die Sintflut zerstört: Im 7. Kapitel des ersten Buches Mose läßt Gott eine Arche bauen. Kaum ist das Schiff vollendet, bricht auch schon das unbeschreibliche Unwetter aus (1. Buch Mose, Kapitel 7, Verse 6 bis 10):

»Noah war aber sechshundert Jahre alt, als die Sintflut auf Erden kam. Und er ging in die Arche mit seinen Söhnen, seiner Frau und den Frauen seiner Söhne vor den Wassern der Sintflut. Von den reinen Tieren und von den unreinen, von den Vögeln und von allem Gewürm auf Erden gingen sie zu ihm in die Arche paarweise, je ein Männchen und Weibchen, wie ihm Gott geboten hatte. Und als sieben Tage vergangen waren, kamen die Wasser der Sintflut auf Erden.«

Läßt sich eine wie im Alten Testament beschriebene Flut in Indien nachweisen? Tatsächlich werden weite Gebiete Indiens schon seit Jahrtausenden regelmäßig überschwemmt, wenn beispielsweise der Indus über seine Ufer tritt. Zu flutartigen Überschwemmungen kam es auch in Kaschmir selbst. Verantwortlich war der Fluß Sindh. Er durchströmt im Norden des Kaschmirtals just jene Region, die Moses vom Berg Nebo aus erspäht haben dürfte, als er noch kurz vor seinem Tode das »Gelobte Land« von Gott gezeigt bekam. Seine Quelle liegt in der Nähe der von den Hindus als heilig angesehenen Amarnath-Höhle. Hier soll einst Gott Shiva seiner Gemahlin Parvati die Geheimnisse der Schöpfung erklärt haben.

Lag das Paradies also in Kaschmir?

Holger Kersten schreibt (*Jesus lebte in Indien,* München 1993, S. 74): »Kashmir erscheint wie ein einziger Garten Eden, und riesige Sumpfgebiete sowie große flache Seen sind sichtbare Zeugen einer lange zurückliegenden gigantischen Überschwemmung.«

Überall und nirgendwo

Wer das biblische Paradies suchen will, wer seine geographische Lage bestimmen möchte, muß ausfindig machen, wo die Sintflut stattfand. Wer freilich die Überlieferungen der alten Völker nach Hinweisen auf eine solche Katastrophe untersucht, erlebt eine Überraschung. Berichte, vergleichbar mit dem in der Bibel, gibt es weltweit.

Im ältesten Epos der Weltliteratur, im Gilgameschepos, wird von einer gewaltigen Flut erzählt, die die Götter ausgelöst haben. Auf Empfehlung der Götter wird eine Arche gebaut. Noa gar heißt der Überlebende der Sintflut, die einst den polynesischen Raum heimgesucht haben soll. Eine ähnliche Legende wie die der Bibel gehört in Peru schon seit Menschengedenken zu den heiligen Überlieferungen. In Australien wissen die weisen Männer der Kurnai, daß vor Jahrtausenden die Menschheit von einer Flutkatastrophe heimgesucht wurde. Davon zeugen auch die Überlieferungen der Lolo aus China, der Vogul aus Rußland, der Maori Neuseelands, der Huichol Mexikos, der Bahnar Vietnams, der Dwyfand in Wales, der See-Dajak Borneos, der Cree-Indianer Kanadas, der Massai Ostafrikas, der Ureinwohner der Fidschi-Inseln, der Andamanen Indiens, der Ureinwohner Kubas, der Raitea Französisch-Polynesiens, der Huarochirir-Indianer Perus. Weltweit soll es mehr als 250 Sintflut-Berich-

36

te geben. Da nimmt es nicht wunder, daß auch weltweit nach dem Paradies gesucht wurde. Mehr als 80 Theorien wurden aufgestellt, wo sich der Garten Eden befunden haben mag.

Als Kolumbus die Mündung des Orinoko-Flusses entdeckt hatte, wähnte er sich in der Nähe des Paradieses. »Dieser Fluß muß dem Garten Eden entströmen«, schrieb er.

Abenteurer unserer Tage vermuten, das Paradies habe sich im arabischen Hor-Gebiet befunden. Dort, wo Euphrat und Tigris zum Schatt-al-Arab zusammenfließen, lebt das Volk der Hor. Die »Häuser« der dortigen Bevölkerung sind künstliche Inseln, aus Schilf geflochten.

An der Wende des zweiten zum dritten nachchristlichen Jahrtausend übt die biblische Vorstellung vom Paradies immer noch große Faszination aus – vielleicht mehr denn je. Woran mag das liegen? Suchen wir nach dem Garten Eden, weil wir unsere Welt in unvorstellbarem Maße durch Umweltverschmutzung gefährden, ja zerstören? Sehnen wir uns heute nach einem Paradies von vorvorgestern, weil unsere heutige Wirklichkeit so gar nicht mehr an den Garten Eden erinnert?

Martin Luther, der die Texte des Alten Testaments oft fast naiv-gläubig für bare Münze nahm, schrieb über die biblische Vision vom Paradies: »Möglich ist's, daß es also gewesen ist, daß Gott einen Garten gemacht hat, aber nach meinem Dünken wollt' ich gern, daß es so verstanden möcht' werden, daß es der ganze Erdboden wäre.«

Vielleicht sollten wir aufhören, das biblische Paradies in der Vergangenheit zu suchen. Es gibt so viele Hinweise – es könnte überall und nirgendwo zu finden sein.

Als Gott, so lehrt es das Alte Testament, die Erde schuf, war er mit seinem Werk sehr zufrieden. Er übergab sie den Menschen (1. Buch Mose, Kapitel 1, Vers 28): »Und Gott sprach: Seid fruchtbar und mehret euch und füllet die Erde und machet sie euch untertan.« Nach dem Verständnis des Alten Testaments wurde uns die Erde von Gott anvertraut. Wir müssen uns heute fragen: Was haben wir aus unserem Planeten gemacht? Haben wir ihn so behandelt, wie man mit einem kostbaren Geschenk umgehen sollte? Das kann man beim besten Willen nicht sagen.

Wir sollten an der Schwelle zu einem neuen Jahrtausend im

Umgang mit unserer Welt zu biblischem Verständnis zurückkehren. Wo immer sich einst der Garten Eden befunden haben mag: Das Paradies könnte heute überall und nirgendwo sein.

Manfred Barthel schreibt sehr treffend (*Was wirklich in der Bibel steht,* Düsseldorf 1983, S. 41): »Der Bericht vom Paradies ist keine Reisebeschreibung, sondern eine Erzählung voller Symbolgehalt, die von der inneren Harmonie zwischen uns und der Welt berichtet.« Diese innere Harmonie ist in unseren Tagen bedrohter denn je. Wir sehnen uns so sehr nach ihr, daß wir versuchen, das Paradies des Alten Testaments zu finden. Wir sollten statt dessen in die Zukunft blicken. Es liegt an uns und unseren Kindern und Kindeskindern, ob die Welt von morgen und übermorgen wieder dem Paradies oder der biblischen Hölle gleichen wird.

Abraham im Reich von Mari

Träge dreht sich der altersschwache Ventilator im Büro von Leutnant Cabane. Die Sommerhitze ist fast unerträglich. Mürrisch wischt sich der Offizier mit seinem Taschentuch den Schweiß aus dem Gesicht. Da dringt wirres Geschrei an sein Ohr. Mehrere Araber stürmen wütend in sein Büro reden auf ihn ein. Energisch bringt Leutnant Cabane die Männer zum Schweigen.

Er ist eine anerkannte Autorität im Städtchen Abu Kemal, am Euphrat gelegen, zwischen Damaskus und Mosul. Er vertritt die französische Mandatsregierung, unter deren Verwaltung Syrien anno 1933 steht.

Ein Dolmetscher faßt in kurzen Worten zusammen, was die Männer in helle Aufregung versetzt hat. »Es ist ein Spuk, eine Geistererscheinung«, wiederholt er immer wieder. »Diese Männer hier haben einen lieben Angehörigen verloren. Alter Sitte und ehrwürdigem Brauchtum folgend, wollten sie seinen Leib auf dem Tell Hairi bestatten. Sie erklommen den Hügel mit Schaufeln und Pickeln, gruben ein Loch in den harten, steinigen Boden. Da geschah das Entsetzliche! Kaum hatte sich die Erde aufgetan, da trat ihnen dieser Spuk, diese unheimliche Erscheinung, entgegen. Es war ein Geist, ein unheimliches Wesen mit steinernem Leib. Sie müssen sich das Ding ansehen! Sie müssen entscheiden, ob der entsetzliche Fund ein schlechtes Vorzeichen ist!«

Ein sensationeller Zufallsfund enormen Ausmaßes

Leutnant Cabane läßt sich genau beschreiben, wo der unheimliche Fund getätigt worden sein soll, und fährt sofort mit seinem Militärfahrzeug los. Etwa zehn Kilometer südlich von Abu Kemal liegt der Hairi-Hügel. Aufgeregte, ängstliche Menschen warten bereits auf ihn, führen ihn zum offenen Grab. Da liegt, noch nicht ganz von der trockenen Wüstenerde befreit, allerdings kein Geist, sondern eine steinerne Figur. Cabane ist kein Archäologe, schätzt den Fund aber richtig ein. Er muß im wahrsten Sinne des Wortes steinalt sein. Am nächsten Tag holen mehrere Soldaten die Figur aus dem Grab, schaffen sie nach Abu Kemal. Leutnant Cabane meldet Henry Seyrig, dem Direktor der Altertümerverwaltung in Beirut, aber auch den Archäologen des wissenschaftlichen Museums von Aleppo den Fund, berichtet ausführlich über den Vorfall.

Sollte er sich in der Einschätzung der Figur getäuscht haben? Gut vier Monate verstreichen, ohne daß eine Reaktion auf seinen Bericht erfolgt. Ende November aber erhält er Post aus Paris. Das Louvre-Museum teilt ihm mit, daß innerhalb der nächsten Tage André Parrot, einer der berühmtesten Archäologen Frankreichs, höchstpersönlich, begleitet von mehreren Mitarbeitern, erscheinen wird.

Am 14. Dezember 1933 ist das einst träge Kaff Abu Kermal nicht wiederzuerkennen. Es wimmelt nur so von französischen Wissenschaftlern. Mit primitivsten Unterkünften sind die Herren zufrieden, so lange sie nur allmorgendlich so früh wie möglich zum Hairi-Hügel hasten und dort im Schweiße ihres Angesichts schuften dürfen. Aufgeregt unterhalten sie sich über mögliche archäologische Funde, die der Erde entrissen werden müssen, gehen aber sorgsam, ja pedantisch vor.

Zunächst wird der gesamte Hügel genau kartographisch erfaßt und vermessen. Dann werden unzählige Fotos geschossen. Die

Einheimischen wundern sich über die in ihren Augen sinnlose Verschwendung. Für sie beweisen diese Europäer nur wieder einmal, daß sie letztlich alle verrückt sind. Jetzt fotografieren sie förmlich jeden Stein auf dem graubraunen Hügel.

Bevor man sich an die ersten Ausgrabungen wagt, werden Echolotungen durchgeführt. Die Franzosen werden immer aufgeregter, von »unterirdischen Hohlräumen« ist die Rede.

Erst am 23. Januar 1934 kommen Spaten und Schaufeln zum Einsatz. Eine bröckelige Masse offensichtlich uralter Backsteine wird zutage gefördert. Jede Schaufel Erde wird sorgsam gesiebt – und siehe da: Man findet ein kleines, eher unscheinbares Figürchen. Sorgsam wird es vom Staub befreit und Professor Parrot gereicht. Der erkennt den unschätzbaren Wert des Fundes sofort. Auf der rechten Schulter der Figur sind Keilschriftzeichen eingeritzt, die der Gelehrte rasch übersetzen kann. Immer wieder taucht da ein Name, ein Begriff auf: Mari.

»Ich bin Lamgi-Mari, der König von Mari bin ich – ich, der ich meine Statue der Ischtar verehre.« Dem Archäologen ist bewußt, daß er einen sensationellen Fund in den Händen hält. Ischtar war die akkadische Venusgöttin, die Herrscherin des Himmels und der Unterwelt, zuständig für Liebe und Lust.

Sie wird als Aschera im Alten Testament erwähnt (1. Buch der Könige, Kapitel 14, Vers 23): »Sie machten sich Höhlen, Steinmale und Ascherabilder auf allen hohen Hügeln und unter allen grünen Bäumen.« Im alten Israel genoß sie großes Ansehen. Menasse von Juda stellte gar ihre Statue im Jerusalemer Tempel auf (2. Buch der Könige, Kapitel 21, Vers 7): »Er stellte auch das Bild der Aschera, das er gemacht hatte, in das Haus, von dem David zu seinem Sohn Salomo gesagt hatte: In diesem Gaue und in Jerusalem, das ich erwählt habe aus allen Stämmen Israels, will ich meinen Namen wohnen lassen ewiglich.«

Aschera und Dagan

621 v. Chr. kam es zu einer großen Kultreform in Israel. Nur noch Jahwe selbst durfte angebetet und verehrt werden, Statuen fremder Götter wurden entfernt und vernichtet. Dieser Aktion fiel auch ein

hölzernes Bildnis der Aschera zum Opfer (2. Buch der Könige, Kapitel 23, Vers 6): »Und er ließ das Bild der Aschera aus dem Hause des Herrn bringen hinaus vor Jerusalem und verbrennen am Bach Kidron und zu Staub mahlen und den Staub auf die Gräber des einfachen Volkes werfen.«

Ist man also auf ein Bergheiligtum der Aschera gestoßen? Weitere sensationelle Entdeckungen stehen bevor. Emsig wird ausgegraben, mehrere sorgsam organisierte Kampagnen werden in den Jahren 1934 bis 1936 durchgeführt. Zunächst wird der Tempel der Aschera freigelegt, dann folgt Entdeckung auf Entdeckung. Die Strukturen eines hochherrschaftlichen Palastes werden erkennbar, der erstaunliche Ausmaße besessen haben muß. Rund 230 Säle und Höfe können im Grundriß rekonstruiert werden.

Ein weiterer Tempel wird identifiziert. Er war dem phönikischen Gott des Getreides geweiht, dem Dagan, der auch im Alten Testament erwähnt wird (Das Buch der Richter, Kapitel 16, Vers 23): »Als aber die Fürsten der Philister sich versammelten, um ihrem Gott Dagan ein großes Opfer darzubringen und ein Freudenfest zu feiern, da sprachen sie: Unser Gott hat uns unseren Feind Simon in die Hände gegeben.«

Besonders gut erhalten ist ein kostbares Archiv von Tontafeln. 25 000 Keilschriftdokumente müssen wissenschaftlich erfaßt werden.

Für Professor André Parrot steht fest, daß es sich bei den umfangreichen Ruinen um die Stadt Mari handelt. Der Palast muß um 2000 v. Chr. seine Blütezeit erlebt haben, 300 Jahre später eroberte Hammurabi von Babylon die ehrwürdige Metropole. Wie so viele Militärs der Weltgeschichte hatte er keine Achtung vor den Leistungen fremder Völker. Er ließ die mächtigen Schutzwälle der Stadt zerstören, die Tempel ausplündern und den Herrscherpalast in Brand stecken. Nichts sollte mehr daran erinnern, daß hier einst ein Feind regiert hatte.

Hammurabis Männer haben gewütet wie die Wilden, aber doch nicht alles zerstören lassen. Als sie das Ruinenfeld verließen, blieben bis zu fünf Meter hohe massive Mauern stehen, die fast viertausend Jahre später von sorgsamen Archäologen wieder ausgegraben werden. Die Wissenschaftler werden manchmal von einer seltsamen Rührung überwältigt, wenn sie beispielsweise fast noch intakte Bäder vorfinden.

Erstaunlich gut erhalten sind auch noch die herrlichen Wandmalereien des Palastes, die so frisch wirken, als seien sie erst vor wenigen Tagen oder allenfalls Wochen vollendet worden.

Als besonders aufschlußreich erweist sich das umfangreiche Archiv von Tontafeln. Die schier unüberschaubare Zahl jener Dokumente läßt ein Heer von Übersetzern aktiv werden. Jede Inschrift verhilft zu neuen Einblicken in die Welt des Reiches von Mari. Da gibt es nüchterne Befehle, offensichtlich an Städteplaner und Architekten gerichtet, da wird angeordnet, wann und wo neue Dämme gebaut werden, wo das komplizierte Bewässerungssystem überprüft, wo neue Schleusen eingesetzt werden müssen. Regierungsbeamte verleihen ihrer Sorge Ausdruck, neidische Nachbarn könnten vom Wohlstand Maris erfahren und zu militärischen Angriffen und Plünderungen verleitet werden. Tatsächlich fielen auch immer wieder semitische Stämme ein, und sei es nur, um ihre Herden auf den saftigen Weiden Maris grasen zu lassen.

Und da taucht ein Name auf, der aus dem Alten Testament mehr als geläufig ist: die Benjaminiten.

Die Stadt Abrahams

Die Benjaminiten, einer der kleineren Volksstämme Israels, waren anscheinend häufig im Reiche Mari, eher ungebeten, zu Gast. Regierungsbeamte überlegten sich, das geht aus zahlreichen Schrifttexten hervor, ob denn jenes Völkchen zahlenmäßig erfaßt werden müsse. Man wagte es aber nicht, eine entsprechende Zählung durchzuführen, die Namen der wehrtüchtigen Männer aufzulisten. Die Benjaminiten galten als störrisch, man sagte ihnen eine starke Neigung zu Aufruhr und Tumult nach. Auf keinen Fall würde man sie, so sehr man das in Mari auch bedauerte, zum Wehrdienst heranziehen können.

Wie brav und obrigkeitsgläubig war da doch das eigene Volk. Man mußte nur unterhaltsame Spiele und Freibier bieten, schon strömten die Männer in die Hauptstadt, um sich registrieren und für den Militärdienst verpflichten zu lassen.

Fieberhaft arbeiteten sich die Übersetzer durch die Schrifttafeln.

Jeder Text konnte eine langweilige Auflistung von Bierlieferungen oder historische Dokumente enthalten.

Auch in den dreißiger Jahren waren archäologische Expeditionen mit erheblichen Kosten verbunden. Die finanziellen Mittel mußten von den staatlichen Behörden im fernen Frankreich bewilligt werden. Und den zuständigen Beamten in Paris kamen immer wieder Zweifel, ob die doch erheblichen Summen nicht im eigenen Lande besser verwendet werden könnten. Diese Zweifler mußten immer wieder von der Wichtigkeit der Ausgrabungen vor Ort überzeugt werden. Ein Argument erwies sich dabei als besonders wirksam.

Die Schrifttafeln von Mari enthielten deutliche Hinweise auf das Volk Israel. Personennamen, die aus dem Alten Testament bekannt, deren Historizität aber als fraglich angesehen wurde, tauchten auf den Schrifttafeln auf. Die Archäologen in Mari lieferten immer wieder stichhaltige Beweise dafür, daß Texte des Alten Testaments ganz offensichtlich historisch korrekt waren.

So entzifferte man begeistert Namen wie Peleg, Serug, Nahor, Tarach und Haran. Das waren die Vorfahren des biblischen Abraham, die auch im 1. Buch Mose (Kapitel 11, Verse 10–26) aufgelistet werden. Man war auf die Spur eines der Urväter des Volkes Israel gestoßen. Sollte man herausfinden können, wo der biblische Abraham selbst lebte?

Die Schrifttexte von Mari berichten ausführlich über weitere Städte aus dem Norden Westmesopotamiens. Auch sie ließen sich lokalisieren. Da war Haran in der Ebene von Aram gelegen. Haran aber war die Heimatstadt Abrahams. Unweit davon wurde Nahor ausfindig gemacht. Hier soll Rebekka, die Frau Isaaks, gelebt haben. Nach alter Väter Sitte suchte Abraham selbst für seinen Filius Isaak eine passende Gemahlin aus. Hochbetagt kam er zu der Ansicht, daß es nun endlich an der Zeit sei, daß sein Sohn den Bund fürs Leben schloß. Also schickte er seinen ältesten Knecht, dem er am meisten vertraute, »nach Mesopotamien, zu der Stadt Nahors« (1. Buch Mose, Kapitel 24, Vers 10).

Der Knecht wurde nicht mit leeren Händen losgeschickt. Zehn Kamele wurden mit »allerlei Gütern« bepackt. Sicher erreichte die kleine Karawane das Reiseziel, man ließ sich an einem Brunnen nieder. Zu jenem Brunnen kam auch Rebekka, um Wasser zu schöpfen. Abrahams Knecht fand sie attraktiv.

»Und das Mädchen war sehr schön von Angesicht, eine Jungfrau, die noch von keinem Manne wußte.« (1. Buch Mose, Kapitel 24, Vers 16)

Auftragsgemäß unterzog sie der Knecht einem Test. Er bat sie um einen Schluck Wasser aus dem Brunnen. Rebekka »ließ eilends den Krug hernieder auf ihre Hand und gab ihm zu trinken.« (Vers 17)

Rebekka hatte aber auch Mitleid mit den durstigen Kamelen Abrahams, schöpfte auch für sie Wasser. Und als sich der Knecht nach einer Herberge erkundigte, bot ihm die junge Frau einen Schlafplatz im Hause des Vaters an. Jetzt war der Brautwerber überzeugt, die Richtige gefunden zu haben: eine junge, attraktive Frau, die das Herz am rechten Fleck hatte. Es galt nur noch, das Geschäftliche zu regeln. Rebekka erhielt »silberne und goldene Kleinode und Kleider«, aber auch ihr Bruder und ihre Mutter wurden beschenkt.

Die Nacht verbrachte der Knecht noch im Hause der Brauteltern, am frühen Morgen des folgenden Tages sollte es zurück in die Heimatstadt Abrahams, nach Haran gehen. Rebekkas Verwandte waren von den Geschenken, die ihnen ausgehändigt worden waren, sehr angetan. Freilich wollten sie die Tochter des Hauses nicht gegen ihren Willen in die Fremde schicken, fragten sie also, ob sie »mit jenem Manne ziehen« wolle. Rebekka willigte ein.

»So machte sich Rebekka auf mit ihren Mägden, und sie setzten sich auf die Kamele und zogen dem Manne nach. Und der Knecht nahm Rebekka und zog von dannen.« (Vers 61)

Zu Hause wartete schon sehnsüchtig Isaak auf seine Braut. Er eilte der kleinen Karawane erwartungsvoll entgegen. »Und Rebekka hob ihre Augen auf und sah Isaak. Da stieg sie eilends vom Kamel und sprach zu dem Knecht: Wer ist der Mann, der uns entgegenkommt auf dem Felde? Der Knecht sprach: Das ist mein Herr. Da nahm sie den Schleier und verhüllte sich. Und der Knecht erzählte alles, was er ausgerichtet hatte. Da führte sie Isaak in das Zelt seiner Mutter Sara und nahm die Rebekka und sie wurde seine Frau, und er gewann sie lieb.« (Verse 64–67)

Wo die Zeit stehenblieb

So sensationell die Funde in der ehemaligen Metropole Mari ausfielen, so enttäuschend verliefen die Ausgrabungen in den Ruinen von Haran, unweit des Städtchens Altinbasak. Hier scheint die Zeit ein recht langes Päuschen eingelegt zu haben, das schon einige Jahrtausende währt. So wie vor rund viertausend Jahren die Menschen ihre einfachen Häuser bauten, so tun sie das auch noch heute. Aus an der Sonne getrockneten Lehmziegeln errichten sie hohe kuppelartige »Trulli«. Sie bestehen oft nur aus einem einzigen Raum. Die Lehmziegel sorgen für ein angenehmes Wohnklima. Einen Schornstein in unserem Sinne gibt es nicht. Der Rauch des Feuers zieht durch ein Loch im kuppelförmigen Dach ab. Fenster gibt es keine. Sie wären ja auch höchst unpraktisch, würden zuviel Sonnenlicht einlassen, zu unerträglicher Hitze im Haus führen. Licht fällt durch schmale Schlitze in den Seitenwänden.

Archäologische Ausgrabungen zeigen: So wie die Häuser von Altinbasak heute aussehen, so wurden sie schon zu Abrahams Zeiten in Haran gebaut.

Gewiß, es läßt sich nicht mehr feststellen, wo genau Stammvater Abraham einst in Haran lebte, aber die Texte aus der Mari-Metropole lassen keinen Zweifel aufkommen: Abrahams Ahnen und Abraham selbst lebten im Reich von Mari.

Wann mag das gewesen sein? Darüber ist sich die Wissenschaft noch nicht einig. Im Lauf der letzten Jahrzehnte verschob sich die Datierung etwas. Nahm man zunächst an, Abraham müsse etwa im 14., 15. oder 16. Jahrhundert vor Christus gelebt haben, so geht man neuerdings mehr von 1900 v. Chr. aus.

Archäologische Ausgrabungen, erst vor wenigen Jahrzehnten durch einen Zufallsfund angeregt, bestätigten die Wahrheit des Alten Testaments. Lange hatte man die biblischen Texte über Abraham für fromme Märchen gehalten, an der Existenz Abrahams mehr als nur gezweifelt. Jetzt aber hatte man die Heimat eines biblischen Stammvaters gefunden. Die Bibel war als historischer Bericht bestätigt worden.

Ein sorgsames Studium von Texten des Alten Testaments führt zu erstaunlichen Ergebnissen. Viele der wichtigsten Personen, so

45

mythisch und märchenhaft sie auch manchmal erscheinen mögen, waren in Wirklichkeit historische Persönlichkeiten. Sensationelle archäologische Ausgrabungen führten auf ihre Spuren, bestätigten immer wieder die historische Genauigkeit biblischer Texte. Die Spuren dieser Menschen ausfindig zu machen, das ist manchmal spannender als jeder erfundene Kriminalroman.

Abraham und die Hethiter

Zu den großen Rätseln der Geschichte zählt auch heute noch das Volk der Hethiter. »Jahrhundertelang war es umstritten«, meinte der Wiener Professor Hans Bellamy, »ob es die Hethiter als Volk überhaupt gegeben hat.« Martin Noth äußert erhebliche Zweifel. Der Experte meint, der Ausdruck »hethitisch« sei keine in alten Texten belegte, sondern von modernen Wissenschaftlern gewählte Bezeichnung, die auf der geschichtlichen Verbindung dieser Sprache mit dem Reich Hatti in Kleinasien beruhe.

E. A. Speiser befürchtet, die Hethiter könnten sich für immer der Erforschung entziehen, weil es anscheinend mehrere Volksgruppen gegeben haben müsse, die alle als »Hethiter« bezeichnet werden könnten: die Hattier, indoeuropäische Hethiter und die Hieroglyphen-Hethiter.

Auch Professor Dr. Bellamy fragte: »Hat es nun ein einziges Volk der Hethiter gegeben? Oder waren es mehrere Volksgruppen, die sich alle so genannt haben? Wir stehen vor einem historischen Rätsel!«

Das Alte Testament bringt Abraham in Verbindung mit den Hethitern. Als seine Frau Sara hochbetagt verstorben war, wandte er sich an die Hethiter – mit der Bitte, seine Frau in einer ihrer Höhlen begraben zu dürfen. Die Antwort fiel positiv aus, wie das Alte Testament festhält (1. Buch Mose, Kapitel 23, Verse 5 und 6): »Da antworteten die Hethiter Abraham und sprachen zu ihm: Höre uns, lieber Herr! Du bist ein Fürst Gottes unter uns. Begrabe deine Tote in einem unserer vornehmsten Gräber. Kein Mensch unter uns wird dir wehren, daß du in seinem Grabe deine Tote begrabest.« So geschah es dann auch.

»So wurde Ephrons Acker in Machpela östlich von Mamre dem Abraham zum Eigentum bestätigt, mit der Höhle darin und mit allen Bäumen auf dem Acker umher vor den Augen der Hethiter und aller, die beim Tor der Stadt versammelt waren. Da begrub Abraham Sara, seine Frau, in der Höhle des Ackers in Machpela östlich von Mamre. So wurden Abraham der Acker und die Höhle darin zum Erbbegräbnis bestätigt von den Hethitern.« (1. Buch Mose, Kapitel 23, Verse 17–20)

In der Bibel steht geschrieben

Nach den Überlieferungen des Alten Testaments gehen die Hethiter auf Kanaan zurück, der im 1. Buch Mose erwähnt wird. Da heißt es im 10. Kapitel, Vers 15: »Und Kanaan wurde der Vater von Sidon, seinem Erstgeborenen, und von Heth.« Eben dieser Heth soll der Urvater des Volks der Hethiter gewesen sein. Wenig später – im 15. Kapitel (Verse 18–21) – wird dann erstmals das Volk der Hethiter ausdrücklich genannt. Wo freilich die Grenzen ihres Reichs verliefen, darüber können auch dem Alten Testament keine näheren Angaben entnommen werden.

Keinen Zweifel an der Existenz dieses Volkes kann es aber mehr geben, seit Giovanni Battista Belzoni (1778–1823) deutliche Spuren in Ägypten fand.

Belzoni war alles andere als studierter Archäologe. Er wuchs in ärmlichsten Verhältnissen als Sohn einer römischen Familie auf, die in den Norden Italiens gezogen war. Er war ein Mensch von riesenhaftem Wuchs und überragte mit seinen fast zwei Metern Größe die meisten seiner Zeitgenossen. 1815 reiste er zusammen mit seiner Frau über London nach Ägypten. Er wollte mit dem Vizekönig von Ägypten, Mohamed Ali, Geschäfte machen, bot ihm eine hydraulische Maschine an.

Belzoni, der gelegentlich im Zirkus als »Kraftmensch« auftrat und fünf erwachsene Männer scheinbar mühelos gleichzeitig hochstemmen konnte, erhielt von Mohamed Ali eine Möglichkeit, Geld zu verdienen. Es gelang ihm, den oberen Teil der gigantischen Statue von Ramses II. (1290–1224 v. Chr.) von Theben nach Alexandria zu transportieren. Die ihm gestellte Aufgabe löste er zur

Zufriedenheit Mohamed Alis. So wurde ihm ein weiterer Auftrag erteilt: Er sollte den zum großen Teil unter Sandmassen verschüttet liegenden Tempelkomplex von Abu Simbel freilegen, dessen Umrisse damals allenfalls erst erahnt werden konnten.

Abu Simbel

Am 1. August 1817 besichtigte Belzoni zum ersten Mal den Tempel von Abu Simbel. Er war seit vielen Jahrtausenden der erste Mensch, dem es gelang, in das Heiligtum vorzudringen. Später hielt er in seinem Tagebuch die ersten Eindrücke fest:

»Unser Erstaunen wuchs, als wir entdeckten, daß es ein außerordentlich reiches Heiligtum war, ausgeschmückt mit Flachreliefs, Gemälden und Kolossalstatuen von großer Schönheit. Zuerst betraten wir eine große Halle. Sie war etwa 17 Meter lang und 15,80 Meter breit. Die Decke wird von zwei Reihen quadratischer Pfeiler getragen, die von der Eingangstür bis zur Tür des Heiligtums verlaufen. An jedem Pfeiler lehnt eine Statue.«

Heute steht der gewaltige Komplex von Abu Simbel nicht mehr an seinem ursprünglichen Ort. Das riesenhafte Bauwerk wurde komplett abgetragen, versetzt und wiederaufgebaut – sonst wäre es für immer in den Fluten des Assuanstausees verschwunden.

Durchschreiten wir das Eingangsportal. Der gewaltige Raum, in dem wir uns zunächst aufhalten, war ursprünglich aus dem gewachsenen Naturstein gehauen, zwei Reihen quadratischer Pfeiler unterteilen ihn in drei Schiffe. Acht Statuen, sieben Meter hoch, dem mittleren Gang zugewandt, lehnen an gigantischen Säulen. An der Rückseite sind Türen angebracht. Sie führen zu Vorratskammern. Rechts vom Eingang beeindrucken zwei weitere Räume, deren kunstvoll bemalte Reliefs auch heute noch in erstaunlicher Farbenpracht zu bewundern sind.

Kehren wir zurück in die Haupthalle: Neben dem Eingang wurden die Taten ägyptischer Herrscher im Bild verewigt. Da erschlägt der Pharao mit brutaler Gewalt seine Feinde. Die Götter Amun und Re-Harachte sind zugegen, beobachten das grausige Geschehen.

Wir wenden uns der Nordwand zu. Hier begegnen wir den Hethitern – im Kampf mit ägyptischen Truppen. Spione werden ergriffen, ägyptische Offiziere besprechen das weitere Vorgehen im Kampf. Der Pharao selbst hat sich ins Gemetzel gestürzt.

Was freilich Giovanni Battista Belzoni nicht wissen konnte, fanden Archäologen später heraus: Die bildliche Darstellung, eine Art »Zeitung« ohne Worte, zeigt die legendäre Schlacht von Kadesch zwischen Ägyptern und Hethitern. Wer sie gewonnen hat, darüber streiten sich noch heute die Gelehrten. Ob sie je zu einer eindeutigen Antwort kommen werden, ist fraglicher denn je. Konträre Propagandaberichte aus den beiden Lagern liegen vor – und neue archäologische Funde über die Schlacht sind mehr als unwahrscheinlich.

Verkannte Schätze

Zufällig wie die Statue von Mari wurden auch im Tell el Amarna am Nil wertvolle archäologische Funde dem Boden entrissen. Es geschah anno 1887.

Eine alte Bauersfrau hackt mit aller Kraft den steinharten Boden auf. Sie ist auf der Suche nach einem Dünger der besonderen Art, nach einer salpeterhaltigen Substanz. Sie entsteht bei der Zersetzung von antiken roten Erdziegeln. Die Arbeit geht der müden alten Frau in der Gluthitze der Sonne nur schwer von der Hand. Sie ärgert sich. Es kostet sie immer große Kraft, die »störenden Steine« aus dem Weg zu räumen. Zufällig fällt ihr auf, daß sie mit seltsamen Schriftzeichen versehen sind. Soll sie die Steine vielleicht doch nicht einfach wegwerfen, sondern Touristen verkaufen, die ja für »altes Steingelumpe«, so es nur den Anschein antiker Herkunft erweckt, teures Geld bezahlen? Sie legt die teilweise flachen Steine beiseite.

Touristen haben kein Interesse, die Steine sind ihnen zu unansehnlich. So gelangen sie schließlich in den Besitz von Händlern, die bald recht unachtsam mit ihnen umgehen. Etwa ein Drittel der ursprünglich rund 350 Objekte – es handelt sich um teilweise mit Erde verbackene Schrifttafeln – geht verloren. Zufällig werden sie von mehreren Archäologen begutachtet – und als »primitive Fälschungen« ohne jeglichen Wert bezeichnet. Dann erfährt Sir William Flinders Petrie von den Tafeln. Er ist fasziniert und führt vor Ort in den Jahren 1891 und 1892 archäologische Ausgrabungen durch. Zur Hand ging ihm dabei ein junger Mann. Es ist, damals eben 19 Jahre jung, Howard Carter, der später als der Entdecker Tutanchamuns weltberühmt werden sollte. Er hält alles, was von Petrie als wichtig empfunden wird, in zahllosen Zeichnungen fest.

Zutage gefördert werden die monumentalen Ruinen einer einst riesenhaften Stadt, die Amenophis IV. gründete. Sie muß von unglaublicher Pracht gewesen sein. Reiche lebten in luxuriösen Villen, ergingen sich an künstlich angelegten Seen, schlenderten durch eine herrliche Parkanlage. Immer wieder stoßen die Archäologen auf unscheinbare Tontafeln mit Inschriften – erst in den Jahren 1907 bis 1915 werden sie von Alexander Knudtzon entziffert und veröffentlicht. Die Sensation ist perfekt: Bei den Schrifttafeln handelt es sich um Briefe aus dem Reich der Hethiter an die Herrscherin Ägyptens.

Es kommt zu einem weiteren, erstaunlichen Zufall: In der heutigen Türkei stößt Hugo Winckler auf das königliche Archiv der Hethiter. Somit liegt die komplette Korrespondenz zwischen den Herrscherhäusern Ägyptens und des Hethiterreiches vor.

Heiratsdiplomatie

Zum historischen Hintergrund: Um 1370 v. Chr. hatte Suppilulima, Herrscher der Hethiter, ein mächtiges Heer zusammengestellt. Siegreich rückte er gegen das »Volk der Wagenlenker« vor, dann wandte er sich den Libanonbergen zu. Sein schnelles Vorrücken wurde in Ägypten mit zunehmender Angst registriert. Stand ein Angriff bevor? Tutanchamun war gestorben, seine Witwe, die 21jährige Anchesenamun, war alles andere als eine Militärstrategin. Sie wollte Blutvergießen vermeiden, schrieb einen Brief an Suppilulima. Ihr Gemahl sei verstorben. Nun habe sie leider keinen Sohn, habe aber gehört, daß Suppilulima gleich vier Sprößlinge gezeugt habe. Wäre es da nicht eine gute Idee, einen dieser Söhne mit ihr, der Herrscherin über das Ägyptenland, zu vermählen?

Das Ansinnen löste bei den Hethitern Skepsis und Mißtrauen aus, man schickte einen Beamten ins Land am Nil, der die Lage begutachten sollte. Die Witwe Tutanchamuns empfand das als Kränkung. »Weshalb«, schrieb sie, »hast du auf diese Weise dein Mißtrauen zum Ausdruck gebracht? Wenn ich einen Sohn hätte, würde ich dann von meiner Schmach und der meines Landes an ein fremdes Land schreiben? Du hast mir nicht geglaubt und sogar auf diese Weise mit mir gesprochen! Jener, der mein Gemahl war, ist tot. Ich habe keinen Sohn! Niemals werde ich einen Diener nehmen, um ihn zu meinem Gemahl zu machen! Ich habe an kein anderes Land geschrieben! Man sagte mir, daß deine Söhne zahlreich sind. Also gib mir einen deiner Söhne! Für mich wird er ein Gemahl sein, aber in Ägypten wird er König sein!«

Der neuerliche Brief scheint überzeugt zu haben. Prinz Zannanza reiste mit ansehnlicher Eskorte Richtung Ägypten, wurde aber unterwegs ermordet. Als Hauptverdächtiger, als Drahtzieher, gilt heute General Haremhab. Vermutlich wollte er verhindern, daß die Ägypterin einen Hethiterprinzen heiratete. Hoffte er selbst zum Regenten über Ägypten aufzusteigen? Sein Plan schlug fehl: Wesir Ay wurde zum Mitregenten ernannt. Dabei könnte es sich um den Großvater der Herrscherin gehandelt haben, wie heutige Wissenschaftler mutmaßen. Wahrscheinlich heiratete er seine eigene Enkelin. Wichtigstes Indiz für diese Annahme: Ein Ring mit einem Skarabäus wurde gefunden, auf dessen flacher Seite die Namen Anchesenamun und Ay eingeritzt worden sind, ganz so, wie das bei herrschaftlichen Eheleuten üblich war.

Die Spur der Anchesenamun verliert sich im Dunkel der Geschichte. Es wurden keine weiteren Hinweise auf ihren Lebensweg gefunden. Wurde sie von ihrem eigenen Großvater, mit dem sie verheiratet war, ermordet? Wenn ja, dann wurde dieses Verbrechen gründlich vertuscht.

Nur 75 Jahre später war es Ramses der II. von Ägypten, der die Hethiter bedrohte. Bei Kadesch fand eine blutige Schlacht statt. Wo genau sich das Gemetzel ereignete, ist ebenso umstritten wie die Frage, wo denn Varus von Hermann dem Etrusker besiegt wurde. Auch wer als Sieger aus dem Kampf hervorging, ist unklar. Beide Seiten behaupteten, die jeweils andere Partei habe verloren.

Hattusa, die Hauptstadt der Hethiter

Erst zu Beginn des 20. Jahrhunderts wurde die Hauptstadt des Hethiterreiches gefunden: Hattusa in der heutigen Zentraltürkei. Östlich von Ankara strömt der Halys-Fluß in Richtung Schwarzes Meer. Am Fluß gelegen ist das Dörfchen Baghjazköi. 1907 führte Otto Puchstein eine Expedition in jene unwirtlichen Gefilde. Der berühmte Präsident des »Berliner Archäologischen Instituts« nahm sich die Ruinen oberhalb des Dörfchens genau vor. Er führte Ausgrabungen durch, die eindeutig belegen, daß er Hattusa, die Hauptstadt des Hethiterreiches, gefunden hatte. Sie hatte ursprünglich enorme Ausmaße, bedeckte rund 200 Hektar und war damit etwa so groß wie das fränkische Nürnberg im Mittelalter.

Noch heute sind die Ruinen der Stadt imposant. Die steinerne Wallanlage muß einst gewaltig gewesen sein. Das »Löwentor von Hattusa«, vor rund 4000 Jahren entstanden, ermöglicht es, die Dicke der Mauer zu messen: acht Meter. Ohne jegliches Bindemittel wurden da wahrhaft monströse Steinkolosse aufeinandergetürmt.

Die Stadt war militärstrategisch angelegt. So gab es einst unterirdische Gänge, um die Stadt verlassen zu können, ohne daß das belagernde Streitkräfte so schnell hätten bemerken können. Die Bewohner Hattusas konnten so, wenn die Lage aussichtslos war, fliehen. Oder man konnte Truppen hinter die Linien der Feinde bringen, die Belagerer angreifen – von hinten. Wie viele solcher unterirdischer Gänge es einst gab, ist nicht bekannt. Im Lauf der Jahrtausende mag so mancher eingestürzt sein. Bis zum heutigen Tag ist nach wie vor ein großer Teil der Hethiter-Metropole noch nicht wieder ausgegraben worden. Es fehlen die dazu erforderlichen finanziellen Mittel. Gut erhalten ist der »Gang von Yerkapu«. Er ist mit Steinbrocken ausgekleidet, die nur roh behauen worden sind. Wer ihn durchschreiten möchte, so er die Gelegenheit hat, nach Hattusa zu kommen, möge das tun. Ratsam ist es, für die kleine Exkursion eine Taschenlampe bereit zu halten. Im Gang ist es schon nach einigen Metern stockdunkel, man stößt sich leicht an den scharfkantigen Felsbrocken.

Wieder einmal bestätigte die Archäologie Kernaussagen des Alten Testaments: Das legendäre Volk der Hethiter hat es tatsächlich gegeben.

Der ägyptische Gott Bes war der Beschützer der Neugeborenen. Für Moses, der im Bastkörbchen auf dem Nil ausgesetzt wurde, war er zuständig.

Im Tempel von Abu Simbel in Ägypten findet sich eine genaue Darstellung der Schlacht des Pharaos gegen die Hethiter.

An dieser Stelle soll der kleine Moses im Schilfkörbchen aus dem Nil gezogen worden sein.

Geflügelte Engelswesen, wie jene, die mit Moses sprachen, sind auch aus Ägypten bekannt - wie auf dieser Darstellung aus Karnak.

Moses kannte die Tricks der ägyptischen Zauberer und übertraf sie sogar – er warf einen Stab zu Boden, der zu Schlange wurde und die Schlangen der Zauberer fraß.

Joseph in Ägypten

Das Alte Testament verdeutlicht Veränderungen des religiösen Kults im alten Israel in sehr anschaulicher Weise. Die Autoren verzichten dabei auf langweilige theoretische Abhandlungen. Glaubenslehren, alte wie neue, werden personifiziert.

Abraham stellt die Wende vom Mehrgottglauben (Polytheismus) zum Eingottglauben (Monotheismus) dar: Die blutdurstigen Götter von früher, die nach Menschenopfern verlangten, werden durch den liebenden Gott ersetzt, der solche Gaben ablehnt. Zwar »testet« Gott, wie weit Abrahams Gehorsam geht, verhindert dann aber – durch einen Engel – die Opferung von Isaak, Abrahams Sohn. Abraham wird ein Bock zugewiesen, den läßt Gott sich opfern. Die Bevorzugung des Tieropfers wird auch in der Geschichte von Kain und Abel deutlich: Abels Opfer, vermutlich ein Schaf, wird angenommen.

Isaaks Enkel Joseph verdeutlicht die Weiterentwicklung der Geschichte: In Israel galten die alten, grausamen Götter nichts mehr, sie wurden vom alleinigen Gott Jahwe abgelöst. Jetzt aber beansprucht dieser Gott deutlich, daß seine Macht weit über die Grenzen Israels hinausreicht.

Joseph, der Träumer

Joseph erfreute sich keiner besonderen Beliebtheit bei seinen Halbbrüdern – nicht zuletzt gerade weil er vom Papa so verhätschelt wurde. Schließlich offenbarte er ihnen auch noch seine Träume (1. Buch Mose, Kapitel 37): Demnach werde er alle anderen Familienmitglieder überragen, Vater und Mutter würden sich sogar vor ihm, ihrem Sprößling, verneigen.

Dazu dürfe es nie kommen, wurde beschlossen. Als Joseph einmal vom Vater zu den Brüdern auf die Weide geschickt wurde, verhinderte Ruben zwar den Mord, Joseph wurde aber in einen leeren Brunnen geworfen, schließlich an eine vorüberziehende Karawane verkauft. So kam er nach Ägypten – und wurde neuerlich Objekt eines Geschäfts. Potiphar, Oberster der Leibwache des Pharao, erwarb ihn. Rasch gewann er an Einfluß, wurde vom Herrscher im Reich der Pyramiden geehrt, machte eine steile Karriere.

Dem kometenhaften Aufstieg folgte ein jäher Sturz. Er wurde das Opfer einer beleidigten Frau. Potiphars Gattin machte ihm Avancen, die er aber empört zurückwies. Die enttäuschte Dame war gekränkt – und behauptete, Joseph habe »seinen Mutwillen« mit ihr treiben wollen, sie aber habe sich wacker gewehrt und den Grobian aus dem Land der Hebräer in die Flucht geschlagen. Joseph wurde in den Kerker geworfen. Hier gewann er die Gunst des Leiters der Anstalt, wurde zum Aufseher über alle übrigen Insassen ernannt.

Träume, die ihn fast das Leben gekostet hätten – schließlich wollten ihn seine Brüder wegen vermeintlich arroganter Visionen ermorden –, brachten Joseph wieder die Freiheit (1. Buch Mose, Kapitel 40). Zunächst deutete er zwei Mitgefangenen, dem Mundschenk und dem Bäcker des Pharaos, Wahrträume richtig: Der Mundschenk bekam, wie von Joseph vorhergesagt, nach drei Tagen wieder seinen vertrauensvollen Posten zurück, der Bäcker wurde, ebenfalls nach drei Tagen, gehängt.

Zwar hatte der Mundschenk Joseph versprochen, ein gutes Wort für ihn beim Pharao einzulegen, doch erst einmal in Freiheit, vergaß er diese Zusage – und erinnerte sich erst nach zwei Jahren wieder daran, als auch der Pharao selbst seltsame Träume hatte. Er empfahl seinem Herrscher, sie sich doch von Joseph erklären zu lassen. So kam der Ärmste erst nach zwei Jahren Gefängnis wieder frei.

Des Pharaos Träume

Joseph war nicht nur dazu in der Lage, die Träume des Pharao zu interpretieren, er machte mit Nachdruck klar, welche Konsequenzen daraus zu ziehen seien.

Im 41. Kapitel des ersten Buches Mose heißt es (Verse 1–4): »Und nach zwei Jahren hatte der Pharao einen Traum, er stünde am Nil und sähe aus dem Wasser steigen sieben schöne, fette Kühe; die gingen auf die Weide im Grase. Nach diesen sah er andere sieben Kühe aus dem Wasser aufsteigen; sie waren häßlich und mager und traten neben die Kühe am Ufer des Nils. Und die häßlichen und mageren fraßen die sieben schönen, fetten Kühe.«

Der zweite Traum ist deutlich als abgewandelte Version von Nummer 1 zu erkennen (1. Buch Mose, Kapitel 41 Verse 5–7): »Und der Pharao schlief wieder ein, und ihm träumte abermals, und er sah, daß sieben Ähren aus einem Halm wuchsen, voll und dick. Danach sah er sieben dünne Ähren aufgehen, die waren vom Ostwind versengt. Und die sieben mageren Ähren verschlangen die sieben dicken und vollen Ähren. Da erwachte der Pharao und merkte, daß es ein Traum war.«

Joseph deutete die beiden Träume mit identischer Aussage: Zunächst gibt es sieben gute, fette Jahre, in denen die Bauern reiche Ernten einfahren. Dann folgen aber sieben entsetzliche Jahre des Hungers und der Not. Er rät, man solle die Überschüsse der üppigen sieben Jahre sorgsam speichern, um davon in den anschließenden Jahren der Not zehren zu können.

Der Pharao war sehr beeindruckt, ernannte Joseph zum »Bevollmächtigten des Pharaos Aktion Hungersnotvorbereitung«, stellte ihm Asenat, die Frau eines bedeutenden ägyptischen Priesters, als Gemahlin zur Seite.

Zorn und Vergebung

Die Deutung des Traums des Pharaos, die Joseph vorgetragen hat, erwies sich – so das Alte Testament – als richtig. Nach sieben üppigen Jahren mit überreichen Ernten folgte eine Hungersnot, die ebenfalls sieben Jahre anhielt. Von der Nahrungsknappheit dieser Jahre war auch das Volk Israel in starkem Maße betroffen. Jakob und seine Familie machten sich auf, um am Hof des Pharao um Hilfe zu bitten. Sie hatten – wie auch immer – erfahren, daß die Kornspeicher Ägyptens gut gefüllt seien.

Joseph erkannte natürlich die »liebe Verwandtschaft« sofort, empfand ihr gegenüber aber hauptsächlich Wut und Zorn, was angesichts des schlimmen Unrechts, das seine Brüder ihm zugefügt hatten, nur zu verständlich ist (1. Buch Mose, Kapitel 42, Vers 7): »Er erkannte sie, stellte sich fremd und redete hart mit ihnen.« Er unterstellte ihnen zunächst, sie seien bösartige Spione, die nach Ägypten gekommen seien, um schwache Stellen in der Verteidigung des Landes auszukundschaften. Schließlich weigerte er sich, ihnen Getreide zu verkaufen, forderte sie auf, wieder zu verschwinden.

Jakob mußte seinen Sohn Simeon als Geisel zurücklassen. Erst dann, wenn es ihnen gelingen sollte, ihre friedlichen Absichten zu beweisen, käme er wieder frei.

Als Joseph schließlich seinen Bruder Benjamin sah, war er zutiefst gerührt, ließ sich zum Verkauf von Getreide überreden. Noch war aber sein Wunsch, erlittenes Unrecht zu rächen, keineswegs erfüllt. Er veranlaßte, daß in Benjamins Sack ein wertvoller Silberbecher geschmuggelt wurde. Kaum war Jakob mit Familienanhang entschwunden, schickte er der Familie Häscher hinterher, die Benjamin als vermeintlichen Dieb verhaften mußten. Josephs Brüder kehrten an den Hof des Pharao zurück. Juda erbat die Gunst, man möge ihn, nicht den kleinen Benjamin, ins Gefängnis werfen. Endlich gab sich Joseph zu erkennen.

Die Hungersnot hielt an. Jakob wurde mit seiner Familie an den Hof des Pharao gerufen. Er hatte freilich kein Geld mehr, aber Joseph akzeptierte einen Handel: Er nahm Vieh und Land in Zahlung – im Tausch gegen das lebensnotwendige Getreide. Als auch das verzehrt worden war, wurde ein Pakt geschlossen: Jakob mußte auf unbestimmte Zeit ein Fünftel seiner Erträge als Steuer entrichten, dafür erhielt er weitere Getreidelieferungen.

Professor Dr. Georg Fohrer (*Das Alte Testament, Erster Teil,* München 1969, S. 23 und 24) sieht Joseph verklärt als »einen bestimmten Menschentyp, bei dem das Moment der Wandlung vom hochmütigen zum demütigen Menschen noch deutlicher geschildert werden soll. Der innere Leitsatz der Josephsnovelle wird im 1. Buch Mose, Kapitel 50, Vers 20, ausgesprochen: ›Ihr gedachtet mir Böses zu tun, aber Gott gedachte es zum Guten zu wenden, um das auszuführen, was jetzt am Tage ist.‹«

So mildtätig und selbstlos war Joseph freilich auch wieder nicht. Erst ließ er seine nächsten Verwandten genußvoll seine Macht spüren, dann schenkte er ihnen kein Getreide. Es mußte auf Heller und Pfennig bezahlt werden. Als Jakob kein Geld mehr hatte, verlor er zunächst sein Vieh, dann sein Land, mußte sich sodann zur

Zahlung von Steuern auf unbestimmte Zeit bereit erklären. Aus einem freien Mann war fast ein Leibeigener geworden, ohne Besitz und mit drückenden Verpflichtungen.

Josephs Träume, die er als Jüngling so gedeutet hatte, daß er einst hoch über der eigenen Familie stehen würde, waren in Erfüllung gegangen.

Spurensuche: Fakt oder Fiktion?

Professor Dr. Georg Fohrer bezeichnet die Episode von Joseph in Ägypten als eine Novelle, bezweifelt die historische Realität der beschriebenen Ereignisse. Es bedarf detektivischer Recherchen, will man herausfinden, ob die beschriebenen Episoden frei erfunden sind – oder ob sie zumindest einen realen Hintergrund haben.

Erinnern wir uns: Joseph wurde von Potiphars Frau in Versuchung geführt. Als er aber ihren Reizen nicht erlag, beschuldigte sie ihn – ob der Zurückweisung gekränkt – der unsittlichen Annäherung. Ägyptologen wiesen nun darauf hin, daß eben diese Episode zum Teil fast wortwörtlich auf einem Papyrus gefunden wurde. Er heißt »Das Märchen von den zwei Brüdern«. Von Joseph ist hier allerdings nicht die Rede. Ein Mann namens Anubis hat einen jüngeren Bruder, Bata. Anubis' Frau findet den jungen Burschen sehr attraktiv, will ihn verführen. Der läßt sich auf ein solches Abenteuer freilich nicht ein – Anubis' Frau reagiert beleidigt. Sie behauptet nun, Bata habe ihr Gewalt antun wollen. Sie verlangt von ihrem Mann, daß er seinen eigenen Bruder zur Strafe tötet.

Deutet die Übereinstimmung in beiden Texten auf eine reale Begebenheit hin? Der Name Poti-phar ist jedenfalls typisch ägyptisch. Die bei Moses beschriebene Einführung Josephs in seine hohen Ämter (1. Buch Mose, Kapitel 41, Vers 42) entspricht ganz genau dem ägyptischen Ritus. Da beschreibt der Autor exakt, was in Ägypten zu geschehen pflegte, wenn ein Mann zum Vizekönig von Ägypten ernannt wurde. Er erhielt als äußere Zeichen seiner neuen Macht das Siegel des Pharaos, eine goldene Kette und ein kostbares Gewand (1. Buch Mose, Kapitel 41, Vers 42).

Die Sache aber hat einen Haken: Die Ägypter hätten es mit ihrem

Stolz nie in Einklang bringen können, einen Mann aus dem Hause Israel zum zweitmächtigsten Mann im Staate zu machen. Ein solches Ereignis wäre im gesamten Reich als Skandal empfunden worden. Ein etwas gewagter Vergleich mag die Tragweite einer solchen Beförderung erkennen lassen: Der deutsche Bundespräsident ernennt einen in Deutschland lebenden Türken, der in seinem Haushalt für die Einkäufe der Nahrungsmittel zuständig ist, zum Bundeskanzler.

Sämtliche Ägyptologen sind sich darüber einig: Joseph wäre unter normalen Bedingungen in Ägypten nie und nimmer zum zweitmächtigsten Mann gemacht worden. Und unter unnormalen Bedingungen? Gab es jemals in der Geschichte Ägyptens eine Zeit, in der so außergewöhnliche Verhältnisse herrschten, daß Joseph als zweiter Mann im Staat möglich gewesen wäre?

Um 1700 v. Chr. herrschte Chaos in Ägypten. Das Reich der Pharaonen wurde angegriffen. Es waren semitische Stämme aus Kanaan und Syrien, die mit einer gewaltigen Streitmacht ins Land einfielen. Woher die Truppen kamen, wußten die Ägypter nicht so recht. Sie nannten sie Hyksos, was wohl soviel wie »Herrscher der Fremdländer« bedeutet.

Interessant ist, was das »Lexikon Alte Kulturen« (Band 2, Mannheim 1993, S. 290) in diesem Zusammenhang anmerkt: »Sie regierten mit Hilfe von (zum Teil ägyptischen) Unterkönigen.« War also Joseph ein von den Hyksos, und nicht von einem Pharao, eingesetzter »Unterkönig«?

C. W. Ceram beschreibt in »Enge Schlucht und Schwarzer Berg« (Reinbek bei Hamburg 1970, S. 134) die für die Ägypter furchteinflößenden Vorgänge plastisch und zutreffend: »Aus geschichtlichem Dunkel heraus taucht ein wilder Volksstamm auf, stößt von Nordost bis ins Nildelta vor, verjagt die Pharaonen, ergreift die Regierung, herrscht hundert Jahre, wird dann von dem Ägypter Amosis gestürzt, vertrieben – und verschwindet im Dunkel der Geschichte so spurlos, wie er gekommen.«

Warum waren die Eindringlinge den Ägyptern so haushoch überlegen? Dazu das »Lexikon Alte Kulturen« (Band 2, Mannheim 1993, S. 290): »Ihre Überlegenheit beruhte auf neuen Waffen, vor allem den pferdebespannten Kampfwagen und den zusammengesetzten Bogen. Zeitgenössische Denkmäler der Hyksos sind selten: die spätere Überlieferung wertete die Hyksos als Barbaren ab, die jüdische Tradition brachte sie mit dem Aufenthalt der Israeliten in Ägypten zusammen.«

Pferde oder gar Pferdegespanne waren zu jener Zeit den Ägyptern vollkommen fremd. Und doch heißt es im ersten Buch Mose (Kapitel 41, Vers 43), Joseph habe neben den Insignien seiner Macht das Recht erhalten, den zweiten Wagen des Pharao zu fahren. Vor ihm wurde ausgerufen: Das ist des Landes Vater! Es kann also mit großer Wahrscheinlichkeit angenommen werden, daß Joseph um 1650 v. Chr. von den Hyksos als Unterkönig eingesetzt wurde.

Die Eroberer übernahmen für die relativ kurze Dauer ihrer Vorherrschaft ägyptisches Brauchtum, zum Beispiel das Mumifizieren geachteter, mächtiger Persönlichkeiten. Dieser ägyptischen, den Israeliten vollkommen fremden Praxis folgte auch Joseph, als sein Vater gestorben war (1. Buch Mose, Kapitel 50, Verse 2 und 3): »Und er befahl seinen Dienern, den Ärzten, daß sie seinen Vater zum Begräbnis salbten. Und die Ärzte salbten ihn, bis vierzig Tage um waren: denn so lange währen die Tage der Salbung. Und die Ägypter beweinten ihn siebzig Tage.«

Auch Joseph wurde, dem Brauchtum des fremden Volkes gemäß, einbalsamiert, wie das Alte Testament am Ende des 1. Buch Mose festhält (Kapitel 50, Vers 26): »Und Joseph starb, als er hundertundzehn Jahre alt war. Und sie salbten ihn und legten ihn in einen Sarg in Ägypten.« Seine Brüder mußten ihm noch auf dem Sterbebett schwören, daß dereinst seine Gebeine zurück in das heimatliche Israel überführt werden würden. Das Versprechen wurde eingelöst.

Eine Fülle von Hinweisen legt die Vermutung nahe, daß Joseph in Ägypten als Unterkönig herrschte – eingesetzt von den Hyksos. Das mag etwa um 1700 oder 1650 v. Chr. geschehen sein.

Ein Gegenargument darf freilich nicht verschwiegen werden. Es gibt keinen schriftlichen Hinweis auf eine Hungerkatastrophe in Ägypten in jenen Jahren. Das darf aber nicht verwundern: Chaos herrschte in Ägyptenland während der Fremdherrschaft der Hyksos. Schlagartig, wie die Hyksos eingefallen waren, endeten auch die sorgsam geführten Aufzeichnungen ägyptischer Chronologen.

Die Männer, die sonst so wortgewaltig die ruhmreichen Taten ihrer Herrscher priesen, sie schwiegen von heute auf morgen. Warum das geschah? Wahrscheinlich wollten sie nicht dazu beitragen, daß jene für die Pharaonen unrühmliche Zeit der Nachwelt überliefert wurde.

Jahwe, Gott der Welt

Die Geschichte von Joseph belegt in eindrucksvoller Weise einen Wandel: Gott Jahwe wurde nun nicht mehr nur als Sieger über die zahlreichen Götter Israels angesehen. Er gilt als mächtigster Gott überhaupt – als Gott der Welt. Souverän greift er in das Geschehen ein, übermittelt Juden wie Ägyptern Träume, offenbart symbolisch verschlüsselt, was die Zukunft bringt. Jahwe hatte gesiegt.

Den Lesern der Josephsgeschichte vermittelt der Text Trost: Mag es im Leben auch noch so schlimme Niederlagen geben, mag man das Gefühl haben, in eine aussichtslose Situation geraten zu sein – wer auf Gott vertraut, dem wird geholfen. Dies ist die wichtigste Botschaft, die der Text vermitteln will.

Moses – auf dem Weg ins Heilige Land

Neben Abraham ist Moses eine der großen Vaterfiguren des Alten Testaments. Sein Name läßt sich mit »der Herausgezogene« übersetzen. Damit wird auf eine wundersame Begebenheit angespielt.

Nach altjüdischer Überlieferung waren die Israeliten unter Jakob nach Ägypten gezogen – eine Hungersnot hatte sie dazu gezwungen. Zu Josephs Zeiten waren sie zwar tributpflichtig, konnten aber doch ein relativ freies Leben führen. Joseph, offenbar eine Art Unterkönig, von den Hyksos eingesetzt, war gestorben. Die Hyksos waren wieder im Dunkel der Geschichte verschwunden, Pharao Ramses II. (etwa 1290–1224 v. Chr.) herrschte. Wenn es durch Joseph für die Israeliten eine gewisse Bevorzugung gegeben hatte – Ramses II. wollte davon nichts mehr wissen.

»Die Kinder Israels wuchsen und zeugten Kinder und mehrten sich und wurden überaus stark, so daß das Land von ihnen voll ward. Da kam ein neuer König auf in Ägypten, und wußte nichts von Joseph, und sprach zu seinem Volk: Siehe, das Volks Israel ist mehr und stärker als wir.« (2. Buch Mose, Kapitel 1, Verse 7–9)

Fremdenhaß entstand. Argwöhnisch beobachtete man die Israeliten, befürchtete, aus den »Gästen« von einst könnten die Herrscher von morgen werden. In dieser Situation gab der Pharao einen grausamen Befehl. Jeder neugeborene Hebräer müsse getötet werden. Moses' Mutter versteckte ihr Baby drei Monate lang, setzte es dann verzweifelt in einem Kästchen aus Papyrus am Ufer des Nils aus. Dort wurde das Baby, so berichtet es das Alte Testament, von der Tochter des Pharao gefunden und aus dem Wasser gezogen.

»Sie nahm ihn als Sohn an, nannte ihn Mose und sagte: Ich habe ihn aus dem Wasser gezogen«, heißt es im 2. Buch Mose (Kapitel 2, Vers 10).

Hat sich die beschriebene Szene tatsächlich so abgespielt? Oder sollte durch die kurze Episode nur unterstrichen werden, daß sich schon bei der Geburt des Moses ankündigte, wie bedeutsam er einst für sein Volk werden würde? Vermutlich wurde auf einen damals bereits gut 1000 Jahre alten Text zurückgegriffen: Er beschreibt, daß der sumerische König Sargon II. ebenfalls als Baby – ganz wie Moses – den Fluten eines Flusses übergeben wurde: »Im geheimen gebar mich meine Mutter, setzte mich in ein Kästchen aus Schilf und übergab mich dem Fluß«, erinnert sich Sargon II. später. Während Sargon II. dem Euphrat anvertraut wurde, war es im Falle des Moses der Nil.

Bibelkundler wollen sogar die Stelle ausfindig gemacht haben, an der des Pharaos Tochter den kleinen Moses gerettet hat: südlich von Kairo, nur einen »Katzensprung« von den rätselhaften Pyramiden entfernt. Hier haben 1966 österreichische Archäologen die spärlichen Reste einer einst prachtvollen Stadt mit Palästen und Tempeln ausgegraben, die von imposanten Ausmaßen gewesen sein muß. Vermutlich wurde sie einst von den Ägyptern aufgegeben und abgetragen. Man benutzte die gewaltigen Steinquader wieder, um in Tanis neue Tempel und Paläste zu errichten.

Arbeitskräfte für diese Baumaßnahmen enormen Umfangs standen zur Verfügung: Die Nachfahren Jakobs wurden zur Fronarbeit gezwungen. Als Gäste waren sie zu Josephs Zeiten ins Land geholt worden – jetzt wurden sie zu erniedrigender Sklavenarbeit gezwungen. Das stolze Volk der Israeliten empfand dies als unerträgliche Demütigung. Man wartete, hoffte sehnlichst auf einen Retter. Moses sollte der Mann sein, der sein Volk aus der ägyptischen Sklaverei befreite.

Dabei wäre Moses schon als junger Mann fast als Mörder hingerichtet worden. »Zu der Zeit, als Moses groß geworden war, ging er hinaus zu seinen Brüdern und sah ihren Frondienst und nahm wahr, daß ein Ägypter einen seiner hebräischen Brüder schlug. Da schaute er sich nach allen Seiten um, und als er sah, daß kein Mensch da war, erschlug er den Ägypter und verscharrte ihn im Sande.« (2. Buch Mose, Kapitel 1, Verse 11–12)

Moses mußte fliehen – in das Land Midam. Nach heutigem Kenntnisstand handelte es sich dabei um das Gebiet des heutigen Südjordaniens. In Midam heiratete Moses. Und ihm begegnete eine neue Religion, in deren Zentrum Gott Jahwe stand. Moses' »Berufung« im Lande Midam bringt die Engel ins Spiel. Wundersam hört sich das Geschehen an – aber ist es deshalb auch unglaubwürdig?

»Moses aber hütete die Schafe seines Schwiegervaters und trieb die Schafe über die Steppe hinaus, und kam an den Berg Gottes, den Horeb. Und der Engel des Herrn erschien ihm in einer feurigen Flamme aus dem Dornbusch. Und er sah, daß der Busch im Feuer brannte und doch nicht verzehrt wurde.« (2. Buch Mose, Kapitel 3, Verse 1–2)

Theologen haben sich an diesen Versen jahrhundertelang die Zähne ausgebissen. Sie konnten sich nicht vorstellen, daß ein Busch brannte, aber doch nicht zu Asche zerfiel. Man nahm zu symbolhaften Bildern Zuflucht, spekulierte über das schlechte, »brennende« Gewissen Moses', der ja in Ägypten einen Menschen erschlagen hatte. Pflanzenkunde war den Bibeldeutern allem Anschein nach fremd. Sonst hätten sie wissen müssen, daß der Bibeltext tatsächlich eine höchst reale Begebenheit schildern kann. Moses sah vermutlich eine Abart des Dictammus Albus. Dieses Gewächs gedeiht besonders gut in heißen, trockenen Gefilden. Die Blätter der Pflanze haben Drüsen, die – besonders bei großer Hitze – einen ölartigen

Stoff absondern. Je größer die Sonnenglut ist, desto schneller verwandelt sich das Öl in Gas, verflüchtigt sich. Es kann tatsächlich vorkommen, daß sich diese Gase entzünden, brennen. Der in der Botanik unkundige Beobachter sieht dann einen Busch, auf dessen Blättern Flammen züngeln, die aber Blattwerk und Geäst nicht angreifen. Sie erlöschen, sobald das sie speisende Gas verzehrt ist.

Ein Engel stellt für Moses den Kontakt mit Gott Jahwe her. Und Jahwe verkündet Moses, er sei dazu auserwählt worden, das Volk der Hebräer aus der ägyptischen Gefangenschaft ins Gelobte Land zu führen. Dieser Auftrag sollte Moses' Leben in kaum vorstellbarer Weise einschneidend verändern. War er doch in ägyptischer Umgebung als Ägypter aufgewachsen und erzogen worden. In der Apostelgeschichte (Kapitel 7, Vers 22) wird das besonders hervorgehoben:»Und Moses war gelehrt in aller Weisheit der Ägypter und war mächtig in Worten und Werken.« Sein Schwiegervater, Priester bei den Midianitern, war sicherlich kein Jahwe-Anhänger.

Moses bricht mit seiner Vergangenheit. Er verwahrt sich dagegen, weiterhin als »Sohn der Tochter des Pharao« bezeichnet zu werden. Er entschließt sich dazu, dem göttlichen Auftrag Folge zu leisten, sein Volk aus der ägyptischen Sklaverei zu befreien.

Nach Ägypten zurückgekehrt, erhält er eine Audienz beim Pharao. Die Tatsache, daß er – zusammen mit seinem Bruder Aaron – zum Staatsoberhaupt vorgelassen wird, spricht dafür, daß Moses einiges Ansehen im Land der Pyramiden genoß. Mit einem Angehörigen eines Sklavenvolks hätte sich Ramses II. wohl kaum abgegeben.

Das Schlangenwunder und die göttlichen Plagen

Bei der Audienz mit dem Pharao ereignet sich etwas Geheimnisvolles, ja Wundersames (2. Buch Mose, Kapitel 7, Verse 10–12): »Und Aaron warf seinen Stab hin vor dem Pharao und vor seinen Großen, und er ward zur Schlange. Da ließ der Pharao die Weisen und Zauberer rufen, und die ägyptischen Zauberer taten ebenso mit ihren Künsten. Ein jeder warf seinen Stab hin, da wurden Schlangen daraus; aber Aarons Stab verschlang ihre Stäbe.«

Vordergründig kann man die Episode als einen Wettkampf zwischen Zauberkünstlern verstehen, die sich gegenseitig mit beeindruckenden Tricks überbieten. Tatsächlich beherrschen auch heute noch Zauberkünstler in Indien den perfekten Umgang mit Schlangen. Die Meister unter ihnen kennen einen bestimmten Punkt am Leib der Reptilien. Packt man sie an der genau richtigen Stelle, dann werden sie steif wie Stöcke. Der richtig angewandte Kniff unterbindet den Sauerstofffluß ins Gehirn. Wird die Schlange zu Boden geworfen, dauert es nicht lange, und die Blutzirkulation funktioniert wieder, die Starre weicht, das Reptil wird wieder lebhaft: Sah die Schlange eben noch wie ein Stock aus, so schlängelt sie sich jetzt wieder artgemäß.

Für die Ägypter war freilich die Schlange weit mehr als ein gefährliches Reptil. Sie genoß göttliche Verehrung, galt als Sinnbild der Erneuerung. Auf ägyptischen Papyrus-Rollen begegnet uns immer wieder die Uroboros-Schlange. Sie symbolisiert die Grenze zwischen der geordneten Welt, die vom Sonnengott regiert wird, und der Welt des Chaos. In göttlichem Auftrag bewacht Wadjet, die Göttin in Schlangengestalt, Tochter des Sonnengottes Re, die Tore der Unterwelt, zugleich ist sie für das leibliche Wohl der Menschen und in der Gestalt der Göttin Thermutis für das lebenswichtige Getreide zuständig. Eine Schlange aus Gold wurde in die Kronen der Pharaonen eingearbeitet: Sie sollte ihn schützen, vor Gefahren bewahren.

Wenn also Aarons Schlangen jene der ägyptischen Magier und Zauberer besiegen, so hat dies zweifelsohne symbolische Bedeutung. Es geht um den Kampf zweier Welten: Jahwe, der Gott des Moses, erweist sich als stärker als die Götter der Ägypter. Der Pharao aber zeigt sich nicht sonderlich beeindruckt (2. Buch Mose, Kapitel 7, Vers 13): »Aber das Herz des Pharao wurde verstockt, und er hörte nicht auf sie.«

Jahwe fährt schwere Geschütze auf: Ägypten wird von zehn Plagen heimgesucht. Der biblische Autor empfindet sie als Wunder – für den rein rational denkenden Menschen handelte es sich um durchaus erklärbare Naturphänomene. Da verwandelt sich das Wasser des Nils in Blut, die Fische im stinkenden Strom verenden, niemand mag das Wasser mehr trinken (2. Buch Mose, Kapitel 7,

Vers 18). Natürliche Erklärung: Gehäuftes Auftreten der Burgun-deralge, das tatsächlich nicht nur zu einer Rotfärbung des Wassers, sondern auch zu üblem Gestank führen kann.

Frösche (2. Buch Mose, Kapitel 7, Verse 26–29) traten wiederholt am Nil als wahrhafte Quälgeister auf, speziell wenn der Nil über seine Ufer trat, vermehrten sie sich explosionsartig.

Die in riesigen Schwärmen auftretenden »Stechmücken« (2. Buch Mose, Kapitel 8, Verse 12–15) können als Hundsfliegen identifiziert werden, die tatsächlich – so sie in großen Mengen auftreten – den Menschen das Leben erschweren können.

Plage Nummer 5: Die Viehpest (2. Buch Mose, Kapitel 9, Verse 1–7) suchte Menschen wie Tiere heim, löste ekelerregende Ge-schwüre aus. Vermutliche natürliche Ursache: eine Blatternart.

Hagel (2. Buch Mose, Kapitel 9, Verse 13–34) und Heuschrecken (2. Buch Mose, Kapitel 10, Verse 1–20) bedrohten vor Jahrtausen-den immer wieder die Existenz des ägyptischen Volkes. Leicht konnten üppig tragende Felder verwüstet, Ernten vernichtet und Hungersnöte ausgelöst werden.

Plage Nr. 9 führt zu vollkommener Finsternis (2. Buch Mose, Kapitel 10, Verse 21–29). Drei Tage lang soll es stockfinster im Land am Nil gewesen sein. Eine Sonnenfinsternis kommt wohl als Erklä-rung nicht in Frage, die hätte nicht so lange angehalten. Vermutlich war ein Sandsturm ungeheuren Ausmaßes verantwortlich.

Plage Nr. 10 mutet besonders grausam an – sie ist als einzige nicht die Folge von erklärbaren Naturphänomenen (2. Buch Mose, Kapi-tel 11, Vers 1): »Und der Herr sprach zu Mose: Eine Plage noch will ich über den Pharao und Ägypten kommen lassen. Dann wird er euch von hier wegziehen lassen, und nicht nur das, sondern er wird euch von hier sogar vertreiben.« Alle Neugeborenen, jedes Kälb-chen, jedes junge Schaf, aber auch jedes Menschenkind, vom Sohn des Pharao bis zum Kind der Magd, sollen getötet werden.

Da wird ein vermutlich schon zu Mose Zeiten jahrtausendealter, blutiger Brauch beschrieben. Die alten Nomadenvölker fühlten sich ohnmächtig den unheimlichen Göttern ausgeliefert. Wenn sie sich einige Zeit lang in einem Gebiet aufgehalten hatten, die mitgeführ-ten Herden das Land kahlgefressen hatten, waren sie gezwungen, die Zelte abzubrechen und neue Weideplätze zu suchen. Jetzt galt

es, die Götter milde zu stimmen. Sie sollten den Menschen wohl-
gesonnen sein, sie weiterziehen lassen und in Gefilde führen, die
günstige Lebensverhältnisse bieten würden. Um sich die Götter
gewogen zu machen, wurde ihnen geopfert. Viele Jahrtausende,
vermutlich sogar Jahrzehntausende, tötete man rituell Menschen,
verbrannte sie. Es mag auch zu Kannibalismus gekommen sein.

Praktisch, wie die Nomaden dachten, änderten sie im Lauf der
Jahrtausende den Brauch: Man feierte Opfermähler, schlachtete
Vieh, Rinder oder Lämmer – und verzehrte das Fleisch selbst.

Überstürzte Flucht und Verfolgung

Die Plagen zeigten Wirkung. Entsetzt ließ der Pharao die Hebräer
abziehen. Der Abschied aus der ägyptischen Knechtschaft mußte so
überstürzt erfolgen, daß nicht einmal mehr Brot als Wegzehrung
gebacken werden konnte. Der Brotteig mußte ungesäuert einge-
packt werden. So entstand der Brauch, Matzefladen aus ungesäuer-
tem Teig zuzubereiten. Sie werden noch heute in Israel an allen
hohen Feiertagen gegessen. Auch das Passahfest geht auf die Flucht
aus Ägypten zurück. Als die Erstgeborenen der Ägypter getötet
wurden, schritt Jahwe an den Häusern der Hebräer vorbei, deren
Kinder ja verschont werden sollten. Vorbeigehen oder vorbeischrei-
ten heißt paschah im Hebräischen.

Manfred Barthel stellt fest (*Was wirklich in der Bibel steht,* Düsseldorf 1987, S. 99): »So wurde aus dem heidnischen Opfermahl das
israelitische Fest eines Aufbruchs und schließlich das christliche
Abendmahl, wie wir das letzte Passah-Fest nennen, das Jesus mit
seinen Jüngern feierte. Aus dem alttestamentarischen Fest eines
Neubeginns wurde für Christen die Erinnerung an den Abschied
Jesu von dieser Welt.« (Siehe hierzu auch die Ausführungen über
Passah in *Jüdische Welt verstehen* von Alfred J. Kolatsch, Wiesbaden
1996, S. 206–243.)

Pharao Ramses ließ die Hebräer abziehen, weil ihn die zehn Plagen zur Überzeugung gebracht hatten, daß ihr Gott allem Anschein
nach weit mächtiger war als die Götter Ägyptens. Warum ließ er
dann aber die abrückenden Hebräer verfolgen? Es ist mehr als un-

wahrscheinlich, daß der Pharao eine gewaltige Streitmacht aufbot, um entfleuchter Sklaven wieder habhaft zu werden. Was mag der Grund für den Sinneswandel des Pharao gewesen sein?

Der eigentliche Grund wird im Alten Testament genannt. Im 2. Buch Mose (Kapitel 12, Vers 35) ist zunächst, recht beschönigend, davon die Rede, die Israeliten hätten sich, den Worten Moses folgend, »von den Ägyptern silberne Geräte geliehen«. In Vers 34 heißt es dann realistischer: »Sie beraubten die Ägypter.« Louis Ginzberg (*Legends of the Jews,* Philadelphia 1968) hat eine altjüdische Überlieferung ausgegraben. Demnach ließen die fliehenden Israeliten ein »goldenes Idol« mitgehen. Über diesen Diebstahl seien die Priester der Israeliten keineswegs glücklich gewesen. Es habe sich um eine von den Ägyptern angebetete Kultfigur gehandelt, die auf der Flucht auch von einem Teil der Israeliten verehrt wurde: »Das Volk aber blieb uneinsichtig und schenkte Moses keine Beachtung. Angeführt wurde es von einem Idol, das man aus Ägypten mitgenommen hatte.«

Wie das kostbare Objekt ausgesehen haben mag, ist nicht überliefert. Nach dem Berliner Forscher Jörg Dendl (*Herkunft und Verbleib der Bundeslade aus historischer Sicht,* G.R.A.L.-Sonderband 1, Berlin 1993) könnte es sich um eine »heilige Götterbarke« der Ägypter gehandelt haben.

War es der von den Israeliten begangene Diebstahl heiliger Gegenstände, der den Pharao dazu veranlaßte, ihre Verfolgung zu befehlen, nachdem er doch zunächst ihren Abzug genehmigt hatte?

Die Israeliten mieden bei ihrer Flucht einen Weg, der sich eigentlich angeboten hätte. Es gab da eine zu Mose Zeiten gepflegte Straße, die, parallel zur Mittelmeerküste verlaufend, fast direkt zum angestrebten Ziel führte. Freilich war diese Strecke denkbar ungeeignet: Sie wurde von zahlreichen Posten des Pharaos bewacht.

Man wandte sich daher zunächst gen Süden. Von Piraresse folgte man dem östlichen Deltaarm nach Sukkot, dann ging es weiter nach Etam, dann zunächst strikt südwärts über Massa, Elim, Serabit al Chadim, Paran, Refidim, schließlich wieder gen Norden über Hazerot, Jotbata, Abrona und dann über Arad ins Gelobte Land.

Diese Reiseroute wurde von Theologen nach den Texten des Alten Testaments rekonstruiert. Verfolgt man sie auf der Landkarte, so fällt ein eklatanter Widerspruch zur Bibel auf.

Im 2. Buch Mose (Kapitel 14, Verse 21–23) wird das wohl beeindruckendste Wunder, das sich auf der Flucht ereignete, beschrieben – Israels Durchzug durch das Rote Meer: »Als nun Mose seine Hand über das Meer reckte, ließ es der Herr zurückweichen durch einen starken Ostwind die ganze Nacht und machte das Meer trocken und die Wasser teilten sich. Und die Kinder Israels gingen hinein mitten ins Meer auf dem Trockenen, und das Wasser war ihnen eine Mauer zur Rechten und zur Linken. Und die Ägypter folgten und zogen hinein ihnen nach, alle Rosse des Pharao, seine Wagen und Männer, mitten ins Meer.«

Die von den Theologen reko..struierte Fluchtroute – so umstritten ihr genauerer Verlauf auch sein mag – macht freilich eine Durchquerung des Roten Meers vollkommen unnötig und überflüssig. Die Israeliten kamen demnach nicht einmal direkt ans Rote Meer, marschierten nur an der Küste seines nördlichen Ausläufers, des Golfs von Elat, entlang.

Naheliegende, ja einzig mögliche Schlußfolgerung: Das Rote Meer wurde gar nicht durchquert, mußte gar nicht von Gott geteilt werden. Dabei liest sich der Bibeltext so beeindruckend und wurde – Jahrtausende später – von Hollywoods Filmzauberern imposant auf die Leinwand gebannt. Alles Lug und Trug? Wurde eine klare Tatsachenbehauptung des Alten Testaments widerlegt? Das mag so scheinen, aber es zeigt sich auch hier, daß die Geschichte zumindest einen wahren Kern besitzt, der freilich vom Autor recht freizügig gestaltet wurde!

Liest man nämlich den hebräischen Originaltext, so muß man feststellen, daß da an keiner Stelle vom Roten Meer die Rede ist. Dieser Name war den alten Hebräern wohl auch gar nicht geläufig. Im Hebräischen wird immer der Terminus Yam Suph benutzt. Korrekt übersetzt bedeutet das Riedmeer oder Schilfmeer.

Emsige Übersetzer des Alten Testaments konnten mit Yam Suph nichts anfangen. Sie suchten auf der Landkarte nach einem Meer – und fanden das Rote. Wenn diese Verdeutschung aber falsch ist, läßt sich dann eine Region finden, auf die Riedmeer zutreffen würde?

Definitiv läßt sich heute eine sumpfige Gegend, die zu Mose Zeiten als Riedmeer hätte bezeichnet werden können, nicht mehr exakt lokalisieren. Geht man aber davon aus, daß sich die fliehenden Israeliten von Elat oder Abrona über Timna nach Norden wandten, dann müssen sie, um via Pumon, Ije Abarim und Dibon Gad den Berg Nebo zu erreichen, tatsächlich Sumpfregionen überwunden haben. In diesen Gefilden gedieh Schilf üppig – an den Ufern des Roten Meeres war es unbekannt.

Verlief also das Meerwunder weitaus undramatischer, als uns das Alte Testament glauben läßt? Blieben die schweren Pferdewagen der verfolgenden Ägypter im Schlamm stecken? Die Israeliten waren zu Fuß unterwegs – und viel beweglicher. Der Autor des biblischen Textes wollte nicht nur historische Geschehnisse vor dem Vergessen bewahren. Es war auch seine Absicht, seinen Gott zu loben und zu preisen. Verfolgende Pferdefuhrwerke, die im Dreck versinken, passen aber eher in einen humorvollen Schwank als in ein spannendes Melodram mit Gott als Retter aus höchster Not.

Zweifel müssen auch angemeldet werden, was die gewaltige Größe der Gruppe der fliehenden Hebräer angeht. 600 000 Mann sollen es gewesen sein – »ohne die Frauen und Kinder« (2. Buch Mose, Kapitel 12, Vers 37). Hier liegt mit großer Wahrscheinlichkeit ein Übersetzungsfehler vor. Das hebräische Zahlwort für tausend kann nämlich ebenso mit »Haupt« wiedergegeben werden.

So bietet sich eine weitaus vernünftigere Lesart an. »Also zogen die Kinder Israel aus von Ramses nach Sukkoth, sechshundert Häupter, ohne die Frauen und Kinder.«

So könnte sich die Flucht wirklich abgespielt haben: Ramses II. ließ eine relativ kleine Gruppe von einigen hundert, allenfalls wenigen tausend Sklaven abziehen. Als ihm berichtet wurde, daß sie – zunächst unbemerkt – wertvolle Kultgegenstände gestohlen hatten, ordnete er umgehend ihre Verfolgung an. Von Pferden gezogene, schwere Wagen wurden den Fliehenden nachgeschickt. Die Verfolgung entwickelte sich zu einer Anhäufung von ermüdenden Pannen. Während die Hebräer zu Fuß recht beweglich waren, kleinen Hindernissen ausweichen konnten, blieben die Wagen im Schlamm stecken.

Wie lang mag es gedauert haben, bis die ägyptischen Soldaten aufgaben? Wie viele von ihnen mögen tatsächlich umgekommen sein? Wie viele der Überlebenden haben sich wohl zurück zum

Pharao gewagt? So mancher von ihnen mag in der Fremde als freier Mann ein neues Leben begonnen haben. So üppig war der Sold in der Armee des Pharaos nun auch wieder nicht. Und jene, die an den Hof des ägyptischen Herrschers zurückkehrten, wie mögen sie die Vorfälle geschildert haben? Gewiß wollten sie nicht als unfähige Tölpel erscheinen, die mit ihren teuren und vielgepriesenen Streitwagen im Schlamm festsaßen. Vielleicht waren es gerade heimkehrende Ägypter, die beredt vom Meer fabulierten, das sich geteilt, die fliehenden Israeliten habe entkommen lassen. Wenn der Feind einen mächtigen Gott im Bunde hatte, da war es auch für wackere Soldaten keineswegs ehrenrührig, wenn sie nicht den erwünschten Erfolg verbuchen konnten. Und hatte Ramses II. nicht selbst nachgegeben, als dieser fremde Gott das Land mit Plagen peinigte?

Auf dem Gottesberg

Das wichtigste Ereignis der Flucht aus Ägypten war ohne Zweifel Moses Begegnung mit Jahwe auf dem Gottesberg. Im 19. Kapitel des 2. Buch Mose heißt es (Verse 1–5):

»Am ersten Tage des dritten Monats nach dem Auszug der Kinder Israel aus Ägyptenland, genau auf den Tag, kamen sie in die Wüste Sinai. Denn sie waren ausgezogen von Raphidim und kamen in die Wüste Sinai und lagerten sich dort in der Wüste gegenüber dem Berge. Und Mose stieg hinauf zu Gott. Und der Herr rief ihm vom Berge zu und sprach: So sollst du sagen zu dem Hause Jakob und verkünden den Kindern Israel: Ihr habt gesehen, was ich mit den Ägyptern getan habe und wie ich euch getragen habe auf Adlerflügeln und euch zu mir gebracht. Werdet ihr nun meiner Stimme gehorchen und meinen Bund halten, so sollt ihr mein Eigentum sein vor allen Völkern; denn die ganze Welt ist mein.«

Schließlich bekam Moses die Gesetzestafeln ausgehändigt, nach deren Vorschriften das Volk Israel künftig zu leben hatte. Der Besuch Moses auf dem Götterberg fand ein abruptes Ende. Zornig forderte ihn Jahwe auf, schleunigst zu den Seinen zurückzukehren (2. Buch Mose, Kapitel 32, Verse 8–10): »Sie sind schnell von dem Wege gewichen, den ich ihnen geboten habe. Sie haben sich ein gegossenes Kalb gemacht und haben es angebetet und ihm geopfert und gesagt: Das ist dein Gott, Israel, der dich aus Ägyptenland geführt hat. Und Gott der Herr sprach zu Mose: Ich sehe, daß es ein halsstarriges Volk ist. Und nun laß mich, daß mein Zorn über sie entbrenne und sie vertilge.«

Professor Dr. Georg Fohrer macht den Grimm Jahwes verständlich₿ (*Das Alte Testament*, Gütersloh 1969, S. 27): »Doch beginnt sogleich₿ der Abfall Israels, wie die Erzählung vom goldenen Stierbild zeigen soll, wobei zu beachten ist, daß der Stier ursprünglich die Macht und die Stärke der kanaanäischen Götter El und Baal repräsentiert hat.«

El, dessen Name sich auch in der Bezeichnung Elohim für Götter im Alten Testament findet, war ein westsemitischer Gattungsname für Gott, aber auch der Eigenname des syro-phönikischen Fruchtbarkeitsgottes. Er galt als Gatte der Atirat und der Aschera, als König der Götter, Vorsitzender des Götterrates. Atirat war Herrin und Mutter der Götter zugleich. Im Arabischen wurde sie als Gestirnsgöttin angebetet. Ascher wurde im Reiche Mari, im Heimatland Abrahams, verehrt. Ihr Sohn war Baal, zu dessen Ehren im alten Israel Menschenopfer dargebracht worden waren.

El und Baal wurden beide in Statuen als Stiere dargestellt. Ägyptischen Ursprungs war der Apis-Stier. Auf zahlreichen bildlichen Darstellungen wird er mit einer prachtvollen Sonnenscheibe zwischen den Hörnern gezeigt. Zentrum des Apis-Kults soll das ägyptische Sakkara gewesen sein.

Die Anbetung eines Stierbildes bedeutete den Rückfall in alte Glaubenswelten, die Abkehr von Jahwe, der das Volk Israel aus der ägyptischen Gefangenschaft befreit hatte – in den Augen Jahwes also Undankbarkeit in höchstem Grade, die nach Rache schrie. Moses argumentierte mit Jahwe, es gelang ihm, ihn von seinem wütenden Racheplan abzubringen. Was würden, meinte er, denn die Ägypter sagen? Wie würde ihnen ein Gott vorkommen, der zunächst sein Volk aus der Gefangenschaft rettet, nur um es dann kurz darauf auszurotten? Moses Worte zeigten Wirkung (2. Buch Mose, Kapitel 32, Vers 14): »Da gereute dem Herrn das Unheil, das er seinem Volk zugedacht hatte.«

Dennoch führte der Abfall vom Glauben zu einem grausamen Blutbad. Als Moses wieder bei den Seinen war, zerschlug er wütend die Gesetzestafeln und ließ das goldene Kalb zerstören. Dreitausend Mann aber, die dem Idol gehuldigt hatten, wurden getötet (2. Buch Mose, Kapitel 32, Vers 28).

Ein Engel aber, so erfuhr Mose von Jahwe, solle ihn künftig leiten, damit er sein Volk auf den rechten Weg bringen möge. Und Jahwe ließ Moses neue Gesetzestafeln anfertigen, auf die er ihm, zum zweiten Male, die Gebote schrieb (2. Buch Mose, Kapitel 34).

Gottes Gebote

Moses Entgegennahme der Gesetze stellt kein Novum dar. Rund ein halbes Jahrtausend zuvor erhielt der babylonische König Hammurabi von Sonnengott Schamasch persönlich strenge Gesetzesregeln. Die Vorschriften ähneln einander in auffälliger Weise. So heißt es bei Hammurabi:»Wenn jemand das Auge eines anderen zerstört, soll man ihm sein Auge zerstören. Wenn jemand die Zähne von einem anderen ausschlägt, soll man seine Zähne ausschlagen.« Bei Moses lesen wir (2. Buch Mose, Kapitel 21, Verse 23 und 24):»Entsteht ein dauerhafter Schaden, so sollst du geben Leben um Leben, Auge um Auge, Zahn um Zahn, Hand um Hand, Fuß um Fuß.«

Die Flut von Gesetzen, die auf die Begegnung zwischen Jahwe und Moses zurückgehen, ist fast unüberschaubar. In ihrer Detailfreude erinnern sie manchmal an die Klauseln einer Versicherungspolice, die alle nur denkbaren Schadensfälle festhalten soll. Da heißt es zum Beispiel (2. Buch Mose, Kapitel 21, Vers 33 und 34):»Wenn jemand eine Zisterne aufdeckt oder gräbt eine Zisterne und deckt sie nicht zu und es fällt ein Rind oder ein Esel hinein, so soll der Besitzer der Zisterne mit Geld dem anderen Ersatz leisten, das tote Tier aber soll ihm gehören.« Da werden Vorschriften für die großen Jahresfeste gegeben (2. Buch Mose, Kapitel 23, Verse 14–19), für den Bau der Bundeslade (2. Buch Mose, Kapitel 25, Verse 10–22) und der Stiftshütte (2. Buch Mose, Kapitel 26).

Am Berg von Sinai hätte es fast einen Rückfall in die Zeiten des alten Vielgötterglaubens gegeben. Damit sich dergleichen nicht wiederholen möge, verlangt das erste der Zehn Gebote, die – wenn sie befolgt würden – ein geradezu paradiesisches Leben zur Folge hätten:»Ich bin Jahwe, dein Gott. Du sollst neben mir keine anderen Götter haben.«

Das Alte Testament wird oft als das Gegenstück zum Neuen Testament gesehen. Der Gott des Neuen Testaments sei der Gott der Liebe und Vergebung, der des Alten Testaments der des Zorns und der Vergeltung. Tatsächlich muten viele der mosaischen Vorschriften aus heutiger Sicht grausam an – speziell wenn sie das Prinzip »Auge um Auge, Zahn um Zahn« propagieren. Aber auch diese Vorschriften hatten ein humanes Ziel: War einmal Unrecht geschehen, so sollte es umgehend vergolten werden – und damit war dann alles geklärt. Damit sollte die Blutrache abgeschafft werden, die oft zu einer Eskalation von Grausamkeiten führte. Geschah ein Verbrechen, so löste das – gemäß den Regeln der Blutrache – eine ähnliche Tat aus, die ihrerseits wiederum gerächt werden mußte.

Als das wichtigste Gebot des Neuen Testaments muß das der Nächstenliebe angesehen werden. So sagt Jesus (Matthäus, Kapitel 5, Vers 43): »Ihr habt gehört, daß gesagt worden ist, du sollst deinen Nächsten lieben und deinen Feind hassen. Ich aber sage euch: Liebet eure Feinde und betet für alle, die euch verfolgen.« So revolutionär sich diese Worte auch anhören – sie finden sich bereits fast in gleichem Wortlaut im Alten Testament – im 3. Buch Mose (Kapitel 19, Vers 18): »Du sollst dich nicht rächen noch Zorn bewahren gegen die Kinder deines Volkes. Du sollst deinen Nächsten lieben wie dich selbst: Ich bin der Herr.«

Die wichtigste Lehre Jesu, das Gebot der Nächsten- und Feindesliebe, findet sich also bereits im Alten Testament, das so grausam nicht ist, wenn wir es nur gründlich genug lesen.

Josua, die Trompeten von Jericho und König Saul

40 Jahre soll die Flucht der Söhne Israels durch die Wüste gedauert haben. Man mag fragen, ob diese Reise durch eine der unwirtlichsten Gefilde unseres Planeten wirklich so lange dauerte. Während des Wüstenzugs wurden die Fliehenden von Jahwe selbst geführt, der sich in einer geheimnisvollen »Wolken«- und »Feuersäule« zeigte. Mit himmlischem Manna wurden die Menschen gespeist.

Abschied von Ägyptens Göttern

Hinter sich ließen die Fliehenden nicht nur ein Leben als Sklaven, sondern auch eine vielfältige Götterwelt von manchmal verwirrender Vielfalt. Sandra Grabow weist in ihrer lesenswerten Studie »Die Menschen und ihre Götter« (*Unknown Reality,* Frankfurt/Oder 1996) darauf hin, daß der ägyptische Vielgötterglaube besonders vielfältig und komplex war.

Während sich die Kinder Israels bereits für den Monotheismus entschieden hatten, lebte in Ägypten noch der Vielgottglaube weiter. Freilich zeichnete sich auch im Land der Pharaonen ein starker Trend zur Ordnung in einer ursprünglich schier unübersehbaren Götterwelt ab. Es bildeten sich sogenannte Triaden heraus. Sandra Grabow schreibt: »Bei aller Mannigfaltigkeit und scheinbarer Willkür gibt es Übereinstimmungen in der Gruppierung der Götter in lokale Systeme. Die üblichste Gruppe ist die Triade, die aus zwei ›erwachsenen‹ und einer jugendlichen Gottheit besteht. Triaden stellen jedoch nur eine Auswahl dar, und so konnten andere Gottheiten mit der Gruppe eine lose Verbindung haben oder mit einzelnen ihrer Mitglieder ausgetauscht werden. Als Beispiel sei die thebanische Triade genannt, die aus Amun Re, Mut und Chons besteht, den drei Gottheiten der Haupttempel von Karnak.«

Das Alte Testament beschreibt historisch korrekt die politischen Machtverhältnisse in Ägypten, die es ermöglichten, daß Joseph zum »Unterkönig« aufsteigen konnte. Inzwischen sind die rätselhaften Hyksos – das mag um 1550 v. Chr. geschehen sein – wieder im Dunkel der Geschichte verschwunden. Das Land der Pharaonen hat zwar nochmals eine kurze Blütezeit erlebt, verlor aber rapide an Einfluß. So waren – um 1200 v. Chr. – die Bedingungen geradezu ideal für die Söhne Israels, um im Lande Kanaan einzumarschieren.

Die künftige Heimat der Israeliten war alles andere als eine feste politische Einheit. Kanaan, das »gelobte Land«, stand längst nicht mehr unter der zentralen Regierungsgewalt eines Pharaos. Lokale Herrscher fochten Streitigkeiten miteinander aus. Eine Gesamtarmee gab es nicht. Die örtlichen Landesfürsten verfügten über eigene Kleinarmeen, bekämpften sich gegenseitig. An die Macht

Ägyptens erinnerte eigentlich nur noch die unter Joseph eingeführte Pflicht, Steuern zu entrichten.

Aus einem einst reichen Kanaan war ein ärmliches Land geworden. Rücksichtslos hatten die Pharaonen darauf bestanden, daß ihnen die vereinbarten Tribute zu entrichten waren.

Unter Führung Josuas überschritten die Kinder Israels die Grenzen (1. Buch Josua, Kapitel 5, Vers 1). Endlich war die Zeit der langen Flucht durch die Wüste beendet. Die Israeliten (1. Buch Josua, Kapitel 5, Verse 11 und 12)»aßen vom Getreide des Landes am Tage nach dem Passa, nämlich ungesäuertes Brot und geröstete Körner. Sie aßen schon von der Ernte des Landes Kanaan in diesem Jahr.«

Begrüßt wurden die Ankömmlinge von einem»Engel des Herrn«, der ein Schwert in den Händen hielt. Der Hinweis auf diese Waffe (1. Buch Josua, Kapitel 5, Vers 13) ist von großer kulturhistorischer Bedeutung. Fällt doch in jene Zeit des Einzugs in das»Gelobte Land« eine wichtige Entdeckung. Man nutzte erstmals ein neues Metall – das Eisen. Es stellte freilich noch eine kostbare Rarität dar, wurde es doch aus vom Himmel gefallenen Meteoriten gewonnen. Deshalb wurden Waffen wie die des»Engels des Herrn« als»Schwerter vom Himmel« bezeichnet. So war ein eisernes Schwert die adäquate Ausstattung für einen himmlischen Boten.

Jericho

Wollten die Kinder Israels ins»Gelobte Land« einziehen, mußte Jericho erobert werden – eine wahrlich schwere Aufgabe. Jericho, Yeriho im Hebräischen, Ariha im Arabischen, liegt im Jordangraben, etwa 10 Kilometer nördlich des Toten Meeres in einer fruchtbaren Oase, die von der Eliasquelle (2. Buch Könige, Kapitel 2, Verse 19–22) mit frischem Wasser gespeist wird. Zu Josuas Zeiten war die Stadt bereits unvorstellbar alt. Eine erste Befestigungsanlage dürfte wohl schon um 8000 v. Chr. entstanden sein.

Höchst imposant und scheinbar uneinnehmbar waren die massiven Verteidigungsanlagen. Allein schon der in den harten Fels geschlagene Graben – neun Meter breit, drei Meter tief – und eine

79

gewaltige Mauer – zwei Meter dick, sechs Meter hoch – müssen auf die anrückenden Kinder Israels furchteinflößend gewirkt haben. Vermutlich wurde ihr Anmarsch von einem gewaltigen Rundturm aus – Durchmesser zehn Meter – beobachtet. Wie hoch er damals war, läßt sich nicht rekonstruieren, entsprechende Angaben fehlen im Alten Testament. Heute, Jahrtausende später, ragt er immerhin noch etwa zehn Meter in den Himmel.

Die gewaltige Wehranlage Jerichos hätte vermutlich von den Kindern Israels überrannt werden können, wären sie tatsächlich so zahlreich gewesen, wie von Moses angegeben. Vermutlich bestand aber die anrückende »Streitmacht« nicht aus 600 000, sondern eher nur 600 Menschen. Für das kleine Häuflein schien das erste große Hindernis unüberwindbar zu sein (1. Buch Josua, Kapitel 6, Vers 1): »Jericho aber war verschlossen und verwahrt vor den Kindern Israel, so daß niemand heraus- und hineinkommen konnte.«

Jahwe selbst gibt Anweisungen, wie gegen die Stadt vorzugehen sei (Verse 3–5): »Laß alle Kriegsmänner rings um die Stadt herumgehen einmal und tu so sechs Tage lang. Und laß sieben Priester sieben Trompeten tragen vor der Lade her, und am siebenten Tag zieht siebenmal um die Stadt und laß die Priester die Trompeten blasen. Und wenn man die Trompete bläst und es lange tönt, so soll das ganze Kriegsvolk ein großes Kriegsgeschrei erheben, wenn ihr den Schall der Trompete hört. Dann wird die Stadtmauer einfallen und das Kriegsvolk soll hinaufsteigen, ein jeder stracks vor sich hin.«

Die Bundeslade, die da nach den Anweisungen Jahwes um die Stadtmauern von Jericho getragen werden soll, wurde – so berichtet es das Alte Testament – nach den Anweisungen Gottes hergestellt, die Moses auf dem Götterberg übermittelt worden waren.

Jörg Dendl weist darauf hin (*Herkunft und Verbleib der Bundeslade aus historischer Sicht,* G.R.A.L.-Sonderband Nr. 1, Berlin 1993, S. 4), daß ähnliche Götterschreine gerade in Ägypten eine alte Tradition hatten. »In jedem Tempel befand sich im Allerheiligsten eine vergoldete Barke, auf der in einem verschließbaren Schrein die Statue des Gottes stand. An besonderen Festtagen wurden diese Barken aus dem Allerheiligsten hervorgeholt und in feierlichen Prozessionen herumgetragen. Zahlreiche Zeichnungen und Reliefs belegen diesen Brauch und liefern uns Anschauungsmaterial über

Moses empfing die Tafeln des Gesetzes auf dem Berg Sinai.

Als die Israeliten in der Wüste unter Plagen litten, goß Moses ein heilendes Bild einer ehernen Schlange.

81

Der Zerstörung der Stadt Jericho durch die Macht Gottes. Im Vordergrund die Bundeslade.

Die gestohlene Bundeslade wird im Triumphzug aus dem Lande der Philister zurückgebracht. Was die Bundeslade wirklich war, ist bis heute geheimnisumwittert.

Die Weisheit des König Salomo war berühmt. Die Königin von Saba besuchte ihn und schenkte ihm nach der äthiopischen Überlieferung einen Sohn.

Der Jerusalemer Tempelberg ist noch heute ein heiliger Ort für Juden, Christen und Moslems.

Der Tempel in Jerusalem war eines der großartigsten Gebäude der Antike.
Salomo ließ Baumeister aus Phönizien kommen, die ihn errichteten.

diese Götterbarken, von denen sich kein einziges Exemplar erhalten hat. Schon bei diesen Darstellungen zeigen sich frappierende Parallelen zur Bundeslade. Die Barken werden, wie es auch für die Bundeslade vorgeschrieben ist, ›auf den Schultern‹ (2. Buch Chroniken, Kapitel 35, Vers 3) getragen, und zwar von extra dafür abgestellten Priestern. Bei einzelnen dieser Barken finden sich geflügelte Gestalten, die sehr den Cherubim ähneln.«

Es wird in Kreisen der Alttestamentler heftig diskutiert, ob damals bereits die Bundeslade als echtes Heiligtum der Hebräer existierte, oder ob das sakrale Objekt gar nicht in die Zeit der Flucht aus Ägypten datiert werden dürfe. Es könnte sich bei der von Josua genannten Bundeslade tatsächlich um ein kastenförmiges Heiligtum gehandelt haben, das die Kinder Israels bei ihrer Flucht aus Ägypten mitgenommen haben. Heißt es doch im 2. Buch Mose (Kapitel 12, Verse 35 und 36): »Und die Israeliten taten nach dem Wort Moses und liehen sich von den Ägyptern silberne Geräte und Kleider. So beraubten sie die Ägypter.« Das Herumtragen der Lade, wie im Buch Josua beschrieben, entsprach jedenfalls altem ägyptischem Brauch.

Die Eroberung der Stadt beschreibt Josua (Kapitel 6, Vers 20): »Da erhob das Volk ein Kriegsgeschrei, und man blies die Trompeten. Und als das Volk den Hall der Trompeten hörte, erhob es ein großes Kriegsgeschrei. Da fiel die Mauer um, und das Volk stieg zur Stadt hinauf, ein jeder stracks vor sich hin. Sie eroberten die Stadt.«

Die Zerstörung der massiven Stadtmauern mit Hilfe von Trompeten gehört zu den großen Wundern, die in der Bibel beschrieben werden. An der Schwelle zum dritten nachchristlichen Jahrtausend wird das Wundersame von vielen Menschen abgelehnt, werden Texte wie der von Josua gern als unglaubwürdige Märchen abgetan. Oder man versucht, sie vordergründig rational zu erklären.

So wurde im Frühjahr anno 1964 am »Forschungsinstitut für Elektroakustik« in Marseille ein seltsames Phänomen beobachtet. Zahlreiche Mitarbeiter von Professor Vladimir Gavreau beklagten sich in zunehmendem Maße über Kopfschmerzen und Übelkeit. Man suchte nach einer Erklärung und entdeckte, daß ein unscheinbarer Ventilator niederfrequente Wellen erzeugte, die das gesamte Gebäude des Instituts in Infraschallschwingungen versetzte. Diese

Entdeckung veranlaßte nun Professor Gavreau dazu, gezielt die Wirkung von Schallwellen zu erforschen. Das Resultat der Studien: eine Schallkanone. 61 Schläuche preßten Luft durch ein schachbrettartiges Muster, erzeugten einen Ton von 196 Hertz, der eben noch vom menschlichen Ohr wahrzunehmen ist.

Verschiedene Modelle der Schallmaschine wurden gebaut: So stellte man im Auftrag des Professors einen Apparat her, der Schallwellen von 37 Hertz erzeugte und massive Mauern zum Erbeben brachte. Tatsächlich zeigte es sich, daß Mauern mit Tönen niedriger Frequenzen zum Einsturz gebracht werden können. So reizvoll aber die Vorstellung ist, Josua habe vielleicht eine technisch mögliche Schallkanone beschrieben, so unwahrscheinlich ist doch die technische Erklärung des biblischen Wunders. Es kann nicht bestritten werden, daß den Kindern Israels entsprechende erforderliche technische Voraussetzungen fehlten. Wir müssen also nach einer anderen, natürlichen Erklärung für den Einsturz der meterdicken Stadtmauern suchen.

Das Erdbeben von Jericho

Als die Israeliten sich dem Jordanfluß näherten, geschah Seltsames. Obwohl es die Zeit der Jordanschwemme war, konnten die anrückenden Hebräer trockenen Fußes das Flußbett durchschreiten (Josua, Kapitel 3, Vers 16):»Da stand das Wasser, das von oben herniederkam, aufgerichtet wie ein einziger Wall, sehr fern, bei der Stadt Adam, die zur Seite von Zarethan liegt; aber das Wasser, das zum Meer hinunterlief, zum Salzmeer, das nahm ab und floß ganz weg. So ging das Volk hindurch gegenüber von Jericho.«

Skeptiker wenden ein, hier werde kein historisches Ereignis beschrieben. Der Autor der Textpassage habe lediglich das wundersame Wirken Gottes darstellen wollen und auf die Schriften Mose zurückgegriffen. Er habe die Beschreibung des Zugs durch das »Rote Meer« zitiert, ein ähnliches Wunder erfunden. Tatsächlich aber könnte bei Josua ein ganz reales Naturphänomen beschrieben worden sein: ein Erdbeben.

In den vergangenen Jahrhunderten ereigneten sich im Raum Jericho immer wieder mehr oder minder starke Erdbeben. Diese führten immer wieder dazu, daß gewaltige Erdmassen von den Hügeln, durch die sich der Jordan schlängelt, abrutschten und den Fluß vorübergehend aufstauten. Ein solches Naturphänomen wird von Josua sehr präzise geschildert. Wenn Gesteins- und Erdmassen ein natürliches Hindernis erzeugten, dann flossen die Wassermassen hinter dem »Staudamm« ab, jene vor ihm stauten sich auf.

Die Begleiterscheinungen des Erdbebens werden auch an anderer Stelle beschrieben. Da ist (Josua, Kapitel 10, Vers 11) von »großen Steinen« die Rede, die Jahwe »herabwarf«.

Die biblische Stadt Jericho wird bereits seit Jahrzehnten archäologisch erforscht. Sie ist vermutlich eine der am besten erkundeten historischen Stätten, über die im Alten Testament berichtet wird. Und trotzdem ist ein Ende der Ausgrabungen noch nicht abzusehen. Es ist, wie bei so vielen jahrtausendealten Stätten unseres Globus, eine Frage der Finanzen, ob das biblische Jericho jemals wieder ganz ans Licht der Sonne gebracht werden wird. Unter ausgedehnten Hügeln werden, wohl mit Recht, noch viele Ruinen vermutet. Man mag beklagen, daß sie noch nicht wieder der Erde entrissen wurden. Andererseits sind bereits ausgegrabene Mauern und Tempelanlagen, die jahrtausendelang im Schoß der Erde verborgen lagen, heute von Umweltgiften gefährdet. So sind auch heute noch verschüttete Ruinen am besten geschützt.

Jericho wird schon seit Beginn unseres Jahrhunderts archäologisch untersucht. In den Jahren 1907 bis 1909 war eine deutschösterreichische Forschergruppe unter Leitung von Ernst Sellin und Carl Watziner vor Ort. Im Verlauf der folgenden Jahrzehnte wurden immer wieder neue Thesen aufgestellt und verworfen. Seit den fünfziger Jahren aber steht zweifelsfrei fest, daß Jericho zu den ältesten Städten unserer Erde gezählt werden muß. Die englische Archäologin Kathleen Kenyon stellte fest, daß die uralte Metropole im Verlauf der Jahrtausende immer wieder zerstört und neu wieder aufgebaut wurde. Die gewaltigen Wehranlagen fielen allem Anschein aber niemals in Kriegen – sie müssen als uneinnehmbar bezeichnet werden. Sie wurden von Erdbeben zerstört. Wie oft das geschah, läßt sich mit Gewißheit nicht mehr feststellen.

Um 1550 v. Chr., also zur Zeit der Hyksos in Ägypten, mag

Jericho wieder einmal einem Erdbeben zum Opfer gefallen sein. Als freilich die Stadt eingenommen wurde, gab es keine solche Naturkatastrophe. Verlief also der historische Einzug in das »Gelobte Land« weitaus undramatischer, als wir bei Josua lesen? Vermutlich war die noch heute so imposante Verteidigungsanlage zu Josuas Zeiten bereits ein Trümmerfeld, bot kein ernstzunehmendes Hindernis mehr. Wie aber konnte dann der biblische Autor historisch korrekt beschreiben, was lange vor seiner Zeit geschah?

Das Buch der Engel

Josua selbst gibt einen klaren Hinweis auf eine von ihm benutzte Quelle. Was in zahlreichen Bibelübersetzungen als Frage formuliert wird, ist im hebräischen Original eine Feststellung (Josua, Kapitel 10, Vers 13): »Das ist geschrieben im Buch der Starken.«

Was müssen wir uns unter diesem Buch vorstellen? Wir begegnen jenen geheimnisvollen »Starken« im Zusammenhang mit Manna, der mysteriösen Speise, von der die Israeliten während ihres 40jährigen Zuges durch die Wüste lebten. Im Psalm 78 (Verse 24 und 25) heißt es: »Und er ließ Manna auf sie regnen zur Speise und gab ihnen Himmelsbrot, Brot der Starken gab er ihnen, Brot der Engel aßen sie alle, er sandte ihnen Speise in Hülle und Fülle.«

Offensichtlich besaß also Josua ein »Buch der Engel« oder »Buch der Starken«. Vermutlich war jenes Buch noch zu Zeiten von König David bekannt (2. Buch Samuel, Kapitel 1, Verse 17 und 18): »Und David sang dies Klagelied über Saul und Jonathan, seinen Sohn, und befahl, man solle die Kinder Juda das Bogenlied lehren.« Bibelexperte Dr. Manfred Barthel geht davon aus, daß zu Zeiten Josuas ein Heldenepos, von dem heute nur noch der Titel – »Buch der Engel« – bekannt ist, Allgemeingut war. Eine Vermutung liegt nahe: Der Autor des Buches Josua baute in den Text vom Einzug in das »Gelobte Land« altes Wissen ein. Ihm lag das »Buch der Engel« vor. Und jenes Buch mag Beschreibungen enthalten haben – von der Zerstörung Jerichos durch Erdbeben.

Nach Professor Dr. Georg Fohrer war Jahwe ursprünglich ein in Teilen des späteren Israel verehrter Vulkangott. Es lag also nahe, diesen Gott, der zum alleinigen Gott Israels wurde, mit Naturkatastrophen wie Erdbeben in Verbindung zu bringen – besonders dann, wenn durch derlei Erderschütterungen die massive Wehranlage einer Stadt zerstört, dem Volk Israel der Einzug in das »Gelobte Land« ermöglicht wurde.

Es mag sein, daß der Marsch ins künftige Heimatland unter Josua wesentlich undramatischer verlief, fest steht aber, daß die Wunder, die sich beim Einmarsch abspielten, alles andere als erfundene Märchen, sondern korrekte Beschreibungen historischer Begebenheiten sind. Wieder einmal erwies sich das Alte Testament als ein Buch mit nachweislich historischem Hintergrund. Das haben archäologische Ausgrabungen eindeutig ergeben.

Über den Inhalt des »Buches der Engel« können wir heute nur noch spekulieren. Es mag zum religiösen Kult der Menschen gehört haben, die zur Zeit Josuas im Lande Kanaan siedelten. Wir wissen heute, daß es sich dabei um ein Volk von Bauern handelte, die – das bezeugen gut erhaltene Grabfunde aus jener Zeit – einen gehobenen Lebensstandard erreicht hatten. Sie verfügten über eine Schrift, die vermutlich aus ägyptischen Hieroglyphen entwickelt worden war. Sie bestand aber nicht mehr aus Hunderten, sondern nur noch 30 Symbolen. Sie war letztlich die Urform, aus der sich unser heutiges Alphabet entwickelte.

Im Zentrum des religiösen Lebens der Kanaaniter jener Zeit stand ein mächtiger Gott, der den einziehenden Israeliten wohlbekannt war: Es war Baal, der am Götterberg, als Moses die Zehn Gebote entgegennahm, in Gestalt des goldenen Stiers verehrt worden war.

Inwieweit die einmarschierenden Kinder Israels ihrem neuen Eingottglauben treu blieben oder rückfällig wurden, wiederum den alten Baal anbeteten, verrät das Buch Josua nicht. Ein Hinweis aus dem Buche Richter (Kapitel 13, Vers 1) legt aber nahe, daß der neue Jahwe-Glauben keineswegs unangefochten blieb: »Und die Israeliten taten wiederum, was dem Herrn mißfiel, und der Herr gab sie in die Hände der Philister vierzig Jahre.«

Josua, Nachfolger des Moses, sah sich als Streiter für Jahwe.

Kampf um den wahren Kult

Josua heißt in den hebräischen Schriften des Alten Testaments eigentlich Jehoschu. Sein Name ist religiöses Programm: Er läßt sich mit »Jahwe ist Rettung« übersetzen. Im Alten Testament wird Josua als wackerer Anführer beschrieben, der noch von Moses selbst zu seinem Nachfolger bestimmt worden war (5. Buch Mose, Kapitel 34, Vers 9): »Josua aber, der Sohn Nuns, wurde erfüllt mit dem Geist der Weisheit: denn Mose hatte seine Hände auf ihn gelegt. Und die Kinder Israel gehorchten ihm und taten, wie der Herr es Mose geboten hatte.« Josua gehörte zu jenen zehn Kundschaftern, die Moses ins »Gelobte Land« geschickt hatte, um die Lage zu eruieren. Er plante dann auch den Einzug nach Kanaan.

Josua ist es auch, der als wahrer Vater des Königreichs Israel angesehen werden muß. Mit ihm schließen die Bewohner Gibeons ein Bündnis. Denn er ist es, der – hochbetagt – die Führer der verschiedenen Völker Israels zusammenruft und sie dazu verpflichtet, Jahwe als den einzigen, alleinigen Gott Israels anzuerkennen. Er ist es, der auf Jahwes Befehl das »Gelobte Land« den einzelnen Stämmen zuweist (Josua, Kapitel 13, Vers 7): »So teile nun dies Land zum Besitz unter die neun Stämme und unter den halben Stamm Manasse.« Er ist es, der (Josua, Kapitel 11, Verse 16 und 17) »das ganze Land einnahm, das Gebirge und alles, was im Süden liegt, und das ganze Land Goschen und das Hügelland und das Jordantal und das Gebirge Israel mit seinem Hügelland von dem kahlen Gebirge an, das aufsteigt nach Seir hin bis nach Baal-Gad in der Ebene beim Gebirge Libanon, am Fuße des Berges Hermon«.

Schon zu Zeiten von Mose und Josua war immer wieder ein Konflikt zu spüren, gab es einen Kampf um den wahren religiösen Kult. Mag sein, daß Jericho von den Hebräern problemlos übernommen werden konnte. In Kanaan stellte sich ihnen ein mächtiger Feind entgegen: die Streitmacht der Philister.

Die Herkunft der Philister ist auch heute noch umstritten. Mit an Sicherheit grenzender Wahrscheinlichkeit waren sie kein alteingesessener Volksstamm im Lande Kanaan. Sie mögen von Kreta aus eingewandert, aber auch aus Griechenland gekommen sein. Vermutlich besiedelten sie, mehr oder minder zeitgleich mit den Kin-

90

dern Israels, das Land Kanaan und dienten den Ägyptern unter Ramses III. als Hilfstruppe, machten sich aber irgendwann selbständig. Grabfunde belegen, daß sie zeitweise Anhänger eines uralten Muttergöttinnen-Kultes gewesen sein müssen, der aus dem Mittelmeergebiet eingeführt wurde. In unterirdischen Tempeln auf Malta wurden Statuetten gefunden, die eine weibliche Gottheit darstellen. Ähnliche Figuren fertigten auch die Philister an. Sie hatten Hohlräume in den Brüsten, die mit Wachs gefüllt wurden. Erhitzte man diese Figürchen, was vermutlich bei religiösen Zeremonien geschah, lief das Wachs wie Milch heraus.

Die Philister bedrohten die gerade aus Ägypten geflohenen Ex-Sklaven militärisch. Es bestand die konkrete Gefahr, daß die Zugewanderten nicht, wie erhofft, eine neue Heimat finden, sondern von den Philistern niedergemetzelt, »bestenfalls« wieder zu Sklaven gemacht werden würden. Bedroht wurde aber auch der junge Jahwe-Glaube. Eine militärische Niederlage hätte auch bedeutet, den Glauben der Philister zu übernehmen, den eigenen aufzugeben.

Symbolisch dargestellt wird diese Auseinandersetzung zwischen der Jahwe-Religion und der der Philister am Beispiel der Bundeslade. Die heilige Reliquie hatte die Israeliten bei ihrem Zug durch die Wüste begleitet, sie wurde bei der Durchquerung des Jordans vorangetragen und bei der Eroberung Jerichos um die Stadtmauern geschleppt. In Silo wurde sie in einem Heiligtum deponiert, dann aber auf das Schlachtfeld im Krieg gegen die Philister getragen. Die erste Schlacht gewannen die Philister, sie raubten die Bundeslade (1. Buch Samuel, Kapitel 4, Vers 11): »Und die Lade Gottes wurde weggenommen.«

Triumphierend brachten die Philister ihr wertvolles Beutestück (1. Buch Samuel, Kapitel 5, Vers 1) »von Eben-Ezer nach Asdod«, stellten sie (Vers 2) »in das Haus Dagons neben Dagon«. Hatte Jahwe verloren? Würde er die Schmach hinnehmen, daß seine heilige Lade im Tempel des Kriegsgottes der Philister zur Schau gestellt wurde?

Jahwes Antwort fällt eindeutig aus. Tod und Verderben sucht die Philister heim (1. Buch Samuel, Kapitel 5, Vers 6): »Aber die Hand des Herrn lag schwer auf den Leuten von Asdod, und er brachte Verderben über sie und schlug sie mit bösen Beulen, Asdod und sein

Gebiet.« Die Plagen hören auch dann nicht auf, als man die heilige Lade erst nach Gath, von dort aus nach Ekron bringt.

Unzählige Menschen sterben, noch mehr werden von einer unheimlichen Krankheit heimgesucht. Die Philister geben sich geschlagen. Der Jahwe-Kult hat gesiegt, die Bundeslade wird an die ursprünglichen Besitzer, die Israeliten, zurückgegeben.

Umstritten ist die Zahl der Philister, die sterben mußten, weil sie sich des Heiligtums der Israeliten bemächtigt hatten. In neueren Übersetzungen, so etwa in *Die Bibel oder die ganze Heilige Schrift des Alten und Neuen Testaments nach der Übersetzung Martin Luthers* (Stuttgart 1972) wird Vers 19 aus Kapitel 6 des 1. Buch Samuel so übersetzt: »Aber die Söhne Jechonjas freuten sich nicht mit den Leuten von Beth-Schemesch, daß sie die Lade des Herrn sahen. Und der Herr schlug unter ihnen siebzig Mann.«

Der Sachverhalt mag zwar richtig wiedergegeben sein, aber der uns erhaltene hebräische Originaltext spricht von »siebzig Mann und fünfzigtausend Mann«.

Man mag darüber spekulieren, ob ursprünglich nur siebzig Todesopfer genannt wurden, die 50 000 weiteren Toten später eingefügt wurden, um Jahwe besonders stark und mächtig erscheinen zu lassen. Für diese Überlegung läßt sich ein wichtiges Indiz anführen. Josephus, der Geschichtsschreiber, berichtet in seinem Werk »Jüdische Altertümer« (6. Buch, Kapitel 1, Vers 4) ebenfalls nur von 70 Opfern.

Die Philister geben sich geschlagen. Sie erkennen die Überlegenheit des Jahwe-Kults an, schicken die Bundeslade zurück. Sie laden das unheimliche Kultobjekt auf einen Wagen, spannen zwei Kühe vor und lassen sie laufen. So gelangt das heilige Objekt zunächst nach Beth-Schemesch, dann nach Kirjath-Jearim. Dort bleibt es zwanzig Jahre lang (1. Buch Samuel, Kapitel 6, Verse 11–14).

Aber auch die Kinder Israels zeigen sich beeindruckt von der verheerenden Wirkung der Lade Jahwes auf die Philister. Offenbar gibt es unter ihnen immer noch Anhänger des Baal-Kults. Endgültig schwören sie dem fremden Glauben ab (1. Buch Samuel, Kapitel 7, Vers 4): »Da taten die Kinder Israel von sich die Baale und dienten dem Herrn allein.«

Sauls Siege – Sauls Tod

Bei Eben-Eser trafen die Streitkräfte Israels zum ersten Mal auf die der Philister. Die Philister siegten, wurden zu den Beherrschern des zentralen Palästina. Richtig erkannten die Militärs von Israel ihre einzige Chance: Sie mußten alle Kräfte vereinen, wenn sie in einem militärischen Gegenschlag die Philister besiegen wollten. Also wählten sie Saul zum König. Und Saul begann sofort den geplanten Krieg. Vermutlich organisierte er zunächst Partisanengruppen, die zahlreiche Überraschungsangriffe durchführten – mit Erfolg. Mit seinem Heer errang er Siege in Gilead, mit einem kleinen Stoßtrupp schlug er die Philister in Gibea, besiegte schließlich unter Aufbietung aller seiner Truppen das Heer der Philister bei Michmas (1. Buch Samuel, Kapitel 13, Vers 16). Die Truppen Israels freuten sich zu früh über den Sieg. Wenige Monate später griffen die Philister erneut an. Bewußt vermieden sie jede kriegerische Auseinandersetzung im Gebirge, attackierten Sauls Heer an der Quelle von Jesreel (1. Buch Samuel, Kapitel 31, Vers 10). Sie siegten. Saul erlebte ein schmachvolles Ende, das in krassem Gegensatz zu seinem glanzvollen Leben als König Israels stand.

Für die Autoren der Schriften des Alten Testaments stellten historische Fakten wichtige Informationen dar, die sie dazu benutzten, um das Wirken ihres Gottes darzustellen. So finden sich im Alten Testament zahllose historische Gegebenheiten, deren korrekte Darstellung von der Archäologie immer wieder von neuem bestätigt wurde. Den biblischen Autoren waren aber theologische Aussagen wichtiger als historisch korrekte Chroniken. So vermitteln die umfangreichen Darstellungen der Kriege zwischen den Truppen Israels und der Philister eine grundlegende Aussage: Israel ist so lange siegreich, wie die Gebote Gottes befolgt werden.

Saul mußte nach biblischem Verständnis sterben, weil er sich Jahwes Befehl widersetzt, eines seiner Gebote mißachtet hatte. So hatte Samuel Jahwes Befehl an Saul weitergeleitet, die Feinde zu schlagen und gegenüber den Besiegten keinerlei Milde walten zu lassen (1. Buch Samuel, Kapitel 15, Vers 3): »Verschone sie nicht, sondern töte Mann und Frau, Kinder und Säuglinge, Rinder und Schafe, Kamele und Esel.« Als freilich Saul dann die Schlacht

93

gewonnen hatte, verschonte er (Vers 9) »Agag und die besten Schafe und Rinder und das Mastvieh und die Lämmer und alles, was von Wert war, und sie wollten den Bann daran nicht vollstrecken, was aber nichts taugte und gering war, daran vollstreckten sie den Bann.«

Mildtätigkeit war dabei kaum sein Hauptmotiv. Saul wollte sich wohl bereichern, auf keinen Fall aber »wertvolles Gut« sinnlos zerstören. Wie man auch aus heutiger Sicht das Verhalten des Königs bewerten mag:

Aus biblischer Sicht zählte nur, daß er einen Befehl Jahwes nicht wortgetreu ausgeführt hatte. Die – wieder aus biblischer Sicht logische – Konsequenz folgte (Verse 10 und 11): »Da geschah des Herren Wort zu Samuel: Es reut mich, daß ich Saul zum König gemacht habe; denn er hat sich von mir abgewandt und meine Befehle nicht erfüllt.«

Samuel hielt dem König seinen Ungehorsam vor (Verse 22 und 23): »Siehe, Gehorsam ist besser als Opfer und Aufmerken besser als das Fett von Widdern. Denn Ungehorsam ist Sünde wie Zauberei, und Widerstreben ist wie Abgötterei und Götzendienst. Weil du des Herrn Wort verworfen hast, hat er dich auch verworfen, daß du nicht mehr König seist.«

Zwar vollstreckte Samuel noch das Todesurteil an Agag, wie von Jahwe gewünscht, »hieb ihn in Stücke« (Vers 33), das Los Sauls aber war besiegelt. Jahwe anerkannte ihn nicht mehr als König, leitete ihn nicht mehr, offenbarte ihm nicht mehr seine Weisheit. Saul, so berichtet das Alte Testament, versank in Verzweiflung, handelte erneut gegen göttliches Gebot. Er verkleidete sich und suchte bei En-Dor im Gebiet Issachars, etwa 10 Kilometer südöstlich von Nazareth gelegen, ein Totenorakel auf. Er befragte »ein Weib, das Tote heraufbeschwören konnte«. Durch die Zauberin ließ er den Geist des toten Samuel befragen. Der beklagte sich zunächst (1. Buch Samuel, Kapitel 28, Vers 15): »Warum hast du meine Ruhe gestört, daß du mich heraufsteigen lässest?« Dann enthüllte er Saul schlimme Zukunftsvisionen (Verse 18 und 19): »Weil du der Stimme des Herrn nicht gehorcht und seinen grimmigen Zorn nicht an Amalek vollstreckt hast, darum hat der Herr dir das jetzt getan. Dazu wird der Herr mit dir auch Israel in die Hände der Philister geben. Morgen wirst du mit deinen Söhnen bei mir sein. Auch wird der Herr das Heer Israels in die Hände der Philister geben.«

König Saul hatte nicht nur Jahwes Befehl mißachtet, er hatte zudem mit der Totenbefragung gegen eines der zahlreichen mosaischen Gesetze verstoßen. Das Befragen der Geister von Verstorbenen galt nämlich als todeswürdiges Vergehen (3. Buch Mose, Kapitel 20, Vers 27). Saul selbst hatte versucht, alle Hexer und Zauberer in seinem Reich dem mosaischen Gesetz gemäß steinigen zu lassen.

So wurde Sauls grausiges Ende von den biblischen Autoren nur als logische Konsequenz seines Tuns angesehen: Saul beging Selbstmord, sein Leichnam wurde an die Mauer von Bet-Schean gehängt (1. Buch Samuel, Kapitel 31, Vers 10), sein Schädel ans Haus Dagons, des Kriegsgottes der Philister, genagelt (1. Buch Chroniken, Kapitel 10, Vers 10) und seine Rüstung im Haus der Astarte als Siegestrophäe ausgestellt (1. Buch Samuel, Kapitel 31, Vers 10).

Ein schimpflicheres Ende war für Saul, einst König von Gottes Gnaden, kaum denkbar. Sein Schädel zierte den Tempel des Kriegsgottes seiner Gegner, seine Rüstung kam in den der Astarte, der heidnischen Fruchtbarkeitsgöttin.

Ob das Ende des historischen Saul im Alten Testament richtig beschrieben wird, läßt sich nicht feststellen. Die wichtigsten Stätten wurden aber entdeckt und archäologisch erforscht. Gibea, wo Saul einst gegen die Philister siegte, liegt unter einem Hügel fünf Kilometer nördlich von Jerusalem. Die Erhebung heißt prosaisch Tell el-Ful, was »Bohnenhügel« bedeutet. Um 1000 v. Chr. hat Saul einst hier seine erste Festung errichtet, aus massiven Steinen eine Trutzburg bauen lassen. Siebzig Kilometer nördlich von Gibea konnte ein eher schäbig wirkender Schutthügel als Bet-Schean identifiziert werden. Unmengen von Steinbrocken konnten bislang keinem bestimmten Gebäude zugeordnet werden. Archäologen meinen aber, die Grundmauern von zwei Tempeln eindeutig identifiziert zu haben. Sie waren Dagon und Astarte geweiht. Das Symbol der Astarte war die Schlange, Zeichen der Fruchtbarkeit. Ihr Symbol fand sich eingeritzt in zahlreiche Steine.

Ein Kreis schloß sich: Als Moses und Aaron den Pharao baten, er möge das Volk Israel aus der Knechtschaft entlassen, kam es zu einem Wettstreit mit ägyptischen Zauberern, »Stöcke« wurden zu

Schlangen. Aarons Schlangen besiegten die ägyptischen, die Götter Ägyptens unterlagen dem Gott Mose. Jetzt hatte sich das Blatt wieder gewendet. Mit den Philistern obsiegte vorerst ihre Schlangengöttin Astarte. Dennoch stand ihre Niederlage unmittelbar bevor.

David, der Riese Goliath und der Teufel

König David – etwa 1004–965 v. Chr. – ist eine der wichtigsten historischen Persönlichkeiten des Alten Testaments. Sein kometenhafter Aufstieg wird im Alten Testament (1. Buch Samuel, Kapitel 16; 2. Buch Samuel, Kapitel 5) ausführlich beschrieben: David, in Bethlehem geboren, wurde zunächst Hirtenjunge, kam dann als Knappe und Zitherspieler an den Hof Sauls, gewann im Zweikampf gegen Goliath, erhielt Sauls Tochter zur Frau, wurde von Saul verfolgt und scharte eine Gruppe von Söldnern um sich. Nach König Sauls Tod machte ihn der Stamm Juda zu seinem König. Schließlich erkoren ihn die Abner zum Oberhaupt des Nordreichs. Im Kampf gegen die Hethiter war er siegreich. Er befreite Jerusalem, vereinigte die eroberten Gebiete der Kanaanäer, Syrer, Moabiter und Edomiter zu einem Großreich und schlug eine Revolte seines Sohnes nieder.

Sehr aufschlußreich bezüglich der Welt der Götter, Engel und Dämonen sind Erzählungen aus dem Leben des David, die von kritischen Theologen meist als Legenden abgetan werden.

David wird als treuer Jahwe-Anhänger geschildert. Er war es, der die Bundeslade nach Jerusalem brachte, der die Stadt zum Zentrum des Eingottglaubens machte (2. Buch Samuel, Kapitel 6, Verse 2–10 und 1. Buch Chroniken, Kapitel 13, Verse 1–14). Ein erster Versuch, den heiligen Kultgegenstand zu transportieren, scheiterte zunächst, als Usa den Schrein berührte und tot zu Boden sank. Schließlich wurde die Lade von Priestern auf den Schultern getragen. Ein Stier wurde getötet – wohl auch als symbolische Geste, war doch der Stier die Personifizierung alter Götter wie El oder Baal.

Davids Kampf gegen alte Glaubensüberlieferungen wird auch in einer der bekanntesten Erzählungen des Alten Testaments symbolisch dargestellt.

David und Goliath

Der Riese Goliath wird als ein wahrer Gigant beschrieben. Der Vorkämpfer aus dem Heer der Philister war nach dem 1. Buch Samuel (Kapitel 17, Verse 4–7) etwa 2,90 Meter groß, sein kupfernes Panzerhemd wog fast 60 Kilogramm, die Klinge seines Schwertes war fast sieben Kilogramm schwer. Er forderte Israel auf, man möge einen Krieger stellen, der den Zweikampf mit ihm wage. 40 Tage lang verhöhnte er seine Gegner, überhäufte sie mit Spott, doch kein Mann Israels trat ihm entgegen. Schließlich aber stellte sich David dem scheinbar aussichtslosen Kampf (1. Samuel, Kapitel 17, Verse 40–43): »David wählte fünf glatte Steine aus dem Bach und tat sie in die Hirtentasche, die ihm als Köcher diente, und nahm die Schleuder in die Hand und ging dem Philister entgegen. Der Philister aber kam immer näher an David heran, und sein Schildträger ging vor ihm. Als nun der Philister aufsah und David anschaute, verachtete er ihn, denn er war noch jung, und er war bräunlich und schön. Und der Philister sprach zu David: Bin ich denn ein Hund, daß du mit Stecken zu mir kommst? Und der Philister fluchte dem David bei seinem Gott und sprach zu David: Komm her zu mir, ich will dein Fleisch den Vögeln unter dem Himmel geben und den Tieren auf dem Felde.«

»Du kommst zu mir mit Schwert, Lanze und Spieß«, antwortete David (Verse 45 und 46), »ich aber komme zu dir im Namen Jahwes, des Gottes des Heeres Israels, den du verhöhnt hast. Heute wird dich Jahwe in meine Hand geben, daß ich dich erschlage und dir den Kopf abhaue.«

Dann ging alles sehr schnell: Zielsicher schleuderte er dem Riesen Goliath einen Stein an die Stirn, »der Philister fiel mit dem Gesicht zu Boden« (1. Buch Samuel, Kapitel 17, Vers 49). Triumphierend (Vers 51) »lief David hin und griff sein Schwert, zog es aus der Scheide, schlug ihm den Kopf ab und tötete ihn«.

Theologische Sprachwissenschaftler sind nun zu der Überzeugung gekommen, daß Davids Heldentat alles andere als historisch sei. Sie verweisen auf einen ähnlichen Text, der ebenfalls ins Alte Testament aufgenommen wurde (2. Buch Samuel, Kapitel 21, Vers 19): »Als es wieder einmal bei Gob zum Kampf gegen die Philister kam, erschlug

Elhanan den Sohn Jairs aus Bethlehem, den Goliath aus Gat.« Mit Hilfe wissenschaftlich anerkannter Textanalysen weisen sie nach, daß dieser zweite Text bereits um 950 v. Chr. verfaßt wurde, während die David-Goliath-Legende erst 580. v. Chr., also erst etwa 350 Jahre später, entstanden sei. Sie sind davon überzeugt, daß – wenn überhaupt je ein Riese erschlagen wurde – Elahan der wirkliche Goliath-Bezwinger war. Man habe David die Heldentat eines anderen zugeschrieben, um seine Biographie imposanter erscheinen zu lassen.

Die Theologen haben gewiß recht – und das beweist ein eher unscheinbarer Vers (1. Buch Samuel, Kapitel 17, Vers 54): »David aber nahm des Philisters Haupt und brachte es nach Jerusalem.« Das aber ist schlechterdings unmöglich. Als nämlich David im Heer des Saul kämpfte, gehörte Jerusalem noch gar nicht zum Königreich. Nie und nimmer hätte man David damals in die Stadt gelassen.

Weitaus wichtiger als die Frage nach der Historizität aber war für die Menschen des alten Israel die symbolische Aussage: Nach altjüdischen Überlieferungen stiegen einst die Göttersöhne vom Himmel und zeugten Nachwuchs. So steht es bei Moses (1. Buch Mose, Kapitel 6, Vers 4), aber auch im Buch Henoch. Aus der Verbindung zwischen den Göttersöhnen, die auch als gefallene Engel bezeichnet wurden, und den Menschentöchtern gingen die Riesen hervor.

David tötete im Namen von Jahwe einen Riesen, im Namen des Gottes, gegen den sich die gefallenen Engel verschworen hatten. Er rächte so nicht nur die Beleidigungen Goliaths, die der Gigant gegen Jahwe ausgestoßen hatte, sondern letztlich auch das Verbrechen der abtrünnigen Engel, die Gott nicht mehr als »oberste Autorität« anerkannt hatten.

Die David-Biographie des Alten Testaments enthält einen weiteren Hinweis auf uralte Glaubensvorstellungen, der freilich meist überlesen wird.

David und die Götzenfigur

Es wird im Alten Testament mehrfach darüber berichtet, daß Saul seinen Sohn David ermorden lassen wollte. Einmal schickte er gedungene Mörder in das Haus Davids, doch der junge Mann wurde rechtzeitig gewarnt und konnte fliehen. Seine Frau Michal blieb zurück und griff zu einer List (1. Buch Samuel, Kapitel 19, Vers 13): »Dann nahm Michal das Götzenbild und legte es aufs Bett und ein Geflecht von Ziegenhaaren zu seinen Häupten und deckte ein Kleid darauf.«

Was in modernen Übersetzungen mit »Götzenbild« wiedergegeben wird, heißt im hebräischen Original »Teraphim«. Dabei handelte es sich um Kultobjekte, deren Gestalt nicht mehr eindeutig bestimmt werden kann, um Hausgötter oder Hausgötzen. Einige von ihnen hatten wohl die Größe und Form eines Menschen. Andere waren so klein, daß sie in einen Frauensattelkorb paßten.

Ähnliche Figuren wurden bereits in sumerischen Keilschrifttexten beschrieben, die vor gut 4000 Jahren entstanden sein dürften. Sie wurden als gistugpis bezeichnet und zu Orakelzwecken benutzt. Hergestellt wurden sie in speziellen Manufakturen, bimuummu genannt. Offenbar waren sie sehr wertvoll. Sie standen in der Regel nur Königen und höchsten Beamten zur Verfügung. In seltenen Ausnahmefällen war es Normalsterblichen gestattet, die Orakelfiguren mit Hilfe spezieller Mittelsmänner zu befragen.

Auch das Alte Testament nennt einen bedeutenden Hersteller der geheimnisvollen Figuren: Therach, Vater Abrahams. Im 1. Buch Josua (Kapitel 24, Vers 2) wird ein entscheidender Hinweis gegeben: »Eure Väter wohnten vorzeiten jenseits des Euphratstroms, Thera, Abrahams und Nahors Vater, und dienten den Göttern.« Da Therach in Ur in Chaldäa lebte (1. Buch Mose, Kapitel 11, Vers 28), liegt die Vermutung nahe, daß er ein Anhänger von Sin, dem Hauptgott jener Region, war. Bei Sin handelte es sich um einen akkadischen Mond- und Orakelgott. Auffällig sind gewisse Parallelen zu Jahwe. So mußten an seinem Festtag, am Sabattu, alle körperlichen Tätigkeiten gemieden werden – wie am Sabbat Jahwes.

Dargestellt wurde der bedeutende Gott als Stier. Nach ihm wurde vermutlich die Wüste südlich von Palästina »Wüste Sin« (2. Buch Mose, Kapitel 16, Vers 1), aber auch der Berg Sinai benannt. Auf jenem Berg traf sich ja nach den Schriften des Alten Testaments Moses mit Jahwe. Während seiner Abwesenheit schufen sich die wankelmütigen Kinder Israels ein »Götzenbild« – in Gestalt eines Stiers.

Es kann keinen Zweifel geben: Teraphim waren Relikte aus der Zeit des Vielgottglaubens. Ihre Anfertigung war nach dem mosaischen Gesetz verboten (2. Buch Mose, Kapitel 20, Vers 4). Wer sie benutzte, machte sich der Zauberei schuldig und wurde mit der Todesstrafe bedroht. Dennoch muß es aber noch zu Davids Zeiten, also nach dem Einzug in das Gelobte Land, nachdem Jahwe längst zum alleinigen Gott erklärt worden war, immer noch Teraphim-Götzen in den Haushalten gegeben haben. Wie fest verwurzelt der alte Götzenglauben im Volk war, beweist die Tatsache, daß König Josia 622 v. Chr. – also rund 350 Jahre nach David – eine regelrechte Kampagne durchführen mußte, um dem Jahwe-Glauben zum Sieg zu verhelfen.

Vermutlich benötigte er sechs Jahre, um die alten Kultstätten und Götterfiguren in seinem Reich zu zerstören (2. Buch der Könige, Kapitel 23, Verse 10–20). So entdeckte er zum Beispiel, daß noch immer »heilige Pferde« gehalten wurden – in Erinnerung an einen alten Sonnenkult. Josia schaffte sie ab und verbrannte »die Wagen der Sonne« – vermutlich »Götterbarken« ägyptischer Herkunft. Er zerschlug Bildnisse der Aschera, Mutter des Baal.

David und der Teufel

David lebte in einer kriegerischen Zeit. Viele Jahre seiner Regentschaft verbrachte er damit, die Philister zu bekämpfen. Für ihn als Militärstrategen war es daher von großer Wichtigkeit zu wissen, wie viele Männer im wehrfähigen Alter zur Verfügung standen, die im Falle eines Krieges zu den Waffen gerufen werden konnten. Der König ließ also eine Volkszählung durchführen.

Das aber war nach dem Verständnis der Israeliten nicht nur eine schlimme Anmaßung, sondern eine arge Sünde. Stand es doch, so glaubte man, nur Jahwe selbst zu, festzustellen, wie viele Menschen im Lande Israel lebten und wie viele Tote bestattet worden waren. Indem nun David zum Volkszensus aufrief, versündigte er sich nach diesem Verständnis gegen Jahwe.

Dementsprechend hält das Alte Testament (1. Buch Chroniken, Kapitel 21, Vers 1) fest: »Der Satan trat gegen Israel auf und reizte David, Israel zu zählen.«

Die Strafe folgte umgehend. Im Gebiet »zwischen Dan und Beerscheba« starben 70000 Mann an der Pest. Als der »Engel des Herrn« auch noch Jerusalem heimsuchen und weitere Menschen verderben wollte, flehte David Jahwe an (2. Buch Samuel, Kapitel 24, Vers 17): »Siehe, ich habe gesündigt, ich habe die Missetat getan: was haben diese Schafe getan? Laß deine Hand gegen mich und meines Vaters Haus sein!«

Tatsächlich wurde von nun an Davids Familie vom Unglück heimgesucht. Sein Lieblingssohn Absalom erschlug seinen Bruder, der sich sexuell an der eigenen Schwester vergriffen hatte. Absalom selbst erniedrigte seinen Vater David, nahm sich die Nebenfrauen des Königs als Geliebte.

Kurioserweise wurde die Volkszählung Davids nach dem 2. Buch Samuel (Kapitel 24, Vers 1) von Jahwe selbst angeregt. Warum hätte er dann aber für ein Vergehen, das er selbst veranlaßt hatte, eine so grausame Strafe verhängen sollen?

Von Satan und anderen Teufeln

Der Name Satan taucht im Alten Testament zum ersten Mal im 1. Buch Chroniken, Kapitel 21, Vers 1 auf. Im altjüdischen Verständnis galt er als der Herrscher der Dämonen, der gefallenen Engel, die sich gegen Jahwe erhoben hatten. Im Neuen Testament erhielt er verschiedene Beinamen: »der Versucher« (Matthäus, Kapitel 4, Vers 3) und »Vater der Lüge« (Johannes, Kapitel 8, Vers 44; und Offenbarung, Kapitel 12, Vers 9). Eine wesentliche Rolle spielt er im Buch Hiob. Er trat als »Ankläger«, als Gottes Gegenspieler auf.

Bei einem Treffen Jahwes mit den »Gottessöhnen« (Buch Hiob, Kapitel 1, Vers 6) trug Satan ein Anliegen vor. Er habe die Erde durchstreift. Jahwe fragte dann, ob er denn den frommen Hiob bemerkt habe (Vers 8). Der sei doch nur so lange fromm, wie es ihm gut ergehe, behauptete Satan (Vers 9). Jahwe ließ sich herausfordern. Er gestattete es Satan, Hiobs Hab und Gut zu nehmen, seine Familie zu töten, Hiob selbst mit schlimmen Geschwüren zu quälen. Hiob aber blieb ein gottesfürchtiger Mann.

Laut dem fundamentalen Nachschlagewerk *Das geheime Wissen der Frauen* (Frankfurt 1993, S. 956) war »Satan wie alle sogenannten Teufel ursprünglich ein Gott«. Im alten Ägypten wurde Sata, eine Riesenschlange, als Sohn der Erde verehrt. Er galt als unsterblich. Seine Anhängerinnen und Anhänger waren davon überzeugt, daß man von Sata das ewige Leben erlangen könne – durch inbrünstiges Gebet.

So wie der Teufel in der christlichen Vorstellung das unterirdische Gegenstück zum himmlischen Gott ist, so war der ägyptische Schlangengott das Pendant zum himmlischen Horus-Ra. Sata entsprach aber auch der Unterweltschlange des Apoll – und dem Apollyon der Hebräer. Er wurde als »Geist der Unterwelt« gefürchtet. Man stellte sich ihn als düstere Gestalt, als Personifikation der unterirdischen Höllenwelt vor. Dort hausten die Rafa'im, schattenhafte Jenseitsgeister. Auch das Geschlecht der Riesen, zu dem Goliath gezählt wurde, war unter der gleichen Bezeichnung bekannt.

Auch im alten Indien gab es eine Satan-Gestalt. Er war der phallische Gemahl der Göttin Sati. Der gleiche Name wurde für eine Göttin in Oberägypten benutzt. Dort regierte sie das »Land Sati«, die wichtigste Provinz. Ihre heilige Stadt war Abu.

Im islamisch-arabischen Raum galt Allah als »einziger Schöpfer- und Richtergott«. Er formte aus Licht die Mala'ika, Engel, die als Boten zu den Menschen gesandt werden, die aber auch die Taten der Menschen überwachen. Sie bilden Allahs Hofstaat und bewachen die himmlischen Mauern, verteidigen sie gegen die ebenfalls von Gott – aus Feuer – geschaffenen Djinn. Diese schwarzen Engel ähneln in verblüffender Weise den gefallenen Engeln des Alten Testaments und des Buches Henoch. Sie sind Mischwesen aus Mensch und Dämon, sterblich und pflanzen sich auf höchst irdische Weise fort.

So wie der Satan des Alten Testaments Menschen in Versuchung führen, vom tugendhaften Weg ablenken wollte, so soll es eine Hauptaufgabe der Ghul, einer Untergruppe der Djinn, sein, Menschen bei gefährlichen Wanderungen durch die Wüste ins Verderben zu locken. Hatten sie sich erst einmal verlaufen, stürzen sich die menschenfeindlichen Dämoninnen auf ihre Opfer, um sie aufzufressen. Sie werden den Djinn zugerechnet. Man sagte ihnen nach, daß sie ihr Äußeres beliebig verändern könnten.

Der Satan des Alten Testaments trägt auch den Namen Luzifer. Diese Benennung – zu Deutsch Lichtbringer – kann als Hinweis darauf gesehen werden, daß es sich bei ihm zunächst um eine durchaus positive Gestalt gehandelt hat. Er gehörte ja ursprünglich dem Hofstaat Jahwes an, verschwor sich dann aber gegen Gott. Durchaus gute Wesen müssen auch einst die Fomori oder Fomore gewesen sein. Vor vielen Jahrtausenden waren es vermutlich – zu Zeiten eines Matriarchats, als die Menschen daran glaubten, ihr Leben werde von Göttinnen bestimmt – hochstehende, mächtige Wesen. Aus ihnen wurden dann aber, mit dem Einsetzen des Patriarchats, düstere Gestalten der Finsternis, Dämonen der Unterwelt.

Alte irische Überlieferungen bezeichnen sie als monströse Wesen von gigantischem Wuchs. Sie waren die Goliaths der Kelten. Hauptgegner dieser Wesen waren die Tuatha De Danann, die einst vom Himmel auf die Erde herabgestiegen sein sollen. Auch sie wurden im Lauf der Jahrhunderte dämonisiert, in riesige Grabhügel gesperrt, wo sie ein trauriges Los als Geister fristen müssen.

Glück hatte die irische Göttin Brigid, direkte Nachkommin des höchsten Keltengottes Lug. Zu Deutsch bedeutet ihr Name »heller Pfeil«, erinnert an den »Lichtbringer« Luzifer. Sie durfte zwar nicht ihren Status als Göttin behalten, wurde aber nicht verteufelt, sondern verschmolz unter christlichem Einfluß mit »Brigid Thaumaturga«, der »wundertätigen Brigida«.

Das Bild von Satan als dem Widersacher Gottes im Alten Testament wurde gewiß auch von ägyptischen Vorstellungen geprägt. Sehr stark wurde es aber beeinflußt von der altpersischen Lehre des Zarathustra.

Zarathustra, sein Name läßt sich mit »der Kamelreiche« übersetzen, was auf wohlhabende Herkunft schließen läßt, lebte im westlichen Iran. Wann das war, ist umstritten. Unterschiedliche Daten werden genannt: von 1000 bis 600 vor Christi Geburt. Die Lehre des Propheten Zarathustra ist von strengen Gegensätzen geprägt. Gut und Böse stehen einander gegenüber. Der alleinige, einzige Gott, Ahura Mazda genannt, existierte von Anbeginn der Zeit, war von Anfang an das Gute – so wie sein Gegenpart Angra Mainyu, später Ahriman, von Anfang an das Böse war.

Im heiligen Buch der Avesta heißt es: »Im Anfang waren die

beiden Geister, welche als Zwillinge und jeder für sich waren. Unter diesen beiden Geistern wählte sich der ungläubige Geist das schlechte Tun, aber der heilige Geist die Gerechtigkeit.«

Ahura Mazda kreierte zunächst sechs Engel, Ameshas Spentas, »unsterbliche Heilige«, die ihn wie ein Hofstaat umgaben. Sie griffen wohlwollend in das Geschehen auf der Erde ein, förderten das gute Denken, wollten das »Reich des göttlichen Willens« verwirklichen und sorgten für das Wohlergehen der Menschen von heute, bereiteten aber auch die Unsterblichkeit einer Welt von übermorgen vor.

Angra Mainyu schuf ebenfalls sechs Geistwesen, deren Aufgaben rein negativ ausgerichtet waren. Sie verbreiteten Lüge und schlechtes Denken, förderten Auflehnung gegen das Gute und trachteten danach, Verderben und Elend zu mehren.

Der Mensch muß sich, so besagt es die Lehre von Zarathustra, zwischen den beiden entgegengesetzten Polen entscheiden: für das Gute oder das Böse. Aber auch wenn er einmal den Teufeln und Dämonen gefolgt ist, so kann er doch immer noch hoffen. Er muß sich dann in strengen kultischen Riten wieder reinigen.

Im Augenblick des Sterbens sah sich der Zarathustra-Anhänger teuflischen Dämonen ausgesetzt. Jene bösen Mächte verloren aber an Einfluß, wenn der Sterbende gebeichtet hatte. Zusätzlichen Schutz sollte ein Unsterblichkeitstrank bieten. Der Tote wurde schließlich von den Hinterbliebenen drei Tage lang umsorgt. Spezielle Riten wurden zelebriert, Gebete gesprochen, Opfer dargeboten – um die teuflischen Dämonen zu bannen.

Am vierten Tag schließlich reiste die Seele des Verstorbenen auf einer »Windbrücke« gen Himmel. Ein letztes Gericht wartete auf sie, um ihr Leben zu beurteilen. Je nachdem wie der Schiedsspruch ausfällt, darf sie ins Paradies eingehen oder stürzt in den Abgrund der Hölle.

Die gerechte Seele nimmt schon von weitem die Düfte des Paradieses wahr. Begrüßt wird sie von einer engelartigen Jungfrau, einer leuchtenden Lichtgestalt. Sie – ein Spiegelbild des Innersten des Verstorbenen – geleitet seine Seele durch drei Vorhöfe des Paradieses in den Bestimmungsort alles Guten, in das ewige Licht. Der sündigen Seele hingegen schlägt schon von weitem der üble Gestank der Hölle entgegen. Auch sie wird empfangen und geführt – von einem häßlichen Weib, vom Spiegelbild des innersten Wesens des Verstorbenen.

So mancher Mensch empfindet sich an der Schwelle zum dritten nachchristlichen Jahrtausend als »aufgeklärt«, wenn er milde oder herablassend über derlei Vorstellungen von Engeln und Teufeln lächelt. Aber selbst der Atheist muß ihre tiefere, wahre Botschaft verstehen: Der Mensch ist zugleich gut und böse. Er kann sich tagtäglich zwischen Gut und Böse entscheiden, weil er einen freien Willen hat. Nach dem Verständnis des Alten Testaments wurde ihm diese Freiheit zum Anbeginn der Zeit geschenkt, schon Adam und Eva konnten entscheiden, welchen Weg sie einschlagen wollten.

König Salomo, die Bundeslade und die Königin von Saba

Die großen Leitfiguren des Alten Testaments sind nie karikaturenhaft als gut oder böse gezeichnet. Sie sind Menschen aus Fleisch und Blut. Deshalb können wir uns mit ihnen identifizieren.

Selbst Salomo, der als Wahrer des Eingottglaubens verehrt wurde, hat – aus der Sicht seiner Zeitgenossen – dunkle Seiten. So soll der große König im Alter Anhänger verschiedener Kulte gewesen sein, die mit der Jahwe-Religion nicht in Einklang gebracht werden können.

So zerstörte König Josia um 622 v. Chr. verschiedene Kultstätten östlich von Jerusalem, die auf König Salomo zurückgegangen sein sollen, etwa religiöse Anlagen, die der Venusgöttin Astarte und dem Sonnengott Kemosh geweiht waren. Kemosh war noch ein Relikt aus uralten Zeiten, als noch zu Ehren der Götter Menschen geopfert wurden. Unklar ist, ob noch zu Josias Zeiten im Ge-Hinnom Kinder als Opfer für Moloch verbrannt wurden, oder ob die uralte Stätte nur noch für magische Riten benutzt wurde, bei denen Kinder durch »Durchs-Feuer-Gehen« dem Gott aus uralten Zeiten geweiht wurden.

Auf dem Ölberg hatte Salomo dem Stammesgott der Ammoniter, dem Milkom, ein Heiligtum gebaut.

Leben und Wirken

Salomo (etwa 965–926 v. Chr.) wurde von David als König von Israel eingesetzt. Es gelang ihm, das von seinem Vorgänger geschaffene israelitische Großreich ohne kriegerische Auseinandersetzungen zu erhalten. Wichtige Entscheidungen wurden von ihm gefällt. So unterteilte er das Land in zwölf Gaue, die von zwölf Amtsleuten verwaltet wurden. Er sicherte die Verteidigung des Landes durch ein Heer von 4000 Streitwagen und erhebliche Baumaßnahmen, die die Städte davor bewahren sollten, von Feinden eingenommen und besetzt zu werden. Sosehr Salomo vom Wert militärischer Aufrüstung überzeugt war, so intensiv bemühte er sich um freundschaftliche Beziehungen zu den benachbarten Reichen, mit denen er Handelsabkommen schloß.

Schon zu Lebzeiten wurde er als besonders weiser Regent verehrt. Nach ihm wurden die »Sprüche Salomos« des Alten Testaments und die »Weisheit Salomonis«, die den apokryphen Schriften zugerechnet, also nicht ins Alte Testament aufgenommen wurden, benannt. Ob diese Werke überhaupt – ganz oder auch nur in Teilen – von Salomo verfaßt wurden, gilt als unwahrscheinlich.

Mit an Sicherheit grenzender Wahrscheinlichkeit stammt das »Hohelied Salomos« nicht von Salomo. Es geht in seiner Urform wohl auf einen unbekannten Verfasser zurück, war zunächst auch gar nicht als religiöser Text gedacht. Vermutlich erst im dritten vorchristlichen Jahrhundert wurde es dem weisen König zugeschrieben. Man wollte so dem Werk mehr Gewicht verleihen, es bedeutsamer erscheinen lassen.

Salomos Wirken als Bauherr muß sehr umfangreich gewesen sein – und läßt sich archäologisch nachweisen. Konkrete Aussagen des Alten Testaments erwiesen sich als korrekt. So werden im 1. Buch der Könige (Kapitel 9, Verse 10–27) »verschiedene Regierungsmaßnahmen Salomos« genannt. Im Zentrum der detailreichen Verse stehen die Städte Megiddo, Hazor und Geser. Archäologen haben in jenen Orten Ruinenteile ausfindig gemacht, die eindeutig zu Zeiten Salomos errichtet wurden, so zum Beispiel verschiedene Tore. In Jerusalem kämpften sich Archäologen durch ein Gewirr von Mauerresten aus unterschiedlichsten Epochen, viele Jahrhunderte lang war Altes ausgebessert, abgerissen, neu erstellt worden.

Manchmal urteilten Wissenschaftler auch verfrüht. Nelson Glueck zum Beispiel, Mitglied der »American Schools of Oriental Research«, leitete 1937 eine umfangreiche Expedition in Israel. Bei Timna, nahe am Golf von Akaba, glaubte er die Minen Salomos entdeckt zu haben. Sein Roman über die archäologische Stätte *King Solomon's Mines* wurde zum vielbeachteten Bestseller.

Nelson Glueck irrte, wie Beno Rothenberg mit seinen Untersuchungen, die er in den Jahren 1959 bis 1970 durchführte, bewies. Die von Glueck ausgegrabenen Minenanlagen waren über viele Jahrhunderte in Betrieb, wurden schon in der Kupferzeit, dann von den Pharaonen Ägyptens und schließlich den Römern genutzt, aber ausgerechnet zu Salomos Zeiten wurde in ihnen kein Kupfer gewonnen. König Achab hat sie wohl erst fünfzig Jahre nach Salomo wieder in Betrieb genommen.

Auch die Salomo zugeschriebenen »Ställe Salomos« unter dem Tempelplatz von Jerusalem sind viel zu jung, um mit dem weisen König in Verbindung gebracht werden zu können. Bauherr war vermutlich Herodes.

Auf Salomo gehen mit großer Wahrscheinlichkeit aber verschiedene prächtige Tore aus Stein zurück. Eines davon, in den späten dreißiger Jahren von Professor William Albright ausgegraben, hatte die gleichen Ausmaße wie das des salomonischen Tempels in Jerusalem. Ein ganz ähnliches Tor wies Yigael Yadin 1956 in Hazor nach. 1969 führte Dr. Dever mit seinem wissenschaftlichen Stab des »Hebrew Union College« Ausgrabungen in Gezer durch. Die Stadt war wohl von den Ägyptern zerstört, zumindest teilweise von Salomo wieder aufgebaut worden.

Pharao Siamun eroberte die Stadt zu Salomos Zeiten, machte sie seiner Tochter zum Geschenk. Salomo heiratete sie – und so kam Gezer auf friedliche Weise zum Königreich Israel.

Besonders imposant muß ein weiteres Tor gewesen sein, das wiederum in Ausmaßen und Aussehen dem des Tempels von Jerusalem glich. Es kann keinen Zweifel geben: Salomo war ein großer Bauherr, da berichtet die Bibel korrekt historische Fakten.

Zusammen mit Hiram, dem König von Tyrus, baute Salomo eine große Flotte auf. Beide Könige schickten gemeinsam eine Schiffsbesatzung über das Rote Meer, um Edelsteine, Gold und edle Hölzer zu besorgen. Salomo lieferte Hiram Nahrungsmittel und Öl, er erhielt dafür Zedern- und Zypressenholz. (1. Buch Könige, Kapitel 5, 7 und 9; 1 Buch Chroniken, Kapitel 14; 2. Buch Chroniken, Kapitel 2, 4, 8 und 9)

Für seine rege Bautätigkeit verpflichtete Salomo 30 000 Männer zur Zwangsarbeit. Monatlich schickte er 10 000 Arbeiter zum Libanon. Jede Gruppe durfte für zwei Monate zu Heim und Familie zurückkehren. Zusätzlich wurden noch weitere 70 000 Männer als Lastträger und 80 000 Männer als Steinhauer eingesetzt, wofür Ausländer rekrutiert wurden. (1. Buch Könige, Kapitel 5, Verse 13–18 und 2. Buch Chroniken, Kapitel 2, Verse 17 und 18)

Das Gold Salomos

»Und Salomo baute auch Schiffe in Ezjon-Geber, das bei Eliath liegt am Ufer des Schilfmeeres im Lande der Edomiter. Und Hiram sandte auf die Schiffe seine Leute, die gute Schiffsleute und auf dem Meer erfahren waren, zusammen mit den Leuten Salomos. Und sie kamen nach Ophir und holten dort vierhundertundzwanzig Zentner Gold und brachten es dem König Salomo«, heißt es im 1. Buch der Könige (Kapitel 9, Verse 26–28).

Vor etwa vierzig Jahren wurde ein erster archäologischer Hinweis auf das geheimnisvolle Ophir gefunden. Es handelt sich um eine eher unscheinbare Tonscherbe mit den Worten »Gold von Ophir. Nach Bet-Haron. 30 Schekel«. Es könnte sich um die Versandanweisung eines Beamten gehandelt haben, der kurz und knapp befahl, wohin eine bestimmte Menge Goldes zu liefern war.

Das Ezjon-Geber-Gebiet wurde inzwischen identifiziert: Es lag auf einer Insel südlich von Akaba am Roten Meer. Zu ägyptischen Zeiten gab es hier einen Hafen. Auf der gegenüberliegenden Seite lag dann das Goldland Ophir, im Bereich des heutigen Somalia. Wenn es hier Goldminen gab, so können sie freilich nicht Salomo gehört haben. Wie aber kam der König an das begehrte Edelmetall? Durch Handel? Oder mit militärischer Gewalt?

Wir sind auf Vermutungen angewiesen. Zu Salomos Zeiten waren Streitwagen ein begehrter Besitz. Salomo verfügte über Tausen-

de solcher Vehikel. Er könnte sie als Tauschgut eingesetzt, dafür
Gold bezogen haben.

Fest steht jedenfalls, daß Salomos Bedarf an Gold groß gewesen
sein muß. Im 10. Kapitel des 1. Buches der Könige wird sein Reichtum beschrieben (Verse 14–17):

»Und das Gewicht des Goldes, das für Salomo in einem Jahr
einkam, war 666 Zentner, außer dem, was von den Händlern und
vom Gewinn der Kaufleute und von allen Königen Arabiens und
von den Statthaltern kam. Und der König Salomo ließ zweihundert
große Schilde vom besten Gold machen – sechshundert Lot nahm
er zu einem Schild – und dreihundert kleine Schilde vom besten
Gold, je drei Pfund zu einem kleinen Schild. Und der König brachte
sie in das Libanon-Waldhaus.«

Beim Libanon-Waldhaus handelte es sich – der Name klingt irreführend – keineswegs um eine schlichte hölzerne Hütte im Walde,
sondern um einen prächtigen Palast. In Prunksälen ließ Salomo die
goldenen Schilde, die schon damals von unermeßlichem Wert waren, aufstellen. Sein Thron wurde mit Gold überzogen. Der König
und sein Hofstaat benutzten edelste Trinkgefäße aus bestem Gold.
Derlei Zurschaustellung unermeßlicher Reichtümer war zu Salomos
Zeit durchaus Usus bei den Mächtigen. Auch die Assyrer und die
Ägypter statteten ihre Paläste und Tempel mit heute unvorstellbaren Mengen von Gold aus. So war beispielsweise der ägyptische
Tempel der Heiligen Barke von Karnak vollkommen mit Gold ausgekleidet. Da wollte Salomo natürlich nicht bescheidener auftreten.

Und besonders prachtvoll sollte natürlich der Tempel sein, den
Salomo – Davids Plan in die Tat umsetzend – bauen ließ.

»Zu Zeiten Salomos wurden unvorstellbare, riesige Mengen von
Gold verarbeitet«, schreibt Professor Hans Bellamy, »wenn man
etwa kaiserliche oder königliche Paläste und Tempelstätten aus-
schmückte. Es gab damals wohl riesige Goldreserven. Die Verwendung von Gold in solchen Mengen hatte übrigens auch wirtschaftli-
che Gründe. Gold war Zahlungsmittel. Je mehr Gold immer wieder
aus dem Verkehr gezogen wurde, desto weniger Gold war im Umlauf – und das wirkte sich positiv auf die Preise für alle Waren aus. Es
standen einer kleineren Geldmenge mehr Waren gegenüber, die
Waren wurden also billiger, die Inflation wurde erfolgreich be-

kämpft. Das Ausschmücken von Tempeln und Palästen sorgte dafür, daß die Preise für alle Waren nicht in die Höhe schnellten. Gab man den Göttern Gold, wurde das Leben für die Menschen billiger.«

Der Tempel der Bundeslade

Salomo ließ den Tempel von Jerusalem bauen, um die heilige Bundeslade ihrer großen Bedeutung für die Glaubenswelt Israels gemäß unterbringen zu können. Was das Aussehen des Bauwerks angeht, so bietet das Alte Testament relativ wenig Anhaltspunkte (1. Buch der Könige, Kapitel 5 bis 8 und 2. Buch Chroniken, Kapitel 3 bis 6).

Der Gebäudekomplex fiel imposant aus. Er war etwa dreißig Meter lang, zehn Meter breit und fünfzehn Meter hoch, die Bauzeit betrug sieben Jahre. Vermutlich stand er auf einem steinernen Podest, auf das wahrscheinlich nur eine Treppe – direkt zum Haupteingang – führte. Links und rechts davon befanden sich zwei Säulen. Hinter dem Eingang lag zunächst der Ulam-Raum, eine Art Vorhalle, dann folgten Hekal, die Haupthalle, und schließlich Debir, das Allerheiligste.

Seitenfenster, durch die Licht in das Zentralgebäude des Tempels hätte fallen können, gab es nicht. Archäologen sind sich einig, daß rechts und links vom Zentralbau niedrigere Räume angegliedert waren. Sie mögen beispielsweise von den Priestern benutzt worden sein, um sich auf die heiligen Zeremonien vorzubereiten. Mit Sicherheit wurden in Nebenräumen auch sakrale Gegenstände aufbewahrt, die für rituelle Handlungen – etwas das Waschen des Opferfleischs in speziellen, wahrscheinlich mit Rädern versehenen Becken aus Metall – benötigt wurden.

587 v. Chr. wurde der Tempel Salomos vollkommen zerstört. Archäologen vermuten auf dem Tempelberg noch Funde von höchster Wichtigkeit, die nähere Angaben über das Aussehen des Bauwerks ermöglichen könnten. Archäologische Ausgrabungen auf dem Tempelberg sind aber unmöglich. Reste des Tempels werden noch unter der Tempelplattform Herodes des Großen vermutet, aber auch unter dem Omaja-Dom. Es sieht so aus, als ob diesen Hinweisen niemals nachgegangen werden können wird. Politische wie religiöse Empfindsamkeiten gestatten keine Ausgrabungen.

Aussehen der Bundeslade

Die Bundeslade wird im 25. Kapitel des 2. Buch Mose (Verse 10–22) beschrieben. Die Bauanleitungen sollen Moses von Jahwe selbst diktiert worden sein.

Sie bestand aus einem hölzernen Kasten, der innen und außen mit Gold überzogen war. Schon was die genauen Maße angeht, herrscht Unklarheit. Das Alte Testament gibt an, sie sei zweieinhalb Ellen lang, eineinhalb Ellen breit und hoch gewesen. Da nun dem Text nicht entnommen werden kann, welche Elle benutzt wurde, kursieren unterschiedliche Maßangaben. Ulrich Dopatka kommt auf eine Höhe von 1,31 Metern und eine Breite und Länge von 0,78 Meter. Nach den Berechnungen Joachim Pahls war das Kultobjekt etwas größer, nämlich 1,73 Meter lang und 0,735 Meter hoch und breit. Das Buch *Einsichten in die Heilige Schrift* (Selters, S. 450) kommt wiederum auf andere Maße: 1,11 Meter mal 0,67 Meter mal 0,67 Meter.

Auf dem Deckel standen oder hockten zwei Engel. Ihre Flügel waren ausgebreitet und bedeckten die Lade. Sie waren einander zugewandt, ihr Blick war nach unten gerichtet. Ihr näheres Aussehen wird nicht beschrieben. Durch vier goldene Ringe konnten die beiden Tragestangen geschoben werden. Unklar ist, wo genau die Ringe befestigt waren. »An den vier Ecken«, wie wir im 2. Buch Mose (Kapitel 25, Vers 12) in den Übersetzungen lesen können? Und wenn die Ringe an den Ecken fixiert waren – an welchen? An den oberen oder den unteren? Statt »Ecken« kann auch »Füße« übersetzt werden. Jörg Dendl schreibt (*Herkunft und Verbleib der Bundeslade aus historischer Sicht*, G.R.A.L.-Sonderband Nr. 1, Berlin 1993, S. 4): »Dieser Punkt löste einige Kontroversen um das Modell der Bundeslade aus. Mehrere Ingenieure bemängelten, daß es unsinnig sei, einen Kasten zu bauen, bei dem die Tragestangen so tief unter dem Schwerpunkt angebracht sind. Er würde allen Gesetzen der Mechanik nach sehr instabil sein. Aber die archäologischen Zeugnisse beweisen, daß es in Ägypten Kästen gab, die genau so gebaut waren, allen Einwänden zum Trotz.«

Tatsächlich waren tragbare Heiligtümer wie die Bundeslade in Ägypten, im ganzen Nahen Osten, aber auch in Mesopotamien weit verbreitet. Auch Götterstatuen wurden auf Tragegestelle montiert und zu bestimmten hohen Feiertagen in Prozessionen umhergetragen.

111

Den Menschen im alten Israel wäre es nie in den Sinn gekommen, über Größe und Gestalt der Bundeslade zu diskutieren. Ihr Aussehen interessierte sie letztlich kaum. Für sie war nur wichtig, wozu die sakrale Truhe geschaffen war: als ehrwürdiges Behältnis für die Tafeln mit den Geboten Jahwes.

Fast sieht es so aus, als ob das einstmals wichtigste Kultobjekt der Israeliten, kaum daß es im Tempel Salomos sicher verwahrt war, kein Interesse mehr erregte.

Vielleicht geriet es aber gar nicht in Vergessenheit. Vielleicht spielte die Bundeslade die Hauptrolle in einem Kriminalfall, den die Bibel verschweigt.

Salomo, die Königin von Saba – und die Bundeslade

Ein Kuriosum des Alten Testaments: Im 1. Buch Könige (Kapitel 10, Verse 1–13) und im 2. Buch Chroniken (Kapitel 9, Verse 1–12) stehen Wort für Wort die gleichen Verse. Sie berichten von der Königin von Saba, die von der Weisheit Salomos gehört habe und ihn aufsuchte, um ihn »mit Rätselfragen zu prüfen«. Rasch entschloß sie sich zu einer Staatsvisite. Von Salomo wurde sie huldvoll empfangen und mit wertvollsten Geschenken überhäuft. Der Autor des Alten Testaments merkte leicht säuerlich an (1. Buch der Könige, Kapitel 10, Vers 13, und 2. Buch Chroniken, Kapitel 9, Vers 12): »Und der König Salomo gab der Königin von Saba alles, was ihr gefiel und was sie erbat, außer dem, was er von sich aus gab. Und sie wandte sich ab und zog in ihr Land mit ihrem Gefolge.«

Spärlich sind die Informationen, die wir dem Alten Testament über den Besuch der Königin von Saba entnehmen können. Um so gesprächiger ist die »Bibel der Äthiopier«, das Kebra Negest.

Das Kebra Negest und der Diebstahl der Bundeslade

Ende des 19. Jahrhunderts erhielt der Assyrologe Dr. C. A. Bezold (1859–1922) von der Königlich-Bayerischen Akademie der Wissenschaften den Auftrag, eine deutsche Übersetzung des Kebra Negest zu erarbeiten. Der eifrige Forscher suchte nach möglichst alten Quellen, bereiste Europa und wurde in den Museumssammlungen von Paris, Oxford, London und Berlin fündig.

Wann das bedeutsame Werk erstmals schriftlich festgehalten worden ist, konnte auch Bezold nicht feststellen. Auch heute ist nur bekannt, daß eine der frühesten Fassungen um 850 v. Chr. entstand und von den Äthiopiern Isaak und Jemharana-Ab anno 409 ins Arabische übersetzt wurde. Im 14. Jahrhundert war keine Gesamtfassung mehr aufzutreiben, so daß sich Neburäed Jeshak genötigt sah, aus mehreren Einzeltexten einen Gesamttext zu erstellen.

Eine der wichtigsten Hauptpersonen des Epos ist König Salomo. Die Königin von Saba, so heißt es auch hier, habe von der Klugheit des weisen Königs gehört und sofort einen Staatsbesuch organisiert. 300 Edle und Bedienstete hätten sie begleitet, auf 797 Kamelen, zahllosen Eseln und Maultieren habe man Geschenke unvorstellbaren Ausmaßes mitgebracht. Allein das Gold, das sie dem König der Juden schenkte – so das Kebra Negest –, hätte auf heutige Verhältnisse umgerechnet einen Wert von 85 Millionen Mark!

Im 25. Kapitel heißt es: »Aber auch er (Salomo) ehrte sie und freute sich und gab ihr Wohnung in einem königlichen Palast nahe bei sich.« Dann kehrte die Königin von Saba zurück in die Heimat. Neun Monate und fünf Tage später bekam sie einen Sohn – angeblich von König Salomo: Baina-lekhem.

Im 32. Kapitel des Kebra Negest wird berichtet, der königliche Knabe sei, 22 Jahre alt, nach Israel aufgebrochen, um seinen Vater zu besuchen. Begeistert sei der Jüngling vom Papa empfangen worden. Und der soll mächtig stolz auf seinen Sohn gewesen sein. Wohl mit Recht: »Er aber, der Sohn, war schön, seine ganze Statur, sein Körper und die Haltung seines Nackens glichen Salomo, dem König, seinem Vater.«

Der junge Mann aus dem Königreich von Saba wurde mit Geschenken überhäuft, bedankte sich artig – und verlangte schier Unmögliches: die Bundeslade. Als Salomo noch zögerte, tüftelte sein Sohn einen Plan aus: Man könne doch eine Kopie der Bundeslade anfertigen, das Original entwenden und die falsche an der Stelle der echten im Tempel aufbauen. Schweren Herzens habe Salomo eingewilligt – unter zwei Bedingungen. Der Diebstahl müsse bei Nacht erfolgen, und er dürfe offiziell von der ganzen Aktion nichts wissen.

So sei es dann geschehen und die Bundeslade via Ägypten ins Reich der Königin von Saba geschafft worden.

Als die Priester schließlich in Jerusalem entdeckten, was vorgefallen war, habe Salomo die Verfolgung der »Diebe« befohlen – vergeblich. Schließlich habe er den wahren Sachverhalt eingestanden und befohlen, die ganze Angelegenheit zu vertuschen.

Ob das Kebra Negest die Wahrheit berichtet? Das gilt in Äthiopien als verläßliche Gewißheit. Angeblich befindet sich noch heute die Bundeslade als Hauptheiligtum in der Marienkathedrale des koptischen Christentums in der Stadt Axum. Im Alten Testament wird man jeglichen Hinweis auf den Diebstahl der Lade vergeblich suchen. Weil den Autoren der biblischen Schriften der Vorfall mehr als peinlich war? Tatsächlich gibt es auch keinerlei Hinweis mehr im Alten Testament auf die Bundeslade nach Salomo.

Im 11. Kapitel des 1. Buchs der Könige finden sich aber Hinweise (Verse 1–3), die auch auf den Diebstahl der Lade und die Königin von Saba verstanden werden könnten:

»Aber der König Salomo liebte viele ausländische Frauen: die Tochter des Pharao und moabitische, ammonitische, edomitische, sidonitische und hethitische – aus solchen Völkern, von denen der Herr gesagt hatte: Geht nicht zu ihnen und laßt sie nicht zu euch kommen; sie werden gewiß eure Herzen ihren Göttern zuneigen. An diesen hing Salomo mit Liebe. Und er hatte siebenhundert Hauptfrauen und dreihundert Nebenfrauen und seine Frauen verleiteten sein Herz.«

Nach dem Tode Salomos fiel das Reich auseinander, es gab heftige Streitigkeiten um den Thron, innere Konflikte, das Königtum war dem Untergang geweiht. Damit bewahrheitete sich ein prophetisches Wort des Alten Testaments. Da hatte Jahwe aus Zorn über Salomos frevelhaftes Tun gesagt (1. Buch der Könige, Kapitel 11, Verse 11–13): »Weil das bei dir geschehen ist und du meinen Bund und meine Gebote nicht gehalten hast, die ich dir geboten habe, so will ich das Königtum von dir reißen. Doch zu deiner Zeit will ich das noch nicht tun um deines Vaters David willen, sondern aus der Hand deines Sohnes will ich es reißen.«

Nach dem Tode Salomos kam es zu einer Spaltung des Reichs. Die Nordstämme erhoben Jerobeam I. zum König. Salomos Sohn Rehabeam regierte nur noch den Süden. Jerobeam ernannte die Tempel von Dan und Bethel zu Hauptheiligtümern, er wollte Jerusalem in Bedeutungslosigkeit versinken lassen. Die einstige Hauptstadt war schon lange nicht mehr politisches Zentrum des Landes, sie sollte auch für das religiöse Leben bedeutungslos werden.

Propheten und fremde Götter

Das religiöse Leben im alten Orient bestimmte auch das weltliche. Man war davon überzeugt, daß die Geschicke der Menschen von Göttern gelenkt wurden, die über Mittelsleute – Propheten – verfügten, mit deren Hilfe sie in das Leben der Menschen eingriffen.

Heute wissen wir, daß es ursprünglich zwei Arten von Propheten gab: Auf der einen Seite waren da die Propheten, die umherziehende Nomadenstämme begleiteten und ihnen die Weisungen der Götter enthüllten, die sie zum Beispiel in Traumgesichtern vermittelt bekommen hatten. Auf der anderen Seite waren die Propheten der seßhaften Stämme. Bei ihnen war der Tempelkult sehr ausgeprägt, sie verkündeten an heiligen Orten die Weisungen der Götter, hielten oft auch rituelle Zeremonien ab. Sie gerieten oder versetzten sich in Ekstase: in den alten Baaltempeln, in Ägypten und in Babylon.

Beide Formen des Prophetentums waren, meint Professor Dr. Georg Fohrer, im alten Israel bekannt. Als Nomaden umherziehende Israeliten brachten ihre Propheten mit ins Land, stießen auf ortsansässige Seher. In frühesten Zeiten herrschte Vielgottglauben, jeder Stamm, jede Sippe verehrte eigene Götter – und stand durch eigene Propheten in Verbindung mit den eigenen Göttern.

Mit der Hinwendung zum Eingottglauben vollzog sich ein Wandel. Zunächst wurde nicht geleugnet, daß es mehr als einen Gott gab – die anderen Götter durften aber nicht mehr angebetet werden. Nach und nach aber wurde die Existenz anderer Götter bestritten: Es gab nur noch einen Gott – und es war nur noch gestattet, an diesen einen, einzigen Gott mit Bitten und Gebeten heranzutreten.

115

Gleichgültig aber, ob die Menschen des alten Israel an viele Götter oder nur noch an Jahwe glaubten: Propheten waren es, die Erde und Himmel miteinander verbanden. Peter Calvocoressi (*Who's who in der Bibel*, Stuttgart 1993, S. 192): »Die alttestamentarischen Propheten waren von Gott inspiriert; er ließ sie in die Zukunft schauen und erlegte ihnen auf, das Kommende zu verkünden.« Doch nicht nur das: Sie versuchten auch, das Handeln der Menschen zu beeinflussen, sagten schlimme Ereignisse voraus – für den Fall, daß in ihren Augen falsches Verhalten nicht korrigiert würde.

Calvocoressi weiter: »Die von den Propheten vorhergesagte Zukunft war nahezu ausschließlich düster, und zwar deshalb, weil die Israeliten der Sünde verfallen waren, als sie den von ihrem Gott verlangten Monotheismus aufgaben. Die Propheten waren die wichtigsten Wahrer des Monotheismus in Israel.«

»Der wahre biblische Prophet«, so Professor Hans Bellamy, »ist keineswegs ein Hellseher, der über eine übersinnliche Veranlagung verfügt und daher in die Zukunft blicken kann. Vielmehr handelt es sich bei dem echten Propheten um einen ›normalen‹ Menschen, der von Gott dazu auserwählt wird, Mitteilungen an die Menschen weiterzureichen.«

Als einer der frühesten Propheten, so Bellamy, sei Moses anzusehen. »Moses vermittelte dem Pharao Informationen, die er von Gott erhalten hatte. Wenn der Pharao – vermutlich Ramses II. – nicht das Volk der Hebräer ziehen lassen werde, würden schlimme Plagen über ihn und sein Land kommen. Prophetie heißt: Ankündigung einer möglichen, meist bedrohlichen, negativen Zukunft, die aber durch entsprechendes Verhalten abgewendet werden kann.«

Für den französischen Schriftsteller und Philosophen Jacques Bergier, Autor von Büchern wie *Aufbruch ins dritte Jahrtausend*, ist der gute Prophet mehr ein Warner als ein Weissager: »Er steht im Kontakt mit Gott, in dessen Auftrag er spricht. Er macht den Menschen klar, wenn zum Beispiel ihr Verhalten in den Augen Gottes sündig ist, hält ihnen vor, welche Strafe ihnen droht, und gibt ihnen die Chance, Gewohnheiten und Verhalten zu ändern.« Nur so sei der freie Wille des Menschen gewährleistet. Müsse doch der Mensch zumindest die Chance haben, angedrohtes Unheil nochmals abzuwenden. Wenn das Schicksal sowieso unabwendbar sei, wären Propheten überflüssig.

Prophet Jesaja –
der »Nostradamus« des Alten Testaments?

Wenn das Stichwort »Vorhersagen der Zukunft« fällt, wenn von Propheten gesprochen wird, die die Gabe besitzen sollen, künftige Ereignisse bereits lange zuvor vorherzusehen, dann denken viele Zeitgenossen an den französischen Astrologen Nostradamus.

Michel de Notredame (1503–1566) war Leibarzt Karls IX. und erfolgreicher Bekämpfer der Pest. Er verfaßte 10 Sammlungen von gereimten Prophezeiungen. Seit Jahrhunderten melden sich immer wieder Forscher zu Wort, die behaupten, das »Rätsel Nostradamus« endlich gelöst zu haben. Immer wieder neue Systeme werden vorgestellt, die alle ein und demselben Zweck dienen sollen: Oft krause und nebulöse Sätze sollen als konkrete Vorhersagen erkennbar gemacht werden. Doch während Nostradamus fast immer mehrdeutig ist und zahlreiche, oft ganz unterschiedliche Deutungen zuläßt, sind die Vorhersagen Jesajas unverschlüsselt, klar, präzise und korrekt bis ins letzte Detail.

Jesaja war einer der großen Propheten des Alten Testaments. Er lebte in der ersten Hälfte des 8. vorchristlichen Jahrhunderts, als Zeitgenosse der Propheten Micha, Hosea und Oded. Im Todesjahr von König Usia, also um 745 v. Chr., wurde er – so berichtet es das Alte Testament – zum Propheten berufen. Seine Prophezeiungen bezogen sich in etwa auf die nächsten 200 Jahre.

Als Ratgeber der Könige von Juda war Jesaja zeitweise einer der einflußreichsten Männer seiner Zeit. Und es hat ganz den Anschein, daß er ein echter Prophet war: Präziseste Vorhersagen erfüllten sich bis zu 200 Jahre später, 200 Jahre nachdem sie zu Papyrus gebracht worden waren!

Im Zentrum von Jesajas Prophezeiungen standen die Zerstörung des Südreichs Israel und der Wiederaufbau. Er prangerte die Sündhaftigkeit des eigenen Volkes, die Abwendung vom Jahwe-Glauben und die zunehmende Bedeutung des »Götzendienstes« an. Unter »Gotteslästerung« verstand der Prophet die Abwendung von Jahwe und das – durch das mosaische Gesetz verbotene – Anbeten fremder Götter.

314 n. Chr. stieß Bischof Eusebius von Caesarea auf die Aufzeichnungen des Philo von Byblos, der im ersten Jahrhundert nach Christus

117

in seiner *Phönikischen Geschichte* auch sehr ausführlich auf die Historie des jüdischen Nordreichs einging. Da seien die Baalgötter angebetet worden, die für die Fruchtbarkeit von Mensch und Tier zuständig gewesen sein sollen und die Menschen mit Gewittern und Sturmesbrausen heimsuchen konnten. Regiert wurden diese Götter, denen vermutlich jahrtausendelang Menschenopfer gebracht wurden, von El und seiner Frau Aschera. 70 Kinder zeugte das Paar miteinander. El nahm sich aber auch seine drei Schwestern als Nebenfrauen, so die Göttin Astarte, die im Alten Testament als Ashtoret bekannt ist. In den Tempeln der fremden Götter dienten Göttersöhne und Göttertöchter. Heute würde man sagen, sie gingen der Prostitution nach. Die Gelder, die sie verdienten, flossen in die Tempelkassen.

In der Zeit von Moses bis Salomo flackerten die alten Kulte immer wieder auf. Nach Salomo aber wurde anscheinend, was einst Ausnahme gewesen war, zur Regel. Jetzt opferten nicht einzelne Menschen irgendwo heimlich fremden Göttern. Götzenkult – oder was nach mosaischem Gesetz als solcher zu verstehen war – wurde amtlich betrieben: König Ahab, ein Zeitgenosse von Jesaja, heiratete Isebel, die Tochter des Königs von Tyrus, gestattete offiziell die Anbetung der fremden Götter, nämlich der Baale.

Nach biblischem Verständnis konnte das nicht gutgehen. Ob Bettelmann oder König, jeder, der Jahwe den Rücken zuwandte, fremde Götter anbetete, mußte damit rechnen, daß Gott ihn strafen würde. Ahab wollte – wieder einmal – Krieg führen. Syrien hatte er sich als Gegner auserkoren. Doch schon bevor Ahab seine Taktik mit den Offizieren des Heeres besprach oder gar einen ersten Angriff starten ließ, befragte er mehrere Propheten. Und siehe da: Alle Propheten sagten vorher, er werde einen glänzenden Sieg erringen.

Vermutlich wußten sie, welche Art von Antwort der König hören wollte, und antworteten entsprechend, hofften auf gute Bezahlung. Nur einer aus ihrer Zunft, Micha, malte ein düsteres Zukunftsbild (2. Buch Chroniken, Kapitel 18, Vers 16): »Ich sah ganz Israel zerstreut auf den Bergen wie Schafe, die keinen Hirten haben. Und der Herr sprach: Diese haben keinen Herrn.« Wie diese Prophezeiung zu verstehen war, bedurfte eigentlich keiner weiteren Entschlüsselung: Der König würde sterben, seine Truppen ratlos und ohne Anführer zurücklassen.

118

Empört ob der so negativen Prognose ließ König Ahab den Propheten Micha ins Gefängnis werfen. Er selbst zog in die Schlacht – und wurde, so wie der Prophet das im Gegensatz zu seinen falschen Kollegen vorhergesehen hatte, getötet.

Jesajas Vorhersagen waren meist konkreter Natur und stets präzise formuliert. Nie erging er sich in schwammigen Äußerungen, die je nach Belieben ausgelegt werden konnten. So riet er dringend von einem Bündnis mit Syrien ab, das von Politikern angestrebt wurde. Sie hofften so Teil einer Macht zu werden, die sich dem assyrischen Reich gegenüber behaupten konnte. Als König Hiskija einem großen Bündnis gegen Assyrien beitreten wollte, riet der Prophet davon ab. Ein solcher Pakt war von Politikern der Philisterstadt Aschdod empfohlen worden und schien vielversprechend zu sein, fand er doch die Unterstützung Ägyptens.

Die Hoffnungen auf die segensreichen Auswirkungen des angestrebten Bündnisses wurden stärker, als die Lage immer verzweifelter wurde. Jetzt konnte nur der Anschluß an ein mächtiges Militärbündnis helfen. Der assyrische König Sanherib attackierte das Südreich und belagerte Jerusalem. Jetzt prophezeite Jesaja dem König Hiskija, der Assyrerherrscher werde Jerusalem nicht erobern. Gewiß, ein mächtiger Feind werde einst einfallen, die Stadt ausplündern: Babylon, nicht aber Assyrien (Jesaja, Kapitel 39, Verse 6 und 7): »Siehe, es kommt die Zeit, daß alles, was in deinem Hause ist und was deine Väter gesammelt haben bis auf diesen Tag, nach Babel gebracht werden wird, so daß nichts zurückbleibt, spricht der Herr. Dazu werden sie von deinen Söhnen, die von dir kommen werden, die du zeugen wirst, einige nehmen, daß sie Kämmerer werden müssen am Hofe des Königs von Babel.«

Tatsächlich rückte Sanherib, obwohl ihm ein militärischer Sieg sicher schien, kurz vor der befürchteten Attacke wieder ab. Für den Verfasser des 2. Buchs der Chronik (Kapitel 32, Vers 21) ist die Erklärung einfach: »Jahwe sandte einen Engel, der vertilgte alle Kriegsleute und Obersten und Hauptleute im Lager des Königs von Assur, daß er mit Schanden wieder in sein Land zog.«

Historiker müssen zugeben: Sanherib zog tatsächlich überstürzt ab. Warum, das wissen sie nicht. Nach Herodot wurde sein Heerlager von einer gewaltigen Mäuseplage heimgesucht. Vielleicht mußte er aber heim ins Reich, um tributpflichtige Stämme mit militärischem Zwang zum Zahlen zu bewegen. Wie auch immer: Als Sanherib seine Zelte vor Jerusalem abbrach, erfüllte sich Teil 1 der Prophezeiung Jesajas.

Damit aber nicht genug. 605 v. Chr. besiegte der babylonische Herrscher Nebukadnezar II. die Ägypter und unterwarf das Nordreich Judäa. Am 16. März 597 v. Chr. eroberte er Jerusalem und verschleppte die Königsfamilie und die Oberschicht der Bevölkerung nach Babylon. Damit erfüllte sich Teil 2 der Prophezeiung von Jesaja, die dieser rund 150 Jahre zuvor niedergeschrieben hatte.

559 v. Chr. wurde Kyros II. König in Persien. 538 gestattete er den Hebräern, nach Jerusalem zurückzukehren, und erlaubte ihnen, den zerstörten Tempel wiederaufzubauen. Er machte damit eine Prophezeiung wahr, die Jesaja bereits rund 200 Jahre zuvor niedergelegt hatte. Konkret: Im 1. Vers von Kapitel 45 sagte Jesaja voraus, daß ein »Cyrus« den Völkern »Türen und Tore öffnen« werde. Und im Vers 28 von Kapitel 44 prophezeite er, ein »Cyrus« werde »zu Jerusalem sagen: werde wieder aufgebaut«.

Eine solche Präzision von Vorhersagen war den Theologen schon vor Jahrhunderten unheimlich. Jesaja hatte nicht nur vorhergewußt, daß nicht Assyrer, sondern Babylonier Jerusalem zerstören würden. Er nannte sogar korrekt den Namen des Herrschers, der die babylonische Gefangenschaft beenden und den Wiederaufbau gestatten werde.

Wahre Prophezeiung oder gefälschtes Prophetenwort?

Das theologische Lager teilte sich. Die einen – etwa Professor Dr. Ernst Sellin – sind davon überzeugt, daß Jesaja ein echter Prophet war und Ereignisse, die sich bis zu 200 Jahre später abspielen würden, genauestens vorherwußte. Die anderen – etwa Professor Dr. Georg Fohrer – halten das für unmöglich. Professor Dr. Fohrer verfährt nach dem Motto: Es kann nicht sein, was nicht sein darf. Vorhersagen der Zukunft darf es nicht geben – also kann es sie auch nicht geben. Also geht es auch nicht an, das Jesaja bereits um 745 v. Chr. wußte, daß ein »Cyrus« 538 v. Chr. die Juden aus der babylonischen Gefangenschaft entlassen, ihnen den Wiederaufbau Jerusalems gestatten würde. Vorgeschlagene »Lösung«: Das Buch Jesaja stammt gar nicht allein von Jesaja selbst, sondern von mehreren Verfassern. Von echten Prophezeiungen könne nicht die Rede sein, sie seien vielmehr gefälscht und erst niedergeschrieben worden, nachdem sich die »vorhergesagten« Ereignisse abgespielt hätten.

Professor Dr. Georg Fohrer faßt den Theologendisput folgendermaßen zusammen (*Einleitung in das Alte Testament,* 11. Auflage, Heidelberg 1969, S. 403): »Die Schrift Jesajas enthält zahlreiche Worte, die sicher oder wahrscheinlich nicht von ihm herrühren, obwohl dies von einer Reihe von ernsthaften Exegeten (Schriftauslegern, der Autor) angenommen oder für möglich gehalten wird.«

Folgende Fragen drängen sich auf: Wurde das Buch Jesaja nur und ausschließlich von Jesaja verfaßt? Ist Jesaja ein echter Prophet mit wirklichem Vorauswissen künftiger Dinge? Oder wurden die angeblichen Vorhersagen nachträglich in den Gesamttext eingefügt? Wurde »gemogelt«? Wenn ja, dann wäre Jesaja kein wirklicher Prophet.

Da wir heute nicht mehr die Urschrift des Jesaja-Buchs vorliegen haben, kann nicht mit Sicherheit festgestellt werden, ob der Text von einem Autor oder von mehreren Verfassern stammt. Fest steht aber, daß der Prophet Jesaja mehrfach im Neuen Testament erwähnt wird. Keiner der Autoren des Neuen Testaments geht auch nur andeutungsweise darauf ein, daß es – wie von kritischen Theologen heute behauptet wird – mehrere Jesajas gegeben haben könnte. Es ist stets nur von einem Jesaja, nämlich von »Jesaja, dem Propheten«, nicht von »den Jesajas, den Propheten« die Rede – weder bei Matthäus (Kapitel 12, Verse 17–21) noch bei Paulus (Brief des Paulus an die Römer Kapitel 10, Vers 16) und auch nicht bei Lukas (Kapitel 4, Verse 17–19).

Es gibt ein weiteres Argument, das für einen einzigen Autoren des Jesaja-Buches spricht: Als Ende der vierziger Jahre unseres Jahrhunderts in den mysteriösen Höhlen vom Toten Meer eine Vielzahl von unschätzbar wertvollen Schriftrollen entdeckt wurde, fand sich auch eine sehr alte Ausgabe des Buches Jesaja. Sie wurde, wie wir heute wissen, schon gegen Ende des zweiten Jahrhunderts v. Chr. niedergeschrieben. Auch damals schon, darauf weist der Fund hin, war man davon überzeugt, daß der Text insgesamt von einem einzigen Verfasser stammte.

Warten auf den Messias

Die Geschichte des biblischen Volkes Israel ist eng mit der Entwicklung des Gottesbegriffs verknüpft. Aus einstmals scheinbar orientierungslos umherziehenden Volksgruppen, die eine Vielzahl von unterschiedlichen Göttern verehrten, wurde eine geeinte Volksgruppe, die sich im »Heiligen Land« ansiedelte – und nur noch an einen einzigen Gott glaubte. Zu Salomos Zeiten wurde der alte Vielgottglaube wieder stärker – und das Großreich Israel zerfiel.

587 v. Chr. wurde Jerusalem zerstört, die führende Oberschicht kam in babylonische Gefangenschaft. 539 erließ Kyros sein Edikt, gestattete die Rückkehr nach Jerusalem, den Wiederaufbau der Stadt. Die Heimkehrer besannen sich der alten prophetischen Texte, in denen von einem Erlöser, einem Messias die Rede war. Sie hofften auf einen idealen Herrscher aus dem Hause Davids. Prophet Micha wurde häufig zitiert (Kapitel 5, Vers 1): »Und du, Bethlehem Ephratha, die du klein bist unter den Städten in Juda, aus dir soll mir der kommen, der in Israel Herr sei, dessen Ausgang von Anfang und von Ewigkeit her gewesen ist.« Oder Prophet Jeremia (Kapitel 23, Vers 5): »Siehe, es kommt die Zeit, spricht der Herr, daß ich dem David einen gerechten Sproß erwecken will, der soll ein König sein, der wohl regieren und Recht und Gerechtigkeit im Lande üben wird.«

Mit großer Wahrscheinlichkeit wurden die prophetischen Texte des Alten Testaments rasch auf die konkrete, baldige und unmittelbar bevorstehende Zukunft bezogen. Aber Jerusalem wurde schon lange nicht mehr von einem Herrscher aus dem Hause Davids regiert. Der Hauptpriester des Jerusalemer Tempels galt als »Repräsentant« des Volkes. Die Hoffnung auf den Messias blieb, ja wurde stärker. Das Bild des erwarteten Erlösers aber wandelte sich. Hoffnungsvoll sah man nicht mehr einem neuen begnadeten Politiker entgegen, der die Geschicke des Landes lenken würde. Es wurde ein religiöser Messias erwartet.

Im Lauf der Jahrhunderte änderten sich viele Glaubensvorstellungen. Man sah nicht mehr die Verstorbenen in entsetzlich finsteren Höhlen ungewisser Zukunft entgegendämmern. Die Pharisäer, eine starke Laienbewegung, pflegten eine Theologie der Hoffnung. Auf sie geht letztlich das Bild von der Auferstehung der Toten zurück. Sie waren es, die dem Christentum den Weg bereiteten.

Vermutlich besann man sich schon zu Lebzeiten des Jesus von Nazareth, also im ersten Jahrhundert nach der Zeitwende, der prophetischen Texte, etwa Jesajas. Die Zahl jener, die in Jesus den Erlöser sahen, wuchs rapide. Solche Menschen wurden den Mächtigen suspekt, sie empfanden sie in zunehmendem Maße als Gefahr. Menschen, die als höchste Autorität einen auferstandenen Menschen als Messias anerkennen, sind weniger empfänglich für irdische Verlockungen. Sie sind dadurch weniger manipulierbar. Und wer davon überzeugt ist, bei richtigem Lebenswandel Erlösung zu finden und ins Paradies eingehen zu dürfen, den erschrecken auch schlimme Drohungen, Folter und Gewalt nicht mehr.

Die Autoren der Evangelien des Neuen Testaments waren davon überzeugt: Jesus, der am Kreuz gestorben war, ist der Messias, der Sohn Gottes, der für die Sünden der Menschheit gestorben ist. Sie durchforsteten die Schriften des Alten Testaments und stießen immer wieder auf weitere Verse, die ihrer Meinung nach nur auf Jesus abzielen konnten. Speziell beim Propheten Jesaja fanden sie eine Fülle von ihrer Meinung nach klaren Hinweisen darauf, daß Jesus der lang ersehnte Messias war. Einige Beispiele seien zitiert:

Der Messias werde aus dem Haus Davids kommen, ein Sohn des Isais sein, steht bei Jesaja (Kapitel 11, Verse 1–5 und 10). Genau das treffe auf Jesus zu, heißt es bei Lukas (Kapitel 1, Verse 32 und 33).

Der Messias werde von einer Jungfrau geboren werden, heißt es bei Jesaja (Kapitel 7, Vers 14). Genau das sei bei Jesus geschehen, bekundet Matthäus (Kapitel 1, Verse 22 und 23).

Der Messias werde nach Galiläa Licht bringen – erwartete Jesaja (Kapitel 9, Verse 1 und 2). Genau das sei geschehen, vermeldet Matthäus (Kapitel 4, Verse 13–16).

Der Messias werde die Krankheiten anderer tragen, seiner Wunden wegen würden die Verletzungen anderer geheilt – steht bei Jesaja. Laut Matthäus (Kapitel 8, Verse 16 und 17) hat sich mit Jesus auch diese Prophezeiung erfüllt.

Man werde dem Messias nicht glauben (Jesaja, Kapitel 53, Vers 1), werde ihn zu den Gesetzlosen zählen (Jesaja, Kapitel 53, Vers 12). Beide Aussagen des Jesaja über den Messias finden sich im

Neuen Testament über Jesus. Bei Johannes heißt es, daß die Menschen Jesus nicht glaubten, obwohl er doch vor ihnen Wunder getan habe (Johannes, Kapitel 12, Verse 37 und 38). Nach Lukas (Kapitel 22, Vers 37) sagte Jesus selbst – und er bezog sich dabei auf Jesaja: »Es muß auch das noch vollendet werden an mir, was geschrieben steht: ›Er ist unter die Übeltäter gerechnet.‹ Denn was von mir geschrieben ist, wird auch vollendet.«

Nach Lukas (Kapitel 4, Verse 16–21) soll Jesus selbst in der Synagoge von Nazareth erklärt haben, er sei der erwartete Messias: »Und er kam nach Nazareth, wo er erzogen war, und ging in die Synagoge und stand auf und wollte lesen. Da ward ihm das Buch des Propheten Jesaja gereicht. Und da er das Buch auftat, fand er die Stelle, die da geschrieben steht (Jesaja, Kapitel 61, Verse 1 und 2): ›Der Geist des Herrn ist bei mir, darum weil er mich gesalbt hat, zu verkünden das Evangelium den Armen, er hat mich gesandt, zu predigen den Gefangenen, daß sie los sein sollen, und den Blinden, daß sie sehend werden, und den Zerschlagenen, daß sie frei und ledig sein sollen, zu verkündigen das Gnadenjahr des Herrn.‹ Und als er das Buch zutat, gab er's dem Diener und setzte sich. Und aller Augen in der Synagoge sahen auf ihn, und er fing an, zu sagen zu ihnen: Heute ist dies Wort der Schrift erfüllt vor euren Ohren.«

Peter Calvocoressi schreibt über die Kapitel 40 bis 55 des Buches Jesaja (*Who's who in der Bibel,* Stuttgart 1993, S. 104): »Es gibt darin Texte, die eine nachhaltige Wirkung hatten. Dort ist die Rede von einem geheimnisvollen Gottesknecht, dem Erwählten Gottes, der die ganze Welt erleuchten, dann getötet, begraben und wieder erscheinen werde – Worte, die sich nur zu leicht auf Jesus hin ausdeuten ließen.«

Ist das Alte Testament letztlich mehr als bloße Historie? Beschreibt es den Weg des Menschen von Adam bis Jesus? Bietet es uns Hoffnung: Weil die blutrünstigen Götter, die vor Jahrtausenden alle Macht verloren haben, durch den einen, den liebenden Gott, ersetzt wurden? Und ist Jesus der schon vor Jahrtausenden erwartete, von Jesaja vorhergesagte Erlöser?

Fragen wie diese kann jeder Mensch nur für sich selbst beantworten. Das Alte Testament bietet Hilfe bei der Suche nach Antwort. Man mag diese Hilfe ablehnen. Doch das sollte man erst tun, wenn man sich ausgiebig mit dem Alten Testament beschäftigt hat.

Teil 2

Unsere rätselhafte Vergangenheit

Wissen, älter als die Sintflut

Pharao Saurid wachte schweißgebadet auf. Ein entsetzlicher Alptraum hatte ihn gequält:»Die Erde kehrte sich mit ihren Bewohnern um, die Menschen flüchteten in blinder Hast, und die Sterne fielen herab.« Besorgt wandte er sich an seine Berater und die führenden Wahrsager. Und siehe da: Auch sie hatten entsetzliche Traumvisionen gehabt, die das Ende jeglicher irdischen Zivilisation ankündigten.

Saurid erkundigte sich bei den Weisen seines Landes. Würde es nach der Sintflut, die er im Traum so plastisch erlebt hatte, noch Leben geben? Als seine Frage bejaht wurde, beschloß der Pharao, das gesamte Wissen der damaligen Zeit zusammentragen zu lassen und einem Depot anzuvertrauen, das auch eine Sintflut überstehen würde.

Saurid, Sohn des Sahluk, des Sohnes des Sirbak, des Sohnes des Tumidun, des Sohnes des Tadrasan, des Sohnes des Husal, ließ zwei Pyramiden bauen. Der arabische Historiker Taki ad-Din Ahmad ben 'Ali ben 'Abd al-Kadir ben Muhammad al Makrizi:»Darauf ließ er in der westlichen Pyramide dreißig Schatzkammern aus farbigem Granit anlegen; die wurden angefüllt mit reichen Schätzen, mit Geräten und Bildsäulen aus kostbaren Edelsteinen, mit Geräten aus vortrefflichem Eisen, wie Waffen, die nicht rosten, mit Glas, das sich zusammenfalten läßt, ohne zu zerbrechen, mit seltsamen Talismanen, mit den verschiedenen Arten der einfachen und der zusammengesetzten Heilmittel und mit tödlichen Giften. In der östlichen Pyramide ließ er die verschiedenen Himmelsgewölbe und die Planeten darstellen sowie an Bildern anfertigen, was seine Vorfahren hatten schaffen lassen; dazu kam Weihrauch, den man den Sternen opferte, und Bücher über diese. Auch findet man dort Fixsterne und das, was sich in ihren Perioden von Zeit zu Zeit begibt. In die farbige Pyramide endlich ließ er die Leichname der Wahrsager in Särgen aus schwarzem Granit bringen; neben jedem Wahrsager lag ein

Buch, in dem seine wunderbaren Künste, sein Lebenslauf und seine Werke, die er zu seiner Zeit verrichtet hatte, beschrieben war. Auch gab es keine Wissenschaft, die er nicht niederschreiben und aufzeichnen ließ. Außerdem ließ er dorthin die Schätze der Gestirne, die diesen als Geschenke dargebracht worden waren, sowie die Schätze der Weissager schaffen, und diese bildeten eine gewaltige und unzählbare Menge.«

Nach al Makrizi, dem arabischen Historiker, brach 300 Jahre nach Vollendung der Pyramiden die Sintflut aus. Die Länder wurden, so der Gelehrte, verwüstet, die Pyramiden aber trotzten der Katastrophe, die Kammern des Wissens blieben unbeschädigt.

Wo aber müssen wir die beiden Pyramiden suchen? Nach al Makrizi sind es die beiden großen Pyramiden von Gizeh. So sei die sogenannte Cheopspyramide keineswegs von Cheops erbaut worden, sondern viele Jahrtausende früher – von Saurid. Was ist von einer solchen Behauptung zu halten? Der Geologe und Ägyptenexperte Dr. Mark Lehner: »Nicht Cheops baute die Große Pyramide um 2500 v. Chr., sondern ein unbekannter Pharao viele Jahrtausende früher!« John Anthony West, ein bekannter Ägyptenforscher, kam vor wenigen Jahren zu einem ähnlichen Resultat. Er untersuchte die »Große Sphinx« und stellte erhebliche Wasserschäden fest. Nach seinen – geologischen – Studien entstand die steinerne »Riesenkatze« zwischen 10 000 und 15 000 v. Chr., auch die »Cheopspyramide« müsse in etwa so alt sein. Professor Robert M. Schoch vom »Boston's University College« kam nach sorgsamen Untersuchungen zu der Erkenntnis, daß die Sphinx – und damit auch die Pyramide von »Cheops« – zwischen dem fünften und siebenten Jahrtausend v. Chr. entstanden sei, vermutlich sogar früher.

Sollte also al Makrizi recht haben mit seiner Behauptung, die Cheopspyramide stamme in Wirklichkeit aus der Zeit vor der Sintflut? Dann müßten bis heute zahlreiche Kammern unentdeckt geblieben sein. Tatsächlich fanden die französischen Architekten Jean-Patrice Dormion und Gilles Goidin, die dem gewaltigen Monumentalbauwerk mit modernster Elektronik zu Leibe rückten, »diverse Hohlräume«. Kurz darauf waren Wissenschaftler der Waseda-Universität, Tokio, vor Ort. Die Spezialisten durchleuchteten mit Computertechnik das Innere der Großen Pyramide, aber auch die Umgebung bis hin zur Sphinx. Sie stießen gleich auf ein ganzes Labyrinth von Hohlräumen und Gängen in der Pyramide. Die sensationellen Erkenntnisse wurden 1987 von der Waseda-Universität offiziell veröffentlicht.

Im März 1993 machte der deutsche Ingenieur Rudolf Gantenbrink eine aufsehenerregende Entdeckung: Von der Königin-Kammer führen zwei »Korridore« – sie messen 20 mal 20 Zentimeter – in das Innere der Pyramide. Ob ihres geringen Durchmessers waren sie vorher niemals eingehend untersucht worden. Gantenbrink konstruierte einen Miniaturroboter, 6 Kilogramm schwer, 37 Zentimeter kurz. Der mit einem Minipanzer vergleichbare Apparat war mit einer Videokamera und Halogenscheinwerfern ausgerüstet. Diesen Roboter ließ Gantenbrink in einen der beiden »Schächte« fahren. Und das, obwohl ihm Archäologen versichert hatten, ein derartiges Unterfangen sei sinnlos, da der Gang ja nach wenigen Metern ende. Die Experten hatten sich geirrt. Gantenbrinks Roboter fuhr und fuhr, 60 Meter drang er in die Pyramide vor. Zwei Wochen brauchte die kleine, von sieben voneinander unabhängigen Elektromotoren angetriebene Maschine für diese kurze Strecke. Immer wieder waren unbedeutende Hindernisse zu umfahren, immer wieder wurde der Apparat zurückgeholt, um Verbesserungen am Mechanismus vorzunehmen. Nach zwei Wochen endete die Reise ins Ungewisse. Es gab ein Hindernis. Die Videokamera zeigt es deutlich: Es ist eine kleine »Schiebetür«, 20 mal 20 Zentimeter groß. Am rechten unteren Ende fehlt ein Stück. An der Tür: zwei vermutlich metallene »Griffe«.

Michael Haase, ein Mathematiker aus Berlin, errechnete, wo sich jene geheimnisvolle Tür befindet: etwa 59 Meter über der Basis des Weltwunders, wohl zwischen der 74. und der 75. Steinlage. Der horizontale Abstand zur Außenwand der Pyramide beträgt 18 Meter.

Die Frage aller Fragen lautet: Was aber verbirgt sich hinter der Tür? Man kann nur spekulieren. Sollte es eine der Kammern des Wissens sein? Wir wissen es auch heute noch nicht, obwohl seit Gantenbrinks bahnbrechender Entdeckung Jahre vergangen sind. Dabei traut es sich der deutsche Ingenieur zu, mit Hilfe seines Roboters die Tür zu öffnen oder zumindest hinter das Hindernis zu blicken. Seltsamerweise scheint die Archäologie keinerlei Interesse daran zu haben, herauszufinden, was wohl hinter der Tür liegt. Rudolf Gantenbrink wurde untersagt, seine Arbeit fortzusetzen. Warum? Kann es denn sein, daß Wissen, das nicht in das herkömmliche Bild von der Vergangenheit unseres Planeten paßt, von der Fachwelt nicht zur Kenntnis genommen wird?

Nach herkömmlicher Gelehrtenmeinung existierte vor mehr als 10 000 Jahren in Ägypten noch gar kein »Reich der Pharaonen«. Die von al Makrizi genannten Namen tauchen in den bekannten Namenslisten der Herrscher Ägyptens nicht auf. Also kann es sie nicht gegeben haben, lautet das Urteil der Ägyptologie. Könnte es aber nicht sein, daß das Bild von der Vergangenheit der Hochkulturen falsch ist, daß die altehrwürdigen Zivilisationen viele Jahrtausende älter sind als bisher angenommen?

Zum Umdenken wurde die Welt der Wissenschaft jüngst gezwungen, als in der locker bewaldeten Steppe oberhalb der Coornamu-Sümpfe Nordaustraliens sensationelle Spuren einer unglaublich alten Kultur entdeckt wurden. Man stieß auf rätselhafte Felsgravuren in einem gewaltigen Steinmonolithen. Aus Tausenden kleinster »Ringe«, die in den Stein gemeißelt worden sind, ergeben sich Bilder – etwa von einem Känguruh.

Seit nunmehr vier Jahren wird der Boden am Fuße eines Felsmonolithen durchsiebt. Zahlreiche Spuren einer frühen Kultur wurden dabei bisher bereits entdeckt. Anthropologe Richard Fullagar und seine Kollegen sind zu der Überzeugung gekommen, daß das Bild von der frühen Geschichte unserer »Gattung Mensch« falsch sein muß. Bislang hatte man angenommen, daß vor rund 100 000 Jahren eine kleine Gruppe von Menschen, die sich anatomisch kaum von unseren Zeitgenossen unterschied, von Afrika aufbrach und nach und nach die gesamte Welt eroberte. Vor rund 50 000 Jahren sollen sie in Australien angekommen sein, den Riesenkontinent langsam erobert haben. Man wirft diesen jagenden Horden vor, sie hätten die Riesenkänguruhs, zehn Meter lange Echsen und nashorngroße Beuteltiere mit breiten Köpfen in kürzester Zeit ausgerottet.

An der Grundthese vom Ursprung des intelligenten Menschen in Afrika hält man auch weiterhin fest. Es fragt sich nur, wann unsere

Urururvorväter aufgebrochen sind. Die neuen Erkenntnisse muten sensationell an, wenn man die Fakten genau beachtet. Bereits vor mindestens 75 000 Jahren gravierten in Australien offenbar intelligente Wesen kunstvolle Bilder in den Stein, vor rund 100 000 Jahren fertigten sie funktionelle Werkzeuge an – und das Jahrzehntausende, bevor nach herkömmlicher Meinung die Vorläufer des Jetztmenschen von Afrika aus ihren Siegeszug um die Welt antraten. Dies muß zu einer Zeit geschehen sein, zu der es nach bisheriger Annahme in Australien noch gar keine menschenähnlichen Wesen gab. Als nach offizieller Lehrmeinung nur Tiere in Australien hausten, muß es schon so etwas wie eine menschliche Zivilisation gegeben haben. Ihre Vertreter müssen bereits hochseetüchtige Boote gebaut haben, um die Meere überwinden zu können. Das setzt fortgeschrittenes Wissen voraus. Wie wurde es weitergereicht? Mündlich?

Weitere Untersuchungen in Australien stehen an. An acht weiteren »heiligen Plätzen« wurden Steingravuren aus »Ring-Symbolen« entdeckt. Sie sollen so genau wie möglich datiert werden. Werden sie beweisen, daß die Gattung Mensch Jahrzehntausende älter ist, als bisher angenommen?

Zahlreiche Wissenschaftler stehen den Entdeckungen in Australien kritisch gegenüber. Aber auch selbst wer die Erklärungen von Richard Fullagar für falsch hält, muß zugeben, daß sämtliche wissenschaftlichen Theorien über die graue Vorzeit des Menschen, die noch heute in den Lehrbüchern stehen, falsch sind. So schlagen Kritiker vor, die Steingravierungen stammten gar nicht von Menschen, sondern vom »archaischen homo sapiens«. Dieses Wesen galt bislang als höchst primitiv. Sollte es nun doch über Intelligenz verfügt haben?

Umgeschrieben werden muß auch die Urgeschichte Irlands. Bei Knowth in der irischen Grafschaft Meath wurden mit seltsamen Spiralmustern versehene Steine gefunden. Professor George Eoghan: »Sie wurden vor mindestens 7000 Jahren graviert und dienten rituellen Zwecken.« Offenbar wollten die geheimnisvollen Künstler nicht, daß man ihre Werke sieht. Sie vergruben sie mit den gravierten Seiten nach unten. Noch rätselt man, ob die komplizierten Muster rein dekorativ sind oder nicht. Wenn sie aber nur der

Verzierung dienten, wieso wurden die Steine dann so vergraben, daß sie niemand sehen konnte?

Als falsch oder doch zumindest unvollständig erwies sich unser heutiges Wissen über die Welt der Götter im alten Römischen Reich. Dabei hatte die Welt der Wissenschaft doch bisher angenommen, gerade jene himmlischen Gesellen besonders gut zu kennen. Im Oktober 1996 kam es in Mainz bei Schachtarbeiten für das neue rheinland-pfälzische Abgeordnetenhaus zu einem Zufallsfund: Ein römischer Brennofen wurde ausgegraben. Den Archäologen kam es so vor, als sei die Zeit seit fast zwei Jahrtausenden stehengeblieben. Götterfiguren warteten darauf, endlich herausgenommen zu werden. Erklärung: Der Ofen war vermutlich durch Überhitzung unbrauchbar geworden, die in Arbeit befindlichen Figuren ließ man unbeachtet liegen.

Die zweihundert Figuren stammen aus dem zweiten Jahrhundert n. Chr. Archäologin Marion Witteyer: »Der Fund ist eine Sensation. Für einen Teil der Figuren haben wir keine Vorbilder.« Mit anderen Worten: Es wurden Götter entdeckt, die im zweiten nachchristlichen Jahrhundert verehrt wurden, von denen die Wissenschaft bislang noch keine Ahnung hatte. Wenn unsere Wissenschaft zugeben muß, nicht einmal vollständig über die Götterwelt Roms anno 200 n. Chr. informiert zu sein, ist es dann nicht vermessen zu behaupten, man wisse genauestens darüber Bescheid, wie die Welt Ägyptens vor 12 000 Jahren aussah? Warum sollte es dann nicht möglich sein, daß vor der »Sintflut« in Ägypten Pharaonen herrschten, die der Wissenschaft bislang entgangen waren?

Professor Hans Schindler, Archäologe aus Wien: »Wir begehen einen gravierenden Fehler, wenn wir Menschen des ausgehenden 20. Jahrhunderts, überheblich wie wir sind, annehmen, daß in grauer Vorzeit nur primitive Wesen lebten, aus denen sich nach und nach der intelligente Mensch entwickelte. Vielleicht sind wir die Primitiven, weil wir die ›Schriften‹, die vor Jahrzehntausenden entstanden, nicht verstehen können?«

Ähnlich äußerte sich auch der Schriftsteller Jacques Bergier, Autor von Büchern wie *Aufbruch ins dritte Jahrtausend* im Gespräch mit dem Autor: »Wir billigen nur dem modernen Menschen der Jetztzeit echtes Wissen zu. Wenn wir an die Antike denken, stellen wir uns von Aberglauben und religiösem Kult geleitete Menschen vor. Dabei verfügten sie bereits über erstaunliche wissenschaftliche Kenntnisse, die bis in unsere Zeiten – verbrämt als kultische Überlieferungen – erhalten geblieben sind. Und das angeblich so finstere Mittelalter war viel ›heller‹, als wir annehmen möchten. Wir müssen davon abrücken, uns als die Wissenden, die Vorfahren als ahnungslos und dumm zu sehen! Wir müssen neugierig sein, müssen versuchen, das Wissen der Alten zu entschlüsseln.«

Der Journalist Claus Jacobi stellte fest (*Bild*, 5. 10. 1996): »Neugier – im privaten Bereich so oft so unangenehm – hat den Menschen werden lassen, was er ist. Die Gier nach neuen Erkenntnissen trieb ihn vom Baum, über Ozeane und auf den Mond. Sie ließ ihn erkennen, daß die Erde rund ist und wie man das Atom spaltet. Sie läßt ihn Grenzen sprengen und Neuland erschließen.«

In der Tat: Die Neugier des Menschen war stets Antrieb zu wissenschaftlichem Suchen. Jacobi: »Generationen neugieriger Sterngucker entschlüsselten die Gesetze der Planeten. Neugier brachte Darwin auf seine Theorie von der Entstehung der Arten und Einstein auf seine Theorie von der Relativität.«

In einem Punkt aber, so scheint es, irrt der brillante Journalist – nämlich wenn er optimistisch behauptet, eine Sättigung des Wissenshungers sei nicht in Sicht. Tatsächlich nicht? Wie ist es dann zu erklären, daß Ägyptologen in keinster Weise daran interessiert zu sein scheinen, was sich hinter der kleinen Tür in der Cheopspyramide befindet?

Die Neugier hat sich wohl gewandelt. Es gilt offenbar nicht mehr so sehr, Neuland zu betreten, Wissen zu mehren. Anscheinend ist es das Hauptziel für so manchen Wissenschaftler geworden, Theorien, die vorgestern aufgestellt wurden, immer wieder zu bestätigen. Wahrhaft Neugierige sollten aber stets fragen: Ist die Realität nicht vielleicht doch ganz anders, als bislang angenommen?

Erstaunlich ist das Wissen, das unsere Altvordern zusammengetragen haben – von der Antike bis ins Mittelalter. Sie beschäftigten sich mit Phänomenen, die uns noch heute faszinieren. Das vorliegende Kapitel soll neugierig machen – auf das Wissen der Alten. Und es soll dazu anregen, eigene Recherchen anzustellen über

- das Atlantis der Südsee
- die Geheimnisse der Antarktis
- den Turmbau zu Babel
- das Sirius-Rätsel
- Hesekiel und seinen »himmlischen Wagen«
- die Manna-Maschine und die Bundeslade
- die Elektrizität der Götter
- den Computer von Antikythera und Segelflugzeuge aus der Antike
- das Geheimnis der »geschmolzenen Steine«
- den Koloß von Rhodos, den Leuchtturm von Pharos und das Geheimnis der Spiegel

Das Atlantis der Südsee

Im Mittelalter wirkte in Ägypten ein bienenfleißiger arabischer Historiker, der es sich zur Aufgabe gemacht hatte, das Wissen seiner Zeit über die Geheimnisse der Vergangenheit zu ordnen und schriftlich festzuhalten: Taki ad-Din Ahmad ben 'Ali ben 'Abd al-Kadir ben Muhammad al Makrizi (1364–1442). Er schrieb nieder, was er an Wissen aus uralten Quellen zusammengetragen hatte, brachte in seinem Werk *Hitat* zu Papyrus, was seit der Antike an Wissen überliefert worden war.

Weltweit gibt es Erinnerungen an eine »Sintflut«

Vor vielen Jahrtausenden, so heißt es da, habe es eine riesige Überschwemmung geben, eine Sintflut. Er bestätigte damit nicht nur den biblischen Bericht von einer gewaltigen Überschwemmung, sondern uraltes Wissen, das weltweit seit Jahrtausenden überliefert wird. So sind die australischen Kurnai davon überzeugt, daß die Menschheit vor Jahrtausenden von einer Flutkatastrophe heimgesucht wurde. Ganz ähnliche Überlieferungen gibt es auch in China, etwa bei den Lolo, aber auch bei den Maori Neuseelands, bei den

Huichol Mexikos, bei den Bahnar Vietnams, bei den Dwyfand-Leuten in Wales, bei den See-Dajak-Bornes, den Cree-Indianern Kanadas, den Massai Ostafrikas, bei den Ureinwohnern der Fidschi-Inseln. Wissen von einer vorzeitlichen Flut wurde schon seit vielen Generationen überliefert – von den Andamen Indiens, den Ureinwohnern Kubas, den Raiatea Französisch-Polynesiens und den Huarochiri-Indianern Perus.

Diese Liste ließe sich noch weiterführen: Weltweit wissen die Menschen, daß es da so etwas wie eine Sintflut gegeben hat. So wundert es nicht, daß auch auf der einsamsten, abgelegensten Insel der Welt – der Osterinsel – eine uralte Überlieferung von eben einer solchen Katastrophe berichtet. Einst habe es im Westen von Südamerika ein riesiges Reich gegeben: Maori Nui Nui, Groß-Maori. Das Imperium wurde von König Arei regiert. Der gab das Amt an seinen Sohn Hotu Matua weiter, weil er keine Möglichkeit sah, den Menschen seines Reichs zu helfen. Und schnelle Hilfe war allem Anschein nach erforderlich: Immer größere Erdmassen wurden von den Fluten verschlungen.

Das Reich von Maori Nui Nui

Hotu Matua schickte die besten Seefahrer aus. Sie sollten eine neue Heimat finden. Die Kundschafter aber kamen immer wieder bitter enttäuscht zurück. Eines Tages ereignete sich so etwas wie ein Wunder: Gott Make Make erschien, packte Priester Hau Maka und trug ihn durch die Lüfte zu einem unbewohnten Eiland. Er beschrieb ihm genau, wie denn jene Insel auf dem Seeweg zu erreichen sei, zeigte ihm, wo am besten ein erster Hafen gebaut werden könne, führte ihn über die Insel selbst – und brachte ihn schließlich wieder durch die Lüfte zurück in die bedrohte Heimat.

Umgehend berichtete der Priester seinem König, was ihm widerfahren war. Und der rief die besten sieben Seefahrer, um auszukundschaften, ob denn tatsächlich dort, wo der Priester behauptet hatte, eine rettende Insel zu finden sei. Nach siebzig Tagen waren die Männer wieder zurück. Stolz berichteten sie, nach 30 Tagen genau an der angegebenen Stelle eine unbewohn-

135

te Insel gefunden zu haben. 40 Tage benötigten sie für die Rückfahrt.

Umgehend befahl der König die Evakuierung der Insel. 120 Tage dauerte es, bis sein gesamtes Volk auf allen verfügbaren Schiffen von Groß-Maori zur neuen Heimat gelangt war. Man ergriff sofort Besitz von der Insel: der Osterinsel.

Kann man aber solche Überlieferungen überhaupt ernst nehmen? Mit dieser Frage beschäftigte sich der führende Osterinsel-Experte der Welt, Fritz Felbermayer, jahrzehntelang. Ob seiner Verdienste um die einsamste Insel der Welt wurde er mit dem Orden »De Merito de Jose Miguel Carrera« ausgezeichnet, als einziger Ausländer in den »Rat chilenischer Geschichte« berufen.

Der Autor fragte Fritz Felbermayer: »Inwieweit beruhen die Überlieferungen über die Urheimat der Osterinsulaner, die angeblich in einer gewaltigen Überschwemmung vernichtet wurde, auf tatsächlichen Begebenheiten?« Dr. Felbermayer antwortete: »Es ist meine felsenfeste Überzeugung, daß diese Überlieferungen eine absolut wahre Begebenheit beschreiben. Von den alten Insulanern wird diese Tatsache so klar und ohne Zögern wiedererzählt, und immer in derselben Weise. Es werden Namen genannt, die einfach nicht erfunden wurden. So konnte ich diese Begebenheiten ohne jeden Zusatz aufschreiben. Im Vorwort meines Buches ›Sagen und Überlieferungen der Osterinsel‹ (Nürnberg, ohne Jahresangabe) habe ich auf eine Sache hingewiesen, die Sie lesen müssen: ›Wenn derjenige, der gerade erzählte, sich irrte oder auch nur einige wenige Worte änderte, die an sich ohne Bedeutung waren, so protestierten die anderen Zuhörer so lange, bis der Sprecher die Worte genauso wiedergab, wie sie ihre Vorfahren berichteten.‹«

Der Autor fragte nach: »Herr Dr. Felbermayer, der Sage nach kamen die ersten Osterinsulaner von einer Insel, die im Meer versank. Glauben Sie, daß es dieses geheimnisvolle Eiland, den sagenhaften König, tatsächlich gab?« Die Antwort des Experten fiel eindeutig aus: »Auch Hotu Matua ist bestimmt keine ›Sagengestalt‹, sondern ein Mann, der wirklich gelebt hat und der sein Volk auf die Osterinsel brachte. Unter Maori Nui Nui stelle ich mir eine Inselgruppe vor, und auf dieser Insel lebte Hotu Matua. In der Überlieferung werden Namen genannt, die sind bestimmt nicht erfunden.«

Auch die Geschichten von Make Make, dem fliegenden Gott, der
den Priester Mau Maka zur Insel brachte, von den sieben Seefah-
rern, die die Worte des Geistlichen überprüften, von der Übersied-
lung von der alten Heimat zur Osterinsel, alle diese Überlieferungen seien »wahr«. »Wir können sicher sein, daß die Fahrt stattfand.«
Ganz anderer Ansicht war da der berühmte Norweger Thor
Heyerdahl. Er plädierte dafür, daß die Osterinsulaner nicht, wie behauptet, von einem Reich aus dem Westen, sondern aus dem Osten,
nämlich vom südamerikanischen Kontinent, gekommen seien. Diese Behauptung ist, auch wenn sie noch immer wiederholt wird, als
falsch widerlegt worden. Eine Arbeitsgruppe unter der Leitung der
Anthropologin Erika Hagelberg von der Universität Cambridge untersuchte die Erbanlagen von Menschen aus dem Raum Polynesien,
aus Peru und der Osterinsel. Sie kam zu einem eindeutigen Resultat:
Die Vorfahren der Osterinsulaner kamen nicht aus Peru, sie stammten aus dem Raum westlich der Insel, ganz so, wie es die alten
Überlieferungen behaupten. Sollte es jemals Kontakte zwischen der
Osterinsel und Peru gegeben haben, dann können sie nur – so die
Wissenschaftlerin – »sporadisch«, also kurzfristig gewesen sein. Am
15. Juni 1994 hielt die seriöse *Ärzte Zeitung* fest: »Die Ergebnisse
sprechen nach Ansicht der Forscher für eine Besiedelung der Oster-
inseln von Polynesien her, dokumentieren aber auch eine Eigenstän-
digkeit, die sicherlich Hunderte von Jahren währte.«
Modernste wissenschaftliche Analysen der Erbanlagen haben
also eindeutig bewiesen, daß die ersten Menschen, die sich auf der
Osterinsel niederließen, aus dem Westen gekommen waren. Damit
stand aber noch keineswegs fest, daß das Wissen von einem versun-
kenen Reich tatsächlich den Tatsachen entsprach. Auf der Osterinsel selbst ist man von der Korrektheit der Überlieferungen überzeugt. Osterinsulaner Raul Teave, der sich wie kaum ein zweiter
Einheimischer auf dem rätselhaften Eiland auskennt: »Die Urheimat meines Volkes war das Atlantis der Südsee. Es hieß Maori Nui
Nui und lag weit im Westen der Osterinsel. Maori Nui Nui wurde
von Taenen Arei regiert, in schwerer Notzeit. Immer weitere Teile
der Insel versanken in den Fluten. Das Leben der Bewohner von
Maori Nui Nui war bedroht. Wie Atlantis würde Maori Nui Nui im
Meer versinken.«

Aber gab es das Atlantis der Südsee wirklich? Davon waren bereits die Evolutionswissenschaftler Alfred Wallace und Thomas Huxley überzeugt. Die Herren gingen davon aus, daß es im heutigen Stillen Ozean einst ein blühendes Reich gab, das in den Fluten versank. Sie stützten diese Annahme nicht auf Spekulationen, sondern auf Tatsachen. Im Raum Südsee gibt es nämlich eine Reihe von Fakten, die nur dann erklärt werden können, wenn es tatsächlich einst einen Kontinent Maori Nui Nui gegeben hat. Zahlreiche Inseln von heute müssen einst Teile dieser großen Erdmasse gewesen sein.

Auf den Marquesas-Inseln leben Süßwasserfische der Gattung Halaxis. Die gleichen Fische gedeihen auch auf Neuseeland. Sie können sich nur über Flüsse ausbreiten, Salzwasser vertragen sie nicht. Einzige Erklärung: Es gab einst eine Landbrücke zwischen Neuseeland und den Marquesas-Inseln. In Flüssen dieses Urkontinents gediehen die Halaxis-Fische, breiteten sich aus. Dann versanken große Teile des Kontinents im Meer.

Weitere Hinweise geben auf Fidschi lebende Frösche, kleine Schlangen und Echsen, denn auch sie sterben in Salzwasser. Nur auf einer Landbrücke können sie sich im Südseeraum ausgebreitet haben. Für solch eine Landverbindung spricht auch die Tatsache, daß auf den Inseln Ozeaniens bestimmte Käfer-, Spinnen-, Mollusken-, Schmetterlings- und Wurmarten vorkommen, die für Amerika und Asien typisch sind. Auf Hawaii sprießen Pflanzen, die für Nordamerika, Australien, Südamerika, Indonesien und Polynesien typisch sind. Sie können sich nur »auf dem Landwege« ausgebreitet haben. Es muß also in der heutigen Südsee tatsächlich ein Groß-Maori, Maori Nui Nui, gegeben haben.

So schlußfolgert auch der Ethnograph John Macmillan Brown (John Macmillan Brown: *The Riddle of the Pacific*, Auckland, Neuseeland, 1924): »Die Osterinsel ist der Überrest eines Atlantis der Südsee, das durch eine Naturkatastrophe weitgehend zerstört wurde. Dieser Kontinent war die Landbrücke, auf der sich Tier- und Pflanzenarten verbreiteten, so daß sie heute auf den durch Unendlichkeiten von Meerwüsten getrennten Inseln vorkommen.«

Zu fragen ist, ob das einstige Imperium der Südsee schlagartig von den Fluten verschlungen wurde, oder ob es langsam dahinschwand. Wahrscheinlicher ist eine allmähliche Absenkung des Bodens. Im 17. Jahrhundert war die Osterinsel-Region immer noch nicht vollkommen zur Ruhe gekommen. Kleinere Inselchen tauchten, oft über Nacht, aus dem Meer auf, andere verschwanden wieder.

Im Spätherbst des Jahres 1996 entdeckten Geologen etwa dreißig Kilometer südöstlich von Hawaii tektonische Veränderungen auf dem Meeresgrund. Geochemiker Alexander Malahoff: »Wir erleben hier zum erstenmal eine Insel im Mutterschoß, deren Geburtswehen gerade erst anfangen.«

Das Wissen um jenes legendäre Atlantis der Südsee hielt sich bis weit ins Mittelalter hinein. Für die Kaufleute jener Zeit war das Wissen um eine große Landmasse westlich von Südamerika von wirtschaftlichem Interesse. Sie waren auf der Suche nach neuen Handelspartnern, nach neuen Absatzmärkten für ihre Produkte. So wollte der niederländische Weinhändler Arnold Roggeveen anno 1671 eine Erkundungsreise organisieren – mit dem Ziel, das legendäre Südland in der Südsee zu entdecken. Er scheiterte freilich an der Bürokratie. Die Behörden weigerten sich immer wieder, eine entsprechende Expedition zu genehmigen. Und als Arnold Roggeveen schließlich die erforderlichen Papiere zusammengetragen hatte, fehlte ihm das notwendige Kapital. Erst rund ein halbes Jahrhundert später brach sein Sohn Jacob Roggeveen auf – und entdeckte am 7. April 1722 die Osterinsel, das einsamste Stückchen Erde unseres Planeten. Sie liegt im Westen von Chile. 3200 Kilometer Salzwasserwüste trennen sie von Peru, 6200 Kilometer endlosen Meeres vom Neuseeland-Strand. Weil Roggeveen das Eiland zu Ostern erspähte, benannte er es nach dem christlichen Feiertag.

Der Holländer erlebte die Insel als ein »paradiesisches Eiland mit üppiger Pflanzenwelt«. Nur 48 Jahre später, 1770, beschrieb sie der Spanier Gonzales y Haedo als »völlig kahl«. Hatte inzwischen eine Naturkatastrophe stattgefunden?

1770 erklärten die Spanier die Osterinsel zum Besitz der spanischen Krone, nannten sie zu Ehren von König Carlos III. »San Carlos«, der Name geriet aber bald wieder in Vergessenheit. 1774 erschien Kapitän Cook vor Ort, versuchte den »richtigen« Namen des Eilands in Erfahrung zu bringen. Erst 1864 setzte sich die Bezeichnung »Rapa Nui« durch. Die wissenschaftliche Welt ist sich heute darüber einig, daß die Hauptinsel ursprünglich »Te-Pito-te-henua« hieß: »Nabel der Welt« oder »Uterus der Welt«. Nach Alexander Salomon, einem Forscher aus Tahiti, der bereits Ende des neunzehnten Jahrhunderts Nachforschungen anstellte, bezieht sich diese seltsam anmutende Bezeichnung auf das große Rätsel der Osterinsel, die steinernen Riesenstatuen. Sie wurden im Krater eines vorzeitlichen Vulkans aus der Lava gemeißelt. Der Vulkan wurde als Geburtsort der Riesenfiguren angesehen.

1880 wurde die Osterinsel dann chilenisch. Sie blieb es bis heute.

Ungelöste Rätsel und eine gefälschte TV-Dokumentation

Die Riesenfiguren der Osterinsel gehören auch heute noch zu den großen Geheimnissen unserer Welt. Daran ändert auch nichts die Tatsache, daß Wissenschaftler immer wieder versuchen, das Mysterium wegzuerklären. Derlei Versuche scheiterten bisher stets kläglich und führten zu absurden Widersprüchen.

So behauptet Wilhelm Ziehr nüchtern (*Zauber vergangener Reiche,* Stuttgart 1975): »Die Existenz monumentaler Steinplastiken auf der Osterinsel ist keineswegs so rätselhaft, wie oft behauptet wurde. Da Holz auf der Insel außerordentlich knapp war, bot sich das hingegen reichlich vorhandene Tuffgestein an.« Demnach waren also die Steinmetzen der Osterinsel künstlerisch veranlagt. Weil sie kaum Holz zur Verfügung hatten, stillten sie ihren Drang, Kunstwerke zu produzieren, indem sie riesenhafte Figuren aus dem Stein meißelten. Warum es dann aber teilweise über zwanzig Meter hohe Kolosse sein mußten, darüber schweigt sich Wilhelm Ziehr aus. Er bietet auch keinen Erklärungsversuch dafür an, wie denn die Statuen befördert wurden. Diese Frage meint Thor Heyerdahl hinlänglich beantwortet zu haben. Der Transport der Kolosse sei, so schreibt er (*Die großen Steine der Osterinsel,* in *Versunkene Kulturen,* Zürich 1963), problemlos möglich gewesen, da auf der Osterinsel Holz in Hülle und Fülle zur Verfügung stand. Man habe Holzrollen, aber auch schlittenartige Vehikel gebaut – aus Holz, natürlich – und so die Riesenfiguren kilometerweit bewegt.

Ist das nicht kurios: Da mußten die armen Osterinsel-Künstler

Riesenfiguren aus Stein herstellen, weil ihnen kein Holz zur Verfügung stand. Und sie konnten die Statuen kilometerweit transportieren, weil Holz in Hülle und Fülle zur Verfügung stand. Wie ist dieser unbestreitbare Widerspruch zu erklären? Gibt es Überlieferungen aus dem ehrwürdigen Wissen der alten Osterinsulaner, die Licht ins geheimnisvolle Dunkel bringen können?

Leider müssen wir feststellen, daß ein großer Teil der altehrwürdigen Überlieferungen für immer verlorengegangen ist. Noch 1864 sah der Missionar Eyraud zahllose Holztäfelchen auf der Osterinsel, die mit Hieroglyphen beschriftet waren. Bischof Jaussen hörte davon, erteilte den Befehl, die wertvollen Aufzeichnungen der Osterinsulaner seien sofort einzusammeln. Die Einheimischen begegneten dem Ansinnen mit Skepsis, zu schlechte Erfahrungen hatten sie mit fremden Besuchern gemacht.

1862 lagen sechs peruanische Schiffe vor der Osterinsel. Sklavenjäger, zunächst freundlich begrüßt, nahmen fast die gesamte männliche Bevölkerung gefangen, verschleppten die Männer auf die Chincha-Inseln, wo sie als Sklaven eingesetzt wurden. Dagegen protestierte Tepano Jaussen, Bischof von Tahiti, die Regierung von England schloß sich an. Resultat: Die Sklavenjäger mußten ihre Opfer wieder auf die Osterinsel zurückbringen – die meisten waren freilich schon an Krankheiten gestorben. Von mehreren tausend Gefangenen waren nur noch »etwa einhundert« am Leben. Und die brachten die Pocken auf die Insel. Eine tödliche Epidemie breitete sich aus, der ein Großteil der Bevölkerung zum Opfer fiel.

So wurden die »sprechenden Holztafeln«, wie sie von der einheimischen Bevölkerung genannt wurden, in geheimen unterirdischen Höhlen versteckt. 1914 traf Katherine Routledge, eine Pionierin auf dem Gebiet der Osterinsel-Forschung, auf den »letzten Wissenden« des Eilands. Er war an Lepra erkrankt – und weigerte sich, der Wissenschaftlerin sein Wissen zu enthüllen. Er beherrsche zwar die Kunst, die alten Schrifttafeln zu lesen, doch »das Mysterium muß Fremden vorenthalten bleiben«, erklärte er auf dem Sterbebett.

Trotzdem sind uralte Überlieferungen der Osterinsel erhalten geblieben. Was verraten sie uns über die Steinkolosse?

Nachdem die Menschen von Maori Nui Nui auf die Osterinsel übergesiedelt waren, wurde das Eiland in Besitz genommen. Man baute Siedlungen, erweiterte den Hafen, errichtete Schulen, in denen das überlieferte Wissen der Vorfahren an die junge Generation weitergegeben wurde. Die Neuankömmlinge fühlten sich inzwischen schon recht heimisch, als eine zweite Einwanderungswelle über die Insel rollte. Es erschienen Menschen mit einer merkwürdigen Gewohnheit: Sie verlängerten ihre Ohren durch Gewichte künstlich, gingen deshalb als »Langohren« in die Überlieferungen ein. Die Fremden waren recht genügsam, ließen sich von den »Kurzohren« dünn besiedelte Regionen zuweisen.

In den Steinbrüchen des Vulkans auf der Osterinsel entwickelte sich rasch ein emsiges Treiben. Riesige Statuen wurden hergestellt. Dabei achteten die Steinmetzen pedantisch darauf, daß sie bei ihrer Arbeit nicht beobachtet wurden. Und irgendwann verschwanden die Langohren wieder. Die Überlieferung hält fest: »Nach dieser Nacht hörte man nichts mehr von ihnen, von den Meistern, die die Statuen geschaffen hatten.« Zurück blieben die rätselhaften Riesenfiguren – und der Nachwuchs der Statuenbauer. Sie hatten viele Kinder mit Kurzohrfrauen gezeugt.

Zwischen jenen Langohren und der Urbevölkerung kam es immer häufiger zu Konflikten. Eines Tages starb ein Langohr. Die Hinterbliebenen baten darum, den Toten auf Kurzohrland bestatten zu dürfen. Die Bitte wurde empört zurückgewiesen. Jetzt beschlossen die Langohren, den unbeliebten Mitbewohnern des kleinen Eilands eine tödliche Lektion zu erteilen. Am Berg Poike wurde ein riesiger Graben ausgehoben, etwa fünfhundert Meter lang. Er wurde mit trockenem Holz gefüllt. Ein gewisser Toi wurde als Wächter für den Graben eingesetzt. Toi aber konnte das Geheimnis nicht für sich behalten, plauderte es aus. Seine Frau, Hanga Neru, vom Geschlecht der Kurzohren, verriet den grausamen Plan.

Die Kurzohren starteten zum Überraschungsangriff. Die Überlieferung hält fest: »Dann rückten die Kurzohren zwischen den Felsen an, einer hinter dem anderen.« Die vollkommen überraschten Langohren wurden in den Graben getrieben, der in Brand gesteckt wurde. Mancher wurde erschlagen, die meisten aber bei lebendigem Leibe verbrannt. So mußten die Langohren erdulden, was sie selbst für ihre Feinde vorgesehen hatten.

Kann man nun eine solche grausame Überlieferung als Tatsachenbericht akzeptieren? Dr. Carlyle S. Smith ging 1955 dieser Frage nach. Mußte es nicht Spuren vom Gemetzel geben, wie lang auch immer jener entsetzliche Massenmord zurücklag? Sie fand den Ort des schrecklichen Geschehens, konnte den Graben ausfindig machen. Im Graben muß es, so die Wissenschaftlerin, ein Feuer großen Ausmaßes gegeben haben. Damit war bewiesen, daß das überlieferte Wissen der Osterinsulaner auf Tatsachen beruhte. Andere Wissenschaftler hatten auch von dem Graben gewußt, kannten seine genaue Lage. Ohne aber vor Ort archäologisch zu recherchieren, behaupten sie, er sei natürlichen Ursprungs, durch eine »geologische Verwerfung« entstanden. Dr. Carlyle S. Smith hatte diese Behauptung widerlegt. Es konnte keinen Zweifel mehr geben: Der Graben war künstlich ausgehoben worden. Man hatte ihn mit Holz gefüllt und ein höllisches Feuer entfacht, in dem die Langohren starben. Nur ein einziges Langohrkind soll den Massenmord überlebt haben.

Ein großer Teil des Wissens der Osterinsulaner ist wohl für immer verlorengegangen. Die geretteten Überlieferungen, nach Dr. Fritz Felbermayer handelt es sich dabei um Tatsachenberichte, halten die Erinnerungen an ein großes Geheimnis wach.

Auf der Osterinsel selbst scheint die Zeit stehengeblieben zu sein. Tagelang war ich dort unterwegs, fuhr im Jeep über oft unwegsame Straßen, die Feldwege unserer Regionen wie Autobahnen erscheinen lassen. Oft mußte ich aussteigen, Felsbrocken zur Seite räumen. Überall liegen sie – die Riesen der Osterinsel. Niemand weiß, von wem und warum die Statuen von ihren steinernen Podesten umgestürzt wurden. So manche Statue wurde im Verlauf der letzten Jahrzehnte wieder aufgerichtet. Freilich »schaffen« die modernen Kräne nur die kleineren Exemplare, die mittleren, von den großen ganz zu schweigen, übersteigen ihre Kräfte.

Besonders geheimnisvoll ist auch heute noch die Atmosphäre am »Geburtsort« der Statuen, im Raraku-Krater. Irgendwann einmal wurde hier, anscheinend urplötzlich, die Arbeit an den Figuren abgebrochen. Ganz offensichtlich waren zahlreiche Gruppen von Steinmetzen gleichzeitig tätig. Steinriesen in allen Herstellungsstadien sind anzutreffen. Manche sind schon fast fertig und kleben nur noch an einem schmalen Streifen am Stein. Sie erinnern an Schiffe, die auf einem schmalen Bug stehen. Andere Figuren wurden offenbar erst begonnen, sind fast nur als Konturen zu erkennen. Eine halbfertige Statue liegt da, wie im Schlaf dösend. Ich schreite sie ab. Stolze 23 Meter lang ist sie.

Es ist geradezu phantastisch: Die Steinmetzen haben gewaltige Mengen an erkalteter Lava herausgeschlagen, so als ob das Material butterweich gewesen sei, als habe man problemlos Stein kubikmeterweise wegmeißeln können. Es fällt schwer, an die Theorien der Archäologen zu glauben. Die Wissenschaftler postulieren nämlich, die Arbeiter hätten nur einfache Steinfäustlinge zur Verfügung gehabt. Tatsächlich fanden sich am Fuße des Steinbruchs in Erdhügeln primitive Steinwerkzeuge. Aber waren es tatsächlich die Werkzeuge der Osterinsel-Skulpteure?

Nach Thor Heyerdahl sind die Fäustlinge etwa fünfhundert Jahre alt. Wie Frank Joseph, ein amerikanischer Archäologie-Experte, feststellt, wurden die Osterinsel-Riesen aber nicht erst vor Jahrhunderten, sondern schon vor Jahrtausenden produziert – fast wie am Fließband. Im angesehenen Fachblatt *Ancient American – Archaeology of the Americas before Columbus* (Ausgabe 12, S. 9) faßt er zusammen, daß die Arbeit an den Riesen vor mindestens zweitausend Jahren beendet wurde. Auch er vermag freilich nicht zu sagen, warum denn die Arbeit so überstürzt abgebrochen wurde.

Die Steinbrüche müssen vom einen Tag auf den anderen verlassen worden sein. Noch heute erwecken sie den Eindruck, als ob die Arbeiter nur eben mal eine Pause machen, gleich wieder zu den Werkzeugen greifen wollen.

Wenn vor zwei Jahrtausenden – aus welchem Grunde auch immer – damit aufgehört wurde, die Wahrzeichen der Osterinsel aus dem Vulkanstein herauszuarbeiten, was bedeuten dann die primitiven Faustkeile, die nur etwa fünfhundert Jahre alt sind? Wir können nur spekulieren: Vielleicht versuchten sich die Osterinsulaner vor einem halben Jahrtausend als Steinmetzen, benutzten dabei primitivste Werkzeuge. Sie mögen die Absicht gehabt haben, ähnliche Kolosse wie ihre Vorfahren zu kreieren – und scheiterten.

Gescheitert ist jedenfalls Thor Heyerdahl, als er versuchte zu beweisen, daß wenige Männer mit Steinfäustlingen in kürzester Zeit eine Riesenfigur zuwege bringen. Er stattete sechs Osterinsulaner mit primitiven Faustkeilen aus, ließ sie auf eine Kraterwand einschlagen. Nach drei Tagen gaben sie auf. Das Ergebnis ihrer harten Arbeit, das ihnen blutige Hände beschert hatte, muß als kümmerlich bezeichnet werden. Es entstand der Umriß einer Figur, den die Osterinsulaner gern auch heute noch Touristen zeigen – um zu demonstrieren, daß die Riesen eben nicht mit primitiven Werkzeugen geschaffen worden sein können.

Dr. Gene M. Phillips, Rechtsanwalt aus Chicago, deckte einen Skandal auf: In einem Dokumentarfilm des »Bildungsprogramms« Nova wurde suggeriert, das Heyerdahl-Experiment sei tatsächlich gelungen. Dr. Gene M. Phillips schreibt (»Ein Rätsel der Osterinsel gelöst«. In: *Aus den Tiefen des Alls,* herausgegeben von Peter und Johannes Fiebag, Berlin 1995, S. 305–314): »Der Moderator begann den Beitrag über die Insel wie folgt: ›Von Däniken stellt viele Fragen zu den Statuen auf der Osterinsel: Wer schnitt die Figuren aus dem Stein? Wer bearbeitete sie? Wie wurden sie modelliert, poliert und aufgestellt? Wie wurden sie ohne Räder über mehrere Meilen transportiert? Und wie führten sie das alles durch? Seine Folgerung ist, außerirdische Astronauten seien im Spiel gewesen.‹«

Dann wurde im Film Thor Heyerdahl interviewt. Die Frage der Herstellung sei geklärt. Die heutigen Osterinsulaner hätten mit Erfolg und primitiven Mitteln eine Statue aus dem Stein geschlagen. »Sie taten es vor unseren Augen, sie meißelten eine Statue aus dem Stein und stellten sie auf. Es schien zunächst eine langwierige Prozedur zu werden, aber sie begossen die Statue während der Arbeit mit Wasser, und nachdem sie die harte Außenschale durchbrochen hatten, ging die Arbeit viel schneller vorwärts.«

Diese Aussagen entsprechen, so stellt Dr. Gene M. Phillips fest, »leider nicht der Wahrheit«. Er weist dem Nova-Programm eine unverzeihliche Manipulation nach. Während der Moderator nämlich davon spricht, daß sich bereits nach wenigen Tagen ein Umriß der Statue ergeben habe, wird zunächst ein Foto eingeblendet, das die Heyerdahl-Arbeiter beim Meißeln zeigt. Ein vager Umriß ist schwach zu erkennen.

Dann erscheint ein weiteres Bild – das einer halbfertigen Figur. Der unbedarfte Zuschauer muß nun annehmen, daß es sich dabei um das Heyerdahl-Experiment im vorgerückten Stadium handelt, daß die Arbeiter in kürzester Zeit erhebliche Fortschritte gemacht haben. Der gewünschte Schluß ist aber falsch: Die Figur wurde gar nicht von Heyerdahls Helfern gemeißelt, sondern vor ungezählten Jahrhunderten von den alten Osterinsulanern.

Es wurde der Eindruck erweckt, als sei es Thor Heyerdahl tatsächlich gelungen, in kürzester Zeit eine Statue herstellen zu lassen. Im TV-Programm verkündete er schließlich, mit gleichen, einfachen Mitteln müsse für eine »sehr große Statue« eine Arbeitszeit von etwa einem Jahr angesetzt werden. Das Gegenteil war der Fall: Das Experiment, das beweisen sollte, wie einfach die Steinriesen herzustellen sind, scheiterte. Es bewies nur, wie wenig wir über die uralte Kultur der Osterinsel wissen.

Staunend stellen wir fest: Schon vor Jahrtausenden muß es auf der Osterinsel erstaunliches Wissen gegeben haben – die Menschen waren perfekte Steinmetzen, konnten riesige Statuen fertigen, die Kolosse kilometerweit transportieren und aufstellen. Schließlich setzten die Insulaner den Kolossen noch tonnenschwere Hüte auf. Wann und warum?

W. A. Obrutschow hat eine interessante Erklärung vorgeschlagen: Es fällt auf, daß fast alle Steinriesen ins Landesinnere starren. Sollten ihre Blicke die Insel schützen, vor weiteren Überschwemmungen bewahren, vor Naturkatastrophen, die schon das Atlantis der Südsee, Maori Nui Nui, zerstört hatten?

Geheimnisvolle Schrift

Vermutlich würden wir mehr über das Wissen der Osterinsulaner erfahren, wenn die geheimnisvolle Schrift der Inselbewohner enträtselt werden könnte. Bereits 1932 gab der ungarische Forscher W. von Hevesey wichtige Hinweise in einem Vortrag, den er vor den erlauchten Mitgliedern der »Académie Française« hielt. Kernsatz: 100 Schriftzeichen des Alten Indien sind mit solchen der Osterinsel identisch. In den folgenden Jahren forschte der Gelehrte weiter. Er kam schließlich zu dem Schluß, daß sowohl in Indien als auch auf der Osterinsel etwa 400 Schriftzeichen benutzt wurden. 175 davon sind miteinander identisch, wurden sowohl auf der Osterinsel als

Die geheimnisvollen Steinkolosse der Osterinsel geben Forschern bis heute Rätsel auf. Wer schuf sie, wann und warum?

Eine halb fertiggestellte Statue im Steinbruch: Wurden diese Giganten wirklich mit primitivsten Werkzeugen aus dem harten Fels gemeißelt?

Am Rande des Steinbruchs warten zwei fertiggestellte Riesen auf den Transport.

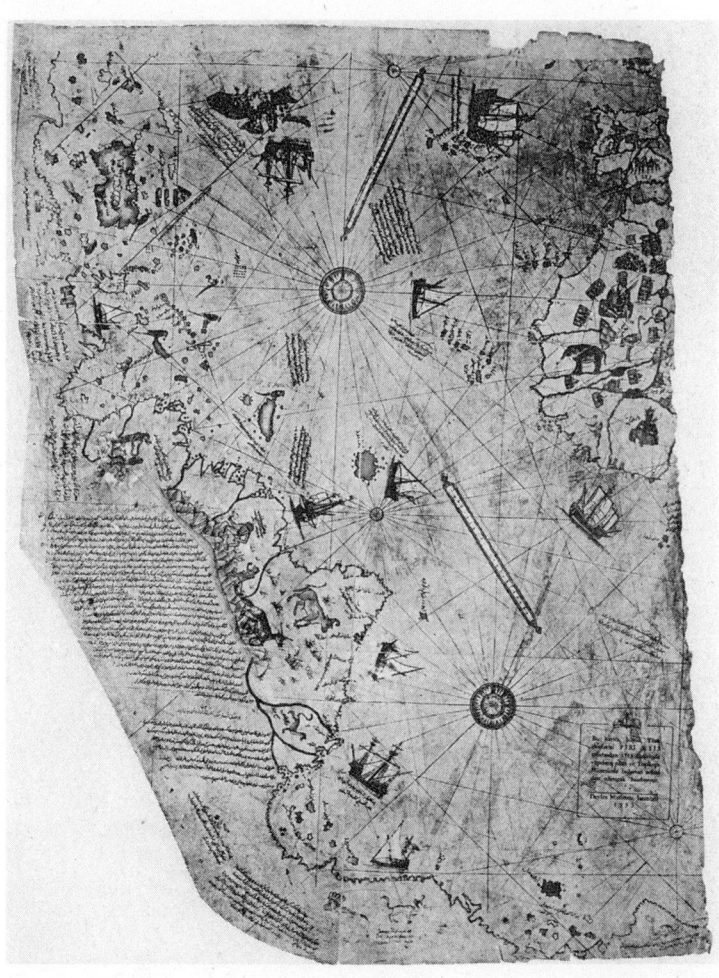

*Die Piri-Reis-Karte aus dem Jahr 1513. Sie zeigt die Antarktis ohne Eis-
ein Hinweis auf Atlantis?*

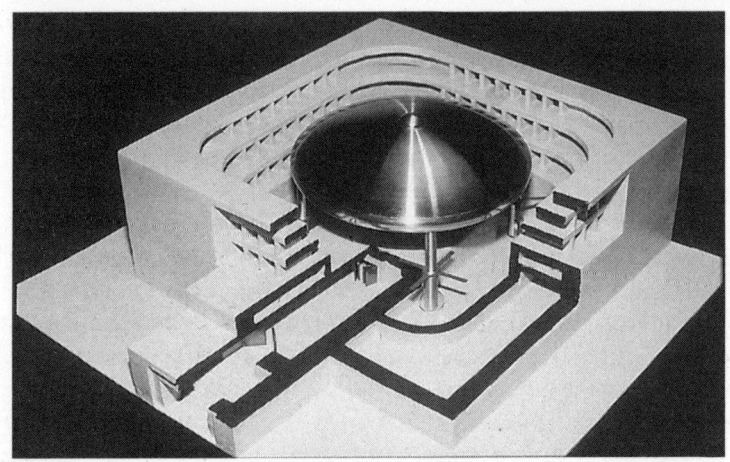

Der Ingenieur Herbert Beier rekonstruierte die Tank- und Wartungsstation des Hesekielraumschiffs nach den Angaben der Bibel.

Der angebliche Tempel von Vijayanagara in Indien gleicht Beiers Rekonstruktion bis hin in Details.

auch in Indien benutzt. Wirklich erklären konnte der Wissenschaftler diese Übereinstimmung nicht. Ganz abgesehen von der gewaltigen räumlichen Distanz zwischen dem Eiland vor der Küste Südamerikas und Indien: Beide Kulturen sollen ja von höchst unterschiedlichem Alter sein. Die Schriftzeichen Indiens dürften vor 3500 Jahren entstanden sein. Sollte die Osterinsel-Kultur ähnlich antik sein?

Weitere, wirklich erstaunliche Parallelen wurden entdeckt. Und zwar zwischen der Schriftsprache der Osterinsulaner und der vielleicht ältesten Schrift der Welt. Vor rund sechs Jahrtausenden entstand das Gilgameschepos. Die Sprache, in der es verfaßt wurde, weist seltsame Besonderheiten auf: So wurden nicht einzelne Silben durch Zeichen, sondern ganze Wörter mit Hilfe von jeweils einem einzigen Symbol dargestellt. Es fehlen die sogenannten Hilfswörter. Die seltsamen Besonderheiten treffen auf beide Sprachen zu. Heißt das, daß es eine Verbindung zwischen Osterinsel und Zweistromland gab? Wie soll diese Verbindung ausgesehen haben? Sollte also die Osterinsel-Kultur Jahrtausende älter sein als bislang angenommen?

Die Osterinsel bietet noch viele Rätsel. Die Riesenstatuen bezeugen, daß auf dem Eiland Wissende lebten – vielleicht von der Antike bis ins Mittelalter. Werden wir je Näheres über das rätselhafte Wissen erfahren?

Lag Atlantis in der Antarktis?

Kaum ein Rätsel der Antike fasziniert die Menschheit so sehr wie Atlantis. Unterschiedlichste Erklärungen wurden bisher bemüht, um den geheimnisvollen Kontinent zu lokalisieren. Eine kleine Auswahl an Lösungen, die für das Atlantis-Mysterium vorgeschlagen wurde, mag genügen:

Pastor Jürgen Spanuth war der Überzeugung, Atlantis sei die Hauptstadt eines nordischen Reiches gewesen, von dem aus im 12. Jahrhundert v. Chr. ein Angriff auf Ägypten erfolgt sei. Es habe vor Helgoland gelegen. Dr. Spyridon Marinodos und Dr. Angelos Galanopulos verlegten Atlantis ins Mittelmeer. 1500 v. Chr. sei es durch eine vulkanische Explosion zerstört worden. Der deutsche Forscher Albert Hermann lokalisierte Atlantis in Tunesien, während Leo Frobenius mutmaßte, es habe sich an der nigerianischen Küste befunden. Francis Bacon, der englische Philosoph, meinte wiederum, Amerika sei der sagenhafte Kontinent. Und Dr. Manson Valentine identifizierte seltsame Steinformationen auf dem Meeresboden vor Bimini (Bahamas) als Reste der legendären untergegangenen Kultur. Tatsächlich mag sich in jenen Gefilden eine uralte, hochstehende Kultur befunden haben.

Wie der Autor Roland M. Horn in seinem Buch »*Das Erbe von Atlantis* (Suhl 1997) darlegt, wurde 1977 im Bimini-Gebiet eine große Unterwasserpyramide entdeckt. Sie soll in rund 200 Metern Tiefe auf dem Meeresgrund stehen, bis 45 Meter unter die Wasseroberfläche reichen. Eine Untersuchung des Bauwerks – wenn es denn tatsächlich keine natürliche Formation wie ein Vulkankrater ist – steht noch aus.

In den vergangenen einhundert Jahren erschienen mehr als eintausend Bücher über Atlantis. Wurde der versunkene Kontinent bisher nicht wiederentdeckt, weil stets an den falschen Orten gesucht wurde? Birgt eine mittelalterliche Karte die Lösung? Ergänzt sie den Atlantis-Bericht Platons? Führt die Spur in die Antarktis?

Platon, die Piri-Reis-Karte und die Antarktis

Platon verfaßte um 355 v. Chr. mehrere Dialoge, in denen er behauptet, vom ägyptischen Priester von Sais uralte Texte erhalten zu haben, in denen der mysteriöse Kontinent beschrieben worden sei. Wo aber lag Atlantis einst, von dem es bei Platon heißt: »Später aber entstanden gewaltige Erdbeben und Überschwemmungen, und da versank während eines schlimmen Tages und einer schlimmen Nacht die Insel Atlantis im Meer.«

1989 traten die Buchautoren Thomas Riemer und Fritz Nestke, nachdem sie weite Passagen von Platons Text neu aus dem Griechischen übersetzt hatten, mit einer neuen Atlantis-Theorie an die Öffentlichkeit. Sie behaupteten (*Atlantis – Ein Kontinent tau(ch)t auf,* Halver und Dortmund 1989): Atlantis lag in der Antarktis. Beispielsweise ist in Platons Text »Timaios« davon die Rede, daß nach dem Versinken des geheimnisvollen Reiches das Meer dort nicht mehr schiffbar gewesen sei – warum? Zwei Übersetzungen sind möglich: »wegen der ungeheuren Schlamm-Massen« und »wegen des geronnenen/gefrorenen Meeres«. Nestke und Riemer stießen immer wieder auf derlei Hinweise: auf Wasser, das gefror, auf Atlantis, das unter gewaltigen Eismassen verschwand. Oder es heißt bei Platon: »Damals noch begehbar, rückte vor das geronnene/gefrorene Meer.« Treffender kann die Vereisung eines am Meer gelegenen Landes nicht beschrieben werden. Zunächst gerinnt das Meer, es entsteht ein Eisbrei, der kompakter wird – zu Packeis. Jetzt ist das Meer in der Tat begehbar. Schließlich rückt das gefrorene Meer vor.

Oder wie soll man die Angabe in Platons Schrift »Timaios« verstehen: »Damals war der Übergang möglich nach den anderen Inseln, von diesen Inseln aber wieder der Übergang nach dem ganzen gegenüberliegenden Festland, welches jenes Meer umschließt, das eigentlich allein den Namen Meer verdient«? Ist da von Vereisung die Rede, die natürlich das Meer zwischen Inseln begehbar machen würde?

Riemer und Nestke fanden 1996 Unterstützung, als die Bibliothekare Rand und Rose Flem-Ath, Kanada, ebenfalls behaupten, Atlantis habe in der Antarktis gelegen (*Atlantis. Der versunkene Kontinent unter dem ewigen Eis,* Hamburg 1996).

Das vielleicht überzeugendste Argument des Forscherpaars: 1665 veröffentlichte Athanasius Kircher eine Karte, die seinen Angaben zufolge von den Römern in Ägypten gestohlen wurde. Sie zeigt die »Lage der Insel Atlantis, die einst vom Meer verschlungen wurde nach dem Glauben der Ägypter und der Beschreibung Platons«. Rand und Rose Flem-Ath weisen nun nach, daß, betrachtet man die Karte in der von Kircher vorgesehenen Weise, das eingezeichnete Atlantis in verblüffender Weise den Umrissen nach der Antarktis entspricht.

Platon gibt eine relativ exaktes Datum an: Um 8500 v. Chr. sei Atlantis untergegangen. Damals setzte eine Kälteperiode ein, nachdem Jahrtausende lang die Temperaturen weltweit gestiegen waren.

Vor etwa 12 000 Jahren könnte es im Raum der Antarktis so warm gewesen sein, daß dort weite Regionen eisfrei waren. Entstand damals Atlantis? In der Antarktis? Diese Fragen werden sich erst beantworten lassen, wenn vor Ort, im ewigen Eis der Antarktis, archäologische Grabungen vorgenommen werden. Keinen Zweifel kann es aber daran geben, daß im Mittelalter erstaunlich exaktes Wissen darüber vorlag, wie die Antarktis eisfrei aussah.

Oronteus Finaeus, auch Oronce Finé genannt, galt als einer der wichtigsten Kartographen des ausgehenden Mittelalters. Geboren wurde er 1494 in der Dauphiné, studierte mit jungen Jahren in Paris Mathematik, entwickelte erstaunlich exakte wissenschaftliche Meßgeräte etwa für die Landvermessung. 1519 schuf er sein großes Werk, eine Weltkarte. 1530 und 1534 wurde sie wiederholt nachgedruckt. 1555 verstarb der Kartograph, hoch verschuldet. Heute liegt leider nur noch ein einziges Exemplar seiner Weltkarte vor. Und auch das wäre wohl unbeachtet in irgendeinem Archiv verstaubt, hätte Charles H. Hapgood nicht 1959 in der »Library of Congress« uralte Kartenwerke untersucht. Der Gelehrte entdeckte, daß Finaeus anno 1519 die Antarktis korrekt gezeichnet hatte – rund 250 Jahre vor ihrer »Entdeckung«!

Präzise eingezeichnet wurde die Antarktis auch auf der sogenannten Piri-Reis-Karte. 1956 stellten M. J. Walters vom »Amt für Hydrographie« der US-Marine und die Kartenexperten Arlington Mallery und P. R. Linehan vom Boston College Unglaubliches fest: Die Karte ist zumindest in Teilen unglaublich korrekt. Davon hörte wiederum Charles H. Hapgood. Der entdeckte, daß die Karte des Piri-Reis mit einem speziellen Lesegitter betrachtet werden muß. Und dann enthüllt sie die präzisen Konturen der Antarktis – ohne Eis.

1513 fertigte Piri Reis die Karte an. Woher kannte er die Konturen des Kontinents Antarktis unter dem Eis, die erst 1957 durch Echolotungen ermittelt werden konnten? Verfügte er über geheime Quellen, die ihm ein Wissen vermittelten, das er eigentlich gar nicht hätte besitzen können?

Das Geheimnis einer Karte

Kemal Reis genoß gegen Ende des 15. Jahrhunderts im Mittelmeerraum einen mehr als zweifelhaften Ruhm. Er war als Pirat gefürchtet. Weil sein Sultan keine Möglichkeit sah, den alten Haudegen vor ein ordentliches Gericht zu stellen, machte er ihn zum Staatsbeamten. 1501 erlaubte es Kemal seinem jungen Neffen, ihn auf großer Fahrt zu begleiten. Der junge Mann genoß das abenteuerliche Leben. Obwohl sein Onkel 1511 bei einem Schiffbruch vor Naxos ertrank, stand für Piri der Entschluß fest. Auch er würde zur See gehen. Er trat in den Dienst von Yavus Selim (1512–1520), dann von Suleiman I. (1520–1566). Seine Karriere verlief im Eiltempo. Rasch stieg er zum Admiral und Befehlshaber der gesamten Flotte auf, bildete sich »nebenher« autodidaktisch zum Universalgelehrten aus. Fremdsprachen lernte er mit spielerischer Leichtigkeit. So beherrschte er bald Griechisch, Portugiesisch, Italienisch und Spanisch. Daß er zudem ein exzellenter Seemann war, beweist noch heute das Werk über die Kunst des Segelns, das Piri Reis verfaßte.

Neugier trieb den Admiral in die Ferne. Er war einer der wenigen Seeleute, die bis in den Persischen Golf vordrangen. 1531 gelang ihm ein abenteuerlicher Erfolg, der freilich zu seiner Hinrichtung führte: Als Kommandeur der ägyptischen Flotte belagerte er die Inseln in der Straße von Hormus. Die reichen Insulaner ließen sich auf Verhandlungen ein, bezahlten ein enormes »Schutzgeld« – für die Garantie, nicht mehr behelligt zu werden. Drei Schiffe wurden mit kostbarsten Schätzen beladen.

Auf dem Rückweg erfuhr Piri Reis Unerfreuliches: Die portugiesische Flotte wolle ihm den Rückweg abschneiden, seine Schätze rauben. Mit seinen 31 Schiffen, also einer kleinen Flotte, fühlte sich der erfahrene Seemann zu unbeweglich. Also ließ er 28 Schiffe in Al-Basra zurück, schipperte nach Suez. Es gelang ihm, mit List und Tücke den Portugiesen zu entkommen, er büßte dabei allerdings eines seiner Schiffe ein.

Noch bevor Piri Reis in der Heimat an Land gehen konnte, trug ein intriganter Gegner dem Sultan schlimme Kunde zu: Admiral Piri Reis, mit 31 Schiffen aufgebrochen, sei mit nur zwei wieder zurückgekehrt. Er sei als Flottenchef für dieses einmalige Desaster verantwortlich. Was da an Staatsgeldern verschleudert worden sei! Sultan Suleiman hörte Piri Reis erst gar nicht an, erfuhr so zunächst nichts von den enormen Schätzen, die sein treuer Beamter mitgebracht hatte. Im Hafen wurde er festgenommen, auf der Stelle hingerichtet – im Alter von 84 Jahren.

Ende der zwanziger Jahre unseres Jahrhunderts erhielt der deutsche Theologe Adolf Deissmann in der Türkei den Auftrag, zu überprüfen, in wieweit die Sammlung des legendären Topkapi-Palasts wertvolle Kartenwerke aus dem Mittelalter enthalte. Am 9. Oktober 1929 saß er vor einem Stoß verstaubter Karten – darunter befand sich ein etwa 85 mal 60 Zentimeter großes Kartenfragment, das mit zahlreichen Bildern geschmückt und mit Randbemerkungen versehen war. Adolf Deissmann beachtete die Karte nicht weiter. Erst 1956 stieß M. J. Walters vom Amt für Hydrographie der US-Marine auf einen Faksimile-Druck der Karte. Es gab da ein Kuriosum, wie Walters und seine Kollegen Mallery und Linehan feststellten. Einerseits war das Werk erstaunlich genau. Sogar die Antarktis war eingezeichnet. Aber da stand auch eine Randnotiz des Kartenzeichners: Jene Region sei »sehr heiß«. Die Antarktis – und heiß?

Was zunächst als unsinnige Anmerkung verstanden wurde, erwies sich wenig später als wertvoller Hinweis. Mit dem Lesegitter von Charles Hapgood betrachtet, ergibt sich Unglaubliches: Die Antarktis ist eisfrei dargestellt. Howard Z. Obermeyer, Kommandant der US-Air-Force: »Die Küstenlinien müssen kartographiert worden sein, bevor die Antarktis mit Eis bedeckt war. Das Eis in diesem Gebiet ist heute etwa eine Meile dick. Wir haben keine Ahnung, wie die Daten auf dieser Karte mit dem geographischen Wissen von 1513 vereinbart werden können.«

Die Situation mutet in der Tat paradox an: Wie konnte Piri Reis die genauen Konturen der Landmassen unter dem Eis der Antarktis kennen? Wieso schrieb er über das Land, das wir uns heute nur als riesigen Kühlschrank vorstellen können: »Von diesem Land sagt man, es sei sehr heiß.«

Warme Temperaturen herrschten in der Tat in der Antarktis – aber vor rund zwölftausend Jahren.

Der Ursprung des unglaublichen Wissens von Piri Reis muß irgendwo im Dunkel der Vergangenheit vermutet werden – und älter sein als das, was wir heute als Antike zu bezeichnen gelernt haben. Dieses Wissen muß, auf welche Weise auch immer, 12 000 Jahre überstanden haben.

Die verblüffenden Kenntnisse des mittelalterlichen Piri Reis müssen als »eigentlich unmöglich« bezeichnet werden. Er kann nicht die eisfreie Antarktis gezeichnet haben und tat es doch. Es wird immer verrückter, denn 1528 fertigte Piri Reis eine weitere Karte an, von der nur noch ein Fragment erhalten ist. Peter Hertel und Gisela Klügel-Hertel stellen dazu fest (*Ungelöste Rätsel alter Erdkarten,* Gotha 1988, S. 53): »Das Fragment der Nordamerika-Karte umfaßt ein Gebiet von 10 Grad nördlicher Breite bis zum Polarkreis und von 25–90 Grad westlicher Länge. Im Nordosten beginnt die Darstellung mit der Küste Grönlands und erstreckt sich südlich bis über die Azoren hinaus. Von Grönland in Richtung Südwesten fallen zunächst zwei große Küsten ins Auge. Die erste nennt Piri Reis ›Balako‹. Es handelt sich um die Küste der Halbinsel Labrador. Weiter in Richtung Südwesten, offensichtlich handelt es sich um die Küste Neufundlands, schreibt Reis: ›Die angebliche Skizzierung stellt ein weiteres Küstengebiet dar.‹ Im Südwesten des Kartenfragments entdecken wir die Halbinsel Florida, ebenso Yucatan. Besonders bemerkenswert ist die für unser Auge richtige Darstellung der Inseln Kuba und Haiti. Die Bahamas und die Antillen sind ebenfalls eingezeichnet. An der Nordküste Venezuelas sind eine Reihe Namen eingetragen.«

Piri Reis kann eigentlich Grönland ebensowenig gekannt haben wie Neufundland, die Halbinsel Florida, Kuba, Haiti, Yucatan und Venezuela. Und doch sind diese Regionen korrekt in seine Karte eingetragen.

Selbst Mallery, der sich intensiv mit dem Kartenwerk auseinandersetzte, staunte: Da waren in einer mittelalterlichen türkischen Karte Berge aus dem Norden Kanadas völlig korrekt eingetragen, die auf Armeekarten aus den fünfziger Jahren noch fehlten!

Heute, an der Schwelle zum dritten Jahrtausend, wissen wir nicht einmal mehr, was der geheimnisvolle Admiral vor fünfhundert Jahren alles wußte. Dafür gibt es zwei Gründe: Zum einen ist heute nur noch ein Teil der Anmerkungen, die der Admiral auf seine Karte kritzelte, lesbar. Selbst einzelne Wortfetzen lassen erstaunliches

Wissen erahnen. So vermuten Peter Hertel und Gisela Klügel-Hertel:»Von einer Mittelamerika betreffenden Bemerkung auf der Karte sind nur ganz wenige Worte noch lesbar – Überfahrt vom Festland ... um die Entstehung des Meeres feststellen zu können ... Regierungsbezirke, die ... auf der anderen Seite. Diese Worte deuten auf die Entdeckung des Pazifik hin.«

Zum anderen handelt es sich bei der Piri-Reis-Karte nur um ein Fragment.

Was mag der noch verschollene Kartenrest alles über das mittelalterliche Wissen verraten? Professor Dr. Wilhelm Leitner, Leiter der »Abteilung für Human-Geographie« an der Karl-Franzens-Universität von Graz, Österreich, vermutet (Andreas Weise: *Landkarten – Entdecker – Konquistadoren,* Gotha 1989) aufgrund eigener Forschungsarbeiten, daß er zur Zeit in einem Kartenarchiv von Peking aufbewahrt werden könnte. Das fehlende Kartenstück dürfte den asiatischen Kontinent zeigen, wohl auch China. Es wurde vermutlich von Sultan Selim Chan dem damaligen Mongolenfürsten geschenkt – mutmaßt Professor Leitner.

Offenbar galten Karten von Piri Reis als kostbare Pretiosen, die an Staatsoberhäupter von befreundeten Nationen oder von Ländern, mit denen man Handel treiben wollte, verschenkt wurden. Das lassen einige Kommentare von Piri Reis selbst vermuten. So merkte er zu seiner wertvollen Kartensammlung an:»Dieser Arme (damit meint der Admiral sich selbst, der Autor) hat auch seinerzeit eine Karte entworfen, die viel mehr Einzelheiten aller Art zeigte als die bisherigen Karten und die auch die neuherausgekommenen Karten der Segelhandbücher über Indien und China, mit denen sich bisher niemand in diesem Land bekannt gemacht hat, verwertete. Und sie wurde der glückseligen Pforte seiner Exzellenz des verstorbenen Sultans Selim Chan in Ägypten selbst überreicht und ward wohlwollend angenommen.«

Vielleicht bestehen noch Chancen, daß noch in irgendwelchen Geheimarchiven weitere Karten von Piri Reis entdeckt werden.

Eines ist aber gewiß: Das Mittelalter war alles andere als finster.

Heute, an der Schwelle zum dritten nachchristlichen Jahrtausend, müssen wir zugeben, daß wir keine Erklärung für das Wissen des mittelalterlichen Piri Reis anzubieten haben. Es ist uns nicht bekannt, woher dieses Wissen stammte, in wieweit es verbreitet oder nur Eingeweihten bekannt war.

Anno 1754, also fast 150 Jahre bevor – nach herkömmlicher Lehrmeinung – der erste Mensch die Antarktis besuchte, fertigte Phililippe Buache (1700–1773) eine Karte an, auf der wiederum der Kontinent Antarktis eisfrei zu sehen ist. Sollte dem französischen Kartographen die Piri-Reis-Karte oder eine Kopie davon zur Verfügung gestanden haben? Oder gehörte Buache einem Kreis von Wissenden an, einer Gruppe von Eingeweihten, die über Kenntnisse verfügten, die über Jahrtausende hinweg überliefert worden waren?

Gleichgültig, ob Atlantis in der Antarktis lag oder nicht: Vor rund zwölftausend Jahren war die Antarktis eisfrei – so wie sie von mittelalterlichen Kartographen festgehalten wurde. Wo heute ewiges Eis regiert, gab es einst saftige Wiesen, rauschende Wälder. Warum verschwand alles unter ewigem Eis? Und zwar nach geologischer Zeitrechnung urplötzlich? Welche Kräfte waren verantwortlich? Besteht die Möglichkeit, ja die Gefahr, daß extreme Klimaveränderungen auch in unseren Breiten zu ähnlichen Katastrophen führen wie einst in der Antarktis? Was mag sie auslösen können?

Derlei Fragen sind alles andere als müßige Gedankenspiele. Es geht um Leben oder Tod, um das Überleben großer Teile der Menschheit. Wir sollten endlich unsere Arroganz ablegen gegenüber der vermeintlich primitiven Welt des Mittelalters. Vielleicht besaßen manche Eingeweihte damals ein Wissen, dessen Ursprung weit in die Antike hineinreichte und das über das des Durchschnittsmenschen von heute weit hinausgeht!

Der Turmbau zu Babel und das Sirius-Rätsel

Rand und Rose Flem-Ath sind zu der Überzeugung gelangt, daß vor rund 12 000 Jahren eine Verschiebung der Erdkruste zu verheerenden Erdbeben und Überschwemmungen führte. Damals sei es zu extremen Klimaveränderungen gekommen. Die einst grünen Gefilde der Antarktis verschwanden unter ewigem Eis. An der Schwelle zum dritten Jahrtausend ist es dem Menschen »gelungen«, durch Umweltverschmutzung das Klima in bisher nie gekannter Weise zu verändern. Kritische Geister warnen davor, daß der Fortschrittswahn, der sich in immer schnellerem Verbrauch der natürlichen Ressourcen unseres Planeten ausdrückt, zu einer neuen Eiszeit führen könnte.

Richard Leakey und Roger Lewin, zwei amerikanische Anthropologen, haben sich seit Jahrzehnten intensiv mit der Geologie und der Tier- und Pflanzenwelt unseres Planeten beschäftigt. Sie sind zu dem Ergebnis gekommen, daß es im Verlauf der Erdgeschichte bisher fünf gewaltige Katastrophen gegeben hat, bei denen – etwa durch Meteoriteneinschlag oder Klimaveränderungen – jeweils bis zu 90 Prozent allen Lebens ausgelöscht wurden. Sie befürchten, daß eine sechste Katastrophe vielleicht noch umfassenderen Ausmaßes ansteht. Diesmal sei das komplette Lebenssystem bedroht, und schuld ist der Mensch selbst. Nach Leakey und Lewin zerstört der heutige Mensch das komplexe Lebensgefüge auf der Erde, die Zukunft der Menschheit stehe auf dem Spiel.

Sind wir dabei, um nochmals das biblische Bild symbolisch aufzugreifen, wieder einen »Turm zu Babel« zu errichten? Sollte er einstürzen, könnten wir alle dabei umkommen.

Babel und Bibel

Eine symbolhafte Kritik der menschlichen Überheblichkeit findet sich bereits in der Bibel – im Bericht vom Turmbau zu Babel. Der biblische Text ist aber keineswegs nur eine Parabel oder ein Gleichnis. Er ist ein Tatsachenbericht.

»Es hatte aber alle Welt einerlei Zunge und Sprache. Als sie nun nach Osten zogen, fanden sie eine Ebene im Lande Sinear und wohnten daselbst«, heißt es zu Beginn des 11. Kapitels des ersten Buch Mose (Verse 1 und 2).

Dort, also nach Erkenntnissen der heutigen Bibelforschung im Reich Mesopotamien, dem heutigen Irak, entstand ein riesiges Bauwerk: »Und sie sprachen untereinander: Wohlauf, laßt uns Ziegel streichen und brennen! Und sie nahmen Ziegel als Stein und

Erdharz als Mörtel und sprachen: Wohlauf, laßt uns eine Stadt und einen Turm bauen, dessen Spitze bis an den Himmel reiche, damit wir uns einen Namen machen; denn wir werden sonst zerstreut in alle Länder.«

Das Land Sinear läßt sich heute geographisch genau einordnen. Es lag im Gebiet des heutigen Irak. Irak läßt sich mit »Uferland« übersetzen – eine zutreffende Charakterisierung. Jene Region wird schon seit Jahrtausenden von den Flüssen Euphrat und Tigris geformt. Ihr Schlamm war einst kostbares Gut. Er machte das Land fruchtbar.

In Sinear, Sumer oder Mesopotamien, war es Brauch, aus Lehm Ziegeln zu formen, von der Sonnenglut trocknen zu lassen oder im Ofen zu brennen. Man schützte Bauwerke vor eindringendem Grundwasser, indem man Ziegelsteine schichtweise mit Erdpech – oder wie die Bibel schreibt: Erdharz – bestrich.

Um 3500 v. Chr. wanderten die Sumerer noch als Nomaden durchs Land. An den Ufern von Euphrat und Tigris ließen sie sich nieder, wurden seßhaft, betrieben Landwirtschaft. Der Wechsel in der Lebensweise mag sich allmählich vollzogen haben. Einzelne Stämme entdeckten wohl die Vorteile der Seßhaftigkeit, gründeten kleine Siedlungen, die sich zu Städten entwickelten. Tempel entstanden. Man wollte sich die Götter gewogen machen, sie sollten ergiebige Ernten bescheren. So vermeldet ein unbekannter Schreiber auf einer Tontafel, die vor rund 4000 Jahren gebrannt worden sein dürfte:»Meinen Tempel hat Enimu bis zum Himmel gebaut. Von meinem Tempel blickt der König in weite Fernen. Mein Tempel gleicht dem Sturmvogel der Götter. Vor meinem Tempel wird der Himmel wanken. Sein Glanz wird bis an den Himmel reichen.«

Ein ähnliches Bauwerk wird ganz offensichtlich auch im Alten Testament beschrieben. Es entstand als Zentrum einer Stadt – erbaut von Nomaden, die seßhaft wurden, die nicht in alle Länder verstreut werden wollten.

Wie müssen wir uns den Turm von Babel vorstellen? Vor rund 4000 Jahren wurden alle wichtigen Gebäude turmförmig gebaut, sie sollten möglichst hoch sein und den ständigen Überschwemmungen von Euphrat und Tigris trotzen. Die Sumerer hatten aber auch religiöse Motive. Ihre Vorfahren waren vermutlich Jahrzehntausende durch bergige Regionen gezogen. Auf hohen Bergen errichteten sie Tempel. Die sakralen Gebäude sollten den Göttern, die man in himmlischen Sphären vermutete, möglichst nah sein.

Im Zweistromland gab es keine Berge, also mußten welche geschaffen werden: Türme aus gebranntem Lehm. Andere Baumaterialien standen nicht zur Verfügung.

Hat Herodot gelogen?

Das akkadische Wort für diese Bauwerke lautete Zikkurat, zu Deutsch: »hoch sein«, aber auch »steil sein«. Herodot beschrieb um 450 v. Chr. so einen vorzeitlichen Wolkenkratzer: »In der Mitte des Heiligtums erhebt sich ein gemauerter Turm, je ein Stadion lang und breit. Auf diesem Turm steht ein zweiter, kleiner Turm, auf ihm ein dritter und so fort. Insgesamt stehen acht Türme übereinander. Zu all diesen Türmen führen Außentreppen. Ist man bis zur Hälfte hinaufgestiegen, kann man sich auf Bänken ausruhen. Oben auf dem Turm steht ein großer Tempel. In ihm befindet sich ein breites Lager mit Kissen und einem goldenen Tisch.«

Die von Herodot mitgeteilte Größenangabe wirft Probleme auf. »Je ein Stadion lang und breit« sei das Fundament des Turms gewesen. Da unterschiedliche Maßeinheiten kursierten, können wir nur ungenaue Werte angeben. Er mag am Boden »nur« 150 mal 150 Meter oder gar 213 mal 213 Meter gemessen haben.

Der biblische Turm sollte den Himmel berühren, heißt es im Alten Testament. Ein solches Bauwerk wird in sumerischen Texten aus dem 7. Jahrhundert beschrieben. Es wird Etemenanki genannt, was soviel heißt wie »das Haus der Gründung des Himmels und der Erde«. Der Archäologe Koldewey hat es bei dem irakischen el-Sachn ausfindig gemacht.

War Etemenanki der Turm zu Babel, den auch Herodot beschrieb?

Die archäologischen Ausgrabungen von 1913 brachten ein Problem: Der reale Turm maß an der Basis 90 mal 90 Meter, war also wesentlich kleiner, als von Herodot angegeben. Und Herodot behauptet in seinen Aufzeichnungen (*Historien* I, 181), er habe das imposante Bauwerk selbst in Augenschein genommen. Das aber ist unmöglich. Herodot besuchte um 450 v. Chr. Babylon – da war der Turm längst schon zerstört, wenn auch nur wenige Jahrzehnte zuvor. Der Historiker kann also sehr wohl mit Menschen vor Ort gesprochen haben, die noch das Bauwerk in voller Größe gesehen hatten. Sie mögen – aus verständlichem Lokalstolz – bei der Schilderung des Turms übertrieben haben.

Gebaut wurde der Turm zu Babel um 1000 v. Chr. Rund vierhundert Jahre später muß er sich bereits in einem beklagenswerten Zustand befunden haben. Nabopolassar, Gründer der neubabylonischen Dynastie, wollte wohl eine altehrwürdige Tradition wieder aufleben lassen. Er ließ den Turm von Babel restaurieren. Angeblich geschah das im Auftrag eines Gottes: »Der Herr Marduk befahl mir bezüglich Etemenankis, des Stufenturms von Babylon, der vor meiner Zeit in einen schlimmen Zustand geraten war und in Trümmern lag, die Fundamente wieder herzurichten und den oberen Teil dem Himmel ähnlich zu gestalten.« Der königliche Herrscher packte selbst tatkräftig zu. Er legte sein kostbares Gewand, das äußere Zeichen seines hohen Rangs, ab und trug auf seinem Kopf »Ziegel und Erde. Und meinen ältesten Sohn Nebukadnezar, der mir der liebste ist, ließ ich Kalk tragen und Wein und Öl als Opfer, wie meine Untertanen.«

Als Nebukadnezar II. (605–562 v. Chr.) an die Macht kam, setzte er das Werk des Vaters fort. Er, der Salomos Tempel zerstörte, ließ den Turm zu Babel restaurieren. Stolz hielt er in einer Inschrift fest: »Alle Völker aus zahlreichen Nationen zog ich zu den Arbeiten am Bau Etemenankis heran. Die hohe Wohnung meines Herrn Marduk setzte ich auf die Spitze.« Diese Worte bestätigen den biblischen Bericht. Heißt es doch im Alten Testament (1. Buch Mose, Kapitel 11, Verse 8 und 9): »So zerstreute sie der Herr von dort in alle Länder, daß sie aufhören mußten, die Stadt zu bauen. Daher heißt ihr Name Babel, weil der Herr daselbst verwirrt hat aller Länder Sprache und sie von dort zerstreut hat in alle Länder.«

Nebukadnezar hatte tatsächlich »Völker aus zahlreichen Nationen« zu den Baumaßnahmen am Turm herangezogen. Solange sie vereint am Projekt arbeiteten, mußten sie ihre Kräfte koordinieren. Danach kehrten die Menschen in ihre Heimatländer zurück.

So stabil kann die Bauweise Nebukadnezars nicht gewesen sein. Er hatte sieben Stockwerke errichten lassen. Anno 555 v. Chr., als Nabonid den Thron von Babylon bestieg, war er auf drei Stockwerke zusammengeschrumpft. Verschwunden war auch der Tempel an der Spitze, den Nebukadnezar mit blau glasierten Ziegeln hatte verkleiden lassen. 482 v. Chr. ließ Xerxes, der Perserkönig, den traurigen Rest des Turms zerstören – 32 Jahre vor Herodots »Besichtigung« vor Ort. Alexander der Große (356–323 v. Chr.) stand enttäuscht vor einem Schutthaufen, der langsam im Schlamm versank. Er befahl die Beseitigung der Steine, plante den Wiederaufbau des Turms. Er wollte den Turm zum Wahrzeichen seines Weltreichs machen, der Welt demonstrieren, welch wahrhaft gigantischer Herrscher er war. Doch dazu kam es nie, Alexander der Große starb, bevor er seinen ehrgeizigen Plan verwirklichen konnte. Auch Saddam Hussein, der sich als wahren Erben der Mächtigen des babylonischen Reiches empfindet, träumte davon, das legendäre Bauwerk wiedererstehen zu lassen. Angeblich hatte er vor, Originalsteine vom alten Turm wiederzuverwenden. Doch der Diktator verwirklichte das kühne – und vor allem teure – Projekt bisher nicht.

Schon im frühen Mittelalter kamen bibelkundige Reisende in das Gebiet des heutigen Irak. Benjamin von Tudela etwa, er lebte im 12. Jahrhundert n. Chr., suchte vergeblich nach dem Turm. Und wer heute nach el-Sachn kommt, wird bitter enttäuscht. Wo sich einst eines der stolzesten Bauwerke der Antike erhob, quaken heute Frösche – in einem morastigen Tümpel.

Dank sorgsamer archäologischer Ausgrabungen, die Jahrzehnte währten, können wir uns heute sehr genaue Vorstellungen davon machen, wie der Turm zu Babel einst aussah. Er erhob sich in einem Tempelbezirk von etwa 460 mal 412 Metern Größe. Der Turm selbst war quadratisch. Sein Kern – Ausmaße: 60 Meter im Quadrat – bestand aus Lehmziegeln. Umkleidet war er von einer 15 Meter dicken Mauer. Seine Kanten waren an der Basis also 90 Meter lang. Die archäologischen Erkenntnisse decken sich mit einem Keilschriftdokument aus der Seleukiden-Zeit, den drei Jahrhunderten vor Christi Geburt. Demnach bestand der Turm aus sieben Stockwerken. Das unterste hatte eine Seitenlänge von 90 Metern und war 33 Meter hoch.

Die verschiedenen Stockwerke waren unterschiedlich hoch und maßen im einzelnen:

	Länge	Breite	Höhe
1. Stock	90 m	90 m	33 m
2. Stock	78 m	78 m	18 m
3. Stock	60 m	60 m	6 m
4. Stock	51 m	51 m	6 m
5. Stock	42 m	42 m	6 m
6. Stock	33 m	33 m	6 m
7. Stock	24 m	24 m	15 m

Die Ausmaße des achten Stockwerks, auf der Spitze des Bauwerks thronte der Tempel des Marduk, sind nicht überliefert.

Jahrhundertelang grübelte man darüber nach, welchem Zweck wohl der Turm diente. Ob die Wissenschaftler Niebuhr, Fresnel und de Sarzec wohl ernsthaft an ihre »Erklärung« glaubten? Demnach wurde das Bauwerk errichtet, damit die Marduk-Priester in luftiger Höhe den im Sommer auftretenden Mückenplagen entkommen konnten. Würde diese These zutreffen, dann müßte es sich bei der Priesterkaste im Alten Sumer um ein überaus mückenscheues Grüppchen gehandelt haben. Denn der Turm zu Babel war keineswegs ein Einzelstück. Wir wissen heute, daß es in achtundzwanzig Städten Mesopotamiens mindestens dreiunddreißig ganz ähnliche Anlagen gab. Immer stand ein Tempel an der Spitze, einer alten sumerischen Tradition folgend. Schon vor sechstausend Jahren errichteten die Mesopotamier ihre Tempel auf hohen Terrassen. Warum? Rudolf Pörtner meint den Grund zu kennen (*Archäologie*, Salzburg 1990, S. 284): »Diese Heiligtümer waren die Häuser der Götter, und die Götter stiegen von der Höhe herab, wenn sie die Menschen mit ihrer Anwesenheit beehren wollten. Diese mußten dann zu ihnen kommen, um ihnen Ehre zu erweisen und Opfer darzubringen.«

Waren die Tempel in Sumer also der Versuch, den himmlischen Göttern möglichst weit entgegenzukommen, wollte man es ihnen so bequem wie möglich machen, aus den himmlischen Gefilden zur Erde herabzusteigen? Der Überlieferung nach gab es im Tempel von Marduk auf dem Turm von Babel ein besonders bequemes Bett. Es soll vom herabgestiegenen Gott benutzt worden sein, um sich mit irdischen Frauen zu vergnügen.

Im 1. Buch Mose (Kapitel 10, Vers 7) spricht Jahwe: »Wohlauf, laßt uns herniederfahren ...« Auch der biblische Gott steigt also vom Himmel herab – allerdings nicht, um sich im Tempel an der Turmspitze häuslich niederzulassen, sondern um das Bauwerk zu zerstören. Wollte damit der Verfasser des Bibeltextes seiner Abscheu gegenüber dem fremden Götterkult Ausdruck verleihen? Sollte die Überlegenheit Jahwes, des Gottes der Bibel, anderen Göttern gegenüber demonstriert werden?

Die Wissenschaftspublizisten Victor Place und Georg Perrot vermuteten, daß der biblische Autor, als er den Turm zu Babel beschrieb, das höchst reale Bauwerk von Babel vor Augen hatte. Freilich, so die Autoren, setzte er es als Symbol ein, um eine theologische Aussage plastisch darzustellen. Damit werde er aber dem eigentlichen, dem ursprünglichen Zweck der architektonischen Meisterleistung nicht gerecht. Denn ursprünglich habe nicht Religion, sondern Wissenschaft vor Jahrtausenden die zahlreichen Zikkurats in Sumer entstehen lassen. Sie waren demnach astronomische Observatorien.

Ich sprach ausführlich mit Robert K. G. Temple, einem Wissenschaftler, der sich intensiv mit den alten Götterkulten unserer Vorfahren auseinandergesetzt hat. Temple, 1945 in Amerika geboren, studierte an der Universität von Pennsylvania in Philadelphia, erwarb einen akademischen Grad in Orientalistik und Sanskrit. Er ist Mitglied der »Royal Astronomical Society« und lebt in England.

Temple erklärte mir: »Der Bibeltext spricht davon, daß Gott, vom Himmel herabgestiegen, den Turm von Babel zerstört habe. Vom Himmel herab kamen auch die Götter der Babylonier. Meiner Meinung nach spiegeln diese mythischen Texte konkrete Erinnerungen wieder. In grauer Vorzeit kamen Außerirdische zur Erde. Sie wurden als Götter verehrt. Deshalb sollten ihre Tempel dem Himmel so nah sein, wo man die Heimat der kosmischen Besucher vermutete. Deshalb wurde im Alten Sumer Astronomie betrieben – in den Tempeln der Götter. Man wollte soviel wie möglich über ihre Heimat, die Sterne, in Erfahrung bringen.«

Sollte es also eine Verbindung geben zwischen dem Turmbau zu Babel und Außerirdischen, die vor Jahrtausenden zur Erde kamen? Temple hält das für sehr wahrscheinlich:»Im Tempel auf dem Turm zu Babel wurde Gott Marduk verehrt. Und Marduk steht in direkter Verbindung zu einem der großen Geheimnisse unseres Planeten – zum Sirius-Rätsel.«

Besucher vom Sirius?

Der Gott Israels, der vom Himmel herabstieg, war Jahwe. Er führte die Israeliten 40 Jahre lang durch die Wüste, von Ägypten an die Grenze des Gelobten Landes. Die Knechtschaft in Ägypten war nicht ohne Einfluß auf die Glaubenswelt der Juden: Ihr Gott Jahwe ähnelt in verblüffender Weise dem Gott Seth der Ägypter. Jahwe wie Seth waren oft aufbrausend, zu beider »Erscheinungsbild« gehörten Sturmesbrausen, Lärm und Getöse. Jahwe wie Seth waren zunächst untergeordnete Gottheiten, stiegen dann aber in der Hierarchie ganz nach oben. Die Pharaonen führten schließlich Seth als Ehrentitel in ihren hochherrschaftlichen Namen.

Die Ägypter setzten einen Stern, den ihre geschulten Astronomen wie kaum einen zweiten sorgsam, ja pedantisch beobachteten, mit Seth gleich: den Sirius. Professor Hans Schindler:»Diese hohe Stellung des Sirius kann sehr wohl auf eine reale Begebenheit zurückzuführen sein. Vielleicht hatten die Alten Ägypter tatsächlich Kontakt mit Außerirdischen. Vielleicht kamen sie vom Sirius!«

Das Geheimnis der Dogon

1931 besuchte der französische Anthropologe Dr. Marcel Griaule die Dogon im westafrikanischen Mali. Es gelang ihm, das Vertrauen ihrer wichtigsten Priester und Magier zu gewinnen, die ihn in das überlieferte Wissen ihrer Vorväter einweihten. 15 Jahre später, 1946, war Dr. Griaule wieder bei den Dogon, begleitet von der Völkerkundlerin Dr. Germaine Dieterlen, die damals für das »Museé de l'Homme«, Paris, arbeitete. Die beiden Wissenschaftler erfaßten mit Pedanterie das überlieferte Wissen und die kultischen Riten der Dogon. Fünf Jahre benötigten sie, um ihre Aufzeichnungen auszuwerten, dann traten sie 1951 mit ihrem Werk »Ein sudanesisches Sirius-System« an die Öffentlichkeit. Darin stellten sie die uralten Überlieferungen der Dogon, der Bambara, der Bozi (Bezirk Segu) und der Minianke (Bezirk Kutiaka) vor.

Die Dogon, so stellten Dr. Griaule und Dr. Dieterlen fest, feiern seit Urzeiten alle 50 Jahre ein Fest, in dessen Zentrum der Stern Sirius und dessen »unsichtbarer Begleiter« stehen. Als die Forscher sich danach erkundigten, wieso denn jenes Fest nur so selten zelebriert werde, schließlich kämen dann doch sehr viele Stammesangehörige gar nicht in den Genuß, daran teilzunehmen, lächelten die Wissenden nur milde. Der Termin des Kultes sei keineswegs willkürlich festgelegt, erklärten sie. Sie deuteten zum Sirius. »Wir verehren diesen Stern, nicht den sichtbaren, sondern seinen Begleiter, seinen Freund. Wir nennen ihn Digitaria.« Digitaria benötige nun fast genau 50 Jahre, um einmal den hellen Sirius zu umrunden.

Die Wissenschaftler waren verblüfft. Wieso sollte ein Volk einen unsichtbaren Stern ins Zentrum seiner Glaubenswelt rücken? Und wieso kannte es so genau die Umlaufzeit des unsichtbaren Sterns? Tatsächlich ist Sirius ein Doppelstern. 1834 beobachtete Friedrich Wilhelm Bessel den Sirius. Dabei fielen ihm kuriose Eigenbewegungen des Sterns auf. Nach zehn Jahren sorgsamer astronomischer Beobachtungen gab es für Bessel keinen Zweifel mehr: Sirius muß einen Begleitstern haben, der zwar mit bloßem Auge nicht zu sehen ist, der aber mit seiner Masse den Hauptstern beeinflußt. Erst 1862 wurde der unsichtbare – Sirius B – optisch wahrgenommen, dank der inzwischen weiterentwickelten Möglichkeiten astronomischer Beobachtung.

Dr. Griaule und Dr. Dieterlen legten ihre Erkenntnisse zu den Akten. Sie waren Völkerkundler, keine Astronomen. Auf die Idee, die geheime Lehre der Dogon näher zu überprüfen, kamen sie nicht. Das tat Robert Temple um so gründlicher. Acht Jahre lang wühlte er sich durch die Überlieferungen der Dogon und kam zu erstaunlichen Ergebnissen. Alles, was wir heute über Sirius A und Sirius B wissen, war den Dogon bereits bekannt.

Die Umlaufzeit des »unsichtbaren« Sirius B beträgt exakt 50,04

Jahre. Für die Dogon beträgt die Umlaufzeit »annähernd 50 Jahre«. Bei den Dogon gilt der unsichtbare Stern als winzig. Tatsächlich ist Sirius B ein »Weißer Zwerg«, der im Durchmesser nur 41 000 Kilometer' mißt. Die Dogon erklären, daß Sirius B gleichzeitig winzig klein und dennoch unglaublich schwer ist. Diese Behauptung widersprach sämtlichen Erfahrungen aus dem täglichen Leben der Dogon, entspricht aber den Tatsachen. Sirius B hat die Masse der Sonne. Nach der geheimen Überlieferung der Dogon »lenkt« der kleine, unsichtbare Stern den großen. Auch diese Aussage ist korrekt. Ebenso wie die Angabe der Dogon, die Umlaufbahn von Sirius B sei ellipsenförmig.

Je intensiver sich Temple mit dem Wissen der Dogon auseinandersetzte, desto verblüffter war er. Alles stimmte genau. Schließlich wollte er wissen, woher denn die Dogon ihre unglaublichen Kenntnisse bezogen haben. Aus eigenen Beobachtungen konnten sie jedenfalls nicht dazu gekommen sein, dazu fehlten ihnen die astronomischen Geräte. Dr. Dieterlen und Dr. Griaule hatten diese Frage auch den Dogon gestellt. Die Antwort lautete: Nommos seien vom Sirius gekommen, hätten ihnen das Wissen vermittelt. Sollte es sich dabei um Außerirdische gehandelt haben? Tatsächlich erinnern uns heute die bildlichen Darstellungen der Nommos, von den Dogon angefertigt, an Wesen im Raumanzug.

Wie alt ist das Wissen der Dogon?

Von fundamentaler Bedeutung war für Robert Temple die Frage, wie alt denn das exakte Wissen der Dogon um Sirius ist. Bestand vielleicht die Möglichkeit, daß die afrikanischen Stämme es gar nicht von außerirdischen Besuchern, sondern vielleicht von Missionaren Ende des 19. Jahrhunderts mitgeteilt bekommen hatten? Robert Temple forschte nach und erklärte mir: »Diese Vermutung mag naheliegend erscheinen, ist aber nachweislich falsch. Denn das erstaunliche Wissen der Dogon ist Jahrtausende alt, geht auf ägyptische und sumerische Quellen zurück.«

Parallelen zu Dogon-Überlieferungen finden sich in der ägyptischen und der akkadisch-babylonischen Sagenwelt. Anu, der Himmelsgott aus dem Epos Enuma elis, war hundsköpfig wie der ägyptische Osiris, der als Verkörperung von Sirius angesehen werden kann. Im Enuma elis tauchen Göttersöhne auf: 50 an der Zahl. Sie stehen symbolisch für die heilige Zahl 50 bei den Dogon.

Die sumerische Göttin Bau war eine Tochter des An – und wurde hundsköpfig dargestellt. Ihr Gatte war Ninurta, ein Sohn Enlils. Und Enlil wurde im Streit zwischen den Göttern abgesetzt, von Marduk entthront.

Marduk aber wurde im Tempel auf dem Turm zu Babel verehrt. Die hochangesehene Gottheit hatte verschiedene Namen – 50 an der Zahl! Wieder taucht die ominöse 50 auf! Sie begegnet uns auch in der griechischen wie in der römischen Sagenwelt. So hetzte die empörte Göttin Artemis 50 Hunde auf Aktaion, der die Schöne beobachtete, als sie sich badete. Ein anderes Beispiel: Herakles soll mit Hades, dem Höllenhund, aus der Unterwelt gekommen sein. Das furchteinflößende Tier hatte 50 Köpfe.

König Thespios, auch Thestios genannt, hatte zusammen mit seiner Gattin 50 Töchter. Sie sollen von Herakles, als der Held 50 Tage lang im Palast des Herrscherpaares zu Besuch weilte, geschwängert worden sein.

Uranos, der Herr des Himmels, hatte drei furchteinflößende Söhne: Kottos, Briareos und Gyos. Sie hatten eine schwere Last zu tragen: 50 Köpfe.

Robert Temple sagte mir: »Die Namen dieser Götter haben einen direkten Bezug zu der Sirius-Lehre der Dogon. Briaeros heißt ›schwer‹ – steht das für den superschweren Sirius B? Kottos kann mit ›Umlauf‹ wiedergegeben werden – eine Erinnerung an die Umlaufbahn von Sirius B um Sirius A? Gyos schließlich kann ›vom Horizont erhoben‹ heißen. Hat das mit Sirius zu tun? Sirius ist in Ägypten nur zu Beginn der sommerlichen Nilüberschwemmung im Morgengrauen schwach über dem Horizont wahrzunehmen.«

Dieser kleine Auszug aus der Mythologie mag genügen. Es wimmelt in den altehrwürdigen Sagen nur so von Göttern, die einen direkten Bezug zum Sirius haben. Immer wieder taucht auch die Zahl 50 auf, mythologisch verbrämt wurde so die Umlaufzeit von 50 Jahren von Sirius B um Sirius A festgehalten.

Sirius und das Geheimnis
der steinernen Scheiben

Hinweise auf Sirius-Besucher fanden sich auch in China. Angefangen hat alles mit kuriosen Funden 1938 in den Gebirgszügen des Bayan Kara Ula. Im Gebiet der Stämme Dropa und Sikang fand der chinesische Archäologe Tschi Pu Tei in einer Höhle seltsame Steinteller, 716 an der Zahl. Jede Scheibe hatte in der Mitte ein Loch, von der aus sich eine doppelspurige Rillenschrift bis zum Rand schlängelte. Unweit von den seltsamen Scheiben wurden Skelette ausgegraben. Sie hatten seltsame Proportionen, denn auf spindeldürren Körpern saßen unpassend große, ja wuchtige Schädel.

Erst 1962 soll es Professor Tsum Um Nui gelungen sein, Teile der seltsamen Schrift auf einigen der Scheiben zu entziffern und zu übersetzen. Der Wissenschaftler legte seine Arbeit seinen Kollegen vor. Sie untersagten strikt jegliche Veröffentlichung. Warum? Weil da zu Phantastisches zu lesen stand?

Die Steinteller-Story lautet im Telegrammstil: Vor 12 000 Jahren wurden Außerirdische auf den dritten Planeten unseres Sonnensystems verschlagen. Ihr Flugvehikel wurde dabei so stark beschädigt, daß eine Rückkehr zum Heimatplaneten vollkommen unmöglich war.

Die Fremden aus dem All, seltsam kleinwüchsige Wesen mit großen Köpfen, zogen sich nach Angriffen der Menschen verängstigt in Höhlen zurück. Wahrscheinlich wurden, so soll es auf den Steintellern stehen, fast alle Mitglieder des notgelandeten Raumschiffs getötet.

Seit den sechziger Jahren kursiert diese science-fiction-artige Geschichte durch die Literatur. Die einen halten sie für den Beweis für vorgeschichtliche Astronautenbesuche, die anderen für schlichtweg unglaubwürdig. Inzwischen wurde aber der unglaublich klingende Bericht von unerwarteter Seite bestätigt.

1945 war Professor Sergei Lalladoff im nördlichen Indien, in Mussorie, stationiert. Als Angehöriger der britischen Armee genoß er hohes Ansehen. Sein Rat war gefragt, wenn beispielsweise Archäologen nicht so recht bestimmbare Objekte fanden.

171

Professor Lalladoff und die geheimnisvolle Scheibe

So bekam Professor Lalladoff eine seltsame Scheibe zum Kauf angeboten. Sie hatte einen Durchmesser von 22,9 Zentimetern, war fünf Zentimeter dick. Ungewöhnlich hoch war das Gewicht: 13,5 Kilogramm. Aus welchem Material sie bestand, konnte nicht festgestellt werden. Versuche, ein Loch in den »Teller« zu bohren, schlugen fehl. Man teilte Lalladoff mit, das Objekt stamme von einem Volksstamm namens Dzopa, sei als »religiöses Zeremonialobjekt« benutzt worden. Der Gelehrte konnte den Fund keiner ihm bekannten Kultur zuordnen. Er erwarb die Scheibe, verleibte sie seiner umfangreichen Sammlung als »Kuriosum« ein.

Wenige Monate später ging Professor Lalladoffs Dienstzeit bei der Armee zu Ende, er kehrte in die Heimat zurück. Die seltsame Scheibe nahm er mit. In Oxford lernte er den Weltreisenden und Buchautor Dr. Karyl Robin-Evans kennen, einen ehemaligen Offizier der »Scotts Guards«. Die Männer freundeten sich an, gelegentlich arbeitete Dr. Evans aus wissenschaftlichem Interesse für Professor Lalladoff. Wohlhabend, wie er war, mußte er keinen Beruf ausüben.

Dr. Evans reist zu den Dzopa

Dr. Evans war von der Steinscheibe und ihrer Geschichte fasziniert. 1947 brach er schließlich zu einer großen Reise auf. Über Lhasa, Tibet, gelangte er schließlich in die Heimat der »Dzopa von Tibet«, in das Grenzgebiet der Provinzen von Quinghai und Sichuan. Er wurde nach anfänglichem Mißtrauen bald freundschaftlich aufgenommen, eine junge Frau namens Loren-La wurde ihm als Sprachlehrerin zugeteilt. Bald beherrschte er die Sprache der Dzopa.

Da er inzwischen als eine Art Stammesangehöriger akzeptiert worden war, wurde Dr. Evans in das überlieferte Wissen der Dzopa eingeweiht. Wahrhaft Phantastisches bekam er da zu hören. Beispielsweise betrachteten sich die Dzopa als direkte Nachfahren von Wesen, die vor Jahrtausenden vom Sirius zur Erde gekommen sein sollen.

So soll die Manna-Maschine ausgesehen haben, die in geheimen magischen Texten beschrieben wird.

Die Batterie von Bagdad lieferte bereits im Jahre 250 v. Chr. elektrischen Strom.

Schwammtaucher entdeckten auf dem Meeresgrund vor der griechischen Insel Antikythera einen Computer aus dem ersten Jahrhundert vor Christus.

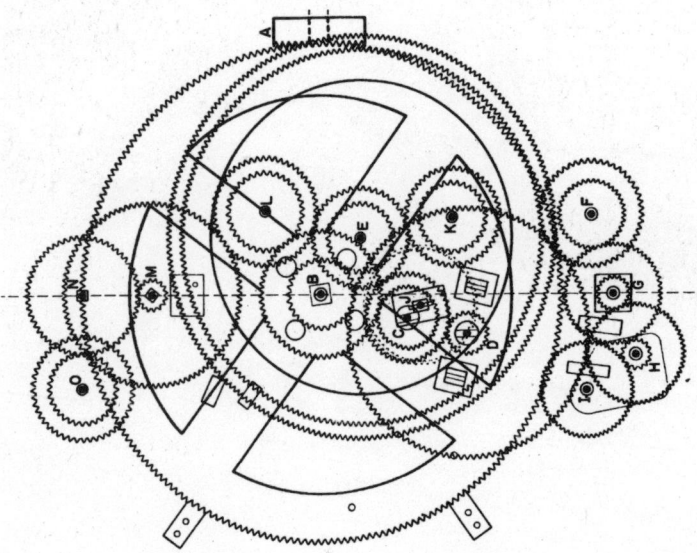

Die Stufenpyramide von Sakkara in Ägypten.

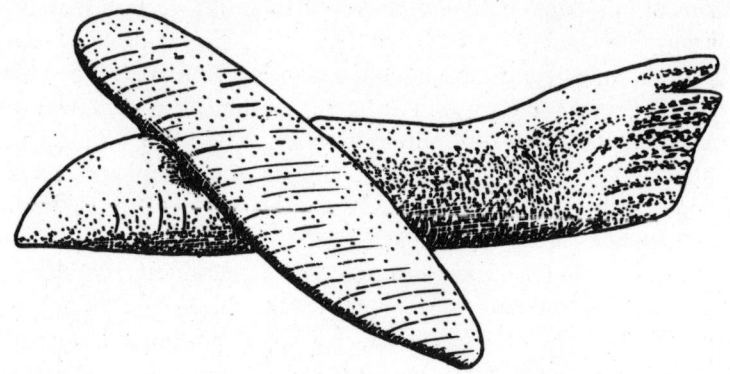

Das ägyptische Flugzeugmodell aus dem 1. Jahrhundert v. Chr.

Die uralte Anlage El Fuerte in Bolivien. Wurden auf diesen Rillen, wie Erich von Däniken spekuliert, Segelflugzeuge den Himmel katapultiert?

Die Wesen vom Sirius hätten zunächst ihr eigenes Sonnensystem erforscht und dabei entdeckt, daß ein Mond des eigenen Planeten von aggressiven Wesen bewohnt war. Ein Krieg entbrannte. Die Mondbewohner verloren schließlich, wurden vernichtend geschlagen. Die Sirius-Wesen waren auf den Geschmack gekommen: Sie wollten ihr Raumfahrtprogramm intensivieren, endlich das eigene Sonnensystem verlassen, in die Weiten des Alls vorstoßen. Es wurden insgesamt 20 Expeditionen geplant, 20 Raumschiffe sollten mit dem Ziel, nach außerirdischem Leben zu suchen, losgeschickt werden. Die Überlieferung konzentriert sich dann auf eine der Mannschaften. Sie besuchte zwölf verschiedene Planetenwelten, stets ohne Erfolg. Leben fanden sie erst auf der dreizehnten – auf dem Planeten Erde. Endlich war man am Ziel.

Dr. Evans hielt fest: »Bräuche und Traditionen verboten es, sich mit primitiven Lebewesen zu paaren.« Doch der Kapitän des Raumschiffs handelte ganz anders, als man es auf dem Heimatplaneten von ihm erwartete. Mit sechzig seiner Männer startete er eine Expedition zum Planeten. Vergewaltigend fielen alle über die Frauen her, töteten schließlich einige »Exemplare«, um die toten Körper wissenschaftlich zu untersuchen, und kehrten zum Heimatplaneten zurück.

Dort wurde disputiert und erörtert: Bestand die Möglichkeit, daß die verbotene Verbindung mit den Erdenfrauen zu Nachwuchs geführt hatte? Eine weitere Expedition wurde beschlossen, wieder startete man vom Sirius zur Erde. Bei der ersten »großen Fahrt« hatte man die Erde zufällig entdeckt, jetzt steuerte man sie gezielt an.

Die zweite Sirius-Expedition erreichte die Erde 1014 n. Chr. Die neugierigen Wissenschaftler beobachteten vom Raumschiff in der Erdumlaufbahn das Geschehen auf der Erde. Da gab es extreme Gegensätze. Auf der einen Seite lebten wenige Menschen in Reichtum und Überfluß, logierten in Palästen. Auf der anderen Seite hausten unzählige Arme in Baracken. Sonderlich kultiviert benahmen sich die Erdenmenschen nicht. Sie führten Krieg gegeneinander, beriefen sich dabei auf »höhere Befehle« oder behaupteten, das Morden müsse sein, weil es einem guten Zweck diene. Gewiß, dabei kam es zu Ungerechtigkeiten, ja Verbrechen, aber die mußten hingenommen werden.

Die Wesen vom Sirius waren unschlüssig. Sollten sie zur Erde hinabsteigen, Verbindung zu den Menschen aufnehmen, wie die Vertreter einer Gruppe meinten? Wie würde man sie empfangen? Würden die Menschen ehrfurchtsvoll vor ihnen wie vor gottähnlichen Wesen niederknien? Oder würden sie sich mordgierig auf sie wie auf furchterregende Dämonen stürzen? Die akademisch geführte Diskussion fand ein rasches Ende. Das Raumschiff geriet außer Kontrolle, verlor zusehends an Höhe, drohte jeden Augenblick abzustürzen. Den bestens ausgebildeten Astronauten gelang im letzten Augenblick eine Notlandung – im Bayan-Kara-Ula-Gebirge. Dabei wurde das Raumschiff weitestgehend zerstört. Ein Großteil der Besatzung kam entweder sofort ums Leben oder erlag innerhalb kurzer Zeit den Verletzungen.

Die ortsansässigen Tibeter erkannten rasch, daß da lebensuntüchtige Wesen in ihre Welt eingedrungen waren. Sie griffen die kleinwüchsigen Wesen an, töteten sie, wo immer sich die Gelegenheit dazu bot. Entsetzt zogen sich die Sirius-Wesen in abgelegene Gebirgsregionen zurück, hausten in einer Höhle.

Das Leben für sie war hart. Die gewohnte Technik, ohne die sie sich ein Leben gar nicht vorstellen konnten, stand nicht mehr zur Verfügung. Nahrungsmittel waren kostbare Mangelware, die Versuche, landwirtschaftlich tätig zu werden, zeigten allenfalls spärliche Erfolge. So kam es, daß fünf Jahre nach der Bruchlandung auf der Erde nur noch 30 Familien von Sirius-Wesen lebten.

So fristeten sie ein ärmliches Leben. Sie waren fast besitzlos, hatten nur noch die Erinnerungen an die einstige Heimat. Die Erinnerungen an den fernen Planeten, von dem sie mit dem Raumschiff aufgebrochen waren, wurden gehegt und gepflegt. Als nach Generationen jemand in der kleinen Sirius-Kolonie behauptete, die Überlieferungen von einem Ursprung im All seien unglaubwürdige Märchen, löste das eine brutale Reaktion aus. Der Ungläubige wurde gesteinigt.

Der dritte Besuch: 1908

1908, so lautet die Dzopa-Überlieferung weiter, sei wieder ein Raumschiff vom Sirius aufgetaucht. Die Freude war riesig: Würde man wieder in die Heimat zurückkehren, von der die Vorväter vor

178

Jahrtausenden aufgebrochen waren? Dazu kam es nicht: Angeblich stürzte das Raumschiff über Sibirien, in der Tunguska, ab. Tatsächlich ereignete sich in der sibirischen Tunguska 1908 eine gewaltige Explosion. UFO-Anhänger und Skeptiker streiten miteinander darüber, ob ein außerirdisches Raumschiff oder ein Meteor die Ursache dafür war. (Walter-Jörg Langbein: *Das Sphinx-Syndrom*, Berlin 1997)

Sein Besuch, so berichtete Dr. Evans verschämt in seinen Lebenserinnerungen, endete unehrenhaft. Er hatte seine Sprachlehrerin geschwängert und entzog sich seinen Vaterpflichten durch überstürzte Abreise.

1974 starb Dr. Karyl Robin-Evans. In seinem Nachlaß fanden sich seine Aufzeichnungen über seinen Besuch bei den Dzopa. Dr. David Agamin veröffentlichte Auszüge daraus im Jahr 1978.

Die Aufzeichnungen von Dr. Evans decken sich weitestgehend in zum Teil erstaunlicher Weise mit der Geschichte, die Professor Tsum Um Nui auf den geheimnisvollen Steintellern gelesen haben will. Es gibt aber auch einige Differenzen, auf die deutlich hingewiesen werden muß:

Der erste Besuch der Sirius-Wesen auf der Erde fand nach Dr. Evans vor »etwa 20 000 Jahren« statt. Nach Tsum Um Nui kamen die Wesen vor rund zwölf Jahrtausenden zur Erde.

Dr. Evans berichtet, es habe bei den Dzopa zwölf Steinteller mit der Geschichte des seltsamen Volkes gegeben. Tsum Um Nui soll die Inschriften von insgesamt 716 Steintellern ausgewertet haben. Man könnte versuchen, diese Diskrepanz so zu erklären: Tschi Pu Tei fand 1938 716 Steinteller, es blieben zwölf unentdeckt, die Dr. Evans dann 1947 gezeigt wurden. Warum aber ist dem Report des Chinesen kein Hinweis auf Nachkommen der Kleinwüchsigen aus dem All zu entnehmen, denen Dr. Evans ja 1947 begegnet sein will? Sollte der Bericht Tschi Pu Teis auch heute, rund 60 Jahre nach der angeblichen Entdeckung der Steinteller, immer noch nicht in seiner Gänze bekannt sein?

Nach Dr. Evans gab es noch eine zweite Art von Informationsspeicher in Form von metallenen Streifen. Davon ist bei Tsum Um Nui nicht die Rede.

Nach Alexander Kassanzew beschreiben die Tsum-Um-Nui-Teller nur einen einzigen Besuch der Außerirdischen, Dr. Evans berichtet von insgesamt drei Besuchen.

Es bleibt eine Frage offen: Ist Dr. Evans glaubwürdig? Können seine Angaben auch heute noch, nachdem rund 50 Jahre seit seinem Besuch bei dem geheimnisvollen Völkchen verstrichen sind, überprüft werden? Vielleicht. Die Schriftsteller Hartwig Hausdorf und Peter Krassa setzen sich schon seit Jahren intensiv mit der geheimnisvollen Steinteller-Story auseinander. So fanden sie heraus (*Satelliten der Götter*, München 1995, S. 188), daß Tsum Um Nui 1962 nach Japan auswanderte. »Dort soll er ein Buch veröffentlicht haben, in dem er eingehend seine Forschungen über die Rillenschriften auf den Scheiben dargelegt hat.«

Und vor kurzem wurden Krassa und Hausdorf sensationelle Informationen zugetragen. Angeblich hat man in einer abgelegenen Region Tibets ein Völkchen entdeckt, bei dem es sich um die Nachkommen der Dzopa handeln könnte. Die beiden Schriftsteller planen eine Expedition. Werden sie in das Dzopa-Gebiet gelangen? Wenn Dr. Evans' Aufzeichnungen den Tatsachen entsprechen, steht eine sensationelle Entdeckung bevor. Denn angeblich haben die 1017 n. Chr. abgestürzten Außerirdischen Teile ihres Wracks vergraben und als primitive Behausungen genutzt.

Sollte es gelingen, diese Relikte zu finden, wäre endlich der Beweis dafür gefunden, daß die Erde tatsächlich vor Jahrtausenden von Außerirdischen besucht wurde.

Hesekiel und der Wagen, der vom Himmel kam

Im Jahr 597 v. Chr. war der jüdische Priester Hesekiel, auch Ezechiel genannt, mit einer großen Schar von Landsleuten auf Befehl des Nebukadnezar in die babylonische Gefangenschaft verschleppt worden. Seinen Aufzeichnungen zufolge lebte er in Chaldea im Städtchen Tel-Abin, am Chebar-Fluß gelegen. Er gehörte zur Führungsschicht seines Landes, war sehr geachtet.

Etwa im Jahr 593 v. Chr. erlebte Hesekiel zum ersten Mal eine Erscheinung Gottes. Er saß am Flusse Chebar, als vom Himmel her ein tosendes Geräusch zu vernehmen war. Etwas brauste heran, ein Wagen, der vom Himmel kam.

Hesekiel war entsetzt, gleichzeitig aber auch in der Lage, genau zu beobachten, später seine Zeugenaussage präzise niederzuschreiben. Was war das, was da vom Himmel kam? Wie sah dieses Etwas aus?

Das Ding hatte einen komplexen Aufbau. Ganz oben war so etwas wie eine durchsichtige Kuppel, die sich wie ein Firmament über einer Gestalt wölbte. Die Kuppel befand sich auf der Oberseite des Wagens. An der Unterseite waren vier seltsame Körper angebracht, die hatten alle Räder und Flügel. Ganz offensichtlich waren es die Flügel gewesen, die das entsetzliche Rauschen verursacht hatten, das Hesekiel so in Angst und Schrecken versetzt hatte.

Der biblische Prophet und der Ingenieur

Im Jahr 1968 erschien Erich von Dänikens erstes Werk: *Erinnerungen an die Zukunft*. Darin nahm er sich auch des biblischen Propheten Hesekiel an, behauptete, die Schilderung des biblischen Priesters müsse doch wohl auf Begegnungen mit vorgeschichtlichen Astronauten zurückzuführen sein.

Unter dem Titel *Chariots of the Gods* erschien Dänikens Buch auch in den USA. Und so wurde Josef Blumrich darauf aufmerksam. Blumrich, in Österreich geboren, 1959 in die USA ausgewandert, war ein leitender Mitarbeiter der NASA. Für seine Arbeit im Dienste der Raumfahrt wurde Blumrich, der zum »Leiter der Abteilung für Projektkonstruktion« aufstieg, mit der Medaille für »Außergewöhnliche Verdienste« geehrt, einer höchst selten verliehenen Auszeichnung.

Er war also genau der richtige Mann, um die dänikensche Spekulation zu überprüfen. Zunächst fühlte sich der Wissenschaftler geradezu erhaben über Dänikens Spekulation. Doch je länger er sich – mit seinem Wissen als Raketenfachmann – den biblischen Bericht des Hesekiel vornahm, desto stärker wurde die Überzeugung des Wissenschaftlers: Der biblische Prophet verfügte über geradezu unglaubliches Wissen, das nur auf wirkliche Begegnungen mit außerirdischen Flugvehikeln zurückgeführt werden kann. Er muß mehrfach ein außerirdisches Raumschiff gesehen, ja zu Flügen mit an Bord genommen worden sein. Hesekiels Text ist so präzise, daß sich Blumrich in der Lage sah, das außerirdische Raumschiff detailliert zu rekonstruieren. Die Räder des Flugkörpers animierten den NASA-Ingenieur sogar dazu, eine technische Ausarbeitung als Patent anzumelden. Es wurde angenommen (US-Patent 3 789 947 vom 5. 2. 1974). Es ist durchaus möglich, daß das von Blumrich nach Angaben von Hesekiel erarbeitete Patent in der Raumfahrt von morgen eingesetzt wird, etwa bei Fahrzeugen, die die Oberfläche des Mars erkunden sollen.

Die erstaunlichen Erkenntnisse über das unglaubliche Wissen beschrieb er in dem Buch »Da tat sich der Himmel auf. Die Begegnung des Propheten Ezechiel mit außerirdischer Intelligenz«.

Blumrich bestätigte mir: »Wenn man einmal weiß, worüber der Prophet berichtet, dann ist man zutiefst beeindruckt von der Genauigkeit der Darstellung des Hesekiel, aber auch von der Tatsache, daß er sich nirgendwo und in keinem Falle widerspricht. Die Schlußfolgerung, daß er tatsächlich Raumschiffe und deren Besatzung gesehen hat, ist zwingend und deshalb unabweisbar und deshalb auch keine ›Ersatzerklärung‹, wie ja manchmal behauptet wird.«

Angst davor, seinen Ruf als Wissenschaftler mit allzu kühnen Theorien aufs Spiel zu setzen, hatte Josef Blumrich nie. »Wenn man die Wahrheit gefunden hat und sie vertritt, braucht man nicht wirklich Angst zu haben.«

Doch lassen wir Hesekiel selbst zu Wort kommen: »Im dreißigsten Jahr am fünften Tage des vierten Monats, als ich unter den Weggeführten am Fluß Chebar war, da tat sich der Himmel auf, und Gott zeigte mir Gesichte.« Mit diesen Worten leitete Hesekiel die Beschreibung seiner ersten Begegnung mit dem Wagen, der vom Himmel kam, ein. Blumrich-Kritiker verweisen auf eben diesen Vers: Er mache doch klar, daß Hesekiel keineswegs eine reale Begebenheit, sondern eine Vision, eine Art Traumgesicht schildere.

Zunächst einmal wäre es letztlich von untergeordneter Bedeutung, ob Hesekiel sein exaktes Wissen über modernste Flugtechnologie vor rund 2500 Jahren erwerben konnte, weil er tatsächlich Raumschiffe sah oder weil er eine höchst konkrete Vision hatte. Im

Vordergrund muß der Informationsgehalt des Hesekiel-Textes stehen, und der ist mehr als beeindruckend.

Freilich ergibt ein Studium des hebräischen Originaltextes eindeutig, daß die Beschreibungen des Propheten auf echte Erlebnisse zurückgehen. Er selbst konnte gar nicht so recht fassen, was ihm da widerfuhr, er selbst muß das Gefühl gehabt haben, seine Leser könnten vielleicht an seinen Worten zweifeln. Also griff er zu einem sprachlichen Trick: Er verdoppelte alle wichtigen Zeitwörter. Hesekiels Leser im Alten Israel wußten, was damit gemeint war. Hesekiel brachte klar zum Ausdruck: Ich war Zeuge, nicht Träumer. So heißt es (Hesekiel, Kapitel 1 Vers 3): »Da geschah ein Geschehen« oder (Vers 4): »Und ich sah, und siehe, es kam ein ungestümer Wind von Norden her ...«

Zunächst nahm Hesekiel eine »mächtige Wolke und loderndes Feuer und Glanz« wahr. Wie interpretiert NASA-Ingenieur Blumrich diese Beobachtung?

Wir müssen uns zunächst einmal die Rekonstruktion des Hesekiel-Raumschiffs vor Augen führen: Es hatte in etwa die Form eines Brummkreisels. Nach unten lief es spitz zu, endete in einem Raketenmotor, der vermutlich atomar betrieben wurde. An der Oberseite befand sich eine durchsichtige Kuppel. Von hier aus steuerte der Kommandant das Vehikel. Nach Blumrich hatte es einen Durchmesser von 18 Metern, insgesamt muß es, Treibstoff für den Rückflug zum Mutterraumschiff inklusive, etwa 100 000 Kilogramm gewogen haben. Damit war es für interstellare Flüge von einem Sonnensystem zum anderen denkbar ungeeignet und viel zu klein. Es kann sich nur um ein Zubringerraumschiff gehandelt haben, das dazu benutzt wurde, um von einem Mutterraumschiff in der Erdumlaufbahn zur Erde und wieder zurück zu gelangen, das aber – das belegt der Text – zum Fliegen innerhalb der Erdatmosphäre verwendet wurde.

Wenn das Space-Shuttle vom Mutterraumschiff zur Erde flog, wurde der Hauptantrieb genutzt. Er glühte rot auf. Beim Eintritt in die Atmosphäre diente der spitz zulaufende untere Teil des Zubringers als Hitzeschild, dürfte auch geglüht haben. Das erklärt die »mächtige Wolke und das lodernde Feuer«.

Stand die Landung bevor, wurde der Reaktorantrieb abgeschaltet. Vier Helikoptereinheiten wurden nach unten geklappt und in Betrieb genommen – Hesekiel beschrieb sie als »etwas wie vier Gestalten« (Vers 5), von denen jede »vier Flügel« (Vers 6) hatte. Unter den Helikoptereinheiten waren Räder angebracht, auf denen das Shuttle nach der Landung hin- und herrollen konnte (Verse 15–17): »Da stand je ein Rad auf der Erde bei den vier Gestalten. Die Räder waren anzuschauen wie ein Türkis und waren alle gleich, und sie waren so gemacht, daß ein Rad im anderen war. Nach allen vier Seiten konnten sie gehen, sie brauchten sich nicht umzuwenden.«

Nach Blumrich hatten die vier Rotoren einen Durchmesser von 18 Metern. Derlei Maßangaben fehlen freilich im biblischen Text. NASA-Ingenieur Blumrich rekonstruierte zunächst lediglich die äußere Form des Zubringerraumschiffs. Der Raumfahrtexperte: »Man kann das allgemeine Aussehen der von Hesekiel beschriebenen Raumschiffe aus seinem Bericht herauslesen. Man kann dann, und zwar als Ingenieur, völlig unabhängig vom Bericht, ein Fluggerät solcher Charakteristik nachrechnen und rekonstruieren. Wenn man dann feststellt, daß das Resultat nicht nur technisch möglich ist, sondern in jeder Hinsicht sogar sehr sinnvoll und wohldurchdacht, und ferner im Hesekiel-Bericht Details und Vorgänge beschrieben findet, die sich mit dem technischen Ergebnis ohne Widerspruch decken, dann kann man nicht mehr nur von Indizien sprechen.« (Erich von Däniken: *Strategie der Götter,* Düsseldorf 1982, S. 120)

Hesekiel beobachtete aber nicht nur das Zubringerraumschiff aus der Distanz, er wurde auch an Bord genommen, nahm an Flügen im erdnahen Bereich teil. Hesekiel (Kapitel 3, Verse 12 und 13): »Und der Geist hob mich empor, und ich hörte hinter mir ein Getöse wie von einem großen Erdbeben, als sich die Herrlichkeit des Herrn erhob von diesem Ort.«

Bei der Lektüre des Hesekiel-Textes ist stets zu berücksichtigen, daß in den vergangenen Jahrhunderten, als fromme Übersetzer die Ausführungen des Propheten zum Beispiel ins Deutsche übertrugen, Begriffe wie Raumfahrt vollkommen unbekannt waren. So erweisen sich Übersetzungen oft als unpräzise. Wenn in so mancher heutigen Bibel davon die Rede ist, der Geist habe ihn weggetragen, ist im Original freilich von Windesbrausen die Rede. Zur Erinnerung: Im erdnahen Raum war der Raketenmotor abgeschaltet, vier Hubschraubereinheiten trugen jetzt das Vehikel, hoben Hesekiel empor.

»Windesbrausen« ist damit vollkommen korrekt als Antriebskraft angegeben.

Der Flug selbst wird im Bibeltext nicht beschrieben, da heißt es nur lapidar (Vers 15): »Und ich kam (zurück) zu den Weggefährten, die am Fluß Kebar wohnten, nach Tel-Abib und setzte mich zu denen, die dort wohnten, und blieb dort unter ihnen sieben Tage ganz verstört.« Offenbar war der Flug in einem außerirdischen Zubringerraumschiff für den biblischen Hesekiel vor rund 2500 Jahren ein schockartiges Erlebnis, von dem er sich erst langsam erholte. Derlei negative Begleiterscheinungen traten dann bei weiteren Flügen nicht mehr auf. Ob er inzwischen an weiteren Flugreisen teilgenommen hatte, ist unklar. Dem Hesekiel-Text können keine diesbezüglichen Angaben entnommen werden. Entsprechende Textpassagen können sehr wohl im Laufe der letzten 2500 Jahre verlorengegangen sein. Oder wurden sie gar von Zensoren gestrichen?

Hesekiel und der Flug ins Unbekannte

Hesekiels neuerlicher Flug wird zu Beginn des 8. Kapitels so beschrieben, als seien derlei Abenteuer für den Propheten schon geradezu zur Alltagsroutine geworden. Das trifft auch für einen weiteren Flug zu, den Hesekiel absolvierte. Er wird im Kapitel 40 ausführlich geschildert und dürfte 573 oder 572 v. Chr. stattgefunden haben.

Wohin Hesekiel gebracht worden war, wußte er nicht. Da ist von »einem sehr hohen Berg« die Rede. Dort befand sich »etwas wie eine Stadt« (Hesekiel, Kapitel 40, Vers 2). Er wurde bereits erwartet, von einem »Mann, der war anzuschauen wie Erz. Er hatte eine leinene Schnur und ein Meßband in seiner Hand«. Jetzt erfuhr Hesekiel, warum er zu jenem Tempel geflogen worden war: Die umfangreiche Bauanlage wurde genau vermessen, er solle alles dem

Hause Israel verkünden. »Du Menschenkind, sieh her und höre fleißig zu und merke auf alles, was ich dir zeigen will.«

Heutige Bibelleser werden das Problem, das hier vorliegt, nicht erkennen. Sie entnehmen ihren Bibelangaben geographische Begriffe, kommen zu der Überzeugung, daß Hesekiel aus der Gefangenschaft zum Jerusalemer Tempel gebracht wurde. Der aber war 587 v. Chr. durch Nebukadnezar zerstört worden. Darauf weist Hesekiel ausdrücklich hin (Kapitel 40, Vers 1): »Im fünfundzwanzigsten Jahr unserer Gefangenschaft, im Anfang des Jahres, am zehnten Tag des Monats, im vierzehnten Jahr, nachdem die Stadt eingenommen war, eben an diesem Tag kam die Hand des Herrn über mich.«

Hesekiel kann nicht in den Jerusalemer Tempel geflogen worden sein, denn das Gebäude lag in jener Zeit noch in Schutt und Asche, wurde erst von 538 v. Chr. an, also rund 35 Jahre später, mit Genehmigung von Cyrus wiederaufgebaut. Am 1. April 515 v. Chr. erfolgte die Tempelweihe.

573 oder 572 v. Chr. wurde der Prophet Hesekiel zu einem ihm völlig unbekannten Ort geflogen, vor seinen Augen wurde ein Tempel vermessen, die genauen Daten sollte er sich ganz genau einprägen und merken. Warum?

Wollten die Außerirdischen eine Spur legen, die irgendwann einmal entdeckt werden würde – vielleicht sogar von uns? Wollten sie, daß Hesekiel die präzisen Ausmaße des Tempels (Hesekiel Kapitel 40, Vers 5) so genau festhielt, damit man das Bauwerk eines Tages finden würde? Wollten sie so einen Beweis dafür hinterlassen, daß sie einst hier waren – die Besucher aus dem All? Denn sollte entdeckt werden, daß Hesekiel rund 500 v. Chr. »per Luftfracht« von Babylon aus an einen entlegenen Ort unserer Welt geflogen wurde, dann würde ja zweifelsfrei feststehen, daß wir in der Antike Besuch von Außerirdischen auf unserem Planeten hatten. Wollten die Besucher aus dem All, daß wir einst von ihrer Anwesenheit auf der Erde erfahren?

Zwei Tempel im Angebot

Weltweit suchen Forscher seit Jahren nach dem Tempel des Hesekiel. Bisher wurde er noch nicht gefunden. Zwei »Kandidaten« bieten sich an.

Südlich von Huaraz im westlichen Zentralperu liegt beim Dörfchen Machac ein uraltes Heiligtum von einst enormer Bedeutung: der Tempel von Chavin de Huantar. Er entstand zwischen 1000 und 300 v. Chr., könnte also aus Hesekiels Zeit stammen. Sollte Hesekiel in Chavin de Huantar, in Peru, gewesen sein? Eine ganze Reihe von Indizien spricht für diese Überlegung. Nach Hesekiel wurde er mit dem Flugvehikel »auf einen sehr hohen Berg« gebracht. Chavin de Huantar liegt in der Tat sehr hoch (3180 m). Dort sah Hesekiel etwas, das »war ein Bauwerk wie eine Stadt«. Bei Chavin de Huantar entdeckten Archäologen tatsächlich Ruinen, die auf eine solche Stadt nahe bei dem Tempel auf dem hohen Berg schließen lassen.

Der innere Hof des Hesekiel-Tempels hatte eine Fläche von 50 mal 50 Metern. Bei Chavin de Huantar sind es 49,70 Meter. Vor der Südwand des Hesekiel-Tempels plätscherte – so besagt es der Bibeltext – ein Quelle, die rasch zum Bach heranwuchs, zum Fluß wurde und schließlich ins Meer floß. Genau dies ist, wie Erich von Däniken vor Ort herausfand, in Chavin de Huantar der Fall, nicht aber in Jerusalem.

Und in welches Meer flossen Bach und Strom? Ins Tote Meer, entnehmen Bibelleser ihrem Alten Testament. Was sie freilich nicht wissen können: Der hebräische Originaltext spricht nicht von einem bestimmten Meer, nennt keinen geographischen Namen. Die Bezeichnung »Totes Meer« ist eine Ergänzung von Bibelübersetzern. Fakt ist jedenfalls: Hesekiel kannte den Namen des Meeres nicht. Es wird aber noch kurioser! Das Alte Testament berichtet, daß jener Fluß reich an Fischvorkommen war, daß an seinen Ufern die üppigsten Pflanzen wuchsen, die köstliche Früchte hervorbrachten. Damit kann nicht der Fluß zum Toten Meer gemeint sein. Die Beschreibung paßt bis ins letzte Detail auf Chavin de Huantar. Der Mosna fließt anfänglich gen Osten, beim Örtchen Huyayacabamba wechselt er die Richtung, strebt dem Rio Marañon zu. Der fließt zunächst nach Norden, ändert dann seine Richtung und wälzt sich, fischreich und durch üppigste, ständig grüne Pflanzenwelten, stets ostwärts in das Meer, dessen Name Hesekiel nicht kannte, in den Atlantik. Bis ins letzte Detail entspricht die biblische Beschreibung den realen Gegebenheiten von Chavin de Huantar in Peru, läßt sich in keiner Weise mit den geographischen Realitäten in Jerusalem vereinbaren.

War also Hesekiel in Peru? Oder war er in Indien? Denn in Indien bietet sich ein zweiter Tempel an.

Als ich meine Indienreise, die mich von Neu-Delhi bis in die Südspitze des Landes führen sollte, sorgsam plante, durfte ein geheimnisvoller Ort nicht fehlen. Die Stadt heißt Vijayanagara, liegt nördlich von Hospet, etwa auf halber Höhe zwischen Penukonda und Bijapur. Heute ist die einst stolze Metropole ein Ruinenfeld. Immer noch imposante Reste der wuchtigen Stadtmauer lassen die ehemalige Größe der Stadt allenfalls erahnen.

Wann sie gegründet wurde, niemand vermag das zu sagen. Bekannt ist ihr Ende. 1443 n. Chr. entstand der letzte ausführliche Text über Vijayanagara. Der persische Reisende Abdul Razzaq schwärmte von ihrer enormen Größe, von der riesigen Bevölkerung, dem klugen Regenten, der sein Imperium perfekt beherrschte, von des Königs tausend Elefanten. 1565 wurde die Stadt von muslimischen Streitkräften angegriffen, eingenommen, geplündert und in Brand gesteckt.

Einst müssen Priester mit enormem Wissen in den erdbebensicheren Mauern der Stadt gelebt haben. Fast alles, was sie über die Verbindung zwischen der Metropole und dem Himmel zu sagen gehabt hätten, ist in Vergessenheit geraten. Einst soll die Stadt sowohl von Königen als auch von Göttern bewohnt worden sein. So wie Jahwe sollen sie vom Himmel herabgestiegen sein, sich zu den Menschen gesellt haben. Man unterschied nicht zwischen einem weltlichen und einem sakralen, heiligen Teil der Stadt. Verwaltungsgebäude, Elefantenställe und Tempelanlagen bildeten eine Einheit in der Stadt, in der einst die Götter lebten.

Ich hatte mir Vijayanagara vorgemerkt. Wenn es in Indien einen Ort geben sollte, wo man einen Landeplatz der Götter erwarten darf, dann hier.

Tatsächlich wurde ich fündig. Erst in jüngster Vergangenheit wurde in Vijayanagara eine unterirdische Anlage ausgegraben, von der niemand wirklich weiß, was sie einst gewesen ist. Sie sieht aus wie ein winziges Stadion, das im Erdboden eingelassen ist. An der Oberkante mißt sie exakt 22,50 mal 22,50 Meter. Vier Stufen sind eingelassen, jeweils 0,90 Meter tief und unterschiedlich breit. Sie führen zu einem steinernen Quadrat von 6,13 Metern Kantenlänge. Es steht voll Wasser. Wie tief? Das konnte ich nicht feststellen. Mit Stöcken stocherte ich am Boden herum. Da hat sich Schlamm abgesetzt, da liegen einige Steinbrocken.

Niemand vermag zu sagen, wozu die merkwürdige Anlage diente, die in faktisch allen aktuellen Reiseführern verschwiegen wird. Hat sie mit dem Hesekiel-Tempel zu tun?

Ein Tempel, der kein Tempel war

NASA-Ingenieur Josef Blumrich hat sich den Text Hesekiels über das Zubringerraumschiff vorgenommen. Der Ingenieur Hans Herbert Beier konzentrierte sich auf die sogenannte Tempelanlage. Hesekiel hat ja in seinem biblischen Buch so viele Maßangaben überliefert, daß es möglich ist, das Bauwerk zu rekonstruieren.

Ingenieur Beier kam zu einem phantastisch anmutenden Konzept. Demnach war der sogenannte Hesekiel-Tempel in Wirklichkeit nicht nur ein Start- und Landeplatz für Zubringerraumschiffe, sondern auch eine Wartungsstation, in der Reparaturen an Flugvehikeln durchgeführt wurden. Eine solche Maßnahme, NASA-Ingenieur Blumrich hatte schon darauf hingewiesen, findet sich auch beim biblischen Propheten Hesekiel beschrieben – zu Beginn des Kapitels 10.

Zwei Personen treten auf. Die eine befiehlt der anderen, am glühenden Reaktorantrieb eine Manipulation vorzunehmen, ein Element zu entnehmen. Vers 2 lautet in einer modernen Übersetzung: »Und er sprach zu dem Mann in dem Kleid von Leinwand: Geh hinein zwischen das Räderwerk unter dem Cherub und fülle deine Hände mit glühenden Kohlen, die zwischen den Cherubim sind.« Bei den Cherubim handelte es sich nach Blumrich um die Flügel der Hubschraubereinheiten, die symmetrisch um den Raketenantrieb angeordnet waren. Just dort mußte ein Element aus dem Antrieb genommen werden. Vers 8 enthüllt ein Detail: Es wurde für diese Aktion offenbar ein mechanisches Greifgerät verwendet, das der Form nach einer menschlichen Hand ähnelte. (Wörtlich übersetzt: In der Ähnlichkeit eines Menschen Hand.)

Josef Blumrich (*Da tat sich der Himmel auf,* Berlin 1994, S. 129): »Über die brennende Frage nach dem, was sich hier tatsächlich ereignete, kann man immerhin einige Vermutungen anstellen. Vom technischen Standpunkt aus gesehen, ist als einziges sicher, daß ein heißes Element entfernt wurde. Ob dieses ›heiß‹ rein thermisch war oder auch radioaktive Strahlung enthielt, ist unklar.« So ganz ungefährlich kann das Geschehen nicht gewesen sein. Der Kommandant jedenfalls erteilt seine Befehle aus sicherer Distanz, der Leinenanzug des Arbeiters könnte als Schutzmaßnahme verstanden werden.

Ingenieur Hans Herbert Beier rekonstruierte den Tempel des Hesekiel als Start- und Landebasis sowie als Wartungsstation für »Hesekiel-Raumschiffe«. Er fertigte maßstabsgetreu ein Modell des Bauwerks an. Und siehe da: Es gleicht vom Aussehen her einem Stadion mit »Tribünen«, in dessen Zentrum das Zubringerraumschiff vom Himmel niederfahren und wieder starten konnte. Hier wurden – so Hans Herbert Beier – Reparaturen vorgenommen. Der Techniker, Autor des Buches »Kronzeuge Ezechiel«: »Sicher ist, daß der Tempel real und daß Hesekiel dort war. Dieses Haus muß zu finden und nach der Rekonstruktion zu erkennen sein. Ich wage nicht vorauszusehen, was passieren wird, wenn es – wie ich erwarte – weit weg von Babylon gefunden wird.«

Die Manna-Maschine und die Bundeslade

Bis ins Mittelalter hinein gab es in Europa eine Gruppe von Geheimgelehrten, die uraltes Wissen zu erhalten suchte. Ihre Zentrale war Spanien. Die Mitglieder verfügten über geheimnisvolle Kommentare zu den biblischen Schriften, in denen versucht wurde, die Mysterien des Alten Testaments zu erklären. Angeblich ging ihr

Wissen auf Moses selbst zurück. Und dem soll es von Gott mitgeteilt worden sein. Als er von Jahwe auf dem Berge Sinai die Gesetzestafeln entgegengenommen habe, sei ihm auch noch das »mündliche Gesetz« übermittelt worden, das nur an Eingeweihte übergeben werden durfte.

Der historische Ursprung dieser Geheimlehre, die in Büchern wie dem *Sepher Jezirah (Buch der Schöpfung)* und dem *Sepher Sohar (Buch des Glanzes)* festgehalten wurde, ist umstritten. Das *Sepher Jezirah* entstand wohl im 6. oder 7. Jahrhundert in Mesopotamien, *Sepher Sohar* ist weitaus älter, es war schon im 3. Jahrhundert n. Chr. bekannt, existierte wohl schon im 2. Jahrhundert n. Chr. in schriftlicher Form. Seine heutige Fassung wurde von Moses de Leon, einem spanischen Juden und Wissenschaftler, der dafür sehr alte Quellen benutzte, wieder niedergeschrieben, nachdem die ursprünglichen Originale verschollen waren. Ähnlich alt ist das dreibändige Buch *Sepher ha Jochai (Buch von Jochai)*. Es soll ebenfalls auf mündlichen Überlieferungen aufbauen, die ins zweite oder dritte nachchristliche Jahrhundert zurückreichen. 1290 wurde eine aramäische Fassung erstellt, aus dem Jahr 1677 n. Chr. stammt eine lateinische Übersetzung. Worum geht es?

Simon Bar Jochai soll neun Schülern eine Reihe von Vorträgen gehalten haben. Als strenger Lehrer achtete er pedantisch darauf, daß seine Zöglinge auch alles, was er ihnen zu Gehör brachte, bis ins letzte Detail auswendig lernten. Als er sein Ende nahen fühlte, fragte er nochmals seine Schüler ab, diktierte ihnen noch ergänzende Details.

Techniker enträtseln magische Texte

An der Schwelle zum dritten Jahrtausend nahmen sich zwei Wissenschaftler ohne jegliche Neigung zur Geheimniskrämerei den aramäischen Text von 1290 vor. Die magischen Texte enthielten die präzise Beschreibung einer Maschine, die Manna produzierte. Die Arbeit mit dem Text erwies sich als höchst zeitaufwendig: 50 kleingedruckte Seiten mit aramäischem Text wurden in der Übersetzung zu mehreren hundert Seiten in Englisch. Das Aramäische ist, obwohl alles andere als eine moderne Sprache, stark komprimiert, erinnert an telegraphische Mitteilungen.

George Sassoon, 1936 geboren, ist studierter Naturwissenschaftler mit starker Neigung zum Praktischen. Er arbeitete als Konstruktionsingenieur für eine große Firma, machte sich aber bald selbständig und gründete eine »Vertragsorganisation für Forschung und Entwicklung« in England. Nebenbei wirkte er als technischer Übersetzer und gründete eine Entwicklungs- und Herstellungsfirma für Elektronik im Betrieb. Ähnlich sah die Laufbahn von Rodney Dale aus, der auch Naturwissenschaften studierte. Er profilierte sich in Sachen Maschinenbau, betrieb eine eigene Firma. Als er von George Sassoons »Vertragsorganisation für Forschung und Entwicklung« hörte, schloß er sich begeistert an.

Sassoon und Dale verfügten also über ideale Voraussetzungen, um sich mit einer vermutlich fast zweitausend Jahre alten Beschreibung einer komplizierten Maschine auseinanderzusetzen. Und weil sie über die erforderliche Spezialbildung verfügten, wagten sie es auch, mit sensationellen Erkenntnissen an die Öffentlichkeit zu treten.

In den Texten *Große Heilige Versammlung, Kleine Heilige Versammlung* und *Das Mysterium* wird ein mehr als merkwürdiges Kuriosum beschrieben, das als »der Hochbetagte« bezeichnet wird. Sassoon und Dale hatten rasch erkannt, daß da weder ein menschliches noch ein göttliches Wesen gemeint sein konnte. Sie fühlten sich schon bei der ersten Lektüre der Texte an eine moderne Gebrauchsanweisung erinnert, in der beschrieben wird, wie ein komplizierter technischer Mechanismus in seine vielen Einzelteile zerlegt und dann wieder zusammengefügt werden kann.

Die Neugier der beiden Wissenschaftler und Techniker war geweckt. Sie wollten genau wissen, was für ein Apparat da vor zwei Jahrtausenden beschrieben worden war.

Der »Hochbetagte«, so ergab ein sorgsames Studium der teilweise langatmigen Beschreibungen, hatte ein alles andere als »menschliches« Aussehen. Da saßen zwei »Schädel« übereinander. Der obere enthielt das »Gehirn«. Es diente aber nicht dem Denken, auf ihm wurde Tau destilliert und Wasser gewonnen. Im unteren Kopf gab es kein Gehirn, nur »himmlisches Öl«. Der zweite Schädel verfügte dafür über vier »Augen«, von denen eines im Zentrum des Kopfes saß und von innen nach außen leuchtete.

Die beiden Köpfe oder Schädel saßen ihrerseits wiederum in einem größeren Behältnis. Im oberen Teil wurde Wasser destilliert, das in einen Behälter geleitet wurde, in dessen Zentrum eine starke Lichtquelle saß. Sie ließ eine Algenkultur, vermutlich vom Chlorella-Typ, gedeihen und wachsen.

Diese Algenkultur nun lieferte letztlich das Manna, eine eiweißhaltige Substanz, die durch ein Röhrensystem geleitet wurde. Zunächst entstand Algenschlamm, der wurde dann von der Maschine behandelt – und schließlich leicht gebrannt, wie Honigkuchen schmeckend, als Manna ausgeteilt.

Alle sieben Tage mußte die komplizierte Maschine gereinigt und gewartet werden. In dieser Zeit konnte sie kein Manna produzieren. Also stellte der Apparat ein Behältnis voll mit Manna her, das umgehend verzehrt wurde, während das zweite Behältnis langsam voll wurde – und für den 7. Tag Manna zu bieten hatte.

Die Manna-Maschine stellte täglich umgerechnet etwa einen Kubikmeter von der Götterspeise her. Und davon sollen nun die aus Ägypten fliehenden Israeliten satt geworden sein? Tatsächlich ist doch in allen Übersetzungen bei Moses von 600 000 Israeliten die Rede. Wären nun, nachdem Sassoon und Dale errechnet haben, daß von der Tagesproduktion der Manna-Maschine etwa 600 Familien leben konnten, nicht auch 1000 Manna-Maschinen erforderlich gewesen, um dieses Riesenheer zu nähren?

Der Sachverhalt ist leicht erklärt. Das hebräische Wort für »1000« kann mit gleicher Berechtigung mit »Haupt« übersetzt werden. So zogen also vermutlich nicht 600 000 Israeliten durch die Wüste, sondern nur etwa 600. Und für diese überschaubare Schar reichte eine Manna-Maschine vollkommen aus.

Woher, wohin?

Es stellt sich die Frage, woher die Manna-Maschine stammt. Ist es denkbar, daß sie von ägyptischen oder israelitischen Ingenieuren entwickelt und gebaut wurde? Um eine Maschine der beschriebenen Art konstruieren zu können, benötigt man zunächst Wasserstoff und Kohlendioxid. Beides ist frei in der Atmosphäre vorhanden. Schließlich ist eine starke Energiequelle nötig, damit die Manna-Produktion überhaupt möglich ist. Sie stammt in der technisch perfekten Rekonstruktion von einem Laser, der durch einen kleinen Atomreaktor betrieben wurde. Benötigt wurden nach Sassoon etwa 210 000 Watt. Allein schon die dafür erforderliche Technologie gab es nach heutigem Stand der Erkenntnis zu Zeiten von Moses, als die Maschine benutzt worden sein muß, nirgendwo auf der Welt. Sie kann nur – darin sind sich Sassoon und Dale einig – außerirdischen Ursprungs sein.

Die Verwendung eines atomgetriebenen Reaktors aber läßt hoffen, so makaber das klingen mag: Noch heute müßte der Energiespeicher der außerirdischen Maschine strahlen, was es erleichtern dürfte, ihn wieder aufzufinden.

Der Weg der Maschine

Vierzig Jahre lang zog das Volk Israel von Ägypten aus der Sklaverei ins Gelobte Land. 40 Jahre lang lebten die Entflohenen ausschließlich von Manna. Als sie die eintönige Kost zum ersten Mal sahen, fragten sie erstaunt und neugierig: »Was ist das?«, »man hu« auf hebräisch (2. Buch Mose, Kapitel 16, Vers 14). Der Geschmack wird mit dem von Fladenkuchen mit Honig verglichen (2. Buch Mose, Kapitel 16, Vers 31). Verschiedentlich wurde versucht, natürliche Erklärungen für das Manna des Alten Testaments zu finden. Sie wollen alle nicht so recht überzeugen. Die Bibel selbst spricht vom »Brot des Himmels« (Psalm 105, Vers 40) oder vom »Korn des Himmels« (Psalm 78, Vers 24). »Brot des Himmels« wird dann (Psalm 78, Vers 25) mit dem »Brot der Engel« gleichgesetzt. Damit werde, so »Einsichten in die Heilige Schrift« (Selters, S. 271), wohl der Gedanke ausgedrückt, die fremdartige Kost stamme vom Wohnort der Engel, vom Himmel. Sollte damit ein außerirdischer Ursprung des Manna umschrieben werden?

Auf dem Berg Sinai übermittelte Jahwe Moses den genauen Plan für die Bundeslade (2. Buch Mose, Kapitel 25, Verse 10 f.). Sie wurde im Allerheiligsten der Stiftshütte, deren Bauanleitung eben-falls von Jahwe stammte, später dann im Tempel aufbewahrt. Sie diente als Behältnis für die Gesetzestafeln Mose, in ihr wurde aber auch ein »versiegelter Topf« mit Manna aufbewahrt (Brief an die Hebräer, Kapitel 9, Vers 4).

Als die Bundeslade vorübergehend in den Besitz der Philister geraten war, verbreitete sie Furcht und Schrecken; seltsame Krank-heiten, verbunden mit Beulen, die zum Tod zahlreicher Menschen führten, traten auf. Es könnte sich dabei um Strahlenkrankheit gehandelt haben, ausgelöst durch ein radioaktiv verseuchtes Objekt.

Was könnte radioaktive Strahlen abgesondert haben? Hypothe-tisch könnte es sich um einen Teil der Manna-Maschine gehandelt haben, die ja von einem Miniatomreaktor mit der erforderlichen Energie versorgt wurde.

Nachdem die Philister entsetzt das heilige Objekt wieder an die Israeliten zurückgegeben hatten, kam es vorübergehend nach Beth-Schemesch, von da aus nach Kirjath-Jearim, wo es rund 70 Jahre blieb. König David holte die Lade um 1000 v. Chr. nach Jerusalem, 955 stellte man sie in den neu gebauten Tempel (1. Buch Könige, Kapitel 8, Vers 2 und 2. Buch Chroniken, Kapitel 5, Verse 2–10). Um 941 wurde sie nach dem heiligen Buch der Äthiopier *Kebra Negest* »gestohlen« – mit dem Einverständnis Salomos.

Das Kebra Negest behauptet, Salomo sei von der Königin von Saba besucht worden – was das Alte Testament bestätigt (1. Buch Könige, Kapitel 10, Verse 1–13 und 2. Buch Chroniken, Kapitel 9, Verse 1–12). Die beiden hätten einen Sohn miteinander gehabt. Und der habe mit Hilfe eines »fliegenden Wagens« das heilige Kultobjekt in seine Heimat entführt.

Im Kapitel 52 des *Kebra Negest* heißt es: »Von der Lade ging eine Wolke aus wie ein Schleier und umhüllte sie damit schützend gegen die Sonnenhitze. Es war niemand, der ihren Wagenpark gezogen hätte, sondern er selbst, Erzengel Michael, zog den Wagen.« Der Wagen habe sich, trotz der schweren Lasten, die er tragen mußte, über den Erdboden erhoben, sei dann »wie ein Schiff auf dem Meere, wenn es der Wind hebt, und wie ein Adler, wenn er auf dem Winde leicht dahinfliegt«, durch die Lüfte geeilt.

Die Flugmaschine, so das *Kebra Negest* weiter, habe eine Route über Ägypten gewählt. Dort wurde die beladene Flugmaschine beobachtet, sie sei dahingebraust, »geflogen wie die Engel«, schneller »als die Adler am Himmel«.

Dadurch seien Statuen und Obelisken umgestürzt, und die Ägypter baten die Israeliten um finanziellen Ausgleich.

Im heutigen Äthiopien gilt es als amtlich, daß die Bundeslade in Axum, in der Marienkathedrale, aufbewahrt wird. Die Überlieferungen des Kebra Negest gelten in Äthiopien allgemein als Tatsachenberichte. Ob sich aber die Bundeslade noch heute in Axum befindet, wird sich so leicht nicht feststellen lassen. Der Zugang zum Allerheiligsten in der Marienkathedrale ist nur einem einzigen »Wächter« gestattet. Sonstige Einheimische oder gar Ausländer dürfen den als heilig empfundenen Ort nicht betreten. Das mag engstirnig erscheinen, kann aber auch als Sicherheitsmaßnahme verstanden werden. Vermutlich geht noch heute von Teilen der Manna-Maschine radioaktive Strahlung aus. Es könnte lebensgefährlich sein, sich ihr zu nähern.

Die Manna-Maschine und die Bundeslade

Sassoon und Dale entdeckten bei ihrem Studium des magischen Buchs *Kleine Heilige Versammlung* ein interessantes Detail: Offensichtlich wurde die Manna-Maschine auch zur Kommunikation genutzt. Was in der unmittelbaren Nähe des wundersamen Apparats gesprochen wurde, wurde so übertragen, daß die »Herren der Fittiche«, allem Anschein nach die Hersteller der Maschine, alles vernahmen.

»Und jene Sprache, die hinausgeht, durchbricht den Äther und ergießt sich und steigt auf und fliegt in das Universum. Und die Herren der Fittiche empfangen diese Stimme und tragen sie zum König, und sie geht in seine Ohren.«

Ausdrücklich wird betont, daß die Worte direkt vor der Manna-Maschine laut ausgesprochen werden mußten: »Denn wenn die Worte nicht herauskommen (aus dem Mund), sind seine Gebete nicht gebetet und seine Wünsche nicht gewünscht. Und sobald die Worte herauskommen (aus dem Mund), brechen sie durch den

Äther, steigen auf und fliegen und werden in die Stimme umgewandelt. Und sie werden von jenen empfangen, die sie zu empfangen haben.«

Diese Worte aus dem Buch »Kleine Heilige Versammlung« muten ungelenk an. Sie erinnern aber in frappanter Weise an eine primitive, doch durchaus zutreffende Beschreibung von Funkverkehr. Man mag die zitierten Textpassagen als unbeholfen empfinden, muß aber dabei bedenken, daß sie 1290 n. Chr. notiert wurden, zu einer Zeit, als Funkverkehr eine unvorstellbare Absurdität war.

Vielleicht ist es nur eine utopisch anmutende Spekulation, aber könnte es nicht so gewesen sein: Außerirdische landeten zu Zeiten Moses auf der Erde. Sie statteten die Israeliten, die durch die Wüste zogen, mit der Manna-Maschine aus. Vielleicht geschah dies im Rahmen eines wissenschaftlichen Experiments, bei dem der Mensch den Part des »Versuchskaninchens« spielte. Die Außerirdischen beobachteten den Menschen. Und sie standen mit ihm in Funkkontakt. Man mag einwenden, die Beschreibung sei der Phantasie der Verfasser entsprungen, entstanden aus der Sehnsucht, mittels einer Apparatur in Verbindung mit höchsten Himmelswesen zu treten. Freilich ist die von Sassoon und Dale entdeckte Beschreibung keineswegs einzigartig. Es gibt eine ganze Reihe von vergleichbaren »Apparaten« im biblischen Schrifttum.

Auch die Bundeslade wurde zur Kommunikation benutzt. So heißt es im 2. Buch Mose (Kapitel 25, Vers 22): »Und ich, Jahwe, will mich dort bei dir einfinden und mit dir reden von der Stelle über dem Deckel, von der Stelle zwischen den beiden Engeln, die auf der Lade des Zeugnisses sind.«

Seit Jahrzehnten wird immer wieder sporadisch die Behauptung aufgestellt, ein exakter Nachbau der Bundeslade nach den Bauanweisungen des Alten Testaments ergebe ein stromerzeugendes Gerät oder gar eine Funkanlage. Derlei Thesen sind absurd. Aber dennoch bleibt die Frage: Wie funktionierte dann die Verbindung Mensch-Bundeslade-Gott?

Ein versteckter Hinweis mag als wichtige Spur verstanden werden (1. Buch Samuel, Kapitel 28, Vers 8): »Und er befragte Jahwe, aber Jahwe antwortete ihm nicht, weder durch Träume, noch durch die Urim, noch durch die Propheten.« Was müssen wir uns unter

»Urim« vorstellen? Nach dem 3. Buch Mose (Kapitel 8, Vers 8) hängte Moses dem Aaron ein »Brustschild« um, tat dann die Urim hinein. Aus den Urim sprach Jahwe.

Die Urim waren auch dem Geschichtsschreiber Josephus bekannt, der sie zum Beispiel in seinem Werk »Alte jüdische Geschichte« (III 8,9) als wundersame »Steine« erwähnte: »Denn wenn Gott bei dem Gottesdienste gegenwärtig war, so gaben stets die Steine, welche der Hohepriester auf den Schultern trug, und sonderlich auf der rechten Schulter, einen solchen Glanz von sich, daß man sie auch von ferne sehen konnte; und vorher hatte doch dieser Glanz dem Steine gemangelt. Ich will aber etwas sagen, welches noch weit merkwürdiger ist. Daß nämlich Gott durch die zwölf Edelsteine, welche der Hohepriester auf seiner Brust trug, den Sieg in Kriegen zuvor zu verkündigen pflegte. Denn ehe das Heer auch auszog, strömten sie einen solchen Glanz aus, daß es dem Volk offenbar ward, Gott sei zu seinem Beistand zugegen.«

Sassoon und Dale kommentieren (*Die Manna-Maschine*, Berlin 1995, S. 321): »Was hier beschrieben wurde, ist der Bibel zufolge ein Gerät, welches die Kommunikation mit Gott ermöglichte und laut Josephus einen ›Juwel‹ besaß, welcher von Zeit zu Zeit aufleuchtete. Es gibt eine Erklärung: Die ›Brustplatte‹ war ein Funkgerät.«

Sprach also Jahwe gar nicht aus der Bundeslade selbst, sondern aus der »Brustplatte« der Priester, wenn diese an das heilige Kultobjekt herantraten, um mit Jahwe zu reden?

Der Kommunikation mit Jahwe dienten auch die »sprechenden Köpfe«, die Teraphim-Figuren des Alten Testaments. »Einsichten in die Heilige Schrift« (Selters, S. 1110) bezeichnet sie als »Götzen«. Sie begegnen uns im 1. Buch Mose (Kapitel 31, Vers 34): »Rahel hatte die Teraphim-Figur genommen und unter den Kamelsattel gehängt.« Nach dem 1. Buch Samuel (Kapitel 19, Verse 13 und 16) ist zu vermuten, daß es sich dabei um Statuen handelte, die menschenähnlich waren. Als nämlich David ermordet werden sollte, wurde eine Teraphim-Figur an seiner Statt ins Bett gelegt. Nach dem 1. Buch Samuel (Kapitel 15, Vers 22) ertönte die Stimme Jahwes aus den Teraphim. Prophet Sacharja äußerte Zweifel, ob es denn immer die Stimme des Herrn sei, die da zu hören war: »Denn die Götzen reden Lüge. Darum geht das Volk in die Irre wie eine Herde und ist verschmachtet, weil kein Hirte da ist.«

Professor Dr. Julian Jaynes von der Princeton-Universität weist darauf hin (*Der Ursprung des Bewußtseins durch den Zusammenbruch der bikameralen Psyche,* Reinbek 1988), daß die Azteken den Befehlen der Götter gehorchten, die aus einem Standbild erklangen: »Es befahl ihnen aufzubrechen, den vor ihnen liegenden See zu überqueren und es auf ihre Reise überall mitzunehmen. Es lenkte sie hierhin und dorthin.«

Ist die Parallele zum Alten Testament nicht augenfällig? Auch die Israeliten wurden auf ihren Wegen durch die Wüste gelenkt, auch sie kommunizierten mit ihrem Herrn via Bundeslade, Manna-Maschine oder Urim und Teraphim. Vorbilder für die Teraphim der Israeliten mögen die Gistugpis der Sumerer sein. Sie wurden bereits vor rund vier Jahrtausenden auf Keilschrifttafeln beschrieben. So wissen wir heute, daß sie von speziellen Handwerkern, Bimummu genannt, angefertigt wurden, wobei sie dabei häufig von Gott Nummu überwacht wurden. Während die Teraphim des Alten Testaments schon seit vorchristlichen Zeiten verschollen sind, begegnen uns ihre »Kollegen« in Süd- und Zentralamerika bis ins Mittelalter hinein.

Der Kult der sprechenden Köpfe

1533 hielten die Spanier den Inka-Herrscher Atahualpa als Gefangenen. Sie forderten ein enormes Lösegeld. Ein Raum von sechs Metern Länge und fünf Metern Breite mußte mannshoch mit Gold gefüllt werden, dann würden sie Atahualpa freigeben. Rund 600 Tonnen wertvollste Kunstgegenstände aus Gold wurden angeschleppt. Die Spanier schmolzen sie in einem Akt der Barbarei zu Barren. Obwohl das geforderte Lösegeld gezahlt wurde, kam der Inka nicht frei. Nach einem Schauprozeß wurde er zum Tode verurteilt und – nachdem er sich zum christlichen Glauben hatte »bekehren« lassen – erwürgt und verbrannt.

Atahualpa war schon tot, da trafen immer noch Karawanen mit Schätzen ein – unter anderem auch aus der peruanischen Metropole

Pachacamac. Es gelang der Witwe Atahualpas, unvorstellbare Reichtümer verbergen zu lassen. Sie sollen noch heute in unterirdischen Gängen im Raum Cuzco zu finden sein.

Pachacamac liegt an der Küste von Peru und ist von Lima aus bequem im Taxi zu erreichen. Die trostlose Ruinenstadt in heißer Wüstenregion läßt heute nicht einmal mehr ahnen, daß hier einst eine reiche Kultur blühte. Im Zentrum stand ein Orakel, über das ein anonymer spanischer Zeuge berichtet: »Im Tempel des Pachacamac hielt sich ein Teufel auf, der in einem finsteren Raum zu den Indianern zu sprechen pflegte.« Ähnliches wurde auch von Pater Joseph de Acosta aus Zentralamerika vermeldet. Da kommunizierten die »Heiden« mit ihren Göttern, benutzten »sprechende Köpfe«. Wo immer die Spanier derlei »Teufelswerk« entdeckten, zerstörten sie es in rasender Wut.

Pachacamac war schon eine wichtige Orakelstadt, als sie von den Inkas übernommen wurde. Sie führten einen neuen Gott ein, den Sonnengott Inti. Inti läßt sich mit Marduk vergleichen, der in einem Tempel auf dem »Turm zu Babel« verehrt wurde. Das Orakel von Pachacamac wurde aber von den Inkas nicht angetastet, es bestand weiter, wurde eifrig befragt. Es wurde vermutlich um 1533 abtransportiert, könnte sich noch heute irgendwo in einem unterirdischen Gang von Cuzco befinden. Vielleicht sah anno 1814 ein hoher spanischer Offizier das Orakel, ohne es zu wissen. Er wurde von Brigadier Matieo Garcia Pamakahua, einem Nachfahren der Inkaherrscher, in die unterirdische Welt von Cuzco geführt. Er sah wertvollste Schätze, »Backsteine« aus purem Gold, edelstes Geschmeide aus Silber und Gold, aber auch »Götzenfiguren«.

Im Herbst des Jahres 1996 gingen Pressemeldungen um die Welt, wonach unterhalb von Cuzco Tunnelsysteme entdeckt worden seien, die man systematisch untersuchen wolle. Ist man auf die Spur der verschollenen Schätze der Inkas gestoßen? Besteht die Chance, daß das geheimnisvolle Orakel von Pachacamac wiederentdeckt wird?

Es mag ein Zufall sein: Als in Zentral- und Südamerika bei magischen Handlungen »sprechende Götzenfiguren« befragt wurden, verfügte allem Anschein nach in Europa Albertus Magnus über einen ähnlichen Apparat.

Albert von Bollstädt, bekannter unter dem Namen Albertus Magnus, lebte von 1193 bis 1280. Nach dem Studium der Wissenschaften im heimatlichen Bayern wechselte der große Gelehrte und Magier des Mittelalters nach Padua. Professor Dr. Alfred Lehmann (*Aberglaube und Zauberei*, Stuttgart 1925, S. 189 ff.) faßt zusammen: »Hier beschäftigte er sich wahrscheinlich zuerst mit den in jener Zeit allgemein gepflegten Wissenschaften Grammatik, Dialektik, Rhetorik und Logik; zugleich aber erwarb er sich die mathematischen und naturwissenschaftlichen Kenntnisse, die ihm später den Namen eines ›Meisters in der Schwarzen Kunst‹ verschafften.« 1651 erst erschien in Lyon eine Gesamtausgabe des Werkes von Albertus Magnus in 21 Bänden. Es enthält Beschreibungen von »Automaten und ähnlichen Einrichtungen«, die in verblüffender Weise an die Teraphim des Alten Testaments erinnern. Sollte der große Gelehrte gar in den Besitz eines solchen Apparats gekommen sein?

Renate Schäfer berichtet in ihrem Artikel »Cyper-Tech in der Vergangenheit?« (*Magazin für Grenzwissenschaften,* 10/1996, S. 892 und 893): »Im Rheinland kennen nur wenige Menschen die Sagen und Legenden von dem Mönch Albertus Magnus. Dieser soll in einem kölnischen Kloster um 1200 ein eigenes Zimmer besessen haben, wo er bis spät in die Nacht hinein experimentierte. Andere Mönche, die an der Pforte des Experimentierzimmers vorbeigingen, waren immer der Auffassung, daß es in diesem Raume nicht mit rechten Dingen zuginge. Thomas von Aquin, ein Lieblingsschüler des Mönchs Magnus, konnte seiner Neugierde eines Tages nicht widerstehen und betrat den eigentlich verbotenen Raum.«

Thomas von Aquin sah ein unbegreifliches Durcheinander, wie Renate Schäfer festhält. »So stand er im Raum, wo er seltsame Dinge sehen konnte, von denen er nichts verstand. Seltsames Getier hing an der Decke, Skelette standen einfach im Raum, und eine Unzahl von Werkzeugen lag verstreut auf den Tischen. Er wunderte sich, wieso sein Lehrer bestimmte Metallbearbeitungswerkzeuge benötigte. An anderer Stelle standen eigenartige Maschinen, einige anscheinend fertig und andere wiederum noch zerlegt auf dem Boden liegend. Auch diese Maschinen konnte er nicht verstehen.«

Neugierig blickte Thomas von Aquin sich um. Er bestaunte geheimnisvolle alte Bücher mit Zeichen und Symbolen, die er nicht begriff. Und hinter einem Vorhang stand etwas, eine Figur. Er konnte einem inneren Drang nicht widerstehen, zog den Vorhang zurück und sah, wie Prof. Dr. Alfred Lehmann festhält, »eine schöne weibliche Gestalt, die ihn mit menschlicher Stimme bewillkommte. Um sich gegen die teuflische Versuchung zu wehren, schlug er mit einem Stocke auf sie los, worauf die Figur unter Rasseln und eigentümlichen Lauten zusammenfiel.«

Ähnlich wie Albertus Magnus soll es Rabbi Jehuda Löw Ben Bazalel (1512–1609) in Prag gelungen sein, ein »künstliches Wesen« zu schaffen, einen Golem, den er als Arbeitssklaven einsetzte. Er hatte die »Bauanleitung« in alten magischen Texten der Juden gefunden. Wenn man dem Roboter einen Pergamentstreifen unter die Zunge steckte, erwachte er zum Leben, abgeschaltet wurde der Mechanismus, indem man den Streifen wieder entfernte. Der Legende nach soll der Rabbi eines Freitags vergessen haben, den Streifen aus dem Munde seiner Kreatur zu entfernen, da habe der Golem verrückt gespielt und in wilder Raserei ein Werk der Zerstörung begonnen. Todesmutig habe sich der Rabbi dem künstlichen Wesen entgegengeworfen und mit Mühe den geheimnisvollen Streifen aus seinem Mund zerren können. Dann sei der Golem zu Boden gestürzt. Den Pergamentstreifen habe man vernichtet.

Wir begegneten einer Reihe von seltsamen Apparaturen, die aus heutiger Sicht an eine fortgeschrittene Technologie erinnern. Stammten sie aus der Werkstätte außerirdischer Besucher? Oder wurden sie von Menschen angefertigt, die ihrer Zeit um Epochen voraus waren? Können wir die angeführten Textbeschreibungen als Tatsachenberichte akzeptieren? Oder halten wir sie lieber für Phantasieprodukte, für die Ergebnisse früher »Science-fiction-Autoren«? Wie auch immer: Sowohl der Bericht vom Turmbau zu Babel als auch der vom Prager Golem enthalten – symbolhaft – eine Warnung, die wir ernst nehmen sollten: Übertriebener Fortschrittsglaube an die Möglichkeiten der Technologie, der alles in die Tat umsetzt, was technisch nur irgendwie möglich ist, kann katastrophale Folgen haben!

Eine unvorstellbare Hitze hat die Steine von Tap O'Noth, Schottland, zu-sammengebacken.

Die Zykopenmauern von Sacsayhuaman. Zwischen die Fugen paßt nicht einmal eine Rasierklinge.

Wie wurden diese Steine oberhalb von Sacsayhuaman bearbeitet? Kannten die alten Inka ein magisches Rezept, mit dem sie die Steine erweichen konnten?

Der Koloß von Rhodos, eines der sieben Weltwunder.

Erich von Däniken auf den Spuren unserer phantastischen Vergangenheit.

Elektrizität für die Götter?

Man stelle sich eine Filmszene aus einem Hollywoodstreifen vor: Die schöne Nofretete liegt auf einem bequemen Diwan. Ein unterwürfiger Sklave fächelt ihr kühlende Luft zu. Gelangweilt blättert die Königin in einem Papyrus, liest beim Schein einer elektrischen Lampe. Eine solche Szene würde beim Kinopublikum Hohngelächter auslösen. Elektrizität bei den Alten Ägyptern? Ein absurder Gedanke! Wirklich?

Der Tempel von Dendera, 70 Kilometer nördlich von Luxor gelegen und der Göttin Hathor geweiht, war bereits den Frommen im Ägypten des Alten Reiches, also etwa 2600 bis 2200 v. Chr., wohlvertraut. Wann genau der erste, ursprüngliche Tempel entstand, ist auch heute noch umstritten. Astronomen wurden hinzugezogen, um ein herrliches Deckengemälde zu interpretieren. Die herrliche Darstellung des Tierkreises könnte ja einen Hinweis auf das Alter des Tempels geben. Doch die Experten sind sich uneinig und nennen die unterschiedlichsten Daten: 700 v. Chr., sagen die einen, 3733 v. Chr. die anderen.

Heute befindet sich das Original des Deckengemäldes von Dendera im Louvre von Paris. Es wurde an König Ludwig XVIII. für 150 000 Francs verkauft.

Dendera mag vor Jahrtausenden einmal von herausragender Wichtigkeit gewesen sein, verlor aber im Laufe der Zeit an Bedeutung und verfiel zusehends. Nachweislich mußte die Anlage zur Zeit der Ptolemäer, also etwa in der Zeit von 330 bis 30 v. Chr., restauriert werden. Damals waren einige Gebäudeteile schon so verfallen, daß sie abgerissen und durch neue ersetzt wurden.

Einzigartig wie die Tierkreisdarstellung des Deckengemäldes sind die unterirdischen Kammern von Dendera. Sie sind mit üppigen Reliefs versehen. Eine dieser Darstellungen befindet sich in einem unterirdischen, schlauchartigen Raum von 4,60 m Länge und nur 1,12 m Breite. Touristen gehen am unscheinbaren »Eingang« zur unterirdischen Welt Denderas achtlos vorbei, die einheimischen Führer und Tempelwächter sind aber gern – gegen ein kleines Trinkgeld – dazu bereit, beim Abstieg zu helfen. Und der ist, wie ich am eigenen Leibe erfahren mußte, doch recht beschwerlich. Man

207

muß sich, schlangengleich, durch ein kurzes Labyrinth quälen – und dann schlägt einem, um es höflich auszudrücken, muffige Luft entgegen.

Stockdunkel ist es in den unterirdischen Kammern von Dendera, elektrisches Licht wurde nicht gelegt. Touristen versuchen nur selten, das eigentliche Geheimnis der Tempelanlage zu sehen. So ist es unbedingt ratsam, eine starke Taschenlampe mitzunehmen. Dann kann man eine verwirrend vielfältige Welt bestaunen. Darstellungen von Menschen und Göttern tauchen im Kegel der Taschenlampe auf, verschwinden wieder in der Dunkelheit. Und plötzlich steht man vor dem Gesuchten: Da sind blasenförmige Gebilde zu erkennen, die an überdimensionale Glühbirnen erinnern.

Die Fachwelt ist sich zunächst schon einmal nicht darüber einig, welchem Zweck die schmalen unterirdischen Räume einst gedient haben mögen. In der Literatur begegnen dem Lesefreudigen, der sich durch Berge von Fachwerken quält, Bezeichnungen wie »Kultraum«, »Abstellraum für die heiligen Gegenstände des Kults«, »Bibliothek«, »Archiv«. So recht überzeugend wirkt keine der vermeintlich wissenschaftlichen Erklärungen. Was auch immer in der »Unterwelt« geschah, es sollte wohl im geheimen ablaufen. Damals muß es – und das ist noch heute der Fall – eine strapaziöse Quälerei gewesen sein, erst einmal in die Räume zu gelangen. Es ist kaum vorstellbar, daß da größere Kultgegenstände hinabgeschafft wurden. Ein würdevoller Abstieg ist auch noch nie einfach gewesen. Der verwinkelte Eingang sollte wohl eher dafür sorgen, daß ihn erst gar nicht so viele Menschen benutzten.

Der Kult um die leuchtende Schlange

Und was sagt die Fachwelt zu den glühbirnenartigen Objekten? Hermann Kees zum Beispiel meint, er könne »Schlangensteine« ausmachen. Professor Dr. Abd el Malek Ghattes, Ägyptologe aus Kairo, hingegen erkennt »Zeichen der Ewigkeit«, wohingegen Frau Dr. Elfriede Haslauer von der »Geburt Harsomuts« spricht. Der unvoreingenommene Laie aber erkennt Glühbirnen, große, wuchtige Glaskörper mit »Fassung« am Ende, von der ein »Kabel« wegführt. Bereits 1979 machte ich erstmals auf dieses Kuriosum aufmerksam (Walter-Jörg Langbein: *Astronautengötter,* Berlin 1995).

Der Diplom-Ingenieur Walter Garn hat im Auftrag der Schriftsteller Reinhard Habeck und Peter Krassa, die beide bereits mit einer Reihe von Sachbüchern über die erstaunlichen Rätsel der Vergangenheit an die Öffentlichkeit getreten sind, ein Modell nach den altägyptischen Darstellungen der »Blasengebilde« anfertigen lassen. Es entspricht, wie Reinhard Habeck mir erklärte, einem etwa vierzig Zentimeter langen Glaskörper, dessen Durchmesser an der dicksten Stelle zwölf Zentimeter beträgt. Die Enden sind mit Harz vergossen, in das eine Plattenelektrode auf der einen und auf der anderen Seite eine Spitze eingegossen sind. Zwischen Plattenelektrode und Spitze kann Stromspannung angelegt werden. Zudem wird die Luft aus dem Glaskörper mit einer Pumpe abgesaugt.

Wird nun in der Glühbirne ein Vakuum erzeugt und Spannung angelegt, dann leuchtet die altägyptische Lampe auf. Dipl.-Ing. Walter Garn: »Die Darstellung in der unterirdischen Kammer von Dendera zeigt ein präzises Modell einer funktionstüchtigen ›Glühbirne‹. Strom war dazu erforderlich und ein Gerät, um in der Birne ein Vakuum zu erzeugen.« Eine ähnliche Darstellung fand sich auch im Hathor-Tempel. Und der französische Geheimwissenschaftler Eliphas Levi berichtete bewundernd über die Alten Ägypter, daß ihre Priesterschaft dazu in der Lage gewesen sei, Tempelbauten in stockfinsterer Nacht in »überirdischer Klarheit« erstrahlen zu lassen. Geschah das mit Hilfe von elektrischem Licht? Davon sind jedenfalls die Autoren und Ägyptenexperten Peter Krassa und Reinhard Habeck (*Das Licht der Pharaonen,* Berlin 1996) überzeugt.

Lange galten die Hieroglyphen von Dendera als »unübersetzbar«. Würden sie Erklärungen zu den »glühbirnenähnlichen Gebilden« enthalten? Dr. Wolfgang Waitkus, ein Ägyptologe aus Hamburg, stieß inzwischen auf »Zaubersprüche«, mit deren Hilfe unterschiedliche Erscheinungsformen des Schlangengottes Harsomuts heraufbeschworen werden sollten. In »erhabener Vollkommenheit« werde er dann sichtbar.

Als Walter Garn sein »Glühbirnenmodell« in Betrieb nahm, erschien dann auch tatsächlich ein »erhabener Schlangengott«.

Zwischen beiden Polen der Birne baute sich etwas Dünnes, Leuchtendes auf, das in der Tat an eine Schlange aus Licht erinnerte.

Kupfer wurde im Modellversuch für das Kabel zur Stromzufuhr benutzt, Kupfer wird auch in den Texten von Dendera erwähnt, in denen die blasenförmigen Objekte beschrieben werden. Es fanden sich sogar Größenangaben. So soll das kuriose Objekt »vier Handbreit hoch«, also im Original etwa 70 bis 80 Zentimeter groß gewesen sein.

Immer wieder ist in den Texten die Rede von einer »leuchtenden Schlange, die aus der Lotosblume hervorkommt«. Als »Lotosblume« wird von der Ägyptologie gewöhnlich auch jenes Teilstück an der »Glühbirne« bezeichnet, das mit den Augen unserer Zeit als »Fassung« gesehen werden könnte. Sie wurde nach den Dendera-Texten aus Gold gefertigt, war also ein idealer Elektroleiter. Die »leuchtende Schlange«, so ist den Texten weiter zu entnehmen, wird zum »lebendigen Ba«.

Was mag das sein: eine leuchtende Schlange, die aus dem Lotos kriecht? Wobei unter Lotos »die Blüte, aus der Licht hervorging« zu verstehen ist. Ka beschreibt die Leuchtkraft der Schlange, von ihr gehe »Zauberkraft« aus. Gelegentlich krieche der »leuchtende Zopf« in den »Lotos« zurück. Genau das geschieht, wenn der Strom abgeschaltet wird. Dann erlischt die »leuchtende Schlange«, kriecht in die Fassung (Lotos) zurück, um wieder daraus hervorzukommen, sobald neuerlich Spannung angelegt wird. Reinhard Habeck: »Somit könnte das in den Texten erscheinende ›Symbol der Wiedergeburt‹ im Ein- und Ausschalten des Leuchtkörpers seine Erklärung finden.«

In der Reliefdarstellung führt so etwas wie ein Kabel vom dünnen Ende der Glühbirne, in der die leuchtende Schlange züngelt, zu einem Kasten. Dabei handelt es sich wohl um den in den Texten beschriebenen »Serech-Thron«, von dem »Macht und Stärke ausgehen«. Ist damit Elektrizität gemeint? Der Strom, der durch das Kabel fließt – für uns Menschen des 20. Jahrhunderts eine Selbstverständlichkeit des Alltagslebens. Den alten Ägyptern waren derlei Grundbegriffe fremd, sie gehörten nicht zur Alltagssprache. Da es keine entsprechenden Worte gab, mußte zu vergleichenden Umschreibungen gegriffen werden. Da werden dann aus Kabeln aus

Kupfer »Zöpfe aus Kupfermetall«, der Schein einer elektrischen Birne wird zum »Gott des Lichts, Re-Harachte«.

Unsachgemäßer Umgang mit der Glühbirne war nicht ungefährlich. Der leichtsinnige Experimentator konnte Stromschläge zu spüren bekommen. In den Dendera-Hieroglyphen ist von der schmerzhaften »Wut der Schlange« zu lesen, die »ihre Feinde zu Boden wirft«.

Walter Garn faßt zusammen: »Die sachbezogene Filterung der Dendera-Übersetzung ergibt eine gute Bedienungsanleitung der im Hathor-Tempel abgebildeten Leuchtkörper. Aus den Texten ist jedenfalls kein Widerspruch zu unserer Behauptung zu entdecken, daß die alten Ägypter bereits mit elektrischem Strom umzugehen verstanden.«

Sollten also die blasenförmigen Objekte, die mit heutigen Augen betrachtet tatsächlich wie Glühbirnen aussehen, frühe Lampen darstellen? Ägyptologie-Professor Dieter Kurth (*Die Dekoration der Säulen im Pronaos des Tempels von Edfu,* Wiesbaden 1983) jedenfalls kam bereits 1983 zu der Überzeugung, daß die Darstellungen an den Wänden Wirkliches zeigen, nämlich »rundplastische Figuren«. Und sie habe man in den unterirdischen Räumen von Dendera aufbewahrt.

Zu welchem Zweck? Wozu wurden die »rundplastischen Figuren« verwendet? Den Übersetzungen der Hieroglyphen von Dendera nach Dr. Waitkus zufolge genoß im Tempelkult Gott Harsomuts besonders hohes Ansehen. Ihm zu Ehren wurden spezielle Feierlichkeiten abgehalten, deren Sinn – so Robert Brier (*Zauber und Magie im alten Ägypten,* Bern und München 1981) – »nicht ganz geklärt« ist. Beim Einschalten der Glühbirne baute sich eine leuchtende, züngelnde Schlange aus Licht auf. Im Zentrum des Sed-Festes stand der Schwanz. War damit die leuchtende Schlange gemeint?

Wurden zu den kultischen Feierlichkeiten die »rundplastischen Figuren« aus den Kellern von Dendera geholt, um sie vor dem staunenden Volk in Betrieb zu nehmen? Waren die in den Reliefs dargestellten »Glühbirnen« also nicht Leuchtkörper für den Alltagsgebrauch, sondern Demonstrationsobjekte für religiöse Riten? Den ehrfürchtigen Besuchern des Tempels von Dendera jedenfalls müssen derlei Vorführungen von elektrischem Licht wie Magie und Zauberei vorgekommen sein. Und dementsprechend mächtig erschienen den Normalsterblichen dann auch die Priester, die mit derlei Zauber umzugehen wußten.

Wenn es die Glühbirnen von Dendera tatsächlich gab, so muß es sich dabei keineswegs um außerirdische Technologie gehandelt haben. Das beweisen auch die recht primitiven, aber doch überaus wirksamen Batterien, die man bei Ausgrabungen im heutigen Irak gefunden hat.

Elektrische Batterien – 250 vor Christus

Wie Magie und Zauberei muß die Elektrizität auf die Völker der Antike gewirkt haben. Elektrischer Strom ließ sich schon vor Jahrtausenden ganz ohne außerirdische Hilfe mittels eines einfachen, ja primitiven Geräts herstellen. Man mußte lediglich eine offene Röhre aus Kupfer nehmen und einen Eisenkern hineinstellen. Dann mußte dafür Sorge getragen werden, daß Eisen und Kupfer nicht direkt miteinander in Berührung kamen. Das ließ sich dadurch bewerkstelligen, daß man einen Tonkrug nahm, den Boden mit einer Teerschicht versah. In diese Schicht drückte man die Kupferröhre. Und ins Zentrum der Röhre stellte man den Eisenkern. Beide Elemente des Experiments waren also isoliert. Jetzt mußte nur noch eine Säure in das Tongefäß gegossen werden. Und wenn man Eisen und Kupfer miteinander verband, etwa durch einen Draht, dann floß ein schwacher elektrischer Strom.

Ein solches Experiment wurde bereits vor mehr als zwei Jahrtausenden durchgeführt. Die beschriebene simple Batterie, die von jedem Jugendlichen mit einfachsten Mitteln hergestellt werden kann, wurde bei archäologischen Ausgrabungen östlich von Bagdad im Gebiet von Khiut Robboua entdeckt. Sie wurde nach wissenschaftlicher Auswertung etwa 250 v. Chr. zusammengestellt. Dr. W. Winton vom »Science Museum«, London, schrieb dazu in *Sumer* (Directorate-General of Antiquities, The Republic of Iraq: *Sumer,* a journal of archaeology and history in Iraq, Band XVIII, Bagdad 1962, S. 87–89): »Man stelle sich ein dünnwandiges Kupfergefäß vor, etwa in der Größe einer größeren Taschenlampenbatterie, einen Eisenkern genau im Zentrum, getrennt, isoliert vom Kupfer durch eine Asphaltschicht. Wenn man nun diese Anordnung einem Physiker zeigt, oder einem Elektriker, überhaupt jemandem, der sich nur etwas an den Physikunterricht in der Schule erinnert, wie wird seine Reaktion ausfallen? Würden die Objekte nicht eine Erinnerung wachrufen? Galvani? Man gebe etwas Säure in das Gefäß und wird elektrischen Strom bekommen. Mehrere solcher Zellen, miteinander verbunden, würden genug Strom erzeugen, um eine elektrische Klingel zu betreiben, eine Glühbirne leuchten zu lassen oder einen kleinen elektrischen Motor zu betreiben.«

Man konnte also 250 v. Chr. elektrischen Strom herstellen. Diesen Gedanken empfand der Wissenschaftler Winton freilich, wie er selbst zugibt, »als gewöhnungsbedürftig«. Er schrieb: »Elektrischer Strom eineinhalb Jahrtausende vor Galvani? Lächerliche Idee? Unmöglich? Das war auch meine Reaktion. Ich war skeptisch, als ich zum ersten Mal davon hörte. Eine Fehlinterpretation der Fakten, ein Schwindel, eine Fälschung. Aber, wenn es wahr sein sollte, wäre das die größte Neuigkeit auf dem Gebiet der Geschichte der Wissenschaften. Ich untersuchte den Fund im Museum von Bagdad.«

Wintons Ergebnis: Es könne keinen Zweifel daran geben, daß etwa um 250 v. Chr. im heutigen Irak mit Elektrizität experimentiert wurde.

Mitte der siebziger Jahre wurde ich von dem dänischen Altertumsforscher und Wissenschaftspublizisten Frede Melhedegaard auf den Fund von Bagdad aufmerksam gemacht. Ich muß zugeben: Mir kam die Sache unglaubwürdig vor. So schrieb ich an die für archäologische Ausgrabungen im Irak zuständige Behörde und bekam offiziell bestätigt (amtliches Dokument vom 1. Dezember 1972): »Vor mehr als 2000 Jahren wußte man im Gebiet des heutigen Irak, wie elektrischer Strom mit Hilfe einfacher Batterien hergestellt werden kann.«

Wozu mag man in vorchristlichen Zeiten elektrischen Strom benutzt haben, fragte sich Dr. Winton. »Vielleicht ist es der arrogante Stolz unserer modernen Gesellschaft auf moderne Errungenschaften, der es uns schwermacht daran zu glauben, daß die Auswirkungen elektrischen Stroms unseren mesopotamischen Vorfahren vor 2000 Jahren bekannt waren.«

Frede Melhedegaard spekuliert: »Es dürfte sich um Wissen gehandelt haben, das nicht der breiten Öffentlichkeit zugänglich war, sondern von einer kleinen Elite genutzt wurde, um die ›primitiven Massen‹ in Erstaunen zu versetzen.« Ähnliche Batterien mögen, so Melhedegaard, auch den Ägyptern bekannt gewesen sein. In Reihenschaltung könnten sie dazu verwendet worden sein, um die Glühbirnen von Dendera zu betreiben und bei magischen Zeremonien die Gläubigen in ehrfürchtiges Staunen versetzt haben.

Der Computer von Antikythera und Segelflugzeuge in der Antike

Die elektrischen Batterien von Bagdad stammen aus dem dritten vorchristlichen Jahrhundert. Fast ebenso alt ist ein höchst komplizierter, computerartiger Mechanismus.

Anno 1900 war der Kapitän eines schon etwas altersschwachen Schwammtaucherbootes, Demetrios Condos, in der Ägäis unterwegs. Seine Matrosen murrten schon. Es war Osterzeit, sie wollten die Feiertage mit den Familien zu Hause verbringen. Der Kapitän aber verbot die Rückkehr in den heimatlichen Hafen. Ein schlimmes Gewitter würde jeden Augenblick ausbrechen, der Kapitän fürchtete um sein Boot. Also ließ er das Inselchen Antikythera, zwischen Kreta und Kythera gelegen, ansteuern.

Kaum hatte er das Kommando zum Kurswechsel gegeben, brach auch schon ein gewaltiger Sturm aus. Schon dachten die Matrosen nicht mehr an die Rückkehr zum Hafen. Ihr Schiff drohte unterzugehen, faßte unfreiwillig Seewasser. »Lassen wir den alten Kahn absaufen! In den Rettungsbooten haben wir bessere Chancen«, schlug einer der Matrosen vor. Der Kapitän lehnte ab. »Wir müssen es schaffen, Antikythera zu erreichen, dann sind wir gerettet!«

Tatsächlich erreichten Demetrios Condos und seine Männer das rettende Eiland. Hinter den Riffen der Insel war von dem tosenden Unwetter nichts mehr zu spüren. Solange aber der Sturm anhielt, konnte die kleine Insel nicht verlassen werden. Zunächst ließ der Kapitän die zum Teil erheblichen Schäden am Schiff ausbessern. Dann mußte er seinen Leuten klarmachen, daß nach wie vor nicht an eine Rückkehr zu denken war. »Wir geraten nur wieder in den Sturm. Und dem ist mein alter Kahn nicht mehr gewachsen!« Langeweile quälte die Männer. Sie fingen an sich zu streiten, prügelten sich aus nichtigen Anlässen. Sie brauchten Beschäftigung.

Elias Stadiatis sollte tauchen und überprüfen, ob es vor der Insel, an die die Besatzung des Schiffs durch den anhaltenden Sturm gefesselt war, lohnenswerte Schwammvorkommen gab. Stadiatis kletterte in seinen plumpen Taucheranzug, ließ sich den klobigen Helm aufschrauben und den Schlauch für die Luftzufuhr anbringen, dann hängte er sich noch die schweren Bleigewichte an Gürtel und Beine, klinkte die Rettungsleine ein und glitt ins Meer. An Bord des Schiffs erkannte man dank der abrollenden Sicherheitsleine, wie tief er tauchte. »Vierzig Meter«, brummte der Kapitän. Dann riß etwas an der Leine. War der Taucher in Gefahr? Hatte es einen Unfall gegeben? War er gar von Haien angegriffen worden? Irgend etwas mußte passiert sein.

Geister auf dem Meeresgrund?

Die Männer reagierten schnell. Sie taten, was sie schon oft geübt hatten, zerrten ihren Kollegen wieder an Bord. Der zitterte am ganzen Leibe, brachte kein verständliches Wort über die Lippen. Immer wieder deutete er in die Tiefe des Meeres. Er faselte wirr von »Geistern«, »nackten Frauen« und »Pferden«.

Seine Angst steckte nach und nach die übrigen Matrosen an. »Hier geht Unheimliches vor! Wir müssen fliehen, bevor uns die Geister der Tiefsee holen! Noch haben wir eine Chance! Setzen wir uns lieber dem Sturm aus! Den Kreaturen der Meerestiefe sind wir sonst hilflos ausgeliefert!«

Der Kapitän lachte nur. Und beschloß, selbst zu tauchen, um herauszufinden, was Stadiatis so in Angst und Schrecken versetzt hatte. Es war seine einzige Chance, die Männer wieder zur Räson zu bringen.

Minuten später sah er sich einer in der Tat unheimlichen Szene gegenüber, 40 Meter unter dem Meeresspiegel. Da waren die unheimlichen Umrisse eines Wracks, und aus dem morastigen Sand-Schlick-Boden ragten Konturen von Pferden, nackten Frauen und großen tönernen Krügen. Im wabernden, schwachen Licht konnten sie in den Augen eines abergläubischen, ängstlichen Menschen tatsächlich an sich bewegende Spukgestalten erinnern.

Wieder an Bord des Schiffs löste des Kapitäns Kunde Begeisterung bei seinen Männern aus. Es gab also keinen Unterwasserspuk. Man war auf ein versunkenes Schiff gestoßen – mit vielleicht kostbarer Ladung! Man würde sie bergen. Doch dazu benötigte man eine spezielle Ausrüstung, und die war nicht an Bord. Also beschloß man, nach dem Ende des Sturms in den heimatlichen Hafen zurückzukehren und die Insel so bald wie möglich wieder anzulaufen.

Daheim stellte der Kapitän Nachforschungen an, plante gründlich die Bergung der Ladung des Schiffswracks und bat die Regierung um Unterstützung. Die wurde ihm schnell zugesagt. Einige Monate später, im November, kam er mit seinen Männern zurück zur Insel. Die Bergungsarbeiten zogen sich hin, gestalteten sich komplizierter, als zunächst angenommen. Es herrschte rauhe See, Unfälle ereigneten sich. Einer der Männer von Kapitän Condos kam ums Leben, zwei weitere konnten in letzter Sekunde schwerverletzt geborgen werden, wären fast ertrunken. Die Aktion wurde abgebrochen. Einige Monate später hatten die Männer endlich Erfolg.

Und der Kapitän war überglücklich. Zahlreiche edle Statuen wurden vom Meeresgrund geholt, außerdem viele gut erhaltene Tonkrüge. Das Nationalmuseum stufte die Funde als »wichtig« ein, datierte den Schiffsuntergang auf etwa 80 v. Chr.

Am 17. Mai des Jahres 1902 stieß einer der führenden Archäologen Griechenlands, Spiridon Stais, auf einen seltsamen Klumpen, der, ebenfalls vom Schiffswrack geholt, weiter nicht beachtet worden war. Fast hätte man ihn wieder über Bord geworfen, hatte ihn aber dann doch behalten – in der Hoffnung, daß ein Alteisenhändler den Metallwert bezahlen würde. Stais sah sich den Batzen näher an. Da war jede Menge steinharter Schlamm abzuklopfen. Nach und nach wurden Konturen erkennbar, kleine Rädchen. Zahnräder?

216

Stais suchte nach einer Möglichkeit, den Fund irgendwie zu durchleuchten. Er wagte es nicht, mit Gewalt vorzugehen, befürchtete nämlich, das Objekt – was es auch immer war – zu beschädigen. Er verstaute es in einem alten Schuhkarton und vergaß das »Ding«. Derek de Solla Price, heute Professor für Wissenschaftsgeschichte an der Universität von Yale in den USA, stieß 1958 auf den kuriosen Fund. Mit der Präzision eines Chirurgen löste er winzige Staub- und Rostpartikel, legte langsam eine Sensation frei: ein Gebilde aus Zahnrädern. Vergleichbares gab es erst in Europa um 1575, das »Ding« von Antikythera ist aber fast 1700 Jahre älter.

Auch Price wagte es nicht, den komplizierten Mechanismus aus dem Rostklumpen zu lösen. Erst wollte er genau wissen, wie er aussah. 1961 ließ er Röntgenaufnahmen machen. Jetzt waren mindestens vierzig Zahnräder zu erkennen. Price schrieb: »Offenbar handelte es sich um eine Art von komplizierter Rechenmaschine, einen frühen mechanischen Computer! Er scheint über neun verstellbare Skalen verfügt zu haben. Die beweglichen Teile waren mit Achsen an einer metallenen Grundplatte fixiert.«

Erstaunlich war die Präzision der Zahnrädchen. Es ließen sich nur winzigste Unebenheiten, kleinste Abweichungen von allenfalls Zehntelmillimetern feststellen. Price war begeistert: »Der Gegenstand ist einzigartig! Es existiert nichts Vergleichbares. Es gibt auch keinerlei Hinweis auf irgendwelche antike Texte, nirgendwo wurde jemals ein solcher Computer-Mechanismus in den antiken Quellen beschrieben!«

Die Untersuchungen am Computer von Antikythera zogen sich über Jahre hin. Wozu er wirklich diente, konnte nie ganz geklärt werden. Er mag verschiedene Aufgaben erfüllt haben. So konnten mit Hilfe des komplizierten Mechanismus astronomische Berechnungen angestellt, die Positionen von Mond, Planeten und Sternen im Bezug zueinander bestimmt werden. Voraussetzung zur Herstellung des vorchristlichen Computers war ohne Zweifel ein enormes astronomisches Wissen. De Solla Price konnte sich nur wundern: »Der ganze Mechanismus ist ein Rätsel. Die Röntgenaufnahmen lassen ein überaus kompliziertes Getriebe erkennen. Das ganz und gar Rätselhafte daran ist, daß nach allen unseren bisherigen Kenntnissen von der Antike die alten Griechen überhaupt kein Interesse an experimenteller Wissenschaft hatten. Um so sonderbarer also, daß sie ein solches Gerät bauten.«

Allerdings besagt die Tatsache, daß der Computer in griechischen Gewässern gefunden wurde, nicht, daß er auch von griechischen Feinmechanikern hergestellt wurde. Vielleicht war das Schiff, in dessen Wrack er gefunden wurde, nur nach Griechenland unterwegs. Womöglich wollte der Kapitän den Apparat als Tauschgegenstand anbieten, errreichte aber den angestrebten griechischen Hafen nicht mehr, weil sein Schiff vor Antikythera sank. Aber auch keine andere Kultur Europas kommt letztlich als Ursprung des metallenen Rätsels in Frage. Es ist und bleibt ein Objekt, das letztlich paradox ist – weil keine Entwicklung nachzuvollziehen ist. So kompliziert wie die Maschine ist, müßte man davon ausgehen, daß sie einfachere, primitivere Vorgänger hatte – es gibt sie nicht.

»Die Existenz dieses Rechners aus dem ersten Jahrhundert vor Christus«, meinte De Solla Price, »entspricht etwa derselben Wahrscheinlichkeit, als hätte man im Grab des Tutenchamun Flugzeugmodelle als Grabbeilage gefunden.«

Flugzeuge – älter als 2000 Jahre

Damit wollte der Gelehrte zum Ausdruck bringen, daß der Computer von Antikythera, obwohl seine Existenz unbestreitbar ist, eigentlich unmöglich ist. Unmögliche Fundobjekte sind in der Archäologie freilich so selten nicht. So fand sich zwar unter den wertvollen Grabbeilagen Tutenchamuns kein Flugzeugmodell, wohl aber in einem Grab bei der Stufenpyramide von Sakkara, Kairo. Dr. Arthur Poyslee vom Areonautical Institute von New York beschreibt es so: »Das Objekt hat eine Spannweite von 18 Zentimetern, ist 14 cm lang und wiegt 39,12 Gramm. Die ›Flugzeugspitze‹ mißt 3,2 cm, die Flügel 7,7 und 7,65 cm. Die hölzerne Miniatur ist aerodynamisch wohldurchdacht. Die Annahme, daß es sich dabei um eine Fisch- oder Vogeldarstellung handele, ist bei näherer Betrachtungsweise sehr unwahrscheinlich; schon deshalb, weil man sich Vögel mit derart präzisen Tragflächen und senkrecht hochgestellten Heckflossen nicht recht vorstellen kann.«

Eine moderne Fälschung, Segelflugzeugen des 20. Jahrhunderts nachempfunden, kann das Modell auch nicht sein. Es wurde – aus Holz gefertigt – anno 1898 gefunden. Dr. Klalil Messiha: »Es handelt sich um ein Geschenk des Gottes Amun, des Herrn des Lufthauchs.« Dies verrate ein kaum noch erkennbares, eingeritztes Zeichen: Pa-diemen.

Ein Bann war gebrochen, nachdem eine vermeintliche »altägyptische Vogeldarstellung« als Flugzeugmodell zur Diskussion gestellt worden war.

Jahrzehntelang hatten die Wissenschaftler des Ägyptischen Museums von Kairo die Grabbeigabe als »altägyptische Vogeldarstellung« klassifiziert, ein halbes Jahrhundert wurde sie unter der Nummer 6347 so katalogisiert. Erst 1969 protestierte Dr. Messiha. »Was immer es auch sein mag, ein Vogel ist es nicht – und ein Flugzeugmodell darf es wohl nicht sein!«

Der damalige Kultusminister Mohammed Gamal El-Din Moukhtar beauftragte am 23. Dezember 1971 ein Team von angesehenen Wissenschaftlern mit der Überprüfung des Museumsfundus. Sollten da noch weitere »Vogeldarstellungen« zu finden sein, die eher Flugzeugen glichen? Dr. Henry Riad, Direktor des Ägyptischen Altertum-Museums, Dr. Abdul Quader Selim, delegierter Direktor des Ägyptischen Museums für Altertumsforschung, und Dr. Hishmat Nessiha, Direktor des Departments für Altertümer, gingen gemeinsam mit Kamal Naguib, dem Direktor des Ägyptischen Flugverbands, ans Werk, durchstöberten die Depots und Vitrinen des Ägyptischen Museums – mit großem Erfolg. Schon am 12. Januar 1972 wurde in der Halle des Ägyptischen Museums für Altertümer eine höchst ungewöhnliche Ausstellung eröffnet. Präsentiert wurden immerhin 14 altägyptische Flugzeugmodelle.

Dr. Abdul Quadar Hatem, Vertreter des Premierministers, und Ahmed Moh, Luftfahrtminister, sorgten dafür, daß die Presse regen Anteil an den Objekten, die es eigentlich gar nicht geben dürfte, nahm. Die archäologische Wissenschaft hielt sich freilich zurück, eine offizielle Erklärung gab es nicht.

Die ägyptischen Flugzeugmodelle – allesamt älter als zwei Jahrtausende – sind freilich nicht die einzigen ihrer Art. Vergleichbare Objekte sind auch aus dem südamerikanischen Raum bekannt.

Freilich wurden die Pendants der Indios nicht aus Holz geschnitzt, sondern in Gold gegossen. So verfügt die »State Bank« von Bogotá über mehrere Grabfunde, über die die Wissenschaftler unterschiedlicher Richtungen unterschiedlicher Ansicht sind. Archäologen klassifizierten sie als »religiösen Zierat«, Mitarbeiter des »Aeronautical Institute«, New York, vermuten einen höchst technischen Hintergrund. »Sie sind flugtauglich wie etwa Düsenjets!« Das ist keine leichtfertig aufgestellte Behauptung, sondern das Ergebnis sorgfältiger Tests im Windkanal. Auf solche Tests warten noch mehrere ganz ähnliche Flugzeugmodelle aus gebranntem Ton, die ich bei meiner Südamerikareise im Herbst 1992 im archäologischen Museum der Stadt Quito, Ecuador, entdeckte. Es gehört zur katholischen Universität der Stadt. Eine wissenschaftliche Mitarbeiterin des Museums, Lupe Cruz, seit einigen Jahren mit einem Schweizer verheiratet, zuckte mit den Schultern, als ich sie nach der Bedeutung der kleinen Objekte fragte. »Sicher, die Dinger sehen wie Segelflugzeuge aus. Aus archäologischer Sicht sind es aber nur Grabbeigaben.«

Die kleinen Figürchen wurden zum Teil in Vitrinen ausgestellt, weitere Exemplare lagen in Pappkisten mit Bruchstücken von Tonkeramik. Sie wurden an der Küste westlich von Quito gefunden – zusammen mit einigen kleinen »geflügelten Wesen« – und stammen aus der Jama-Coaque-Zeit, dürften – so wurde mir im Museum versichert – zwischen 500 v. Chr. und 500 n. Chr. hergestellt worden sein.

Ob die kostbaren archäologischen Artefakte etwas mit Flugzeugen zu tun gehabt haben, wollte ich beharrlich wissen. »Vielleicht flogen die Menschen nicht wirklich«, sinnierte Lupe Cruz. »Vielleicht nahmen sie bestimmte Drogen ein, vielleicht erlebten sie Traumvisionen vom schwerelosen Dahingleiten durch die Lüfte.« Das hört sich vernünftig an. Schließlich ist hinlänglich bekannt, daß in Süd- und Zentralamerika der religiös-kultische Gebrauch von diversen Drogen durchaus verbreitet war. Die Menschen vor rund 1500 bis 2500 Jahren müssen dann aber recht ungewöhnlich reale Zukunftsvisionen gehabt haben, die ihnen präzise Bilder von Flugzeugen vermittelten!

Im Gespräch mit dem Vater der Weltraumfahrt

Hermann Oberth (1894–1989) ist mit Recht als »Vater der Raumfahrt« in die Geschichte der Wissenschaft eingegangen. Er hat
sozusagen die Weltraumfahrt erfunden. Projekte, die von heutigen
NASA-Experten für ferne Zeiten in Planung sind, ja vielleicht erst
vorsichtig diskutiert werden, hat Professor Oberth bereits vor Jahrzehnten präzise beschrieben.

Im Verlauf einer langjährigen persönlichen Bekanntschaft führte
ich zahlreiche Interviews mit dem sympathischen Gelehrten, der seinen Lebensabend in Feucht bei Nürnberg verbrachte. So fragte ich
Professor Oberth, ob es denn eine »irdische« Erklärung für Minia-
turmodelle von Flugzeugen gebe. Die Antwort lautete: »Es ist ausgeschlossen, daß es vor rund 2000 Jahren auf der Erde irdische Luft-
fahrt mit motorbetriebenen Flugzeugen gab. Es hätte dann nämlich
zuvor eine entsprechende technische Entwicklung geben müssen.
Wir müßten längst Spuren einer solchen Technologie gefunden haben. Sie hat also mit großer Wahrscheinlichkeit nie existiert.«

Oberth meinte aber, einzelne Hochkulturen hätten theoretisch so
etwas wie flugtüchtige kleine Modelle entwickeln können, wobei sie
sich an Vögeln orientierten. Oberth: »Denkbar ist es sogar, daß sie
relativ große Segelflieger entwickelten und mit relativ primitiven
Katapulten in den Himmel schickten.«

Sollte es also in verschiedenen Kulturen der Antike Wissen um
die Kunst des Segelfliegens gegeben haben? Tatsächlich gibt es
sogar eine jahrtausendealte Anlage, die vielleicht dazu benutzt
wurde, um Segelflieger zu starten. Sie befindet sich um Urwald des
heutigen Bolivien.

Der Berg von El Fuerte –
Startplatz für antike Segelflugzeuge

Gut zwei Stunden hatte die Busfahrt vom bolivianischen Santa Cruz
bis zum malerischen Bergdörfchen Samaipata gedauert, durch eine
fruchtbare Ebene, weite Felder, auf denen Zuckerrohr, Mais, Oran-
gen und Pampelmusen angebaut werden, vorbei an Weiden, auf

denen zufrieden Vieh graste. Mit dem Jeep ging es weiter, über halsbrecherische Wege, kaum Vertrauen erweckende Schotterstraßen. Die letzten 500 Meter legte ich zu Fuß zurück, freudig von Heerscharen scheinbar ausgehungerter Moskitos begrüßt und als Nahrungsquelle eifrig genutzt.

Endlich stand ich auf dem seltsamen Berggipfel, der wie eine künstlich geschaffene Pyramide auf mich wirkte. Eine Kuriosität sprang mir ins Auge: Zwei schnurgerade Rillen, in den gewachsenen Fels gehauen, strebten, parallel laufend, zum Himmel. Welchem Zweck mögen sie gedient haben?

Erich von Däniken hat eine interessante Spekulation vorgeschlagen – im Rahmen einer Fernsehsendung, aber auch in einem seiner Bücher (*Raumfahrt im Altertum*, München 1993, S. 21–25). »Die ganze Bergspitze«, schreibt er, »gleicht einer von Menschenhand geschaffenen Pyramide. Von unten nach oben verlaufen zwei parallele, achtunddreißig Zentimeter breite und siebenundzwanzig Meter lange, schnurgerade Rillen. Es drängt sich das Bild einer gegen den Himmel gerichteten Rampe auf. Rechts und links der künstlich geschaffenen Rillen ziehen sich Zickzacklinien, deren Bedeutung unbekannt ist, von oben bis unten. Am oberen Ende der ›Rampe‹, auf dem höchsten Punkt des Berges, findet man in den Fels geschnittene Rondelle. Es sind Kreise, an deren Außenradius Rechtecke und Dreiecke in den Fels geschlagen wurden, die eingemeißelten Sitzen gleichen.«

Eines der Rondelle befindet sich auf der künstlich abgeflachten Bergspitze direkt am Ende der Rampe. Däniken fühlt sich an eine Katapultvorrichtung erinnert. Er konkretisiert: »Bei einer solchen Betrachtungsweise hätten die Erbauer am unteren Ende der Rillen einen Drachen oder eine Art Segelflugzeug befestigt, das auf Schienen in den Rillen lief. Oben, am Rondell, wäre ein Gummiband aufgewickelt gewesen, das hinunterlief und an dem Flugapparat befestigt war. Auch vorinkaischen Völkern dürfte es nicht schwergefallen sein, eine Ausklinkvorrichtung zu konstruieren.«

Der Bestsellerautor schlägt folgendes Szenario vor: »Am unteren Ende der Rille wartet das verankerte Segelflugzeug. Ein Gummiband läuft vom Flugzeug in der Mitte der Rille hinauf bis zum Rondell. Starke Arme spannen das Gummiband, indem sie es um das Rondell herumwickelten. Da der Zug immer stärker wird, rasten Querbalken in die ausgesparten Rechtecke und Dreiecke. Vielleicht dienten die Rechtecke als Stützhilfe für die Drehmannschaft und die Dreiecke zur Verankerung der Querbalken. Auf Kommando löste man den Ausklinkmechanismus, und das Segelflugzeug – oder wenn Sie so wollen, der Drache – schnellte zum Himmel.«

Ist das die Lösung des Geheimnisses von El Fuerte? War die komplexe Steinanlage so etwas wie eine Startanlage für Segelflugzeuge? Man mag an einen religiösen Kult denken, an Opfergaben, die per »Luftfracht« in den Himmel geschossen wurden – zu den Göttern, die man ja in luftigen Höhen vermutete. Oder vielleicht führten Priester auf diese Weise den Gläubigen ein Spektakulum vor? Demonstrierten sie ihnen so die Überlegenheit ihrer Kaste? Sollte es schon vor Jahrtausenden, vielleicht begrenzt auf eingeweihte Kreise, erstaunliches Wissen über die Kunst, Segelflugzeuge zu bauen, gegeben haben?

NASA-Ingenieur Josef Blumrich besorgte sich bereits 1975 Satellitenfotos von der Raumfahrtbehörde, die die Region von El Fuerte und Umgebung zeigen. Er entdeckte 120 Kilometer westlich von der geheimnisvollen Anlage, wie er in *Ancient Skies* (5/1996, S. 16) berichtet, »eine bislang unerforschte archäologische Anlage«. Deutlich zeigen die Aufnahmen, daß der Berg – Cerro Verde oder grüner Berg – statt eines Gipfels »ein Plateau mit unregelmäßigem Umriß von etwa 120 x 150 Metern Ausdehnung in einer Höhe von etwa 2500 Metern« hat. Ein mit dem Autor befreundeter Sportsegler äußerte spontan zu den Fotos: »Diese abgeflachte Bergkuppe sieht mir ganz danach aus, als ob man von da oben mit Gleitseglern abhob.« Diese Überlegung mutet phantastisch an. Ob sie das Kuriosum von Cerro Verde erklärt? Um das herauszufinden, müssen endlich vor Ort Untersuchungen angestellt werden!

Das Geheimnis der »geschmolzenen« Steine

Nicht minder rätselhaft als der bolivianische Berg Cerro Verde –
nur für den Mitteleuropäer leichter zu erreichen – ist der Tap
O'Noth im Nordwesten Schottlands. Auf seinem Gipfelplateau,
etwa 560 Meter hoch, befindet sich eine rätselhafte Anlage, die die
Archäologie den Kelten und ihren Magiern, den Druiden, zu-
schreibt. Aus der Luft betrachtet erinnert sie an eine flache Badewanne, vom Boden aus entfernt an die Ruine einer mittelalterlichen
Burg. Für eine Badewanne ist das »Ding« reichlich groß – 28 x 45
Meter. Und mit dem Mittelalter hat es auch nichts zu tun, es ist
wesentlich älter. Vorsichtige Schätzungen gehen davon aus, daß die
Anlage im vierten Jahrhundert nach Christus bereits bestand. Wann
– und wie – sie wirklich gebaut wurde, konnte bislang nicht mit
Sicherheit festgestellt werden.

Das Rätsel auf dem Berg

Das eigentliche Rätsel des Tap O'Noth fällt erst auf, wenn man die
aus groben Steinen zusammengesetzte Mauer aufmerksam betrachtet. Da wurde Stein auf Stein gesetzt, auf Mörtel oder eine sonstige
Bindemasse verzichtet. Und doch kleben die Brocken irgendwie
aneinander. »Die Steine«, schreibt der Archäologieprofessor
Schindler, »müssen enormer Hitze ausgesetzt gewesen sein, mindestens 1200 Grad. Erst bei diesen Temperaturen schmilzt dieser
Stein, so daß dann einzelne Bauelemente miteinander verbacken
werden. Meiner Meinung nach können da nur Druiden am Werk
gewesen sein.«

Zunächst stellt sich die Frage, ob der Effekt der Steinverglasung
auch wirklich bewußt herbeigeführt wurde, ob es sich um Men-
schenwerk handelt oder nicht. Nach einer Hypothese wurden die
Steinverglasungen gar nicht von den magiekundigen Druiden erzeugt, sondern sind viele Jahrtausende alt und natürlichen Ursprungs. In grauer Vorzeit mögen in der näheren Umgebung eines
Vulkans so enorme Temperaturen aufgetreten sein, daß Steine
miteinander verschmolzen und später erstarrten. Derlei von der

Natur miteinander verbundene Steine wurden dann von den Erbauern der Anlage benutzt. Nur sind heute allein in Schottland noch rund 60 ähnliche Bauten bekannt, und Vulkane gab und gibt es dort nicht. Die Erklärung scheidet also aus.

Könnte eine kriegerische Auseinandersetzung den seltsamen Effekt bewirkt haben? Nehmen wir an, Feinde griffen die kleine Siedlung auf dem Berge an. Rings um die Anlage häuften sie Unmengen trockenen Holzes an die Mauer, steckten es in Brand.

Sehr wahrscheinlich ist diese Annahme nicht. Gewiß hätten die Bewohner es nicht zugelassen, daß über längere Zeit in Reichweite ihrer Waffen, quasi direkt vor ihren Nasen trockenes Holz angeschleppt und um ihre Siedlung angehäuft wurde. Sie hätten gewiß die Feinde attackiert und vertrieben. Sollten sie dazu aber zu schwach gewesen sein? Waren sie zahlenmäßig unterlegen? Dann wäre die mühsame Prozedur des Herbeischaffens von Bergen von Holz vollkommen unnötig gewesen, dann hätte man die Bewohner der Anlage einfach überrumpelt.

Bleiben wir aber bei unserer Überlegung: Die Feinde haben also Berge von Holz außen an die Mauern geschichtet, dann angezündet. Ein Feuer, das heiß genug war, um die Steine des Verteidigungswalls zum Schmelzen zu bringen, hätte riesigen Ausmaßes sein müssen. Dann wäre sicher auch die Siedlung selbst entbrannt. Und dann hätte es Feuer von innen und von außen gegeben, die Steine wären, von innen und von außen erhitzt, auf beiden Seiten verflüssigt worden. Nun findet sich bei Tap O'Noth der Verglasungseffekt nur an den Innenseiten. Die Erklärung »Feuer von außen« scheidet also aus. Kam es im Inneren der Anlage zu einer Feuersbrunst? Brannten die Holzhäuser im Inneren ab? Führte das dann zur Verglasung an den Innenseiten der Wände?

Diese Erklärung wäre akzeptabel – aber nur für Tap O'Noth.

Bei einer ähnlichen Anlage bei Knockferrel in Schottland sind es nur die Außenseiten, die verglast wurden. Waren hier also die angreifenden Feinde schuld? Wenn von außen Holz angehäuft und angezündet wurde, wenn dabei so hohe Temperaturen entstanden, daß Stein verflüssigt wurde, dann hätte auch die Siedlung im Inneren Feuer fangen müssen. Feuerangriffe von außen hätten also Verglasungen auf beiden Seiten erzeugen müssen, nach Feuersbrünsten von innen wären nur die Innenseiten verglast. Der beschriebene Effekt tritt aber manchmal nur innen, manchmal nur außen auf.

Nachdem allein in Schottland noch rund 60 Tap O'Noths bekannt sind, geht man davon aus, daß es insgesamt in England und Schottland Hunderte gewesen sein müssen. Es ist wenig wahrscheinlich, daß sie alle durch Brandkatastrophen zerstört wurden.

Wenden wir uns einer weiteren Hypothese zu. Die Verschmelzungen wurden bewußt herbeigeführt – und zwar in speziellen Öfen. Man legte Steine in den Öfen dicht aneinander, erzeugte eine wahre Höllenglut. Auch diese Mutmaßung kann ad acta gelegt werden. Zum einen: Bei einer solchen Vorgehensweise wären stets immer gleichzeitig sowohl Innen- als auch Außenseiten verglast worden. Zum anderen: Es spricht überhaupt nichts dafür, daß die dazu erforderlichen extrem heißen Öfen in Schottland oder England bereits vor rund 1500 und mehr Jahren gebaut werden konnten.

Nach einem Text aus Cäsars *De bello gallico (Der gallische Krieg)* kannten die wilden und barbarischen Stämme so etwas wie eine »murus gallus«, eine »gallische Mauer«. Sie muß als Vorform des Fachwerkbaus bezeichnet werden. Archäologische Ausgrabungen bei Abernethy in der Gegend von Perth und bei Dun Lagaidh in der Umgebung von Ross bestätigen Cäsars Text. Bei den dortigen Baulichkeiten aus der Römerzeit schichtete man wechselweise Holz und Steine aufeinander.

Seit 200 Jahren experimentieren nun schon Archäologen in dieser Richtung. Sie haben inzwischen Tausende von Steinmauern der beschriebenen Art gebaut, die unterschiedlichsten Holzarten verwendet, das Verhältnis von Steinen zu Holz immer wieder verändert, die Mauern immer wieder in Brand gesteckt. Bei keinem einzigen der zahlreichen Versuche traten auch nur annähernd die angestrebten Verglasungen auf.

Das Hauptproblem war, daß bei der von Cäsar beschriebenen gallischen Mauer sehr viel Stein und sehr wenig Holz benutzt wurde. Holzbalken sollten ja lediglich dazu dienen, den Wänden eine höhere Stabilität zu verleihen. Brannte nun das Holz in den Wänden ab, so reichten die entstandenen Temperaturen nicht aus, um Stein auch nur weich zu machen oder gar Verglasungen zu erzeugen. Um diese Wirkung zu erzielen, müßten unverhältnismäßig große Mengen von Holz verwendet werden und sehr wenige Steine. Im Falle eines Brandes würden vielleicht einzelne Steine an der Oberfläche flüssig. Sie könnten aber nicht miteinander verbacken, weil ja zuviel Holz zwischen den Steinen für störende Distanz sorgt.

Eine Bauweise aber, die überwiegend aus Holz und wenigen Schichten Stein besteht, ist unsinnig, wurde weder in England noch in Schottland je praktiziert. Das tat man aus gutem Grunde nicht: Die Wallanlagen sollten ja der Verteidigung dienen. Hätten sie vorwiegend aus Holz bestanden, hätten sie leicht von angreifenden Feinden angesteckt werden können. Und selbst wenn wir den Schotten und Engländern unterstellen wollen, sie wären lauter dumme Schildbürger gewesen: Mauerwerk, das hauptsächlich aus viel Holz und wenig Stein besteht, verglast nun einmal nicht beim Abbrennen.

Man kann noch so viel Holz, noch so viel Stein umschichten und anzünden, man mag noch so viele trockene Beschreibungen von Versuchen erstellen: Feuer scheint für das Phänomen der »geschmolzenen Steine« nicht verantwortlich gewesen zu sein.

Falsche Experimente, falsche Fragen?

Seit Jahrhunderten setzt sich die Archäologie mit den schottischen und englischen Steinverglasungen auseinander. So erörterte James Anderson in den Jahren 1777 bis 1778 in der Zeitschrift *Archaeology* alle möglichen Thesen, kam aber selbst immer wieder zum Ergebnis, daß das seltsame Phänomen nicht zu erklären sei.

Es sieht auch ganz danach aus, daß bereits seit Jahrhunderten die falschen Experimente durchgeführt werden. Denn man ging bisher davon aus, daß sich innerhalb der verglasten Mauern einst Siedlungen befanden. Dieser Grundgedanke ist aber falsch. Die Anlagen sind nämlich viel zu klein für diesen Zweck.

Außerdem ist inzwischen hinlänglich bewiesen, daß Feuer welcher Art auch immer nicht zu den rätselhaften Verglasungen führen. Sollten also die Druiden – oder wer auch immer – über ganz anderes Wissen verfügt haben?

Wurden die Steine – warum auch immer – nicht erhitzt, sondern chemisch behandelt?

Im Museum von Cochabamba in Bolivien gibt es sogenannte »geknetete Steine«. Es handelt sich um Steine verschiedener Größe, in welchen die alten Inkas Fuß- und Handabdrücke hinterlassen haben, als sei das mit spielerischer Leichtigkeit möglich gewesen. Es kann mit absoluter Sicherheit ausgeschlossen werden, daß die Steine durch Hitze verflüssigt wurden. Denn in flüssigen Stein steckt niemand Füße oder Hände ungestraft.

Im Mai 1967 bchauptete der peruanische Archäologe Pater Jorge Lira, die Lösung gefunden zu haben. Ihm hätten nämlich die heutigen Inkas ein Geheimnis anvertraut. Es soll seit Jahrhunderten, vielleicht sogar seit Jahrtausenden, ein Zauberrezept von Generation zu Generation weitergereicht worden sein, das genau beschreibt, wie eine bestimmte magische Mischung aus Pflanzensäften zu brauen ist, die dazu geeignet sei, Stein so weich wie Butter zu machen. Er könne dann ganz nach Gusto bearbeitet und geformt werden.

Sollten also die Druiden über erstaunliche chemische Kenntnisse verfügt haben, die etwa jenen der Inkas entsprachen? Den Druiden wird ja enormes Wissen auf dem Gebiet der Pflanzen nachgesagt. Sie wurden von den ersten Christen argwöhnisch beäugt. Lewis Spence schreibt in seinem grundlegenden Werk über das Druidentum (*The History and Origins of Druidism,* New York 1971, S. 33): »Es gibt keine Unterbrechung zwischen den alten Formeln, die noch halb magisch waren, welche von den Druiden gesungen wurden, und den Zaubersprüchen und Formeln der Magier und der weisen Frauen. Sie entsprangen beide gleichermaßen heiligen Hymnen, die das Wissen der Druidenlehrer ausmachten. Dieses Wissen gaben sie an ihren Schulen mündlich weiter. Ein Großteil ihres Wissens wurde niemals schriftlich niedergelegt.«

Gehörte zum altüberlieferten Wissen der Druiden auch eine Formel für eine Pflanzenmixtur, die Stein weich wie Butter machte? Ein solches Wissen hätte die Druiden in der Tat in den Augen von Uneingeweihten zu Zauberern und Hexern gemacht. Sagen bringen Druiden immer wieder in Verbindung mit rätselhafter Technik. So soll der Zauberer Merlin auch ein Druide gewesen sein und einer uralten Überlieferung nach für den Antransport der riesigen Steinkolosse von Stonehenge gesorgt haben.

Peruanische Sensationen in Stein

Von den Druiden Schottlands noch einmal nach Südamerika. Cuzco, rund 100 Kilometer südöstlich von der geheimnisvollen Stadt Machu Picchu entfernt, galt bereits im Mittelalter als eine Metropolis Südamerikas. Im 15. Jahrhundert n. Chr. beherbergte Cuzco 200 000, vielleicht auch 300 000 Menschen. In ihrer Unterwelt soll es gigantische Tunnelanlagen aus vorinkaischer Zeit geben. Irgendwo im Gewühl dieser Gänge werden Schätze von unvorstellbarem Wert vermutet, aber auch die »sprechende Götterstatue von Pachacamac«.

Weitläufige Tunnels verbinden seit vielen Jahrhunderten, so berichten einheimische Archäologen, die Innenstadt mit der »Festung Sacsayhuaman«. Die Bezeichnung »Festung« ist irreführend. Da zieht sich ein Wall, 545 Meter lang, in drei gewaltigen Stufen übereinander in Zickzacklinien hin. Da türmen sich, insgesamt oft weit über 20 Meter hoch, wahre Kolosse aus Stein aufeinander. Jeder einzelne Block ist sauber gearbeitet und glatt poliert. Jeder noch so schwere steinerne Goliath paßt sich millimetergenau seinen Nachbarn an.

Atemberaubend aber sind die Riesenquader aus Andesit – bis zu 400 Tonnen schwer pro Stück. Sie wurden ohne jegliches Bindemittel millimetergenau aufeinandergepaßt. Die Fugen zwischen diesen prächtigen Exemplaren sind oft so knapp bemessen, daß sich nicht einmal die Klinge eines Messers dazwischenschieben läßt. Staunend wälzen sich am mysteriösen Steinwall von Sacsayhuaman Touristen vorbei, nicht ahnend, daß ihnen, nur wenige hundert Meter weiter, noch Sensationelleres entgeht.

Am besten läßt man sich von Cuzco aus mit dem Taxi zum Tempelheiligtum von Tampu Machay fahren. Von hier aus wandert man immer in Richtung Stadt. Man sollte einige Stunden einkalkulieren. Nicht etwa, weil der Weg so weit wäre, sondern weil es so viel Interessantes zu sehen gibt. Ratsam ist es, Medikamente gegen Höhenkrankheit dabeizuhaben. Nicht jeder verträgt die dünne Luft. Und man befindet sich zum Teil auf 3700 Meter Höhe über dem Meeresspiegel! Vermieden werden sollten übertriebene Anstrengungen. Und: Vorsicht vor Taschendieben und sonstigem Gesindel!

Die Region ist sehr einsam, speziell einzelne Touristen laufen nicht geringe Gefahr, um Geld und Gut erleichtert zu werden.

Die Landschaft wirkt wie ein graugrünes Meer aus Gras und Stein. Da gibt es ein Gewirr aus zahllosen kleinen Steinbrocken und großen Steinmonstern. Tritt man aber näher, so zeigt sich, daß praktisch jeder Stein mit unglaublicher Präzision bearbeitet worden ist. Es fragt sich nur wie.

Felsmonster wie der Cusieluchayoc lassen staunen. Da hat man »Treppenstufen« hineingeschlagen, Vertiefungen in allen Arten gemeißelt, da verlaufen präzise Kanten, meterlang, wie mit einem riesigen Lineal gezogen. Da geht man durch einen schmalen Spalt im Stein – er ist künstlich geschaffen worden. Wie? Niemand weiß das. Es sieht so aus, als habe ein Riese mit einem gewaltigen Messer eine Scheibe von etwa zwei Metern Dicke herausgeschnitten und entfernt. Zu welchem Zweck wurden hier unzählige Tonnen härtesten Steins bearbeitet, als sei alles kinderleicht, als sei Granit weich wie Butter?

Sehenswert ist auch die Felsgruppe des »Kenko Grande«. Hier, am »Großen Stein«, stand einst eine fünf Meter hohe Statue des mythologischen Puma. Sie wurde von den Spaniern bis zur Unkenntlichkeit zerstört. Immer wieder begegnet man dem alles andere als segensreichen Wirken der europäischen Eindringlinge. Überall auf dem großen Stein haben perfekte Handwerker thronartige Sitze rechtwinkelig »ausgeschnitten« – so wie Kinder Stücke aus einem riesigen Kuchen herausschneiden würden, aus Freude am weichen Material.

Man geht durch ein verrücktes Steinlabyrinth und fragt sich, was einem die geheimnisvolle Anlage so vertraut erscheinen läßt. Es ist die »Bauweise«. Riesige Steinquader wirken so, als seien sie aus Beton gegossen und als seien die Verschalungen eben erst entfernt worden. Ist die Vorstellung, der Stein könne flüssig gewesen sein, sei in Formen gegossen worden, verrückt?

Professor Hans Schindler machte darauf aufmerksam (»Das Rätsel der Steinverglasungen«, in: Däniken, Erich von: *Kosmische Spuren,* München 1992), daß viele der verglasten Steine in Wirklichkeit vielleicht gar kein echtes Gestein, sondern eine Art von Zement oder Beton seien. Ein künstliches Gemisch sei viel hitzeempfindlicher als etwa echter Granit oder Diorit. Ein starkes Feuer hätte genügt, um derartig fabrizierte Steine punktuell zum Schmelzen zu bringen. Voraussetzung für diese Theorie wäre freilich, daß bereits in der Antike erstaunliches Wissen vorhanden war – über die Herstellung von künstlichem Stein.

Gewiß, viele der Kolosse sind eindeutig polierter Naturstein. Aber speziell die steinernen Monstrositäten der »Festung von Sacsayhuaman« erwecken deutlich den Eindruck, als seien sie zumindest am Rande weich gewesen. Und wer genau hinsieht, kann im Stein die Abdrücke von Handballen erkennen – als habe man das Material am Rande aufgeweicht und dann mit den Händen in eine Form gedrückt.

Der Autor fragte den Archäologen Professor Hans Schindler, ob er es denn für möglich halte, daß die riesigen Steine aus der Wallanlage von Sacsayhuaman gegossen seien. Der Gelehrte verneinte das. »Wenn die Erbauer dieser riesigen Wand tatsächlich die Kunst beherrscht hätten, Stein zu verflüssigen, dann hätten sie doch wohl perfekte Würfel hergestellt, die hätten sie leichter aufeinandertürmen und nebeneinanderstellen können.« Denkbar sei allerdings, daß die Steine – vielleicht mit der Pflanzensaftmixtur von Pater Jorge Lira – an den Rändern »aufgeweicht« und einander angepaßt worden seien. »Das ist freilich reine Spekulation.«

Ägyptens »geschmolzene« Steine und das Geheimnis der Pyramiden

Gegen Ende des letzten Jahrhunderts, anno 1889, entdeckte der Archäologe C. E. Wilbour auf der winzigen Nil-Insel Sehel im Norden von Assuan eine steinerne Stele, die mit Hieroglyphen bedeckt war. Noch im vergangenen Jahrhundert gelang es den Archäologen Brugsh, Pleyte und Morgan, die Zeichen zu entschlüsseln und zu übersetzen. Die Herren Gelehrten mochten aber nicht so recht an das Ergebnis ihrer sorgsamen Arbeit glauben, es klang einfach zu phantastisch, was da über das erstaunliche Wissen der Ägypter auf einem Spezialgebiet behauptet wurde. 1953 wurde die Stele nochmals untersucht, die Inschrift nochmals übersetzt – vom französischen Archäologen Barquet. Er kam zum gleichen Ergebnis wie seine Vorgänger.

650 der über 2500 etwa 300 v. Chr. gemeißelten Hieroglyphen beschreiben bis ins letzte Detail die Herstellung von künstlichem Stein, von Beton. Als Urheber dieser genialen Erfindung wird ein Gott namens Chnum angegeben, der das antike Rezept dem Pharao Djoser (2609–2590 v. Chr.) im Traum übermittelt haben soll.

Von einem einfachen Traum kann nicht die Rede sein. Es werden immerhin 29 verschiedene Substanzen genannt, die erforderlich seien, um daraus künstlichen Stein zu mischen. Selbst der Mörtel, der am besten zu den künstlichen Steinen paßt, wird exakt beschrieben. Auf keinen Fall dürfe man andere als die genannten Substanzen nehmen, heißt es im Text. Damit keine Verwechslungsfehler vorkommen sollten, nennt er genau die exakten Orte, wo welches Material in der Natur Ägyptens vorkommt.

Professor Dr. Joseph Davidovits arbeitet im französischen »Geopolymer Institut« nördlich von Paris. Er ist Professor an der Universität von Toronto, Kanada, und Direktor des »Instituts für angewandte Archäologische Wissenschaften« der Barry-Universität, Florida. Prof. Davidovits schätzte schon immer die praktische Anwendung theoretischen Wissens. Und so nahm er sich das Rezept von der ägyptischen Stele vor und »kochte« es nach. Ergebnis: Der auf der Stele 300 v. Chr. beschriebene Beton ist qualitativ besser als unser heutiger »Kunststein«, vor allem ist er haltbarer. Betonbauten, die in unserem Jahrhundert errichtet wurden, von denen man glaubte, daß sie der Ewigkeit zu trotzen in der Lage seien, haben schon längst in gefährlicher Weise angefangen zu bröckeln.

Die Ägypter besaßen also, daran gab es für Professor Davidovits keinen Zweifel, das Rezept, künstlichen Stein herzustellen. Er fragte sich, ob sie das denn wohl auch angewendet haben. Und er kam zu verblüffenden Ergebnissen.

1974 waren in der »Großen Pyramide von Kairo«, die gewöhnlich nach Cheops benannt wird, Tests durchgeführt worden. Mittels hochfrequenter Wellen wollte man herausfinden, ob es im Inneren der Pyramide noch weitere, bislang unentdeckte Hohlräume gibt. Die hoch angesehenen Experten des Stanford-Research-Institutes, Kalifornien, USA, und von der Ain-shams-Universität, Kairo, Ägypten, wurden aus den Ergebnissen der von ihnen so sorgsam durchgeführten Messungen nicht schlau. Sie wurden vom Gestein der Pyramiden förmlich verschluckt. Das hätte eigentlich nicht passieren dürfen – es sei denn, der monumentale Bau besteht zum Großteil nicht aus natürlichem, sondern künstlichem, also betonartigem Stein.

Prof. Dr. Davidovits mußte eigene Untersuchungen anstellen. Er besorgte sich Gesteinsproben aus der »Großen Pyramide«, untersuchte sie unter dem Mikroskop und wurde fündig. Er entdeckte mehrere Haare im Stein. Daraus schlußfolgerte der Wissenschaftler: Der Stein war gegossen, die Haare waren bei der Herstellung in den noch flüssigen Kunststein gefallen, blieben dann im hart gewordenen Quader erhalten.

Wie Prof. Dr. Davidovits hat auch der Direktor eines wissenschaftlichen Instituts, das der Universität von Kansas angeschlossen ist, Gesteinsproben aus dem »Leib« der Cheopspyramide untersucht. Er unterzog sie sorgsamsten Analysen. Das wohl wichtigste Resultat seiner Untersuchungen: »Es sind im Stein Bläschen eingeschlossen, und zwar exakt solche Bläschen, wie man sie bei künstlichem Stein, etwa Beton, erwarten muß.«

Krishnas knetbarer Stein

Von Südamerika nach Südindien: In Mahabalipuram wird seit rund 1300 Jahren ein unförmiger Felsbrocken verehrt, der eher einer Riesenkartoffel als einem gigantischen Ei gleicht. Experten schätzen sein Gewicht auf 200 Tonnen. Er klebt förmlich an einem schrägen steinernen »Abhang«, man meint, er müsse jeden Augenblick herunterrollen. Die Überlieferung sagt, Gott Krishna habe den massigen Stein wie »Butter« aus dem Fels geformt und zurechtgeknetet. Bis ans Ende der Zeit, das war seine Absicht, sollten die Menschen angesichts des Steins an Krishnas Macht denken. Nur einen Katzensprung vom »Wackelstein«, der aber in Wirklichkeit gut ausbalanciert ist, liegt eine aus Granit gehauene kreisrunde Wanne. Sie hat einen Durchmesser von zwei Metern und soll Krishna als »Trog« gedient haben, um Stein darin zu kneten.

Erich von Däniken (*Habe ich mich geirrt?*, München, S. 183) zieht den offensichtlichen Vergleich: »Mir sind solche nach gleicher Methode aus dem Fels geschlagene Wannen aus Südjapan und vom Hochland von Peru bekannt. Die Internationalität derartiger Seltsamkeiten verblüfft mich immer wieder.«

Es ist in der Tat erstaunlich: In Schottland, Ägypten, Indien, Südjapan, Bolivien und Peru scheint es einst ein unglaubliches Wissen in Sachen Steinbearbeitung gegeben zu haben. Offenbar standen den Menschen unterschiedlichster Regionen und Zeiten Möglichkeiten zur Verfügung, Stein zu »schmelzen«, zumindest aber weich und knetbar zu machen. Entstand dieses Wissen in verschiedenen Gefilden unseres Planeten zu unterschiedlichen Zeiten unabhängig voneinander? Oder wurde es weitergetragen, gelehrt, durch Raum und Zeit übermittelt?

Der Koloß von Rhodos,
der Leuchtturm von Pharos
und das Geheimnis der Spiegel

Die Insel Rhodos war schon lange vor dem dritten vorchristlichen Jahrhundert ein Zentrum des Handels. Reiche Profite wurden gemacht, wenn die Handelsflotten aus Ägina, Chalkis, Korinth oder Zypern vor Anker gingen, um neuen Proviant zu fassen, die aufgebrauchten Wasservorräte zu erneuern. Die Reichen von Rhodos trieben aber selbst auch Handel. Sie versuchten durch eine Politik der Diplomatie, sich kein Land zum Feind zu machen – um mit jedem Land ins Geschäft zu kommen.

Krieg und Frieden

Im 5. Jahrhundert v. Chr. wollten sich einige in Kleinasien gelegene griechische Städte vom Joch der Perser befreien. Rhodos gelang es, sich aus dem Konflikt herauszuhalten. Das persische Reich hatte bald die Querelen satt. Truppen wurden ausgeschickt – gegen griechische Städte, auch gegen Rhodos. Die Verteidigung von Rhodos war freilich bestens organisiert, bei den Angriffen verloren die Perser viele Soldaten. Also änderten sie ihre Taktik. Sie riegelten die Insel von der Außenwelt ab. Der Plan schien aufzugehen. Nahrungsmittel, vor allem aber Wasser, wurden knapp. Datis, der Feldherr der persischen Truppen, bereitete schon eine Zeremonie für die Übernahme von Rhodos vor, als pechschwarze Wolken aufzogen und ein Regenguß herniederprasselte. Die Wasserknappheit auf der Insel war vorbei.

Für Perser wie für Griechen stand fest: Da hatte Göttin Athene geholfen. Rasch wurden die kriegerischen Auseinandersetzungen beendet, man schloß ein Friedensabkommen. Rhodos löste sich aus der Schar der griechischen Städte, ging einen Pakt mit den Persern ein.

408 wurde der Staat Rhodos als Demokratie gegründet. Nie mehr sollte ein Diktator die Richtlinien der Politik bestimmen. Es gab eine Volksversammlung, einen alle sechs Monate wechselnden Rat, eine demokratische Verfassung, auf deren Einhaltung streng geachtet wurde.

307 v. Chr. gab es wieder eine Situation, die den Kaufleuten von Rhodos gar nicht gefiel. Sie sollten den makedonischen Feldherrn Antigonos gegen Ägypten unterstützen. Die Ägypter aber waren einer der wichtigsten Handelspartner. Rhodos lehnte es ab, Truppen gegen Ägypten zu schicken. Die Strafe folgte auf dem Fuß. Antigonos, genannt der »Einäugige«, schickte Truppen, geleitet von seinem Sohn Demetrios, der den vielsagenden Beinamen »der Städtezertrümmerer« trug.

Demetrios hatte einen exakt ausgearbeiteten Plan: Die Stadt Rhodos wurde belagert, eine gigantische Kampfmaschine sollte die Stadtmauer durchbrechen. Es handelte sich dabei um einen riesigen fahrbaren Turm. 30 Meter war er hoch, hatte an der Basis eine Breite von 22 Metern. 3400 Soldaten saßen im Turm, an Luken, durch die sie Pfeile abfeuerten, und an Katapulten, mit denen sie Steine schleuderten.

Langsam, mit konstanter Geschwindigkeit, bewegte sich der Kampfroboter auf die Stadt zu. Ein Meer aus brennenden Pfeilen prasselte auf ihn nieder, abgefeuert von den Verteidigern von Rhodos. Darauf war die Besatzung des Turms vorbereitet. Seine Außenhaut war mit Tierfellen bespannt, die ständig von innen naß gehalten wurden. Eigens für diesen Zweck wurde im Inneren des Turms ein riesiges Wasserbassin mitgeführt. Es stand im zweiten von neun Stockwerken der Kampfmaschine.

Fast hätte die überlegene Militärtechnik den Makedoniern zum Sieg verholfen. Es gelang ihnen, mit ihrer Wunderwaffe die Verteidigungsmauer von Rhodos zu durchbrechen. Doch dann ließ Demetrios die Angriffe vorerst einstellen, wollte erst am folgenden Tag die Stadt einnehmen. In der Zwischenzeit aber hoben die Soldaten von Rhodos eine Grube aus. Der wandelnde Turm stürzte hinein, blieb in der durchbrochenen Stadtmauer hängen, verstopfte wieder die geschlagene Bresche. Demetrios kam zu der Überzeugung, daß ein schneller Sieg unmöglich war. Er schlug einen Freundschaftsvertrag vor, der auch akzeptiert wurde.

Rhodos war gerettet. Wieder glaubte man an göttliche Hilfe. Gewiß hatte der Schutzpatron von Stadt und Insel eingegriffen: Helios. Ihm wollte man Dank erweisen. Aber wie? Mit einer Statue. Sie mußte riesengroß sein. Der Sonnengott Helios – er entsprach Marduk, der im Tempel auf dem Turmbau zu Babel verehrt wurde – hatte die Titanen Hyperion und Theia als Eltern. Hyperion, »Sohn der Höhe«, war auch ein Licht- und Sonnengott, Theia, »die Blühende«, wurde als Göttin der Anmut und Schönheit verehrt.

Ein billiges und kurzlebiges Weltwunder

Die Ratsversammlung war sich einig. Ein Standbild von beachtlicher Größe sollte geschaffen werden, das allerdings auch die Staatskasse nicht belasten durfte. Da kam ein schlauer Kopf auf die Idee, die zurückgelassene Kampfmaschine der Truppen des Demetrios zu verkaufen. Tatsächlich erbrachte der Apparat 7800 Kilogramm Silber, mehr als erhofft. Für dieses Geld sollte Bildhauer Chares ein Denkmal schaffen.

Der Kostenvoranschlag fiel günstig aus: 3900 Kilogramm Silber für eine Statue von 20 m Höhe. Nun war aber bereits die doppelte Summe bewilligt worden, also forderten die Ratsmitglieder von Rhodos Chares auf, sein Werk doppelt so hoch erstehen zu lassen –

40 Meter für 7800 Kilogramm Silber. Der willigte ein, hatte aber vergessen nachzurechnen. Eine Verdoppelung der Statuenhöhe bedeutete nämlich nicht eine Verdoppelung, sondern Verachtfachung des Materialaufwands. Chares erwies sich aber als ein Mann von Ehre: Zum vereinbarten Preis lieferte er das Standbild und wurde dadurch in den Ruin getrieben.

280 v. Chr. war der Koloß fertig, vermutlich 224 lag er bereits, von einem Erdbeben gestürzt, am Boden. Der griechische Historiker Strabon: »Die Schönste von all den Weihegeschenken und Statuen in der Stadt Rhodos aber ist der Koloß des Helios, von dem das Gedicht sagt, es habe ihn gemacht ›sieben mal zehn Ellen hoch Chares aus Lindos‹. Jetzt liegt er am Boden, umgestürzt durch ein Erdbeben, abgebrochen an den Knien.«

Wie aber mag er ausgesehen haben, der Koloß, als er noch in ganzer Pracht stand? Der Mensch des ausgehenden 20. Jahrhunderts hat ein Bild vor sich, das nicht historisch ist. Fischer von Erlach, der berühmte Barockbaumeister, hat es als freie Phantasie geschaffen. Da steht ein nackter Gigant mit gespreizten Beinen. Mit der einen Hand reckt er ein Leuchtfeuer hoch in den Himmel, in der anderen Hand hält er einen Pfeil. Sein linker Fuß ruht auf der einen, sein rechter Fuß auf der anderen Mole des Hafens. Zwischen seinen Beinen durch fährt ein stolzes Segelschiff. Der Koloß bildet also sozusagen das Tor des Hafens. Dann hätte der Koloß, sollte diese Vorstellung zutreffen, unvorstellbar groß sein müssen: Am nördlichen Hafen, dem heutigen Porto di Mandracchio, hätte er mit seinen Beinen etwa 200 m, beim Südhafen, dem Porto di Commercio, gar 300 Meter überbrücken müssen.

Außerdem hätte die Riesenfigur dann, gefällt durch das Erdbeben, ins Hafenbecken stürzen müssen. Sie fiel aber an Land.

Wie mag er hergestellt worden sein? Die Handwerker von Rhodos verfügten nach heutigem Kenntnisstand nicht über den Flaschenzug. Sie konnten vermutlich auf keinen Fall eine 40-Meter-Figur liegend herstellen und dann aufrichten. Die Statue mußte stückweise im stehenden Zustand gen Himmel wachsen. Aber wie? Jahrzehnte lang galt als gesichert, daß eine Gußform erstellt und ständig verlängert wurde. Gleichzeitig schüttete man Rampen um den Koloß auf, von denen das flüssige Metall in die Form eingefüllt wurde.

Die Worte des Historikers Philon könnten als Bestätigung für diese Hypothese herangezogen werden. Der schrieb nämlich:»Der Künstler wandte an sein Werk so viel Kupfer, daß für diesen Abguß sämtliche Vorräte nicht ausreichten und Kupferminen der ganzen Welt aushelfen mußten. Hat Zeus die Rhodier mit solchem Reichtum nur zu dem Zweck überhäuft, daß sie ihn Helios zu Ehren verschwendeten und eine Statue errichteten, die von der Erde bis zum Himmel reiche?«

1932 wurde in Rhodos ein Helios-Relief aus Stein gefunden. Der untere Teil war zwar im Lauf der Jahrhunderte weitestgehend zerstört worden, der obere Teil aber zeigte noch viele Details. Der Engländer Herbert Maryon nahm das Relief als Vorlage, um danach die Riesenstatue auf dem Papier zu rekonstruieren. Helios beschattet mit der rechten Hand die Augen, über dem linken Arm hängt ein Gewand. In seiner Körperhaltung, der leichten Drehung des Oberkörpers, der Blickrichtung ähnelt er zahlreichen Skulpturen der klassischen griechischen Zeit, etwa den Skulpturen des Lysippos – und der war der Lehrmeister des Chares.

Herbert Maryon ging von den Angaben des Philon von Byzanz aus:»Der Koloß hatte eine Höhe von 120 Fuß (etwa 36 m), und an Material wurden verbraucht 12,5 Tonnen Bronze und 7,5 Tonnen Eisen.« Dann kann die bronzene Außenhaut nur 1,6 Millimeter dick gewesen sein. Demnach wurde der Koloß nicht gegossen, sondern gehämmert. An der»Rampentheorie« hielt Maryon fest: Am Boden wurden einzelne Teilstücke gehämmert, stückweise wurde der Koloß zusammengesetzt. Die Teilstücke wurden über mit dem Koloß wachsende Rampen emporgeschafft, an Ort und Stelle eingefügt. Nach Vollendung wurden die Erdaufschüttungen entfernt.

Nach der»Naturalis Historia« des Philon von Byzanz »gähnten große Höhlungen aus den zerbrochenen Gliedern, und innen drin sah man Steine von großer Masse, durch deren Gewicht der Meister den Koloß standfest machte«, nachdem ein Erdbeben das Wunderwerk zu Boden gestreckt hatte.

Maryon meinte, daß zwei steinerne Säulen im Inneren der Figur für Stabilität sorgten. Sie sollen von den Füßen bis in den Nacken gereicht haben. Eine dritte Säule befand sich außerhalb der Statue. Sie wurde vom Gewand über dem linken Arm verdeckt. Zwölf Jahre

soll die Bauzeit betragen haben – also muß der Riese jährlich um
etwa 3,6 Meter gewachsen sein.

Nach dem Erdbeben, das die Heliosfigur stürzte und dem auch
Teile der Mauern und Hafenmolen von Rhodos zum Opfer fielen,
beratschlagten die Ratsvertreter, ob die Figur denn wieder neu
erstellt werden sollte. Sie schreckten vor den erheblichen Kosten
zurück, befürchteten aber auch den Zorn des Gottes. Also wurde
das Orakel von Delphi befragt. Die Antwort lautete:»Was gut ruht,
soll man nicht von der Stelle bewegen.« Daran hielt man sich. Erst
Kalif Othman, der die Insel anno 653 n. Chr. eroberte, sah in den
Resten des einstigen Weltwunders nur Schrott. Ohne Bedenken ließ
er – auf angeblich 900 Kamelen – die Trümmer abtransportieren, als
»Altmetall« verkaufen. In Syrien verliert sich die Spur des Trans-
ports in der Handelsmetropole Edessa.

Der Leuchtturm von Pharos

Artur Müller (*Die sieben Weltwunder – 5000 Jahre Kultur und Geschichte der Antike,* Klagenfurt, S. 169) mutmaßt:»Es ist nicht sicher,
wo der Koloß des Helios stand, denn die antiken Quellen verraten
nichts darüber. Manche Forscher haben als Standort einen erhöh-
ten freien Platz mitten im Zentrum der antiken Stadt angenommen,
ohne allerdings einen Beweis dafür erbringen zu können. Wahrscheinlich ist, daß eine Kolossalstatue von mehr als dreißig Meter
Höhe an einem Punkte gestanden ist, wo sie von weit her auf
einfahrenden Schiffen gesehen und von den Besatzungen als Orien-
tierungspunkt benutzt werden konnte. Sie dürfte also dort gestanden sein, wo sich heute das Fort San Nicolas erhebt, die am weitesten vorgeschobene Bastion der Befestigungswerke, die die Kreuz-
ritter vom Orden der Johanniter im Kampf gegen die Türken
errichtet haben.«

Fast zeitgleich mit dem Koloß von Rhodos entstand auf einer
Insel im Hafen von Alexandria ein weiteres Weltwunder: der
Leuchtturm von Pharos. Anno 279 wurde er nach zwanzigjähriger
Bauzeit vollendet, Ptolemaios II., König von Ägypten, feierte das
Richtfest pompös. Die Wissenschaften jener Zeit waren erstaunlich

fortgeschritten. So kam damals Epikur zu der bahnbrechenden Erkenntnis, daß alle Dinge der Welt auf den »Zusammenprall der Atome« zurückzuführen seien. Er formulierte also vor rund 2300 Jahren eine These, die auch von einem Atomphysiker des 20. Jahrhunderts vertreten werden könnte.

Vom 1. Jahrhundert v. Chr. an brannte in den Nächten auf dem Turm ein Feuer, leitete so Schiffe sicher in den Hafen. Funktionstüchtig blieb das Weltwunder bis ins 12. Jahrhundert n. Chr., bis es 1303 oder 1326 bei einem Erdbeben zerstört wurde. Das Aussehen des Wunderwerks antiker Technik ist – anders als im Fall des Koloß von Rhodos – gut überliefert. Zahlreiche Münzen aus der römischen Kaiserzeit zeigen den Turm immer wieder. Berücksichtigt man zudem noch zeitgenössische Beschreibungen, so ist eine Rekonstruktion auf dem Papier möglich.

Der Turm war in drei Stockwerken aufgebaut. Der untere Teil war quadratisch, mit 71,30 Metern doppelt so hoch wie breit. An den vier Ecken saßen Statuen des Meeresgottes Poseidon, auf Muscheln blasend. Das zweite Stockwerk war achteckig, 34,50 Meter hoch. Das dritte Stockwerk schließlich hatte nur noch eine Höhe von 9,20 m und war zylinderförmig. In ihm loderte das Leuchtfeuer. Sein Licht wurde durch einen großen Hohlspiegel gebündelt und konnte noch in einer Entfernung von fünfundfünfzig Kilometern gesehen werden.

Auf der Spitze stand eine Kolossalfigur, vermutlich aus Bronze. Sie stellte den Sonnengott Helios dar, war sozusagen ein »kleineres« Modell des Koloß von Rhodos.

Der Hohlspiegel soll, so berichtet die Überlieferung, von Archimedes entworfen und konstruiert worden sein. Angeblich konnte er dazu benützt werden, feindliche Schiffe in Brand zu stecken.

Das Geheimnis der Spiegel

»Die Bewohner von Rhodos konnten die Schiffe, die nach Syrien oder Ägypten segelten, in einem Spiegel sehen, der am Hals ihres Sonnenkolosses hing«, behauptet Guillaume Boucher Sieru de Brocourt in einem Traktat über das Sehen (*Les Sérées*, Poitiers 1584, S.

171). Auch Peter de Jode, einem Graveur aus Antwerpen, soll gegen Ende des 16. Jahrhunderts mitgeteilt worden sein, daß der Riese mit einem »Brustspiegel« ausgestattet war. Im lateinischen Text seines Reports heißt es: »in pectore speculum habet«. Damit hätte die Statue ihrem Gegenstück auf der anderen Seite des Meeres entsprochen. Zumindest behauptet Benjamin von Tudela, daß die Bewohner Alexandriens mittels eines Spiegels am Pharos »Schiffe sahen, die aus Griechenland und dem Okzident kamen«. Sollten beide Bauwerke über so etwas wie »Teleskope« verfügt haben?

Tatsächlich legen das verschiedene alte Schriften von Gelehrten nahe, die freilich immer wieder den Terminus »Spiegel« benützen. So heißt es bei Professor Martin Crusius, Tübingen (*Turcograeciae libri,* Basel 1584, S. 231): »Die Bewohner des Ortes (Alexandria) nennen diesen Turm Magraah und die Araber Magar Alexandria. Man versichert, daß Alexander auf die Spitze des Turms einen gläsernen Spiegel stellen ließ, in dem man auf eine Entfernung von 500 Parasangen sehen konnte.«

Anscheinend wurde im Lauf der Zeit die Kapazität des Teleskops um so stärker übertrieben, je später die Texte entstanden. Allem Anschein nach gab es eine Urquelle, die von nachfolgenden Autoren übernommen und bearbeitet wurde. Autor B übernahm die Fakten von Autor A – und übertrieb schon etwas. Autor C wiederum benutzte die Angaben von B als Quelle – und ließ noch mehr Phantasie einfließen. So heißt es schließlich bei della Porta (*Magiae naturalis libri XXI,* Neapel 1589, S. 270), der Spiegel auf dem Pharos habe Schiffe sichtbar gemacht, die in einer Entfernung von 600 000 Schritten vorüberzogen. Das ist schlechterdings unmöglich: Die angegebene Entfernung reicht über den Horizont hinaus.

Trotzdem darf die Beschreibung keinesfalls als reines Märchen abgestempelt werden. Zu präzise sind die technischen Angaben, zu korrekt: »Man muß es so machen, daß das Bild in der Mitte eines Spiegels, wo es erscheinen soll, am stärksten ist und alle Sonnenstrahlen, auch die am weitesten verstreuten, sich vereinigen. In seinem Mittelpunkt werden sie alle zusammenkommen.«

Ein herkömmlicher Spiegel dürfte sich demnach nicht auf dem Turm von Pharos befunden haben. Gab es ursprünglich zwei Vorrichtungen: ein Teleskop, um am Tage nach Schiffen zu spähen, einen Spiegel, um das Leuchtfeuer des Nachts zu verstärken und zu reflektieren? Wurden Beschreibungen beider Erfindungen später miteinander vermengt? Wir dürfen nicht vergessen: Noch im 16. und 17. Jahrhundert galt ein Teleskop als Teufelswerk. So stellte selbst der aufgeklärte Athanasius Kircher fest: »Wenn es wahr ist, daß sich auf dem Leuchtturm von Pharos ein Spiegel befunden hat, in dem man die feindlichen Schiffe sowie alles, was in Ägypten auf dem Wasser oder auf dem Land geschah, sehen konnte, dann handelte es sich um ein von der Kirche verdammtes Teufelswerk.«

Sollte sich tatsächlich auf dem Pharos so etwas wie ein starkes Teleskop befunden haben, dann müßte es Röhrenform gehabt haben. Als Newton 1672 Stiche seines von ihm »erfundenen« Teleskops publizierte, stellte Burattini trocken fest: »Die Erfindung ist sehr schön und macht ihrem Urheber große Ehre.« Freilich sei das Gerät alles andere als neu. So habe er selbst im einstigen Epidauros ein ganz ähnliches Instrument gesehen. Es habe seinen Benutzer dazu in die Lage versetzt, Schiffe auf eine Entfernung von bis zu 50 Seemeilen zu erkennen. »Das Instrument hatte die Form eines Scheffels, in dem Getreide abgemessen wird.« Ergänzende Angaben stammen vom Leibarzt der Kaiserin Eleonore, Dr. Gisgoni: »Der Apparat hatte die Form einer Trommel, die nur einen Boden hat, und man sah von der Seite hinein.« Damit hätte sich der geheimnisvolle Apparat in keiner Weise von einem modernen Spiegelteleskop unterschieden.

Wer aber mag das Fernrohr hergestellt haben? Für Gisgoni gab es keinen Zweifel: Es müsse sich um das Gerät gehandelt haben, das einst auf dem Leuchtturm von Pharos angebracht war. Es sei wohl während des Niedergangs des Römischen Reiches verschollen gewesen, in der Stadt Epidauros (später: Ragusa) als Kostbarkeit aufbewahrt, vom Magistrat der Stadt gehütet worden. Schließlich sei es nach Dalmatien geschafft worden und dort verschollen. Es soll noch im 17. Jahrhundert funktioniert haben.

Ein Pater Abat stellte Ende des 18. Jahrhunderts fest, daß derlei Gerätschaften zwar wundersam erscheinen könnten, ja an Teufelswerk erinnerten, daß aber »Vernunft und Wunder« durchaus miteinander in Einklang gebracht werden könnten.

Sollte es also möglich sein, daß bereits Jahrhunderte vor Christus auf dem Leuchtturm von Pharos, vielleicht auch auf dem Koloß von Rhodos, Teleskope installiert worden waren? Auch mit dieser Überlegung setzte sich der Geistliche Abat auseinander. Er hielt es freilich für unmöglich, daß schon in der Antike eine echte Wissenschaft existierte, die gezielt Fernrohre von erstaunlicher Präzision zunächst auf dem Papier entwerfen und dann verwirklichen konnte. Er nimmt an, daß man durch Zufall das Prinzip des Teleskops entdeckt habe. »Es spricht nichts gegen die Wahrscheinlichkeit, daß der Zufall es wollte, daß unter der großen Zahl von Spiegeln, die es in dieser Stadt gab, sich einer fand, der ziemlich gleichmäßig konkav (also nach innen gewölbt) war.« Zufällig habe dann wohl ein Betrachter erkannt, daß so ein Spiegel weiter entfernte Gegenstände vergrößert abbildete.

Von einer solchen Entdeckung bis zum Anfertigen eines zylindrischen Teleskops ist freilich ein weiter Weg. Er setzt fortgeschrittenes Wissen voraus. Warum will man das unseren Altvorderen eigentlich nicht zugestehen?

Exkurs nach Indien und Tibet

Im November 1995 reiste ich mehrere Wochen durch Indien, besuchte verschiedene Bibliotheken, in denen die »heiligen Bücher« des Landes aufbewahrt werden. Zu den interessantesten Texten gehört ohne Zweifel das *Vymaanika Shaastra*, dessen Urfassung nach Überzeugung von Gelehrten wie Professor Dr. Kumar Kanjilal »jahrtausendealt« sein soll. Er beschreibt präzise geheimnisvolle Gerätschaften, die aber heute leicht identifiziert werden können. Bei dem sogenannten Visvakriyadarpana handelte es sich offensichtlich um ein Teleskop. »Shaktyakarsanayantra« war ein »Spiegel«, der dazu benutzt wurde, weit entfernte Objekte sichtbar zu machen. Der Text gibt genau an, wie der »Wunderspiegel« herzustellen ist, listet präzise die Substanzen auf, die verwendet werden müssen. Der Stoff, aus dem das »Mirakel« bestehe, setze sich zusammen aus »fünf Teilen Quecksilber, sechs Teilen Glimmer, acht Teilen Perlenpuder, zehn Teilen Granitsalz, acht Teilen Salz«. Nach Reinigung der einzelnen Stoffe, so vermerkte der Text, »müssen sie auf 800 Grad erhitzt, schließlich verflüssigt und in die vorbereiteten Formen gegossen werden«.

Ganz ähnliches Wissen muß es auch in Tibet gegeben haben – ebenfalls bereits vor Jahrtausenden. Lange vor Christi Geburt, so berichten tibetische Texte, habe es im Palast in Kalapa »Dachfenster« gegeben, die die Planeten und Sterne stark vergrößert zeigten. Sollte es sich um Teleskope gehandelt haben?

Charles Hoy Fort und das Rätselhafte

> Es ist seltsam, aber wahr;
> denn die Wahrheit ist immer
> seltsam, seltsamer als die Fiktion.
> *Lord Byron*

Am 6. August 1874 wurde Charles Fort in Albany, New York, geboren. Er starb am 3. Mai 1932 in der Bronx. Er wohnte in den zwanziger Jahren einige Jahre in London, verbrachte aber den größten Teil seines Lebens in New York.

Fort war einer der wirklich großen »Neugierigen« des 20. Jahrhunderts. Er wühlte sich durch die Bibliotheken von London und New York, sammelte wie besessen »Nachrichten über das Unerklärliche«. Die Welt der Wissenschaft sah er mehr als skeptisch. War er doch davon überzeugt, daß die Gelehrten allzu viele Fakten, die nicht in ihre konservativen Konzepte paßten, unter den Tisch fallen ließen. Gerade dieser Tatsachen aber nahm sich Fort liebevoll an, veröffentlichte sie in vier Büchern: *The Book of the Damned* (deutsche Übersetzung: *Das Buch der Verdammten,* Frankfurt 1995), *New Lands* (deutsche Übersetzung: *Neuland,* Frankfurt 1996), *Lo!* (*Da!,* 1997) und *Wild Talents* (*wilde Talente,* 1998).

Fort nahm bereits 1919 in »Das Buch der Verdammten« die Theorien Erich von Dänikens vorweg (S. 84): »Irgendwann werde ich mir die alten Geschichten über Dämonen vornehmen, die in Schwefelwolken gehüllt auf diese Erde traten, und ich werde die Idee zum Ausdruck bringen, daß wir oft ungebetene Gäste von anderen Welten hatten oder daß Schwefeldunst ein Hinweis auf außerirdische Herkunft ist.« An anderer Stelle (S. 201) spekuliert er, »daß es auf dieser Erde vielleicht nicht nur eine untergegangene Kolonie oder eine gescheiterte Expedition von Irgendwo gab, eine Gruppe von außerirdischen Besuchern, die den Rückweg nicht fanden, sondern auch andere außerirdische Gäste, die die Erde wieder verließen.«

Im vorliegenden Buch wurde die These des NASA-Ingenieurs Blumrich vorgestellt, wonach der biblische Prophet Hesekiel Kontakt mit Außerirdischen hatte. Bereits anno 1919 beschäftigte sich Fort mit Hesekiels Kollegen Elias (S. 325). Da ist zu lesen, »daß Elias mit einem Wagen gen Himmel fuhr und vielleicht doch nicht zur Wega wurde, so daß ein Rad oder so von seinem Gefährt übrig blieb.«

Auch die Engel brachte – wie Jahrzehnte später Erich von Däniken – Fort in Verbindung mit Außerirdischem (*Neuland*, S. 150): »Eines Tages werde ich die Daten veröffentlichen, die mich auf den Verdacht gebracht haben, daß viele Erscheinungen auf der Erde, die früher von Theologen und Dämonologen interpretiert wurden, Wesen und Objekte waren, die diese Erde besucht haben und nicht von einer spirituellen Ebene, sondern aus dem Weltraum gekommen sind.«

Was Charles Hoy Fort aber besonders auszeichnet, faßte Ulrich Magin in seinem Vorwort zur deutschen Ausgabe von *Neuland* (Frankfurt 1996, S. XII und XIII) wie folgt zusammen: »Fort predigt einen absoluten Skeptizismus: nicht nur gegenüber der Orthodoxie und der Unorthodoxie, sondern auch gegenüber sich selbst und seinen Ansichten.« Niemals unternahm er auch nur den Versuch, rätselhafte Fakten in ein einheitliches Korsett zu pressen. Er lehnte jede Form von Wissenschaft ab, die für sich beanspruchte, die absolute Wahrheit entdeckt zu haben. Konsequenterweise nahm er auch nicht für sich in Anspruch, ein neues Weltbild geschaffen zu haben, das alle Fragen beantwortet.

Dieses Kapitel hat gezeigt, wie erstaunlich das Wissen der Alten von der Antike bis zum Mittelalter war. Gelegentlich wurden Spekulationen angeboten: Stammte es vielleicht von Wesen aus dem All, die in grauer Vorzeit zur Erde kamen? Diese Hypothese scheint manche Frage beantworten zu können. Sie kann aber keineswegs alle Fragen klären.

TEIL 3

Die Welt der Geheimbünde

Geheime Gesellschaften

»Wir sind der Ansicht, daß die Intelligenz, wenn sie ein bestimmtes Niveau erreicht hat, unwillkürlich zu einer Art Geheimgesellschaft wird. Wir meinen, daß sie über eine unbegrenzte Macht verfügen wird, wenn sie sich nur voll entwickeln kann, wenn sie nicht in einem Blumentopf verkümmern muß, sondern fest auf freiem Boden steht«, schreiben zwei der profundesten Kenner in Sachen Geheimbünde, die Forscher und Autoren Louis Pauwels und Jacques Bergier in ihrem Buch *Aufbruch ins dritte Jahrtausend* (München 1970, S. 120).

Seit es Menschen gibt, scheint es ein tiefes Bedürfnis zu geben, sich voneinander abzuheben. Was wäre dafür besser geeignet als Wissen? Wissen war schon immer Macht. Und Menschen wollten schon immer Macht über andere Menschen ausüben. Strebten einzelne oder Gruppen deshalb nach Wissen oder hielten es geheim?

In unserem Jahrhundert war das im verborgenen angehäufte Wissen höchst unerfreulicher Art. Beide Seiten der in zwei Lager gespaltenen Welt, Ost wie West, trachteten danach, noch »wirkungsvollere«, noch »effektivere« Waffen zu entwickeln. Man häufte entsetzliche Zerstörungspotentiale an, die ausgereicht hätten, um die gesamte Erdbevölkerung auszulöschen. Spione wurden eingesetzt, um das geheime Wissen der jeweils anderen Seite in Erfahrung zu bringen. Wer die Geheimnisse der militärischen »Bruderschaften« verriet und dabei ertappt wurde, mußte damit rechnen, hingerichtet zu werden.

Mit dem Tode bestraft wurden wahrscheinlich auch Verräter der Geheimnisse so manches okkulten Ordens. Da ähneln sich die Geheimgesellschaften von heute und vorvorgestern sehr. Es gibt aber einen ganz entscheidenden, gravierenden Unterschied:

In unserem Jahrhundert stellen die militärischen Geheimbünde die Intelligenz in den Dienst der Zerstörung. Vor vielen Jahrhunderten war das anders. Es gab zu allen Zeiten Suchende, die sich mit der Realität von Materie und Geist auseinandersetzten. Sie wollten Wege finden, die jedem Menschen Fortschritte in seiner geistigen Entwicklung ermöglichten. Freilich hüteten die Suchenden ihr Wissen. Sie gründeten Gemeinschaften, in denen geforscht, in denen auch Magie praktiziert wurde.

»Fortschrittliche Ideen«, schreibt der englische Forscher und Schriftsteller Dr. Raymond Drake, »die ihrer Zeit weit vorauseilen, haben zunächst nur dann eine Chance, wenn sie in kleinen Zirkeln ausgebrütet und weiterentwickelt werden. In solchen Gemeinschaften kann gearbeitet werden, ohne daß auf die ablehnende Haltung der Öffentlichkeit, die kein Verständnis für das revolutionär Neue hat, Rücksicht genommen werden muß. Leider entspricht es aber der Natur des Menschen, daß dann gewonnene Einsichten nicht allgemein publik gemacht, sondern nur den Mitgliedern der Gemeinschaft mitgeteilt werden. Und was ursprünglich dem geistigen Fortschritt dienen sollte, wurde oft mißbraucht.«

Die schlimmsten Feinde jeder Geheimniskrämerei sind zwei Eigenschaften des Menschen, die anscheinend zu seiner Natur gehören: die Neugier und die Lust an der Mitteilung unbekannter Einzelheiten. So ist letztlich jeder Versuch, bestimmtes Wissen im Kreis einer Gruppe geheimzuhalten, zum Scheitern verurteilt. Das mag man negativ oder positiv sehen, die Tatsache ist aber unbestreitbar. Geheimnisse mögen Jahre, Jahrzehnte, vielleicht sogar Jahrhunderte von Minderheiten der Mehrheit vorenthalten werden. Aber irgendwann einmal dringen doch Details an die Öffentlichkeit, werden Informationen verraten, werden noch so streng gehütete Geheimnisse ausgeplaudert.

Ohne die Neugier, die stets Geheimes erfahren will, und ohne die Bereitschaft der Mitglieder von Geheimbünden, die ersehnten Informationen auch auszuplaudern, hätte das vorliegende Buch gar nicht entstehen können. Denn dann wäre das oft erstaunliche Wissen so mancher geheimer Gesellschaft eben, wie von den Gründern der Orden gewünscht, niemals bekannt geworden.

Wenn wir an geheime Gesellschaften denken, dann tauchen vor unserem geistigen Auge geradezu romantische Bilder auf: etwa vom legendären König Artus und seiner Tafelrunde. Die Forschung hat gezeigt, daß es die märchenhaft anmutende Gestalt tatsächlich gegeben hat. Und: Er und seine Ritter suchten nach einem großen Geheimnis, nach dem Heiligen Gral.

Das tat ein weiterer Geheimbund, der Templerorden, möglicherweise auch. Ziel dieser Gemeinschaft könnte es gewesen sein, einem der großen Rätsel auf den Grund zu gehen, die die Geschichte zu bieten hat. Suchten und fanden sie den Gral? Worin bestand ihr Geheimnis, das sie auch unter Folter nicht verraten wollten? Was war ihr Baphomet, ihre heilige Reliquie, die der Inquisition nie in die Hände fiel? Schafften die Templer den Baphomet nach Amerika oder Mexiko, als die Gemeinschaft mit brutaler Gewalt aufgelöst wurde?

Welche Beziehung hatten die Tempelritter zu anderen Geheimbünden, etwa zu den Assassinen, Sufis und Drusen? Zu welchen Erkenntnissen gelangten die mörderischen Haschischesser? Wer war der »Alte vom Berge«? Gab es sein irdisches Paradies auf Erden wirklich? Der berühmte Reisende Marco Polo will es jedenfalls gesehen haben. Feierten die Mitglieder des Geheimbundes der Drusen wirklich exzessive Orgien? Oder haben das übelwollende Gegner nur erfunden?

Einer der mysteriösesten Geheimbünde der Geschichte sind die Rosenkreuzer. Das ist schon deshalb so, weil sie nicht irgendwann vor Jahrhunderten in der geschichtlichen Versenkung verschwanden, sondern bis in die Gegenwart fortbestehen. Gab es den legendären Gründer Christian Rosencreutz wirklich? Was wissen wir über die Ordensregeln und Rituale der Rosenkreuzer? Was verstanden sie unter Alchimie? Wer war der geheimnisvolle Graf von Saint Germain? Ein Rosenkreuzer? Ein Alchimist? Ein Scharlatan? Besaß er tatsächlich das Geheimnis vom ewigen Leben? Lebt er noch heute?

Auch die Freimaurer wirken noch heute unter uns. Wie alt ist ihre Geheimgesellschaft? Wie sehen ihre geheimen Rituale aus? Welche Einweihungszeremonien praktizieren sie? Wie lauten ihre Ordensregeln? Welchen Anteil hatten sie an einer der folgenschwersten Freiheitsbewegungen der Weltgeschichte, am Kampf der frühen europäischen Siedler in Amerika gegen die Vorherrschaft aus Europa? Ist die Weltgeschichte letztlich das Ergebnis freimaurerischer Verschwörungen? Wer war Aleister Crowley? Ein Magier? Ein Freimaurer?

Die Unabhängigkeit Indiens war das Werk einer energischen Frau. Und das in einer Zeit, in der man Frauen überhaupt kein Mitspracherecht in der Politik einräumen wollte. Sie hieß Annie Besant und gehörte der Geheimgesellschaft der Theosophen an, die sie nach dem Tode der Ordensgründerin Helena P. Blavatsky leitete. Wie sahen die Geheimlehren von Madame Blavatsky aus? Was hat es mit dem mysteriösen »Buch Dzyan« auf sich, das älter als die Menschheit sein soll? Enthüllt es unsere phantastische Geschichte? Warum lehnten die Theosophen so vehement Charles Darwins Lehre von der zufälligen Entstehung der menschlichen Art ab? Warum fanden Genies wie der Nobelpreisträger William Butler Yeats und Thomas A. Edison Geheimbünde so attraktiv? Wer war der »Messias« der Theosophie? Wie sahen die Geheimnisse des Ordens vom »Stern des Ostens« aus?

Das vorliegende Kapitel setzt sich mit den Regeln, Riten und Bräuchen der großen geheimen Gesellschaften auseinander. Ihre Geschichte wird rekonstruiert, ihre wichtigsten Glaubenssätze werden erklärt, ihre Kulte, Riten und Zeremonien detailgetreu beschrieben. Vorbehaltlos wird ein wichtiger Aspekt des Menschseins erörtert: seine Neigung, sich in geheimen Gesellschaften zu organisieren.

Artus und die Suche nach dem Gral

Keine geheime Gesellschaft hat je so die Phantasie der Menschen beflügelt wie die von König Artus und seiner Tafelrunde. Doch hat der legendäre Brite je gelebt? Hatte er ein historisches Vorbild? Gab es die Tafelrunde?

Seit Jahrhunderten versucht man das Rätsel zu ergründen. Emsige Historiker haben eine Fülle von Fakten und Vermutungen zusammengetragen, die eine Annäherung an eine Biographie von Artus ergeben.

Artus – Versuch einer Biographie

Artus oder Arthur war ein sagenhafter britannischer König, der mit den Rittern seiner Tafelrunde im Mittelpunkt eines ausgedehnten Sagenkreises stand. Der historische Artus scheint ein Heerführer gewesen zu sein, der um 500 n. Chr. sein Volk gegen die Invasion der Angelsachsen verteidigte. Angeblich fiel er bei Camlann im letzten seiner zahlreichen Gefechte.

In der *Historia Regnum Britanniae,* einem historischen Werk des Geoffrey von Monmouth, um 1135 geschrieben, wurde Artus vom keltischen Lokalhelden zum glanzvollen Herrscher von geradezu weltgeschichtlicher Bedeutung hochstilisiert. Mit seiner Gattin Ganhumara hielt er, so weiß Geoffrey zu berichten, hof zu Caerleon. Das Leben sei von Prunk und edlem höfischem Zeremoniell bestimmt worden. Artus sei ein wahrer Recke gewesen, dazu ein intelligenter Feldherr, dem kein noch so mächtiger Gegner gewachsen war. Siegreich sei er von Land zu Land, von Schlacht zu Schlacht gezogen, bis er überstürzt in die Heimat zurückkehren mußte. Er habe Kunde von einem infamen Intrigenspiel seines eigenen Neffen Mordred erhalten, der Artus absetzen wollte. Bei einem Kampf sei der König verwundet und später auf die Feeninsel Avalon entführt worden.

Geoffrey von Monmouth stützte sich bei seinen Ausführungen auf britisches Sagengut. Sein Opus wurde vermutlich 1155 von dem normannischen Dichter Wace in französische Verse übertragen und weiter ausgeschmückt. In *Roman de Brut* stilisierte Wace Artus zum imposanten Kriegsherrn. Die vielen neuen Details mögen seiner Phantasie entsprungen sein – oder verfügte Wace über weitere historische Quellen, die im Lauf der Jahrhunderte verlorengingen? Er berichtete erstmals von der legendären Tafelrunde, die dann 1205 in dem frühmittelenglischen Versepos *Brut* des Dichters Layamon erneut auftauchte. Ursprünglich selbständige Sagenstoffe wie die Tristan- und die Grallegende, die ursprünglich nicht zu dem Sagenkreis um Artus gehört hatten, wurden so in den Komplex eingewoben.

Artusromane waren im Mittelalter Mode. *Erec, Cligès, Lancelot, Yvain, Perceval*, in Deutschland *Erec* und *Iwein* von Hartmann von der Aue, *Tristan und Isolt* von Gottfried von Straßburg sowie *Parzival* und *Titurel* von Wolfram von Eschenbach begeisterten den Adel in ganz Europa. 1469 vollendete T. Malory seinen Prosaroman *La morte d'Arthur.*

In der englischen Sage pries man Artus und seine Recken. Da war von der tapferen Verteidigung Britanniens die Rede, von edlen Jungfrauen, die befreit, von Drachen, die getötet werden mußten. Uns Heutigen erscheint Artus als eine Personifizierung des Guten und Edlen, das ohne Rücksicht auf eigenes Leid das Böse bekämpft. Ist es da überhaupt noch möglich, die Fiktion von den Fakten zu trennen?

Auf der Suche nach Camelot und Avalon

Bereits vor mehr als 800 Jahren glaubten englische Mönche, sie hätten das Grab des Artus ausfindig gemacht, als sie auf dem alten Friedhof der Abtei von Glastonbury eine verwitterte Grabplatte entdeckten. Die Inschrift erklärte, hier seien Artus und seine Frau, hier Guinever geschrieben, zur letzten Ruhe gebettet worden. 1931 kamen britische Historiker zu der Auffassung, das Grab könne tatsächlich echt sein.

Der Legende nach wurde Artus freilich auf der Insel der Seligen, Avalon, bestattet. Es soll sich dabei um ein mythisch-märchenhaftes Inselreich gehandelt haben, das nur Eingeweihte erreichen konnten. Es wurde von Frauen regiert, die über magische Kräfte verfügten. Die Legende betont ihr Wissen über geheime Heilmethoden und die Kräfte der Natur. Voreilig handelt, wer diese Überlieferung als bloße märchenhafte Fiktion abtut. Sie könnte auf historischen Tatsachen beruhen. Gab es einst in der Gegend von Glastonbury ein Überbleibsel aus uralten Zeiten? Wurde hier länger als anderswo das Matriarchat, die Herrschaft der Frau, gelebt? Glastonbury könnte mit Avalon identisch sein.

Oder lag Avalon bei Cadbury in Somerset? Schon zur Stein- und Bronzezeit siedelten hier Menschen. In der Eisenzeit, um 500 v. Chr., wurde dann eine Befestigungsanlage errichtet. Hinter ihren Mauern suchte die Bevölkerung des ländlichen Umlands Schutz, wenn etwa Überfälle durch marodierende Banden drohten. Es dürfte lange Zeit religiöses und kultisches Zentrum gewesen sein. Im Jahre 43 oder 44 stellte die alte Wehranlage allerdings kein besonderes Hindernis für die Römer dar. 30 Jahre später erhoben sich die Bewohner von Cadbury Castle gegen die Besatzungsmacht. Eine Strafexpedition folgte auf dem Fuße. Die Römer brachen die Stadttore ein und richteten ein schlimmes Blutbad an.

Cadbury blieb dann ein halbes Jahrtausend verlassen, bis ein frühmittelalterlicher König um das Jahr 500 auf den Ruinen des uralten Bergforts eine Festung erbauen ließ. Es könnte sich dabei um König Artus' Burg Camelot gehandelt haben. Für diese Annahme spricht, daß der Hügel, auf dem einst die beeindruckende Wehranlage stand, noch bis ins 15. Jahrhundert »Camalat« hieß. Fand hier das letzte Gefecht Artus' statt? John Leland (1509–1547), ein Historiker im Dienste Heinrichs VIII., will just bei jenem Hügel ein Massengrab gesehen haben, in dem zahlreiche im Kampf gefallene Krieger bestattet worden seien. Waren es Artus' Männer?

Aber war der Erbauer der Festung von Cadbury wirklich Regent oder nur ein britischer Stammeshäuptling? Er ließ mächtige Erdwälle aufhäufen, die mit Holzpfählen verstärkt wurden. Dann folgte eine Schicht mörtellos zusammengefügter Steine, aus denen imposante Holzzinnen ragten. Für damalige Verhältnisse gewaltig war die Festhalle im Inneren des Komplexes. Sie war zwanzig Meter lang und zehn Meter breit. Stand in eben diesem Prachtbau der legendäre runde Tisch von Artus' Tafelrunde? Oder lag Camelot in Südwales? Bei Caerleon am Fluß Usk wurde um 75 n. Chr. ein römisches Amphitheater gebaut, etwa dreißig Jahre später neu gestaltet. Hielt hier der historische Artus hof, vielleicht gar als Vasall der Römer?

Kehren wir zum Zauberreich Avalon zurück. Nur Eingeweihte konnten es auf schmalen Wegen, die durch gefährliche Sümpfe führten, erreichen. Offensichtlich gab es zwei Avalon-Überlieferungen. Eine ältere, die das mystische Reich irgendwo an Land jenseits von Sümpfen ansiedelte. Und eine jüngere, die es auf ein Eiland ins Meer verlegte.

Tatsächlich war die Gegend von Glastonbury im vierten und fünften Jahrhundert nach Christus kaum zugänglich – ein Sumpf-

und Marschland. Wurde hier irgendwo der historische Artus im fünften nachchristlichen Jahrhundert bestattet? Gingen reale Fakten in die Avalon-Legenden ein? Wurden örtliche geographische Gegebenheiten von Glastonbury in den Avalon-Mythos verwoben? Camelot könnte dann mit Cadbury identisch sein, »nur eine scharfe Reitstunde« von Avalon/Glastonbury entfernt.

Der englische Historiker Geoffrey Ashe widmete der Erforschung des Artus-Mythos sein ganzes Leben. Das große Problem bei der Erforschung der Sage, so meint er, sei die Tatsache, daß Artus/Arthur als Königsname nicht in den anerkannten Historienbüchern auftaucht. Wenn es ihn als reale Person gegeben haben sollte, wurde er dann etwa von römischen Geschichtsschreibern unter einem anderen Namen geführt? Davon ist Geoffrey Ashe überzeugt. Er konkretisiert: Die Römer listeten ihn unter seinem Titel, nicht unter seinem Namen auf. Die Bezeichnung für den »Hohen König« sei im fünften Jahrhundert nach Christus »Riothamus« gewesen.

Einen solchen Riothamus hat es tatsächlich gegeben. Er war so mächtig, daß ihn das Römische Reich im fünften Jahrhundert um Hilfe bei einem Feldzug bat. Riothamus setzte aufs europäische Festland über und unterstützte die Römer bei dem vergeblichen Versuch, die Westgoten aus Burgund zu vertreiben. Einer seiner Mitstreiter spann um 470 n. Chr. eine Intrige. Danach verliert sich jede Spur von Riothamus.

Kam der König in diesem Jahr bei kriegerischen Auseinandersetzungen ums Leben? Wurde er nach England überführt und bei Glastonbury beerdigt? Geoffrey Ashe jedenfalls bejaht diese Fragen: »Riothamus war Artus. Mit 12 000 Mann kämpfte er auf dem europäischen Festland für die Römer. Er bezahlte seinen Einsatz mit dem Leben.«

Wenn Geoffrey Ashe recht hat, ergibt sich eine wesentliche Frage: Die Römer mögen Artus nur unter seinem Titel geführt haben. Müßte es dann aber nicht trotzdem historische Quellen geben, die von einem Artus sprechen? Im sechsten Jahrhundert trug der Historiker Gildas eine Fülle von Daten aus dem Leben der Kelten zusammen. Er erwähnt einen König Artus. Vier Jahrhunderte später nennt ein weiterer Geschichtsschreiber, der Historiker

Nennius, König Artus in seinen Werken. Gildas wie Nennius wissen von zwölf Schlachten zu berichten. Sie seien zunächst auf der Britischen Insel, dann in Gallien ausgefochten worden. Wer die Gegner Artus' waren, läßt sich nicht mit Sicherheit sagen. Sie wurden als »Barbarenhorden« bezeichnet.

Artus und der Heilige Gral

Einem alten Mythos zufolge soll es sich beim Gral um jenen Kelch gehandelt haben, aus dem Jesus beim letzten Abendmahl den Wein trank. Nach der Kreuzigung habe dann Joseph von Arimathia das Blut des Herrn darin aufgefangen. Deshalb sei das Gefäß wunderwirksam geworden. Über Cyrene, Phenice (Kreta), Syracus (Sizilien), Rom, Marseille, Figeac, Limoges und Morlaix sei er nach England gelangt.

Tatsächlich gab es einen regen Seeverkehr zwischen Cornwall und Jerusalem. Aus England wurde Zinn ins Heilige Land geliefert. Warum sollte dann nicht als Gegenleistung die eine oder die andere begehrte Reliquie geliefert worden sein, etwa der »Abendmahlskelch«?

Graham Phillips, ein englischer Autor und Erforscher historischer Rätsel, ist davon überzeugt, daß der Gral nach Großbritannien gebracht wurde. Nach seinen Recherchen ließ Helena, die Mutter von Kaiser Konstantin, im frühen vierten Jahrhundert nach dem Gral suchen. Im Heiligen Land sei die heilige Reliquie beim Grab Jesu ausgegraben und dann nach Rom gebracht worden. 410 wurde sie, als die Westgoten Rom einnahmen, außer Landes geschafft. Das berichtet zumindest der Historiker Olympiodorus im fünften Jahrhundert. Aber wohin wurde der Gral gebracht? Mehr als ein Jahrtausend später, zu Beginn des 17. Jahrhunderts, behauptete Robert Vernon aus Shropshire, den Kelch wiederentdeckt zu haben.

Graham Phillips stieß 1994 auf ein mittelalterliches Manuskript, betitelt *Historia Anglicarum, Regem XII*. Nach diesem Werk wurde der von der Kaiserin Helena 327 gefundene Gral von Mönchen einer Abtei in Shropshire gehütet.

Phillips behauptet, der Gral sei 1920 von einem Walter Langham in Hodnet gefunden worden. Der Kelch habe in einem unterirdischen Gang im Fuß einer Adlerstatue gelegen. Heute sei er im Besitz von Walter Langhams Urenkelin Victoria Palmer. Handelt es sich aber bei dem nur sechs Zentimeter kleinen Gefäß aus Onyx tatsächlich um den Heiligen Gral? Zweifel sind mehr als berechtigt. Nach einer Untersuchung von Mitarbeitern des Londoner »British Museum« stammt das Gefäß aus der Römerzeit und enthielt einst Kosmetika. Es ist sehr schwer, an die von Graham Phillips in *The Search for the Grail* (London 1995) vorgestellte Theorie zu glauben. Phillips gelang es nicht, die Spur des kleinen Artefakts lückenlos bis ins Heilige Land zurückzuverfolgen.

Zu Artus' Zeiten, also im fünften und sechsten Jahrhundert, gibt es keinerlei Hinweise auf eine Verbindung zwischen der Gralslegende und der Tafelrunde von König Artus. Sie wurde erst in Wolfram von Eschenbachs Parzivalerzählung hergestellt, die zwischen 1195 und 1219 entstand. Darin werden zwei Erzählstränge miteinander verwoben: die Geschichte um den Artus-Ritter Gawan mit der Suche Parzivals nach dem Gral.

Im dritten Buch der Erzählung wird in romantisch verklärter Weise die Jugend Parzivals erzählt. Als unbedarfter Knabe vom Lande begegnete er drei Rittern von Artus' Tafelrunde. Die Männer imponierten ihm so, daß er, sehr zur Sorge seiner Mutter, beschloß, selbst ein Ritter unter Artus zu werden. Auf Umwegen gelangte er tatsächlich an dessen Hof: »Der tollkühne Knabe befand sich schnell inmitten des Gedränges und wurde hin und her geschoben. Sie sahen seine Gestalt, und jeder schaute mit eigenen Augen, daß es wohl nie ein liebreizenderes Kind gegeben hatte. Gott war in einer freundlichen Laune, als er den Parzival schuf.« Artus selbst war sehr von dem jungen Burschen angetan: »Er sah den Knaben an und sprach zu ihm, der da in seiner Unwissenheit vor ihm stand: ›Gott vergelte Euch den Gruß! Ich will Euch gern gefällig sein mit Leib und Gut. Es wird mir ein Vergnügen sein.‹«

Im vierten Buch werden Parzivals Heldentaten gepriesen, erst im fünften Buch findet er den Gral. Eines Tages, so berichtet die Erzählung, wurde Parzival spätabends gastlich in einer Burg bewirtet. In einem großen Saal tafelten Ritter an hundert Tischen. Parzival durfte neben dem Herrn der Burg Platz nehmen.

»Da trug man etwas Schmerzliches herbei. Ein Knappe sprang zur Tür herein, der trug eine Lanze – ein Brauch, der dort jedesmal ein Wehgeschrei hervorrief. Ihrer Scheide entquoll Blut und rann am Schaft hernieder bis auf die Hand, so daß es schließlich im Ärmel versickerte. Da erhob sich ein großes Weinen und Schreien im weiten Saal. Das Volk aus dreißig Ländern könnte nicht lauter weinen als die Ritter hier. Er trug die Lanze in seinen Händen an den vier Wänden ringsherum, bis zur Tür. Der Knappe ging wieder hinaus. Still war des Volkes Klage, zu der sie von dem Jammer getrieben worden waren, an den die Lanze sie erinnerte, die der Knappe getragen hatte.«

Schließlich marschierte eine Prozession von Jungfrauen auf. Ihr folgte die Königin selbst:»Von ihrem Antlitz ging ein Schein aus, daß alle meinten, es beginne zu tagen. Auf einem grünen Achmardi trug sie die Wunscherfüllung vom Paradies. Das war ein Ding, das hieß der Gral, allen Erdenwunsches Überschwang. Die aber, von welcher der Gral sich tragen ließ, war Repanse de Schoyae. Es war des Grales Art, daß er von reiner Hand gewahrt werden mußte; die ihn in rechte Obhut nehmen sollte, die mußte ohne Falsch sein.«

Nach einem köstlichen Mahl wurde Parzival in ein Gemach geführt. Als er am Morgen erwachte, sah er keine Menschenseele. Nur ein Schwert lag für ihn bereit. Im Hofe wartete sein treues Pferd auf ihn.

Zu spät erfuhr er dann, wo er genächtigt hatte: auf einer »Zauberburg«, genannt Munsalvaesche. Er hätte die »leidvolle Schar« der armen Bewohner erlösen können, hätte er nur nach dem Leiden des Königs, nach der blutigen Lanze und dem Gral gefragt.

Auf dem Rückweg zu Artus kam er zu einer einsamen Klause. Dort enthüllte ihm ein Einsiedler das Geheimnis des Grals: Es handle sich dabei um einen »wundertätigen Stein«, Engel hätten ihn einst gehütet, jetzt sei dafür ein edles Rittergeschlecht zuständig. Ihr König sei »durch eine Sünde verletzt worden«. Nur ein Ritter, der ihn danach frage, könne ihn von seiner Qual erlösen.

In den Büchern zehn bis dreizehn berichtet Wolfram von Eschenbach über Gawans Abenteuer. Vergeblich suchte er den Gral, fand aber das Zauberschloß Schastermaveile. Ausgiebig ist von feierlichen Festen und Kämpfen die Rede. Und schließlich, so heißt es, trafen auch Artus und Parzival ein.

Zu guter Letzt bekam Parzival nochmals das Recht eingeräumt, die Gralsburg zu betreten. Im sechzehnten und letzten Buch wird die entscheidende Szene beschrieben: »Dann fiel er (Parzival) zum Gral gewendet auf die Knie – dreimal zu Ehren der Dreifaltigkeit. Er betete um das Ende der Verzweiflung des traurigen Mannes. Er richtete sich auf und sagte dann: ›Oheim, was schmerzet Dich?‹« Damit war der Burgherr von seiner Sündenschuld erlöst. Weiter heißt es bei Eschenbach: »Parzival wurde zum König und Herrn erklärt.«

Auch heute ist nach wie vor umstritten, ob Artus wirklich gelebt hat. Die Legenden, die sich um seine Person ranken, weisen auf ein historisches Vorbild aus dem fünften, vielleicht sechsten Jahrhundert nach Christus hin. Erst im Mittelalter freilich wurde Artus mit dem Gral in Verbindung gebracht. Das Mittelalter aber war die Zeit der Kreuzzüge und Tempelritter. Indem wir uns ihnen und ihrem Orden zuwenden, verlassen wir die Welt der Mythen und Sagen. Wir erreichen »historischen Grund«. Eines aber haben Artus' Ritter und die Männer vom Templerorden gemeinsam: Sie suchten nach dem Gral.

Die Katharer

Das Mittelalter wird gewöhnlich als ein finsteres Zeitalter bezeichnet. Es war eher eine Ära der Suche. Zu den Geheimgruppen, die nach neuen Erkenntnissen strebten, gehörten die Katharer in Frankreich. Sie entwickelten sich im frühen zwölften Jahrhundert aus der Sekte der Bogumilen. Eines ihrer wichtigsten Bekenntnisse lautete: »Anfangs gab es zwei Prinzipien, das Gute und das Böse. In ihnen war für alle Zeiten das Licht beziehungsweise die Finsternis begriffen. Aus dem Prinzip des Guten kommt Licht und Geist. Aus dem Prinzip des Bösen Materie und Finsternis.«

Sie gingen von zwei Wirklichkeiten aus, die sich gemeinsam zur allumfassenden Realität verdichteten. Alles Sichtbare war zugleich auch vergänglich. Es wurde dem Teufel zugeschrieben. Dazu gehörte der menschliche Leib mit seinen irdischen Genüssen. Unsichtbar und göttlich, also rein und positiv, war die Seele. Der »Idealmensch« war himmlisch und körperlos.

Einer der Hauptgründe, warum sich die Katharer um Geheimhaltung bemühten, war ihre Lehre von den zwei Christuswesen. Da war der eine, der im Heiligen Land lebte und gekreuzigt wurde. Dieser irdische Christus wurde keineswegs nur positiv gesehen. Nach Überzeugung der Katharer war er sündig geworden, weil er mit Maria Magdalena in wilder Ehe lebte und mehrere Kinder zeugte. Weil er so Schuld auf sich geladen hatte, sei er auch zu Recht gekreuzigt worden.

Der andere Christus wurde ebenfalls gekreuzigt. Er durfte aber nicht mit seinem irdischen Pendant verwechselt werden: Er war eine Art Geistwesen in unsichtbarer Form, hatte keine fleischlichen Bedürfnisse, benötigte weder Speise noch Trank und wurde ebenfalls gekreuzigt.

Gleichzeitig gab es eine weitere Lehrmeinung, die von der ersten abwich. Demnach hatte Gott zwei Söhne: Christus und Satan. Beide wurden gekreuzigt: Christus auf Erden, Satan im Himmel. Der irdische Christus wurde als gefallene Seele bezeichnet. Er gleiche jedem Sünder irdischer Herkunft.

Alle Menschen waren »gefallene Seelen«, hatten aber die Möglichkeit, geheimen Riten folgend und durch wiederholtes Leben, Sterben und Wiedergeburt den Status eines »Vollendeten« zu erreichen. Jene Menschen, es sollen im zwölften Jahrhundert deren fünfzehn gewesen sein, waren dazu auserkoren, die Katharer als Führungspersönlichkeiten zu leiten. Sie wurden als Parfaits bezeichnet und waren erlöste Seelen, die nach dem Tode unmittelbar ins Paradies eintreten durften. Die anderen Menschen aber, die von ihnen zu einem reinen Leben angeleitet werden sollten, mußten, je nach Fortschritt in der geistigen Entwicklung, den Kreislauf der Wiedergeburt häufiger oder weniger oft durchlaufen.

Das irdische Los der »Vollendeten« war, aus der Sicht »niederer menschlicher Gesinnung«, nicht leicht. Sie waren rein, durften sich, um den Eingang ins Paradies nach dem Tode nicht zu gefährden, nicht beschmutzen. Sie mußten sich darauf beschränken, so wenig wie nur möglich zu essen. Nahrungsaufnahme durfte nicht dem

Genuß dienen, sondern mußte den Leib am Leben erhalten. Ihre Kost war arm, entsprechend verhärmt sahen sie aus. Sexualität war ihnen verboten. Sie lebten mönchisch und kasteiten den Leib mit einem Gewand aus rauhem Stoff.

Hygiene wurde groß geschrieben. Alles Irdische war dazu angetan, zu verunreinigen, zu beschmutzen. Fett galt als unrein und durfte bei der Herstellung von Speisen nicht verwendet werden. Das Eßbesteck mußte, merkwürdigen Ritualen folgend, neunmal abgewaschen werden.

Das Leben der Reinen hätte wohl auch vom Klerus akzeptiert werden müssen, war es doch keusch und ohne Prunk und Protzerei. Freilich hatten sich die kirchlichen Oberen häufig zu fast weltlichen Fürsten entwickelt, die die angenehmen Seiten des Lebens schätzten und oft verschwenderisch lebten. Jener Prunk aber war in den Augen der Katharer verwerflich und schädlich. Sie erachteten den Luxus als »Fäulnis der Seele«.

Es gab freilich keine einheitliche kirchliche Front gegen die Katharer. Sie fanden selbst in den Reihen hoch angesehener Bischöfe verschiedener Städte Unterstützung. Das ging sogar so weit, daß sich hohe geistliche Würdenträger von 1231 an immer wieder für den Geheimbund einsetzten und aktiv eine Verfolgung sabotierten.

Die Katharer lehnten die Kirche konsequenterweise ab. Sie akzeptierten den Papst nicht als höchste Autorität. Jeder der Parfaits galt als eine Art Papst, der nach Ansicht der Anhängerschaft im Gegensatz zum römischen Papst nach den Gesetzen des Neuen Testaments lebte. Zu den Gesetzen, die von den Reinen auch in Lebensgefahr befolgt wurden, gehörte das Verbot zu töten. Wenn ein Parfait von einem Feind angegriffen und bedroht wurde, durfte er sich nicht wehren, sondern mußte sich ermorden lassen.

Das Verbot des Tötens wurde auch auf Tiere ausgedehnt, die nicht geschlachtet werden durften. Glaubte man doch, daß in ihren Leibern die Seelen Verstorbener leben könnten, die im Rahmen der Wiedergeburt ein niedriges Dasein fristeten. Wer ein Leben auslöschte, war verdammt: der Metzger ebenso wie der Totschläger, der Inquisitor ebenso wie der Henkersknecht.

Entsetzt lehnten die Katharer jegliche Form von feierlicher Bestattung ab. Sie verachteten den menschlichen Leib zutiefst, der für sie nur eine wertlose, ja schmutzige Hülle der Seele war. Da war es doch absurd, Bestattungszeremonien abzuhalten, vielleicht gar mit Pomp und salbungsvollen Reden. Der Leib würde vergehen und niemals auferstehen. Die Seele des Normalsterblichen würde wiedergeboren werden. Anders war das beim Reinen.

Die Parfaits waren überzeugt davon, sie würden nach dem Jenseits ins Paradies wandern. Das setzte aber voraus, daß sie ihr irdisches Leben in Reinheit verbrachten. Beschmutzten sie sich in irgendeiner Weise, durch den Verzehr von Fleisch, durch Geschlechtsverkehr oder Mord, dann waren sie zur Wiedergeburt verdammt. Sie würden als primitivste Tiere erneut zur Erde kommen und hätten keine zweite Chance, sich zu höherem Leben zu entwickeln. Diese mehr als schlimmen Aussichten mögen es gewesen sein, die die Parfaits daran hinderten, »rückfällig« zu werden.

Da hatten es »Normalsterbliche« schon leichter. Sie unterlagen nicht den strengen Vorschriften. Sie durften Fleisch essen, sich ein Intimleben gönnen. Im Falle der Bedrohung von Leib und Leben war es ihnen sogar gestattet, menschliches Leben zu vernichten. Gewiß, sie gingen nach dem Tode nicht unmittelbar ins Paradies ein. Sie hatten aber dieses erlösende Ziel stets vor Augen. Es war jedem dieser Unreinen theoretisch sogar möglich, durch reines Leben selbst zu einem Parfait zu werden.

Die Aufnahme in jenes kleine Grüppchen erfolgte nach einem strengen Ritual. Der Noch-Unreine mußte zunächst versprechen, auf jede Form fleischlicher Freuden zu verzichten. Er mußte schwören, künftig nur die Wahrheit zu sagen. Er mußte sich dazu verpflichten, bis an sein Lebensende der Gemeinschaft der Katharer anzugehören. Ein Austritt, so wie er heute aus den Kirchen möglich ist, war undenkbar. Dabei war klar, daß Katharer von der Inquisition verfolgt und wegen ihrer Zugehörigkeit zum Geheimbund oft schlimmen Folterqualen unterworfen wurden, die so schmerzhaft waren, daß die Gepeinigten die Toten beneideten. Ein Parfait wollte lieber sterben, als sein Katharertum zu verleugnen.

Die Angst vor der Verfolgung war groß. Mancher Parfait befürchtete, sein einmal abgelegtes Gelübde nicht einhalten zu können. Er zog es dann vor, seinem Leben ein Ende zu bereiten. Diese bewußt herbeigeführte Selbsttötung wurde als »Endura« bezeichnet. Man zog sich in eine abgeschiedene Region, etwa die Berge, zurück und nahm keinerlei Nahrung mehr zu sich, verhungerte also.

Der rituelle »Endura«-Tod wurde wiederholt auch in der Gefangenschaft zelebriert. Diese qualvolle Art des Selbstmords war für die Parfaits erträglicher dadurch, daß sie sich vorstellten, bald schon von achtzehn Engelswesen durch sieben Himmel geführt zu werden. Sie ließen die Erde tief unter sich, jenen Ort, auf dem die dummen Menschen lebten. Als dumm wurden sie angesehen, weil sie ja wußten, was sie eigentlich tun müßten, um ins himmlische Paradies zu gelangen, aber aus Gier und Genußsucht das Dasein von Unreinen vorzogen.

Eine wirklich klare Vorstellung von einer »Hölle« gab es nicht. Vermutlich glaubten die Katharer, daß die Erde selbst jener Hort des Schreckens sei, in dem einst die bösen Seelen hausen würden. Mit Höllenvisionen setzte sich der Parfait kaum oder gar nicht auseinander. Für ihn war die Vorstellung, daß Unreine immer wieder und wieder geboren würden und dabei zu immer schlimmeren, monströseren Lebensformen degenerierten, weitaus abschreckender als noch so grausame Höllenbilder von einem jenseitigen Jammertal.

Das Geheimnis der Katharer

In der Region des Languedoc im Süden Frankreichs, nahe bei den Pyrenäen gelegen, trotzt eine alte Burgruine auch heute noch dem oft stürmisch-schlechten Wetter. Sie thront auf einem wahrhaft imposanten Felsblock und wirkt eher wie ein zu Stein gewordenes Adlernest als ein von Menschenhand errichtetes Bauwerk. Der Zahn der Zeit hat im Verlauf der Jahrhunderte an dem mysteriösen Bau genagt, und doch versteht man auch heute noch, warum er Montségur genannt wurde.

Der Begriff leitet sich von »Mont Sur« ab: sicherer Berg. Sicher und unerreichbar für die Inquisition fühlten sich die Katharer in ihrer Festung. Hier hielten sie die wichtigen Rituale ihres Geheimordens ab, die niemals Uneingeweihten anvertraut wurden und die uns daher unbekannt geblieben sind. Die Katharer haben das Geheimnis mit auf die Scheiterhaufen genommen.

Wir wissen, daß es in Montségur ein »Sonnenzimmer« gab. Wie mögen die Zeremonien ausgesehen haben, die in jenem Raum feierlich begangen wurden? Wir wissen es nicht. Gewiß, man könnte Spekulationen anstellen. Man könnte mutmaßen, daß die Bezeichnung auf irgendwelche alchimistischen Vorgänge anspielt. Die Katharer betrieben aber keine Alchimie, zumindest gibt es dafür nicht auch nur den Hauch eines Hinweises. Tatsächlich paßte diese Geheimwissenschaft auch gar nicht zu ihrem Glauben. Alles Materielle wurde von ihnen verachtet: Blei genauso wie Gold. Warum sollten sie sich dann darum bemühen, aus unedlen Metallen edlere herzustellen? Gold war in ihren Augen auch gar nicht erstrebenswert. Sein Besitz beschmutzte nur die Seele.

Alchimisten waren die Katharer allenfalls im übertragenen Sinne: Durch Abstinenz von allem Unreinen verwandelten sie sich, indem sie ihre Seele reinigten. Man mag es als den großen Triumph der Katharer ansehen, daß sie trotz schlimmster Folterqualen das Geheimnis des Sonnenzimmers wahrten.

Belagerung und Tod

Im Jahre 1244 umzingelte eine ganze Armee den Berg von Montségur. Die päpstlichen Offiziere trieben ihre Landsknechte zu schnellem Vorgehen an. Sie befürchteten nämlich, daß der deutsche Kaiser Friedrich II. den Belagerten zu Hilfe kommen würde. Mit einem Heer aus deutschen Landen wollten sie es nicht aufnehmen.

Mit militärstrategischen Mitteln hätte es aber doch lange, zu lange, gedauert, die Trutzburg einzunehmen. Es fand sich ein Verräter, der den Belagerern den »rechten Weg« wies. Am 1. März 1244 standen sie unmittelbar auf dem Gipfel. Vor ihnen türmte sich die Burg in den pechschwarzen Himmel. Meuchelmörder töteten die Wache. Trotzdem wurde die Festung nicht eingenommen. Die päpstlichen Truppen räumten den Verteidigern eine Frist von zwei Wochen ein, in der sie ihren »sicheren Ort« freiwillig aufgeben und dem Katharer-Glauben abschwören sollten. Andernfalls werde man sie öffentlich bei lebendigem Leibe verbrennen.

In der Nacht vom 15. März 1244, also nur wenige Stunden vor Ablauf der Frist, gelang es vier Parfaits, sich von den hohen Zinnen der Burg abzuseilen. Sie hatten sich zur Tarnung in dunkle Wolltücher gehüllt. Irgendwie konnten sie sich durch den Ring von Belagerungstruppen schleichen. Retteten sie »nur« ihr Leben? Einer alten Überlieferung zufolge brachten sie den wertvollsten Besitz, den Schatz des Geheimordens, aus der Burg in Sicherheit. Worum handelte es sich dabei? Und was es auch war: Wohin brachten sie es?

Niemand vermag das zu sagen.

Anfang der dreißiger Jahre unseres Jahrhunderts versuchte Otto Rahn, das Geheimnis von Montségur zu lüften. Er recherchierte intensiv – in alten Historienbüchern, aber auch vor Ort. Ein Hirte erzählte ihm eine Geschichte, die damals in der einheimischen Bevölkerung in den Dörfern um den Katharerberg erzählt wurde. Kann man ihr glauben? Darin hieß es: »Als Montségurs Mauern noch standen, hüteten in ihnen die Reinen den Heiligen Gral. Die Burg war in Gefahr. Luzifers Heerscharen lagen vor ihren Mauern. Den Gral wollten sie haben.«

Sollte sich also der Gral in der Festung befunden haben? Wurde er gerettet? Oder handelte es sich bei dem Schatz vielmehr um Dokumente, etwa über die Riten und Regeln des Katharerordens, die auf keinen Fall in die falschen Hände fallen durften, die man aber auch nicht zu vernichten wagte?

Wie auch immer: Kaum waren die vier »Reinen« entkommen, ergaben sich die übrigen Glaubensbrüder in ihr Schicksal. Fast scheint es so, als ob sie dann ihr Ende auf den Scheiterhaufen am Fuß des Berges gar nicht mehr erwarten konnten. Lachend und singend seien sie in die Flammen gesprungen. 205 Menschen kamen um. Nahm ihnen die Glaubensüberzeugung, bald schon ins himmlische Paradies eingehen zu können, jede Angst vor dem Tod?

Eine alte französische Darstellung zeigt den legendären König Artus, der mit den Rittern der Tafelrunde nach dem Gral suchte.

Im Berg von Glastonbury in der südenglischen Grafschaft Somerset soll der Gral verborgen liegen. Im 11. Jahrhundert fanden hier Mönche das Grab von König Artus.

*Die Templer waren bis zu ihrer Zerschlagung der mächtigste und reichste
Orden des Mittelalters.*

Der Hauptsitz der Templer in London gibt bis heute einem ganzen Stadt-viertel den Namen "The Temple".

AVANT-PROPOS.

Auf dem Konzil von Vienne wurden der Templerorden 1312 offiziell geächtet und verboten.

Die Templer starben für ihre Überzeugung. Die mittelalterliche Miniatur zeigt Tempelritter auf dem Scheiterhaufen.

Der Templerorden und der Heilige Gral

Gegen Ende des 11. Jahrhunderts vereinte das christliche Abendland nach und nach seine militärischen Kräfte zu mehreren Kreuzzügen. Die kriegerische Bewegung hatte Papst Urban II. 1095 auf der Synode zu Clermont-Ferrand ausgelöst. Empört verkündete er, daß das Heilige Jerusalem von ungläubigen Türken eingenommen worden sei und von den Christen befreit werden müsse.

Peter von Amiens (gestorben 1115) folgte der päpstlichen Aufforderung und zog mit einer begeisterten, aber unorganisierten Heerschar nach Jerusalem. Die Niederlage der frommen Krieger war vorprogrammiert. Sie hatten wegen ungenügender Bewaffnung und fehlender militärischer Ausbildung keine Chance.

Gottfried von Bouillon war erfolgreicher. Unter seiner Führung sammelten sich nord- und südfranzösische, lothringische, flämische und normannische Ritter. Sie eroberten 1099 Jerusalem und gründeten dort ein »christliches Königreich«.

Kult und Ritus

Im Jahre 1118 sollen Hugo de Payens und acht weitere französische Kriegsleute in den Ruinen des Tempels von Jerusalem die »Arme Ritterschaft Christi vom salomonischen Tempel« gegründet haben. Erst elf Jahre später, also 1128, wurde in Troyes der Templerorden als religiöse Gemeinschaft offiziell ins Leben gerufen. Als Väter der Geheimgesellschaft müssen der Benediktiner Bernhard von Clairvaux, Hugo von Payens und Johannes Michaelensis angesehen werden. Bernhard von Clairvaux (1091–1153), der eigentliche Begründer des Zisterzienserordens, wird in der katholischen Kirche als »Patron der Todesstunde« verehrt. Ihm werden zahlreiche Heilungen nachgesagt, 1174 wurde er heiliggesprochen. Hugo von Payens wurde der erste Großmeister des Ordens, Johannes Michaelensis legte die Statuten der Gesellschaft schriftlich fest.

Das Emblem der Templer war ein Pferd, auf dem zwei Ritter, behelmt, mit Schild und Speer versehen, sitzen. Das Symbol sollte Brüderlichkeit und Armut versinnbildlichen, die Haupttugenden

271

des Ordens. Einweihungszeremonien fanden in bewachten Stifts-
häusern statt. Ein Großprior fragte die versammelte Ritterschaft, ob
der Novize aufgenommen werden sollte. Gab es keinen Widerspruch, mußte dieser bekunden, daß er weder Schulden oder einer
Familie gegenüber finanzielle Verpflichtungen noch einem anderen
Herrn die Treue geschworen habe. Erst dann durfte er niederknien
und darum bitten, als »Diener und Sklave« des Tempels aufgenommen zu werden. Er legte das Gelübde ab und erhielt den weißen
Mantel mit rotem Kreuz auf dem Schulterteil. Er unterstand jetzt
keiner weltlichen Justiz mehr. Nur noch dem Ordenschef und Gott
mußte er Rechenschaft ablegen.

Hauptaufgabe der Templer war es ursprünglich, die Pilgerwege
ins Heilige Land zu sichern. Viele europäische Krieger hatten freilich gar keine Chance dazu, Jerusalem zu befreien, denn sie kamen
häufig erst gar nicht am Ziel ihrer Reise an. Sie wurden von den
Sarazenen aus dem nordwestarabischen Raum überfallen, erschlagen oder gefangengenommen und in die Sklaverei verschleppt.

Mit der ursprünglichen Aufgabe als Schutzmacht mochten sich
die Ordensritter bald schon nicht mehr begnügen. 1129 umfaßte die
Gemeinschaft bereits 300 Mitglieder. Männer aus den vornehmsten
Familien hatten sich ebenso angeschlossen wie Menschen aus dem
einfachen Volk, die ihren Dienst als Waffenknechte taten. Je
schneller der Orden wuchs, desto heftiger beteiligte er sich mit
eigenen Streitkräften an den Kämpfen.

Sehr zur Enttäuschung des Papstes stieß der Kreuzfahrergedanke
in Deutschland zunächst auf nur geringe Begeisterung. Erst 1146,
als die »unchristliche Seite« wieder deutliche militärische Erfolge
erzielte, gelang es Bernhard von Clairvaux, einem der Gründerväter
der Ordensritter, einen deutschen Kreuzzug unter König Ludwig
VII. zu initiieren. Die europäischen Truppen wurden vernichtend
geschlagen.

1187 eroberte Sultan Saladin Jerusalem zurück. Das veranlaßte
Kaiser Friedrich I., Richard Löwenherz und König Philipp II. von
Frankreich zu einem weiteren Kreuzzug. Es gelang zwar, einige
militärische Erfolge zu verbuchen, Jerusalem blieb aber in Feindes-
hand. Daran änderte auch ein weiterer Kreuzzug (1202–1204)
nichts. Verheerend verlief auch 1212 ein von französischen und

deutschen Kindern unternommener Gewaltmarsch. Sie zogen, angeführt von religiösen Eiferern, zu Tausenden nach Genua und Mailand. Teilweise war ihnen versprochen worden, das Meer würde sich vor ihnen auftun, so daß sie trockenen Fußes ins Gelobte Land gelangen könnten. Viele der Kinder kamen schon unterwegs elend um. Ein Großteil wurde gefangengenommen und in die Sklaverei verkauft.

Friedrich II. brachte 1228/29 Jerusalem nach Verhandlungen mit Sultan al-Kamil vorübergehend in christlichen Besitz. 1244 ging es aber wieder verloren.

Der Templerorden stand von Anfang an unter dem Schutz der Kirche. Das mutet verwunderlich an. Noch 1095 hatte Bernhard von Clairvaux die Ritter als »ungläubige Schurken, blasphemische Plünderer, Mörder, Eidbrüchige und Ehebrecher« beschimpft. Wie ist der Sinneswandel zu erklären? Wie war es möglich, daß sich plötzlich Päpste für den neuen Orden stark machten? Warum wurde eine militante Gruppe unterstützt, obwohl doch anderen Ordensmitgliedern das Tragen von Waffen strikt untersagt wurde?

Vermutlich war es die Absicht kirchlicher Würdenträger, das gefürchtete Gewaltpotential der Ritter zu kanalisieren. Sie erhielten eine Aufgabe – die Unterstützung der Kreuzzüge – und fielen als Bedrohung der Kirche im eigenen Land aus. Gerade im 12. Jahrhundert stieß die Kirche zusehends auf Kritik. Der Klerus widmete sich in den Augen der Öffentlichkeit zuwenig den eigentlichen seelsorgerischen Aufgaben. Priester und Bischöfe hatten sich zu weltlichen Herrschern im Kleinen wie im Großen entwickelt, die oft in Luxus lebten. Bestand die Gefahr, daß sich die Ritter auf die Seite der unzufriedenen Gläubigen schlugen, kirchliche Fürsten entmachteten? Die Kreuzzüge bannten diese Gefahr. Als Kämpfer zur »Befreiung« Jerusalems waren sie willkommen. Sie wurden als »Scharfrichter Christi« gepriesen, von der Sünde des Tötens freigesprochen.

Papst Innozenz II. (Pontifikat 1130–1134) organisierte großzügige finanzielle Zuwendungen. Eugen III. (1135–1145) ordnete an, daß Zuwendungen für die Ritter zu einer Ermäßigung der »Kirchenbuße«, einer Vorform der Kirchensteuer, um ein Siebtel führten. Papst Hadrian IV. (1154–1159) befreite die Tempelritter von

der »Abgabe des Zehnten« und von Zöllen. Alexander II. (1159–
1181) schließlich verkündete, alle Güter des Ordens stünden von
nun an bis in alle Ewigkeit unter dem Schutz des Vatikans. Innozenz
III. (1198–1216) verlieh ihnen Immunität: Kein Angehöriger des
Ordens durfte exkommuniziert werden. Innozenz IV. (1243–1254)
befreite sie von der Pflicht, sich gegenüber Bischöfen zu rechtfertigen. Templer unterstanden nur noch dem Ordensgroßmeister. Und
der konnte nur vom Papst selbst zur Rechenschaft gezogen werden.

Aufstieg und Fall der Templer

1129 gehörten der Gemeinschaft der Templer 300 Mitglieder an.
Von Jahr zu Jahr wuchs die Bewegung. Bald gab es organisatorische
Probleme bei der Verwaltung. Dr. Johannes und Peter Fiebag (*Die
Entdeckung des Grals,* München 1990, S. 219): »Das bedingte eine
Untergliederung in verschiedene Provinzen, die aber heute nicht
mehr feststellbar sind. Vermutlich waren es in Palästina fünf und in
Europa zwölf. Dabei nannten sich die größeren Besitzungen oder
Tempelhöfe Priorate beziehungsweise Präzeptorate, die kleineren
Komtureien. Die Größe des Ordens selbst, das heißt die Anzahl der
Mitglieder und Finanzen, beruht nur auf Schätzungen. Sie schwan-
ken für die letzten Jahre des Bestehens zwischen 3000 und mehr als
20 000 Rittern (zusätzlich zu zahlreichen Dienern, Knechten und
Kaplänen) beziehungsweise einem jährlichen Einkommen von zwischen 40 und 54 Millionen Franken.«
Je mächtiger der Orden wurde, desto wohlhabender wurde er
auch. Kaufleute wollten sich von den Rittern schützen lassen und
stifteten Geld, Gut und Grundstücke. Jede Zuwendung ging sofort
in den Besitz des Ordens selbst über. So wurde er bald zu einem
Staat im Staate. Weitflächige Ländereien, die miteinander durch
perfekt gesicherte Handelswege verbunden waren, unterstanden
dem Orden. Der stetig wachsende Reichtum stand im Widerspruch
zum abgelegten Armutsgelübde. Tatsächlich waren die Templer in
Sachen Finanzen echte Pioniere. Sie »erfanden« sozusagen das
Bankwesen.
Wenn ein Händler beispielsweise in einer fernen Hafenstadt

Waren einkaufen wollte, so mußte er große Gefahren auf sich nehmen. Er war mit großen Mengen Münzgeld unterwegs und stellte damit ein lohnendes Ziel für Räuberbanden dar. Die Templer führten den »Wechselverkehr« ein. Jetzt konnte der Kaufmann in seiner Heimatstadt das Bargeld zur örtlichen Komturei bringen und erhielt dafür einen »Wechselbrief«. In der Hafenstadt angekommen, löste er diesen Brief wieder bei einer Komturei gegen Münzen ein. Jetzt konnte er seine Geschäfte mit Bargeld tätigen.

Es blieb aber nicht nur beim Ausstellen von »Wechselbriefen« für Reisende. Wohlhabende Bürger wie Adelige vertrauten ihre Reichtümer den Templern an. Immer höhere Geldbeträge flossen in die Kassen der Templer, selbst der Goldschatz des französischen Königshauses befand sich in ihrer Obhut. Und weil sie so gut mit Geld umgehen konnten, vertraute man ihnen auch das Amt des Steuereintreibens an.

Die Templerorganisation wurde zur Bank. Sie stellte Wechsel aus, hortete Gold und Silber. Sie verlieh das ihr anvertraute Vermögen und kassierte Zinsen. Gewinne wurden vielfältig angelegt. Der Orden erwarb große Ländereien, Unsummen wanderten aber auch in den Bau von Gotteshäusern. Die Kathedralen von Paris und Chartres, von Reims und Toulouse, Perlen gotischer Baukunst, wurden von den Templern finanziert.

Die Templer waren in den Augen nicht nur kirchlicher Machtpolitiker eine Gefahr geworden. Ursprünglich hatte es die weltliche wie kirchliche Obrigkeit begrüßt, daß die Horden der Ritter in einem Orden vereint worden waren. Ihr Machtpotential richtete sich dank der Kreuzzüge gegen Feinde im Ausland. Jetzt war der Orden in Frankreich, aber auch in Deutschland, zu einer neuen Gefahr geworden. An eine Auflösung der Gemeinschaft wagte man zunächst nicht zu denken. Also wurde von seiten der Kirche vorgeschlagen, die Tempelritter sollten sich mit dem Orden der Hospitaliter nach den Regeln des Augustinus zusammentun und sich der christlichen Nächstenliebe verschreiben.

Verhandlungen wurden aufgenommen. Am 7. Mai 1274 sollte auf dem Konzil zu Lyon eine allmähliche Entmachtung der Templer entschieden werden. König Jakob von Aragon freilich widersetzte sich diesem Plan. Am 16. Juni 1291 verkündete Papst Nikolaus IV., nur eine Vereinigung beider Orden könne dem Heiligen Land Schutz gewähren vor der drohenden Gefahr durch muselmanische Armeen. Jacques de Molay, Templergroßmeister, lehnte eine Zusammenarbeit ab. Papst Clemens V., Nachfolger Nikolaus IV., versuchte weiter, den gefürchteten Orden in seiner Machtfülle zu beschneiden.

Intrigen wurden gesponnen. In geheimen Verhören wurden Angehörige des Ordens, die aus der Gemeinschaft ausgeschlossen worden waren, befragt. In den Protokollen wurde den Templern bösartiges und unchristliches Verhalten unterstellt. Am 24. August 1307 teilte der König von Frankreich, Philipp der Schöne, dem Papst mit, er habe eine »Untersuchung« eingeleitet. Ihm ging es freilich dabei allenfalls nur vordergründig um Gerüchte, nach denen die Templer sich gotteslästerlich verhielten. Der enorme Reichtum faszinierte den Regenten. Er wollte sich ihren Schatz aneignen.

Das Ende der Templer wurde in der Nacht vom 12. auf den 13. Oktober 1307 eingeleitet. Sämtliche Angehörige des Ordens wurden in Frankreich verhaftet. Offensichtlich verfuhr man dabei nach einem sorgsam vorbereiteten Plan. Erste »Geständnisse« wurden abgelegt, Gotteslästerungen zugegeben. Wenige Tage später, am 16. Oktober, forderte Philipp alle Königs- und Fürstenhäuser Europas auf, ebenfalls alle bekannten Templer hinter Schloß und Riegel zu bringen. Papst Clemens V. setzte sich zunächst, allerdings eher zögerlich, für den Orden ein. Philipp solle doch die Gefangenen ausliefern und die beschlagnahmten Vermögen herausrücken. Der reagierte überhaupt nicht auf diesen Vorschlag. Offenbar sah das Kirchenoberhaupt keine Möglichkeit, den Templern zu helfen. Der Papst schloß sich als Realpolitiker Philipp an. In einer Bulle, die er am 22. November 1307 erließ, ordnete er an, sämtliche Fürsten Europas sollten Philipps Beispiel folgen.

In den Monaten Juni und Juli 1308 wurden in Poitiers, wo der Papst im Exil residierte, die Templer weiter verhört. Eine Welle von Prozessen rollte an. Im Zentrum stand stets der Vorwurf der Gotteslästerung. In einer von Philipp dem Schönen bereits am 14. September 1307 herausgegebenen Schrift heißt es hierzu, daß bei der Aufnahme von Neumitgliedern in den Orden gotteslästerliche Handlungen vollzogen werden mußten: »Der Aufgenommene verlangt zunächst Brot und Wasser des Ordens. Dann führt ihn der Meister, der ihn aufnimmt, heimlich hinter den Altar oder in die Sakristei oder an einen anderen Ort und zeigt ihm das Kreuz und das Bild unseres Herrn Jesus Christus. Er läßt ihn dreimal den Propheten, das heißt unseren Herrn, verleugnen und auf das Kreuz spucken. Dann fordert er ihn auf, seine Kleider abzulegen, und der Aufnehmende küßt ihn auf das Ende des Rückens, auf den Nabel und auf den Mund und sagt ihm, wenn sich ein Ordensbruder zu ihm lege, müsse er sich ihm hingeben, da er nach den Ordensstatuten dazu verpflichtet sei. Er sagt ihm ferner, daß mehrere in Unzucht miteinander schlafen und jeder über dem Hemd eine Schnur trage, Symbol der Brüderlichkeit und Unendlichkeit, die der Bruder, solange er lebe, niemals ablege.«

Die Vorwürfe, bei den Templern seien unsittliche Orgien gefeiert worden, entbehren mit an Sicherheit grenzender Wahrscheinlichkeit jeder Grundlage. So war es den Ordensbrüdern strikt untersagt, einen anderen Menschen zu küssen. Sie mußten voll bekleidet in beleuchteten Sälen schlafen. Selbst kleinste »Verfehlungen« wurden strikt verfolgt und hart bestraft, führten meist zum Ausschluß aus dem Orden.

Neben sexuellen Verfehlungen und Gotteslästerung wurde ein weiterer Vorwurf erhoben: der des Götzendienstes. Dazu heißt es in Philipps Schrift: »Man hat ferner gehört, daß diese Schnüre um ein Götzenbild in Form eines Menschenkopfes mit langem Bart gelegt werden und daß sie diesen Kopf küssen und anbeten müssen.«

Folter und Scheiterhaufen

Zahlreiche Mitglieder gestanden solche Verfehlungen. Daß sie freilich zu ihren Aussagen gezwungen wurden, belegt ein Dokument aus dem Jahr 1309. Ponsard de Gizy erklärte am 27. November, er sei »drei Monate vor dem Geständnis, das er dem Erzbischof von Paris ablegte, in eine Grube gesperrt worden. Man hatte ihm die Hände so fest hinter dem Rücken zusammengebunden, bis ihm das Blut aus den Nägeln geflossen sei. Er blieb lange dort eingezwängt.

Schließlich hatte er protestiert und gesagt, wenn man ihn noch weiter foltere, werde er alles bisher Gesagte leugnen und das Gewünschte aussagen. Er sei bereit zu leiden und Enthauptung, Feuertod oder Tod durch Verbrühen zu erdulden, sofern es nur schnell vorübergehe. Er könne die Qualen nicht länger ertragen, denen er bereits mehr als zwei Jahren ausgesetzt sei.«

Auch Jacques de Molay wurde vom 17. bis 20. August 1308 gefoltert. Die Kardinäle Berengar, Stephan und Landulf leiteten die »Befragung«. Am 26. November widerrief er seine erzwungenen Aussagen und beteuerte vehement seine Unschuld. Vor dem Papst selbst wolle er sich rechtfertigen. Hatte nicht Innozenz IV. (Pontifikat 1243–1254) verkündet, Templer seien nur dem Papst Rechtfertigung schuldig?

Noch schien das Los der Templer nicht entschieden zu sein. Ende 1307, vielleicht auch im Frühjahr 1308, bezweifelte Papst Clemens V. stark die durch Folter erzwungenen »Geständnisse«. Er deutete sogar an, die Protokolle könnten verfälscht worden sein. Clemens V. entzog den Inquisitoren alle Vollmachten und verkündete, er werde den weiteren Verlauf des Verfahrens selbst bestimmen. Hoffnung keimte bei den Templern auf. Sie sollte sich als verfrüht erweisen. Auf Drängen Philipps des Schönen wurden die Inquisitoren erneut eingesetzt, und das Foltern ging weiter. Am 26. Mai 1311 wurden die Verhöre und Verhandlungen für abgeschlossen erklärt.

Geständnisse lagen freilich nur aus jenen Regionen vor, in denen im Auftrag von Philipp dem Schönen »die hochnotpeinliche Befragung« eingesetzt worden war. In Deutschland hingegen hatte man die verhafteten Ordensmitglieder wieder freigelassen, ohne daß ihnen Geständnisse abgequält worden waren.

Die päpstliche Kommission sah die »Schuld« nicht als »eindeutig erwiesen« an. Den Angeklagten müsse das Recht auf freie Verteidigung eingeräumt werden. Der Papst hielt sich aber nicht an die Empfehlung der Kommission. Am 22. März 1312 löste er »aus fürsorglicher Rücksichtnahme auf das allgemeine Wohl und mittels päpstlicher Verordnung« den Orden der Templer auf. Offiziell bestand er zunächst auf dem Recht, die Urteile über die führenden Templer Jacques de Molay und Gottfried von Charney selbst zu sprechen, Philipp der Schöne dagegen wollte seine Kommission

richten lassen. Die Angeklagten wurden am 11. März 1314 vor dem
Eingang von Notre Dame in Paris zu lebenslanger Haft verurteilt.
Jacques de Molay begehrte nochmals auf. Mit lauter Stimme erklärte er alle Anschuldigungen für falsch. Im Orden seien niemals die
behaupteten Sünden begangen worden. Den Tod habe er nur verdient, weil er unter der Folter schwach geworden sei und die Wahrheit verleugnet habe. Gottfried von Charney äußerte sich ähnlich.
Daraufhin wurden die »milden Urteile« in die Todesstrafe umgewandelt, beide Templer noch am gleichen Abend bei lebendigem
Leibe verbrannt.

Auf dem lodernden Scheiterhaufen soll de Molay erneut seine
Unschuld beteuert und Clemens V. und Philipp den Schönen ver-
flucht haben. Ob diese Legende den Tatsachen entspricht, kann
nicht mit Sicherheit festgestellt werden. Auf jeden Fall überlebten
weder Clemens V. noch Philipp der Schöne den Orden lange. Sie
starben noch im gleichen Jahr.

1899 räumte *Wetzer und Welters Kirchenlexikon*, an dem Joseph
Kardinal Hergenröther und der damalige Prälat des Papstes, Franz
Raulen, mitgewirkt hatten, ein: »Die weitaus größere Mehrzahl der
Historiker erklärte die Anklagen überhaupt für unbegründet, und
diese Auffassung ist zweifelsohne die richtige.« Das Verfahren
selbst »war eine schwere Verletzung der Wahrheit und der Gerechtigkeit und brachte Hunderten von Personen einen qualvollen Tod,
einer noch größeren Zahl Gewissensnöte und peinliches Dasein.«

1923 machte G. Lizerand in seiner Abhandlung *Le Dossier de
l'affaire des Templers* in Philipp dem Schönen den Hauptschuldigen
am Tod der Templer aus: »Der Kirche lag nichts an einem Prozeß.
Sie mißbilligte ihn, und wenn es nach ihr gegangen wäre, wären die
Templer von der Inquisition verschont geblieben.« Kirchenkritiker
behaupten, der Papst sei damals zu stark gewesen, habe selbstherr-
lich Todesurteile vollstrecken lassen. Das Gegenteil ist der Fall.
Clemens V. war zu schwach, nicht zu stark. »Die Verleumdungen«,
schreibt G. Lizerand, »die Unrechtmäßigkeiten, die Gewalttaten,
die kalte Grausamkeit, die anonyme und administrative Unmensch-
lichkeit der Vertreter des Königs hätten nicht die Überhand behalten, wenn der Papst nicht so schwach gewesen wäre und die Macht-
überschreitungen nicht mit unnatürlicher Resignation hingenom-

men hätte.« Nur so kam es, wie die Historiker Johannes Halle und Georg Schwaiger konstatieren, zum »größten Justizmord, den die Geschichte kennt, begangen vom französischen Staat und seinem König«.

Philipp der Schöne hat zwar enorme Geldsummen aus dem Besitz der Templer einstreichen können, ihr »Götzenbild« aber fiel ihm nicht in die Hände.

Er ließ in ganz Frankreich nach diesem Idol der Templer suchen. In allen Verhören mußte danach gefragt werden. In zahlreichen Protokollen taucht es immer wieder auf, ebenso in den verschiedenen Anklageschriften. Demnach besaßen die Templer »in allen Provinzen Götterbilder, Köpfe, die zum Teil drei, zum Teil ein einziges Gesicht hatten«. In Versammlungen soll dieses Idol »wie ein Gott, ein Erlöser verehrt worden« sein. Es habe »dem Orden alle Reichtümer« gewährt.

Die Suche nach dem Schatz der Templer

Im Haus der Templer in Paris wurde ein hölzernes Kästchen mit der Aufschrift »Caput LVIII« beschlagnahmt. Es war leer. Was hatte es einst enthalten? Ein »Haupt« (lateinisch: caput)? Muß die Zahl LVIII so gedeutet werden, daß es mehrere Kultköpfe gab? Handelte es sich dabei um Kopien von einem Original? Wurden Nachbildungen des echten Objekts in den verschiedenen Templerzentralen verehrt?

Wenn es aber viele »caputs« gegeben haben sollte, warum fiel den Häschern der Inquisition nicht ein einziges in die Hände?

Tatsächlich wird das Idol der Templer häufig mit einem Kopf gleichgesetzt. Sie selbst nannten es Baphomet. Verschiedene Templer behaupten, es gesehen zu haben. So gab ein sterbender Templer am 14. April 1309 in Paris zu Protokoll, er habe am Tage der Aufnahme in den Orden ein »caput«, einen künstlichen »Kopf«, gesehen. Das »Ding« sei »fast rot« gewesen, habe in etwa menschliche Züge und auch in etwa die Größe eines menschlichen Schädels gehabt. Raoul de Gizy, ein weiterer Templer, hat angeblich versucht, das geheimnisvolle Etwas anzusehen. »Immer wenn ich die

Augen darauf richtete, wurde ich von solchem Entsetzen gepackt, daß ich kaum hinsehen konnte. Dieser Kopf wurde in den Kapiteln verehrt.«

Emma Jung (*Die Gralslegende in psychologischer Sicht,* Zürich und Stuttgart 1960):»Die Baphomet-Figur, welche die Templer angebetet haben sollen, scheint ein hell-dunkles einheitliches Gottesbild dargestellt zu haben. Es soll ein doppelgesichtiges androgynes [d. h. zwitteriges] Wesen gewesen sein mit einem langen silbergrauen Bart oder einem Kopf aus Kupfer, welcher in Orakelform Fragen beantwortete.«

Wo sollte sich dieses geheimnisvolle Idol der Templer befunden haben? Die Vermutung liegt nahe, daß es als zentrale »Reliquie« von Anfang an im Besitz des Ordens gewesen ist. Es dürfte also dort aufbewahrt worden sein, wo die ersten Templer Land besaßen. Ein solches Gebiet ist bekannt. Es liegt bei Troyes zwischen den Flüssen Seine und Aube im Nordwesten von Clairvaux. Hier gibt es ein kleines Wäldchen, das auch heute noch »Wald der Templer« heißt. Vor Jahrhunderten war hier das Durchkommen fast unmöglich. Urwaldartiges Gestrüpp versperrte den Weg. Oft unergründlicher Morast konnte dem Wanderer zum tödlichen Verhängnis werden.

Just in dieser ungastlichen Region siedelten sich die ersten Templer an. Jenen menschenfeindlichen Landstrich erkoren sie zu ihrem Stammsitz. Warum? Louis Charpentier jedenfalls, ein französischer Journalist, ist davon überzeugt: Hier gruben die in die tiefsten Geheimnisse des Ordens eingeweihten Mitglieder ein Versteck für den Baphomet ins Erdreich (Louis Charpentier: *Macht und Geheimnis der Templer,* Olten 1978).

Das Geheimnis von Gisor

Eine zweite Spur führt in die Gegend zwischen Paris und Rouen, nach Gisor. Hier ließ im zwölften Jahrhundert Thibaud, Graf von Gisor, eine riesige Burg bauen. Thibaud war der Sohn des Grafen Hugo de Chaumont und seiner Gemahlin Adélaide. Adélaide aber war eine Schwester von Hugo de Payens, eines der Gründer des Templerordens. König Heinrich I. von England beanspruchte später den Besitz der Burg und setzte ihren Bau fort. Frankreich beschuldigte ihn, sich auf illegalem Wege fremdes Eigentum anzumaßen. Der Streit eskalierte, diplomatische Kreise befürchteten bereits einen Krieg. Papst Calixtus bemühte sich als Vermittler, reiste sogar nach Gisor. Eine Einigung schien nicht möglich zu sein, bis man auf die Lösung kam, die Tempelritter sollten die Burg verwalten. Weder das englische noch das französische Königshaus sollte als Sieger oder Verlierer aus dem Zwist hervorgehen. 1158 zogen Ordensbrüder ein.

Drahtzieher hinter den Kulissen waren einer der wichtigsten Ratgeber Heinrichs I., Richard of Hastings, und Othon de Saint-Omer, der Bruder eines der Gründer des Templerordens. War es ihre Absicht, in der Burg den Baphomet zu verstecken?

1944 untersuchte Roger Lhomoy ohne amtliche Genehmigung, aber mit Wissen des französischen »Staatssekretariats für Kunst«, einen verschütteten Brunnen in der Ruine. Er kannte die Burg »wie seine Westentasche«, weil er als Aufseher in der historischen Stätte gewirkt hatte. Ob es im Schacht etwas Wertvolles zu finden gab? Lhomoy schuftete monatelang, erreichte schließlich nach 30 Metern den Grund. Die Mühe schien sich gelohnt zu haben: Er stieß auf einen Seitengang, der ebenfalls vollkommen verschüttet war. Zusammen mit einem Freund legte der Schatzsucher den Gang frei, allerdings mit einem enttäuschenden Resultat. Der Gang endete abrupt, nichts Wertvolles lag dort verborgen. Lhomoys Freund gab auf, er selbst wühlte weiter und entdeckte einen zweiten Stollen.

Die Arbeit war mörderisch. Mit einem Brecheisen grub sich der Schatzsucher immer weiter ins Erdreich. Mit bloßen Händen füllte er Eimer mit Erde, Schutt und Gesteinsbrocken, schleppte sie ans Tageslicht. Immer wieder mußte er seine Arbeit unterbrechen. Dann wankte er an die Erdoberfläche zurück, japste nach Luft. Wiederholt brach er im engen Gang zusammen und blieb ohnmächtig liegen. Immer wieder stand er Todesängste aus, wenn der waagrechte Stollen einzustürzen drohte.

Immer wieder war er nahe daran, endlich doch aufzugeben, etwa wenn gewaltige Steinquader den Weg versperrten. Oft dauerte es Tage, bis er sie im Schweiße seines Angesichts zertrümmern und die einzelnen Brocken aus dem Gang wuchten konnte. Ende April gab es ein besonders hartes Hindernis. Es war kein gewachsener Stein, kein natürlicher Fels. Vor ihm lagen präzise aneinandergefügte, sorgsam behauene Blöcke. Er war auf eine eindeutig von Menschenhand aufgetürmte Wand gestoßen.

Die Mühen, die bislang so an seinen Kräften gezehrt hatten, waren vergessen. Mit neuer Energie, aufgeregt wie am ersten Tag, hieb Roger Lhomoy auf einen der Steine ein. Funken stoben. Metall klirrte. Endlich konnte er ihn herauslösen. Der zweite Stein stellte schon kein so großes Hindernis mehr dar. Die Mauer war durchbrochen. Roger Lhomoy zwängte seinen Oberkörper hindurch. Dunkelheit breitete sich vor ihm aus. Was lag vor ihm? Lhomoy stieß einen lauten Schrei aus. Das Echo verriet ihm, daß er auf einen unterirdischen Saal von einiger Größe gestoßen sein mußte. Vor Aufregung zitternd kroch er zurück und holte eine Lampe.

Ihr flackerndes Licht enthüllte eine Sensation. Er war in einer unterirdischen »Kapelle«, etwa dreißig Meter lang, neun Meter breit und etwa viereinhalb Meter hoch. Fast in Griffweite neben dem Loch, das der Entdecker in die Wand geschlagen hatte, machte er einen Altar aus. An den Wänden befanden sich Steinfiguren. Offenbar sollten sie Jesus und die zwölf Jünger darstellen. Sie residierten über steinernen Särgen, die unter ihnen auf dem Boden standen. Neunzehn Steinsarkophage zählte Lhomoy, außerdem dreißig Truhen aus »kostbarem Metall«. Was mochten diese wuchtigen Kisten enthalten? Sie waren von beachtlicher Größe: 2,5 Meter lang, 1,6 Meter breit und 1,8 Meter hoch.

Begeistert wandte sich Lhomoy an amtliche Stellen und berichtete von seiner Entdeckung. Man glaubte ihm nicht. Immer wieder bat er darum, Zeugen in die unterirdische »Kapelle« führen zu dürfen. Endlich erklärte sich ein Feuerwehrmann dazu bereit, sich die Sache anzusehen. Der bekam am Grunde des Schachts panische Angst, kroch entsetzt wieder zurück. Kurze Zeit später ließ die Stadtverwaltung den Brunnen wieder zuschütten, angeblich, um eine »öffentliche Gefahr« zu beseitigen.

Roger Lhomoy gab nicht auf. 1952 beantragte er die Genehmigung, den Brunnen erneut freizulegen. Doch die ihm auferlegten strikten Bedingungen konnte er nicht erfüllen. Sieben Jahre später arbeitete Lhomoy auf dem Anwesen von Gérard de Sède, der damals Redakteur der französischen Nachrichtenagentur »Agence France Presse« war. Dem Journalisten enthüllte Lhomoy seine Entdeckung. De Sède recherchierte gründlich. Tatsächlich stieß er auf mittelalterliche Dokumente mit präzisen Plänen. Sie enthielten Skizzen, auf denen die »unterirdische Kapelle« eingetragen war.

1961 wurde eine wissenschaftliche Kommission gegründet, deren offizielles Ziel es war, »alte Fresken« in der Burg zu untersuchen. Das Ministerium für Kultur beauftragte Professor Michel de Bourad mit den Grabungen. Die Arbeit verlief mehr als stockend. Immer wieder wurde der Schacht ausgehoben – und wieder zugeschüttet. 1964 wurde die Burgruine von Gisor mit umliegendem Gelände zum militärischen Sperrgebiet erklärt. Das Verteidigungsministerium, eigentlich für archäologische Forschungen alles andere als zuständig, ließ unter Ausschluß der Öffentlichkeit neuerliche Grabungen durchführen. Die Burg wurde streng bewacht. Niemand durfte sich dem alten Gemäuer nähern. Kein Wissenschaftler, kein Journalist durfte den Komplex betreten.

Offizielle Verlautbarungen gab es keine. Berichte über die Ausgrabungen wurden nicht veröffentlicht. Das Verteidigungsministerium hüllte sich in Schweigen. Hatte man die unterirdische Kapelle wieder freigelegt? Hatte man die Statuen, die Steinsarkophage und die seltsamen Kisten geborgen? Wurden sie geöffnet? Was enthielten sie? Darüber gibt es keine Angaben. Bis heute wurde das Geheimnis gewahrt. Niemand weiß, ob in der unterirdischen Kapelle der Schatz der Templer lag.

Wurde der Templerschatz nach Amerika oder nach Mexiko geschafft?

Nachdem sich die Templer strikt geweigert hatten, gemeinsam mit Philipp dem Schönen, König von Frankreich, gegen den Papst zu intrigieren, verfolgte er den Orden mit kaum zu beschreibendem Haß. Am 14. September 1307 verschickte Philipp Briefe an alle wichtigen Beamten im ganzen Land, in denen er forderte, an einem einzigen Tag sollten alle führenden Templer verhaftet werden. Die Aktion war sorgsam geplant. Konnte ein solches Vorhaben wirklich

im geheimen vorbereitet werden, ohne daß die Templer davon
erfuhren? Das erscheint angesichts der Machtposition des Ordens
mehr als unwahrscheinlich.

Dr. Johannes und Peter Fiebag weisen darauf hin (*Die Entdeckung des Grals,* München 1990, S. 247), daß vom Versenden der
»geheimen« königlichen Briefe bis zur Verhaftungsaktion in der
Nacht vom 12. auf den 13. Oktober ein ganzer Monat verstrich.
»Selbstverständlich waren die Briefe, in denen Philipp seinen Befehl übersenden ließ, versiegelt. Aber es ist kaum anzunehmen, daß
nicht zumindest Gerüchte über die bevorstehende Aktion zum
Orden durchgesickert sind. Die Templer, deren Mitglieder zu den
angesehensten Häusern Frankreichs zählten, verfügten über entsprechende Verbindungen. Bereits im Juli 1307 hatte sich eine
Fraktion von Kardinälen ohne Wissen des Papstes mit Philipp
zusammengefunden, um die Vernichtung des Ordens zu besprechen. Am 24. August hatten die Templer selbst eine Untersuchung
wegen Verleumdung verlangt. Clemens forderte Philipp daraufhin
auf, ihm Beweise vorzulegen, die aber nicht beigebracht werden
konnten. Am 23. September legte schließlich der Groß-Siegelbe-
wahrer, Gille Aiscelin, Erzbischof von Narbonne, sein Amt nieder,
da er die Anordnungen, die Philipp am 14. September gegeben
hatte, nicht mittragen wollte. Die Templer wußten also, was auf sie
zukam.«

Sie mögen sich sicher gefühlt haben, weil sie sich auf den so oft
zugesagten Schutz des Papstes verließen. Sollten sie aber nicht
gleichzeitig auch Maßnahmen ergriffen haben, um ihren Schatz vor
dem Zugriff des Königs zu sichern? Ließen sie ihr großes Geheimnis, Baphomet, verschwinden?

Erst 1809, nachdem Napoleon Rom erobert hatte, kamen geheime Akten über den Prozeß gegen die Templer ans Tageslicht. In
einer schriftlich niedergelegten Aussage des Templers Jean de Chalons aus Nemours in der Diözese Troyes heißt es: »Ich habe am
Abend vor der Razzia, am Donnerstag, dem 12. Oktober 1307,
selbst drei mit Stroh beladene Wagen gesehen, die kurz nach Ein-
bruch der Nacht den Tempel von Paris verließen, und Gérard de
Villers und Hugo de Chalons, die dazu fünfzig Pferde führten. Auf
den Wagen waren Truhen verborgen, die den gesamten Schatz des

Generalvisitators Hugo de Pairaud enthielten. Sie zogen in Richtung Küste, wo sie an Bord von achtzehn Schiffen des Ordens ins Ausland gebracht werden sollten.« Was mag das Ziel dieser kleinen Flotte gewesen sein? Amerika oder Mexiko?

Ich habe in meinen Büchern *Die großen Rätsel der letzten 2500 Jahre* und *Bevor die Sintflut kam* nachgewiesen, daß Amerika lange vor Kolumbus entdeckt wurde. Im vierten Jahrhundert v. Chr. könnte Pytheas von Massilia auf einer abenteuerlichen Seereise bis nach Amerika gelangt sein. In der ersten Hälfte des sechsten Jahrhunderts n. Chr. hat der irische Mönch St. Brendan mit an Sicherheit grenzender Wahrscheinlichkeit den neuen Kontinent entdeckt. 985 n. Chr. legte der Wikinger Bjarn Herluffson eine erste Siedlung in Amerika an. Um 1000 n. Chr. gründete Leif Erikson eine Kolonie in »Vinland«, das heutige Forscher als Nordamerika identifizieren. Sollten diese Entdeckungen dem Templerorden bekannt gewesen sein? Verschifften sie den geheimnisvollen Schatz nach Amerika? Oder nach Mexiko?

Zu Beginn des 17. Jahrhunderts schrieb der indianische Chronist Francisco de San Antón Munon Chimpalpàhin Chuauhtlehuanitzin ein umfangreiches Werk mit dem Titel *Nonohualca Teolixca Tlacochcacla*. Es handelte sich um eine Geschichte des mexikanischen Volkes, in der ein geheimnisvoller Stamm erwähnt wird: die Tlapallán Nonohualco. Ihre Väter sollen einst aus dem Osten gekommen sein, sollen das große Meer, den Ozean, überquert haben. Kamen sie etwa aus Europa, wie der mexikanische Historiker meinte?

Der für unsere Ohren mehr als kompliziert klingende Name des Stamms läßt sich übersetzen: »Soldaten, die von jenseits des östlichen Meeres kamen, von Gott gesandt«. Ein weiterer Name des geheimnisvollen Volksstamms – Tecplantlaca – läßt sich ebenfalls übertragen. Er bedeutet soviel wie »Leute vom Haus des Herrn« oder »Leute vom Tempel«.

Sollte es sich also bei den Vätern des geheimnisvollen Stammes um aus Europa ausgewanderte Templer gehandelt haben? So phantastisch diese Vermutung klingen mag: »Soldaten, die von jenseits des östlichen Meeres kamen, von Gott gesandt« und »Leute vom Tempel« muß als äußerst präzise Umschreibung für Vertreter des Templerordens angesehen werden. Da darf es schon kaum noch verwundern, daß die Anführer der über das Meer gekommenen Männer Tetzauhquiacuili, ehrwürdige Mönche, genannt wurden.

Dank der detailfreudigen Chronik läßt sich der Weg der »ehrwürdigen Mönche« genau rekonstruieren. Drei Jahre verbrachten sie in Tullan, der einstigen Hauptstadt des Toltekenreiches, dann zogen sie vermutlich an der Ostküste Amerikas weiter bis nach Yucatan im heutigen Mexiko.

Waren es wirklich Templer? Wurde das Idol des Ordens nach Mexiko geschafft, um auf alle Fälle zu verhindern, daß es in die Hände Philipps des Schönen fiel? Versteckte der Orden irgendwo in Zentralamerika den Baphomet, das geheimnisvolle »Haupt«? Oder gar mehrere davon? Wurden vielleicht zwei dieser Kultobjekte längst entdeckt?

Das Geheimnis der gläsernen Schädel

Im Jahre 1927 leitete der britische Archäologe und Abenteurer Frederick A. Mitchell-Hedges Ausgrabungen im üppigen Regenwald von British-Honduras, im Gebiet des heutigen Belize. Besonders interessiert war er an der Ruinenstadt Lubaantun, die einst von den Mayas gegründet worden war. Als man schon die historische Städte verlassen wollte, da stieß die damals 17jährige Anna Mitchell-Hedges zwischen den Steinen eines verfallenen Altars auf ein rätselhaftes Objekt. Es war ein Schädel aus Kristall, 124 Millimeter breit, 147 Millimeter hoch und 197 Millimeter lang. Zunächst wurde zwar der Unterkiefer vermißt, doch der fand sich nach intensiver Suche drei Monate später. Gesamtgewicht des kristallenen Hauptes: 5,3 Kilogramm.

Die einheimischen Indios erstarrten in Ehrfurcht vor dem »Idol«. Es handle sich dabei um ein »ehrwürdiges Heiligtum, das vor langen Jahren verlorenging«. Die Vorväter hätten es angebetet. Wer waren diese Ahnen? Etwa gar aus Europa geflohene Templer? Sollte der von Anna Mitchell-Hedges gefundene Kristallkopf gar ein Baphomet gewesen sein?

Ein zweiter, ganz ähnlicher Kopf wurde am 3. Januar 1898 von einem G. F. Kunz bei »Tiffany« in New York erworben. Er sei in

Mexiko aufgefunden worden. Ein spanischer Offizier habe ihn käuflich erstanden, dann sei er in den Besitz eines englischen Sammlers übergegangen und auf Umwegen in den Besitz von Tiffany gelangt. Kunz ließ den Glaskopf nach Europa schaffen. Das »British Museum« nahm ihn in seine umfangreiche Sammlung auf. Die Herren zweifelten freilich daran, daß das Objekt von Maya-Künstlern angefertigt worden sein könnte. Sie vermuteten vielmehr, ein europäischer Künstler des Mittelalters habe es geschaffen.

Der Kunstexperte Frank Dorland spekulierte: »Er kann 12000 Jahre alt sein, aber vielleicht wurde er auch innerhalb der letzten 500 Jahre gemacht.« Der Schädel könnte während der Kreuzzüge von den Tempelrittern nach Europa gebracht worden sein. Sollte es sich bei dem Kristallschädel des Londoner Museums um einen der Baphomet-Köpfe der Tempelritter handeln?

Und wenn es Templer waren, die den Schädel nach Europa brachten, woher stammte er dann ursprünglich? Etwa aus dem Heiligen Land? Hugo de Payens, einer der Gründer des Templerordens, nahm als 19jähriger an einem Kreuzzug teil. Er erlebte am 14. Juli 1099 eine der wichtigsten Schlachten um Jerusalem. Anschließend kehrte er für fünf Jahre nach Europa zurück, um 1104 mit Graf Hugo de Champagne erneut nach Jerusalem zu gehen. Wieder zurück in Frankreich, studierten beide mit Hilfe einiger Brüder aus dem Zisterzienserorden geheime altjüdische Texte. Konsultiert wurde aber auch der Leiter der Kabbala-Schule von Troyes, Rabbi Rashi. 1114 stand wieder eine Reise ins Heilige Land auf dem Plan. Irgend etwas wurde gesucht. Aber was?

1119 waren Hugo de Payens, Gottfried von St. Omer, André von Montbard, Payens von Montdidier, Archembald von St. Amand, Gottfried Bisol und zwei Zisterziensermönche wieder in Jerusalem. Endlich waren sie am Ziel ihrer Reise angekommen. Vor dem Patriarchen von Jerusalem legten sie die Gelübde der Keuschheit, des Gehorsams und der Armut ab. Sie organisierten sich in einer neu gegründeten Laienbruderschaft. Und sie erhielten von Balduin II., König von Jerusalem, die Genehmigung, im Palast direkt über dem ehemaligen Tempel Salomos einzuziehen.

Ihren eigentlichen Aufgaben, zu denen sie sich zunächst verpflichtet hatten, kamen sie nicht nach. Sie beteiligten sich weder an

kämpferischen Auseinandersetzungen zur Unterstützung der
Kreuzzügler, noch verteidigten sie die Pilgerwege. Acht Jahre blieben sie in Jerusalem. Sie erforschten in dieser Zeit alte Ruinen und
führten Ausgrabungen im Tempel Salomos durch. Dabei fanden sie
offensichtlich das, was sie gesucht hatten. 1127 reisten André von
Montbard und Gundeamar zurück nach Frankreich. Bernhard von
Clairvaux empfing sie.

Ein Jahr später, 1128, wurde offiziell der Orden der Templer
gegründet. Nun sei das Werk vollendet worden, schrieb von Clairvaux. Was war damit gemeint? Bedeutete die Feststellung, daß im
Heiligen Land eine lange Suche abgeschlossen worden war? Hatte
man den Baphomet ausfindig gemacht? War das Objekt in den
geheimen altjüdischen Texten beschrieben gewesen? Gelangte es
aus dem Heiligen Land nach Frankreich und später nach Mexiko?
Wurde es in Mexiko versteckt und Jahrhunderte später wieder
ausgegraben? Kam es wieder zurück nach Europa? Handelt es sich
dabei um den Kristallschädel des Londoner Museums?

Fragen über Fragen, die nicht eindeutig beantwortet werden
können. Die heutigen Templer schweigen sich über das Geheimnis
um den Baphomet aus. Besitzen sie noch die einstmals heilige
Reliquie? War ihnen das Geheimnis um den Heiligen Gral bekannt,
der nach einer Legende noch heute im Berg von Glastonbury in der
südenglischen Grafschaft Somerset verborgen liegt?

Das Geheimnis der Templer und der Heilige Gral

Zahlreiche, ganz unterschiedliche Beschreibungen vom Heiligen
Gral liegen seit dem frühen Mittelalter vor. Demnach handelte es
sich um die Abendmahlschale, aus der Jesus und seine Jünger
tranken. Er wird aber auch als Gefäß beschrieben, in welchem
Joseph von Arimathia das Blut des Gekreuzigten auffing. Nach
anderen Traditionen soll es sich um einen »wundertätigen Stein«
gehandelt haben. Seltsamerweise ähneln mittelalterliche Texte über
den Baphomet der Tempelritter oft den Beschreibungen des Heiligen Grals. Der Gral wird in mittelalterlichen Texten auch als »Stein

der Weisen« bezeichnet. Beim Baphomet könnte es sich um ein verschlüsseltes Wort handeln, eine Chiffre.

Altjüdische Texte, die die ersten Tempelritter so gründlich studierten, wurden sehr häufig chiffriert, um wichtige Ausdrücke zu verschleiern. Die Methode wurde als Athbash bezeichnet. Dabei ging man folgendermaßen vor: Das hebräische Alphabet bestand aus insgesamt 22 Zeichen. Man notierte nun die ersten 11 Buchstaben nacheinander: A, B, G, D, H, V, Z, Ch, T, I, K. Darunter schrieb man die letzten elf Buchstaben, wobei man mit dem letzten begann: Th, Sh, R, Q, Tz, P, O, S, N, M, L. Schließlich ersetzte man die Buchstaben A durch Th, B durch Sh, G durch R, D durch Q und so weiter.

Wendet man nun dieses System auf Baphomet, das auf hebräisch BPVMTh heißt, an, so ergibt sich ein neues Wort: Sh V P I A. Man muß in diesem Zusammenhang wissen, daß das hebräische Zeichen V auch als O gelesen wird. SH V P I A liest sich dann als Sh O P I A oder Sophia. Und das bedeutet nichts anderes als Weisheit. Sollte also der Baphomet der Tempelritter mit dem Stein der Weisen, dem Gral, identisch sein?

Zu eben dieser Schlußfolgerung kamen auch Dr. Johannes und Peter Fiebag, die sich intensiv mit den mittelalterlichen Gralsmythen und der Geschichte des Templerordens beschäftigt haben. Die beiden Forscher hielten als eine der wichtigsten Erkenntnisse ihrer wissenschaftlichen Arbeit in dem Aufsatz *Neue Spuren zum Gral* fest: »Gral (und) Baphomet waren ein und derselbe Gegenstand.« Sie vermuten, daß die Templer in der ersten Phase ihrer Ordensgründung in Palästina das geheimnisvolle Objekt fanden und nach Europa brachten.

Diese Erkenntnis läßt die Suche nach dem Baphomet der Templer noch faszinierender erscheinen. Sollten tatsächlich das rätselhafte Kultobjekt des mysteriösen Ordens und der Heilige Gral identisch sein?

Gisela Ermel wies in ihrer bemerkenswerten Studie *Auf den Spuren des Grals* (IPE Essen 1996, S. 112) auf ein geheimnisvolles Bilderrätsel hin, das bis heute nicht entschlüsselt werden konnte: »Während der Zeit der Templerverfolgung sollten ein paar gefangene Großwürdenträger zum Papst gebracht werden, der in Poitiers

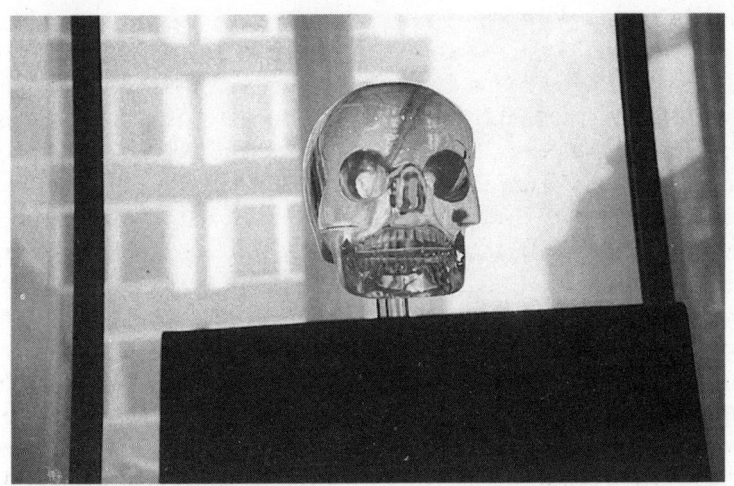

Der Kristallschädel im Britischen Museum. War er der Baphomet, das Göt-
zenbild der Tempelritter?

Das konzentrierte Gesicht eines meditierenden Sufis.

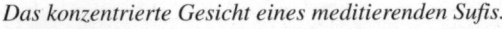
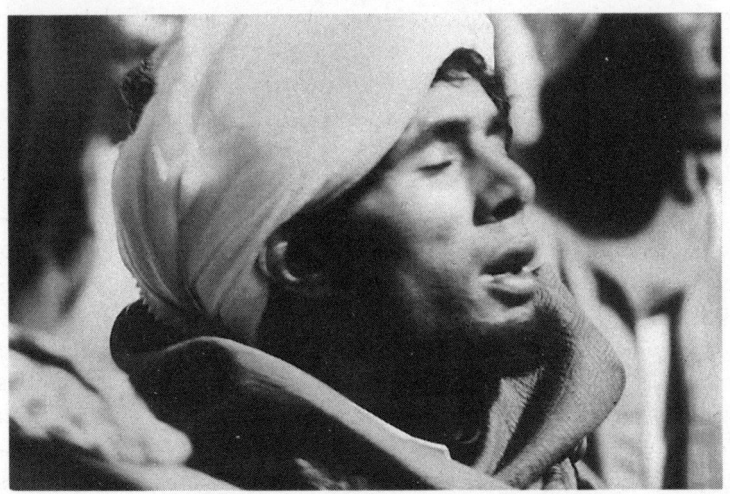

Ein Sufi tanzt in Trance in Kairo, Ägypten.

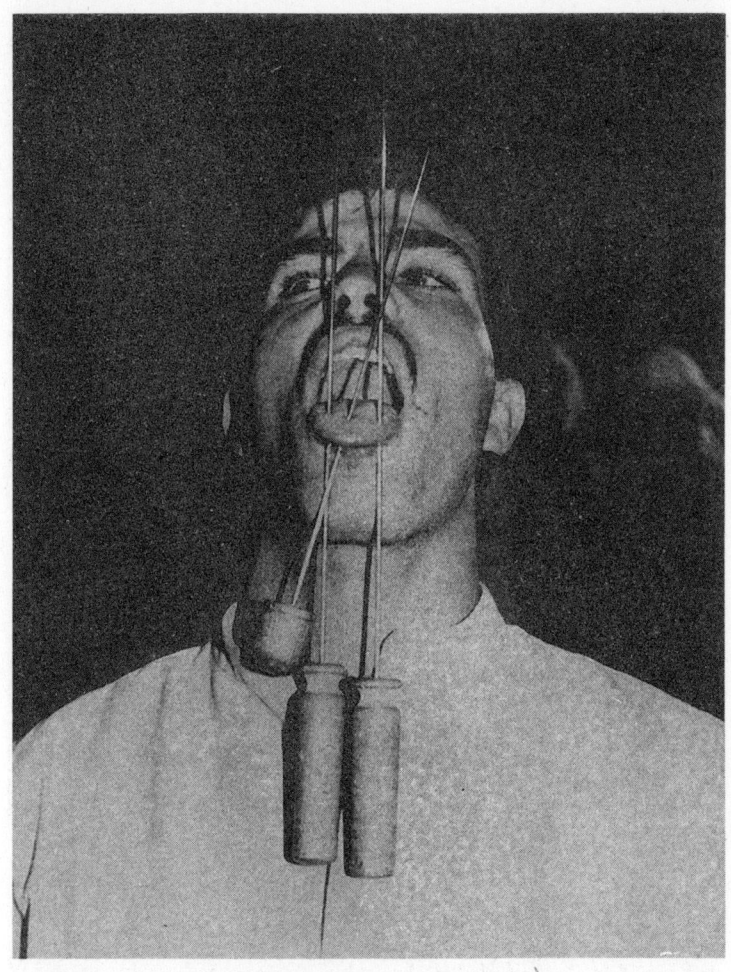

Sufis überwinden durch Meditation und Trance den Schmerz. Dieser Derwisch gehört der Schule von Tariqa Casnazaniyyah an.

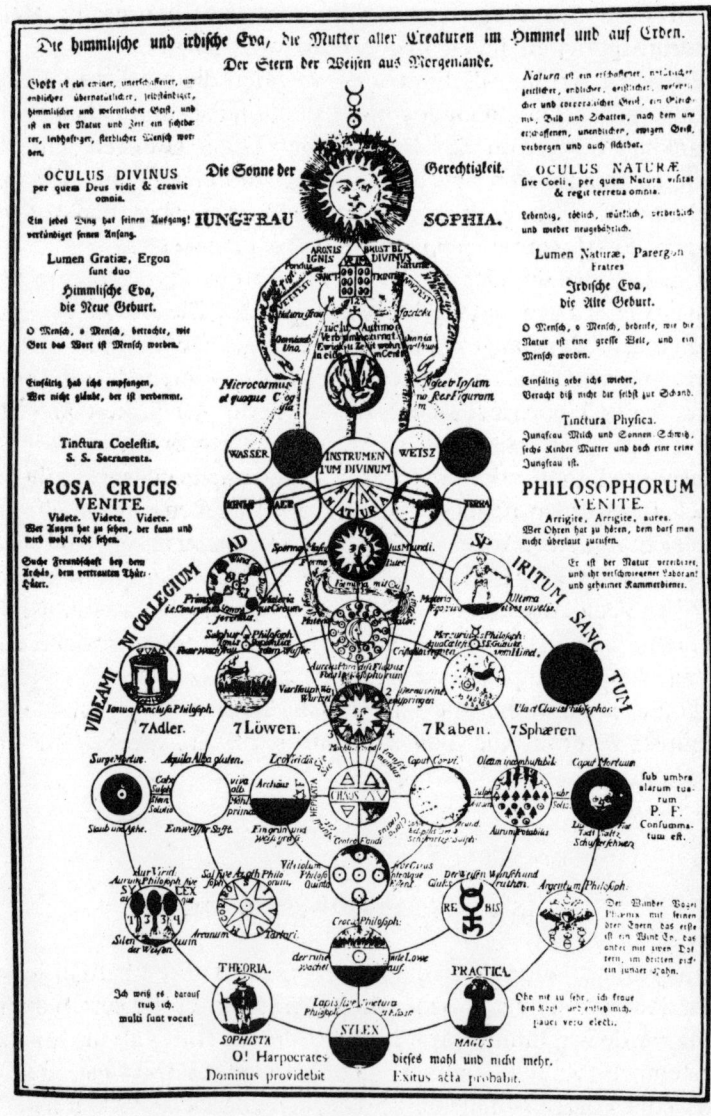

„Die Lehre der Rosenkreuzer", Titelblatt einer alten Ausgabe rosenkreuzerischer Geheimlehren.

294

residierte. So machte sich ein Gefangenenkonvoi von Paris nach Poitiers auf den Weg. In der Nähe von Tours wurde die Reise unterbrochen, weil die Gefangenen erkrankt seien.«

Über die Art der »Erkrankung« verraten die amtlichen Dokumente nichts. Dr. Johannes und Peter Fiebag mutmaßen: »Die Krankheit dürfte nur das Resultat der Folter gewesen sein, die Philipps Inquisitoren anwandten.« Die Templer ließen sich ihre Geheimnisse nicht entlocken. Vertrauten sie sie aber, den Tod vor Augen, den steinernen Wänden ihres Gefängnisses an?

Gisela Ermel schreibt weiter: »Man sperrte sie ins Schloß von Chinon ein, das zu den Gütern des Königs gehörte. Die Templer wurden hier einige Zeit gefangengehalten. Sie drangen nie bis zum Papst vor und wurden später nach Paris zurückgebracht. Während dieser Zeit im Schloß von Chinon ritzten sie merkwürdige Zeichen in die Wände der Halle. Das waren sicherlich keine ›Früchte eines erzwungenen Müßiggangs‹, sondern sehr tief eingeritzte Bildwerke, die sicher absichtlich so erschaffen wurden, damit sie auch in späteren Zeiten jemand sehe und vielleicht zu deuten verstehe. Diese Graffiti muten an wie ein Bilderrätsel. Louis Charpentier, Journalist, Abenteurer und Schriftsteller, der sich auch eingehend mit dem Templerorden befaßt hat, ist der Meinung, hier sei das Geheimnis des wichtigsten oder der wichtigsten Verstecke der Templer verschlüsselt dargestellt.«

Sollte es Hinweise auf Schatzverstecke enthalten? Ritzten die Templer so etwas wie eine Karte in den Stein, die zu Gral und Baphomet führt?

Islamische Geheimbünde

Gelegentlich wurde den Templern vorgeworfen, sie hätten sich zu sehr dem mohammedanischen Glauben angenähert. Diese Behauptung wurde von Inquisitoren erhoben, die die Ritter als unchristlich abstempeln wollten. Freilich gibt es keinerlei Hinweise, daß es tatsächlich einen Abfall vom christlichen Glauben gegeben hat.

Im Islam war gerade das Mittelalter die große Zeit der Sekten und Geheimbünde.

Die mörderischen Haschischesser

1118 veranlaßte der Großmeister des Templerordens den König von Jerusalem, Balduin II., einen Geheimvertrag mit dem Großmeister der Assassinen zu schließen. Den christlichen Kreuzfahrern wurde die Stadt Damaskus überlassen.

Die Assassinen, eine Gruppe persischer Ismailiten, gehörten zu den großen mohammedanischen Geheimgesellschaften. Ihr Name geht auf das arabische Hashishin zurück, was soviel wie Haschischesser bedeutet. Tatsächlich gehörte der Konsum von Haschisch zum Kult der Assassinen. Sie selbst nannten sich nicht Assassinen, sondern »Ismailiten aus Alamaut«.

Bei den Ismailiten handelte es sich um eine islamisch-schiitische Sekte. 762 starb ihr großer Vordenker Mam Ismail. Seine Anhänger glaubten freilich nicht an seinen Tod und erwarteten seine Rückkehr als »Mahdi«, als »ein von Gott Gesandter«, der die ursprüngliche göttliche Ordnung wiederherstellen werde. Im Mittelalter tauchten zwei Männer auf, die von sich behaupteten, eben jener Mahdi zu sein: Ibn Tumart und Mohammed Sajid.

Begründet wurde die Bewegung von Hasan-i-Sabah aus der persischen Provinz Khorassan. Er besuchte die theologische Schule von Mischapur, wo er häufig mit Omar Khayam, einem Dichter und Poeten, diskutierte. Omar Khayam wurde später Anhänger eines weiteren islamischen Geheimbundes, des Sufi-Ordens.

Hasan-i-Sabah eroberte 1090 die Festung Alamut in den Bergen des nördlichen Iran. Fortan nannte er sich Scheich al Dschebel, der »Alte vom Berge«. Der Name könnte zu Mißverständnissen führen. Sosehr sich der Scheich auch für religiös-mystische und theologische Fragen interessierte, so war er doch keineswegs ein weltfremder Heiliger. Machtpolitik lag ihm sehr am Herzen. Und da er über enormes militärstrategisches Geschick verfügte, war er auch als Feldherr enorm erfolgreich. Er eroberte Städte und Festungen, drang dabei bis in die Gefilde Syriens vor. In Persien selbst legte er zahlreiche Stützpunkte an. Auf seine Untergebenen konnte er sich blind verlassen. Sie waren ihm absolut ergeben, bereit dazu, selbst unsinnigste Befehle ohne Rücksichtnahme auf das eigene Leben auszuführen.

Religiöse Offenbarungen wurden durch den Konsum von Haschisch oder indischem Hanf gezielt herbeigeführt. Der Alte vom Berge versprach seinen Anhängern den problemlosen Eintritt ins Paradies. Einen Vorgeschmack auf jenen Hort der Glückseligkeit bot er den Kandidaten, die in den Geheimbund der Assassinen aufgenommen werden sollten, in einem herrlichen Garten unweit von Alamut. Ob die Novizen wirklich einen irdischen Garten Eden erlebten, erscheint fraglich. Vor Betreten des »Paradieses« wurden die jungen Männer in einen Haschischrausch versetzt, im Garten selbst wurden weitere Drogen konsumiert. Es liegt also die Vermutung nahe, daß die angeblich gebotene Herrlichkeit nicht wirklich erlebt, sondern nur phantasiert wurde. Oder gab es diesen Garten doch?

Ein prominenter Zeuge behauptet das: Als der legendäre Marco Polo gegen Ende des 13. Jahrhunderts aus China zurückkehrte, berichtete er auch über Begegnungen mit Assassinen in Persien. Zwischen »zwei Bergen« habe er einen »wunderschönen Garten« gesehen, der nur den Mitgliedern des Geheimbundes bekannt sei. Eine mächtige Burg am Eingang habe verhindert, daß Reisende zufällig in die herrlichen Anlagen eindringen konnten. Der Garten sei dem Paradies, so wie es Mohammed beschrieben habe, nachempfunden gewesen.

Marco Polos Bericht erinnert stark an eine Art Schlaraffenland: »Darin befanden sich alle Früchte und die schönsten Paläste der Welt. Es gab auch Kanäle. Aus einem strömte Wasser, aus einem anderen Honig, aus einem anderen Wein. Dort waren die reizvollsten Frauen der Welt. Sie sangen, spielten auf ihren Instrumenten und tanzten wie sonst keine.« Zurück auf dem Berg, redete man den Assassinen ein, sie hätten jene schöne Welt gesehen, in die sie nach dem Tode eintreten dürften – wenn sie zu Lebzeiten Scheich al Deschebel gehorsam dienten. So gelang es dem Alten vom Berg, bis zu 40 000 Anhänger um sich zu scharen.

Absoluter Gehorsam war Bedingung, wollte man nach der Aufnahme in den Geheimbund nicht wieder verstoßen werden. Der Scheich erteilte häufig Mordaufträge, die von seinen Anhängern mit dem Dolch bedenkenlos ausgeführt wurden. Es galt als besondere Ehre, bei der Erledigung grausamer Aufträge ums Leben zu kommen. Der Eingang ins himmlische Paradies winkte als Belohnung.

In der englischen und vielen ramanischen Sprachen wird der Meuchelmörder noch heute nach den Assassinen genannt.

1124 starb der Scheich im Alter von 90 Jahren. Mit seinem Tode bahnte sich auch schon das Ende der Assassinen als mächtige Geheimgesellschaft an. Streitigkeiten um die wahre Lehre entbrannten, Splittergruppen entstanden. Bereits 1166 hatten sich die persischen Assassinen wieder dem orthodoxen Islam zugewandt. Zwei Jahrhunderte später kam es zu einer mongolischen Invasion. Die neuen Herrscher bekämpften die eher unbedeutenden Nachfolger des Geheimbundes, zerschlugen die Glaubensgemeinschaften. Dennoch überlebte der Kult in abgelegenen Gebieten. Noch im 19. Jahrhundert soll es ihn gegeben haben. Aus jenen späten Zeiten ist einiges über die religiöse Glaubenswelt der Assassinen überliefert. Demnach sahen sie die Schöpfung als eine »Kette mit sieben Gliedern« an. Jeder Mensch könne sich spirituell weiterentwickeln. Sieben Stufen mußten auf dem Weg zu Gott durchlaufen werden. Das Wissen über die Wirklichkeit von Erde, Hölle und Himmel veränderte sich, je höher der Anhänger der Gruppe in der Hierarchie aufstieg. In magischen Zeremonien wurde das auf der jeweils niedrigeren Stufe erlernte Wissen ausgelöscht und durch neues ersetzt.

Auf der höchsten Stufe schließlich wurde das Geheimnis aller Geheimnisse offenbart: Zwischen Himmel und Hölle gab es keinen Unterschied, sie waren dasselbe. Das Tun und Lassen des Menschen wurde als sinnlos erachtet. Einzig und allein der absolute Gehorsam gegenüber dem religiösen Führer, der zugleich auch weltliches Oberhaupt war, war von Bedeutung.

Tanzende Derwische – Selbstaufgabe auf dem Weg zu Gott

Bei den Sufis handelte es sich um eine mystische Richtung des Islam. Die asketischen Anhänger dieser Gemeinschaft trugen einen grobwollenen Mantel, der als »suf« bezeichnet wurde. Er war das äußere Merkmal des Geheimbundes und fand im Namen der Bewegung (»Sufismus«) Eingang. Die Mitglieder suchten einen Weg zur

»Vereinigung« mit Gott. Besonders viele Anhänger fand die Gruppe in Persien. Dort wurde eine freizügigere, weniger strenge Auslegung des Koran gelebt.

Ihre Nachfolger sind immer noch aktiv. Heute sind wir nicht mehr auf nebulöse Berichte angewiesen. Jeder Tourist kann beobachten, wie sich in Kairo Sufis in Trance tanzen, um so zu höheren Erkenntnissen zu kommen. Andere Sufis überwinden durch Trance und Meditation den Schmerz. Einst geheim gewesenes Wissen wird heute gelehrt, etwa an der Schule von Tariqa Casnazaniyyah. Derlei Aufnahmen gestatten uns einen Blick in die fremdartige Welt der Sufis: Das konzentrierte Gesicht eines meditierenden Sufis etwa übt eine seltsame Faszination auf uns aus. Er scheint nur körperlich in unserer, mit dem Geist in einer ganz anderen Welt zu sein.

Die Moslems der traditionellen Schule sahen die Sufis mit Skepsis. Ihr Gott war zu erhaben, der Mensch zu unbedeutend, als daß man an eine Annäherung an das höchste Wesen zu Lebzeiten hätte denken können. Andererseits aber wurden Askese und Fasten im Islam durchaus als ehrsame, lobenswerte Tugenden angesehen.

Einer der großen Lehrer des Sufismus war al-Halladsch (922 in Bagdad hingerichtet). Einer seiner Leitsätze lautete:»Ich bin jener geworden, den ich liebe. Jener, den ich liebe, ist ich geworden. Wir sind zwei Geister in ein und demselben Körper.« Wie für Mohammed war für die Sufis das höchste Ziel die vollständige Selbstaufgabe. Das irdische Leben wurde als Weg zur Erleuchtung, zur Vereinigung mit Gott, angesehen. Um dieses Ziel erreichen zu können, mußte sich der Gläubige zunächst einer spirituellen Reinigung unterziehen. Dann erhielt er von seinem Meister eine spezielle Kost. Während der Mahlzeit stimmte der spirituelle Lehrer einen religiösen Gesang an. Sodann erfolgte die Einweihung: Meditation wurde gelehrt, die irdische Hemmnisse auf dem Weg zum Göttlichen beseitigen sollte.

Erleuchtung und Ekstase wurden auch auf anderem Wege angestrebt. Das weltliche, irdische Bewußtsein sollte ausgeschaltet werden. Um das zu erreichen, wurde zum Beispiel ein rasender Tanz aufgeführt, der zur vollständigen körperlichen Erschöpfung führte. Dann sei alles vordergründige Denken ausgeschaltet, das Bewußtsein allein auf die geistige Welt ausgerichtet.

Meister dieser für den Europäer fremdartigen Praxis waren die
»tanzenden Derwische«. Als Derwische (»Arme«) durften nur
Menschen bezeichnet werden, die sich vollständig von jeglichem
irdischem Besitz getrennt hatten.

Sosehr spirituelle Weisheit angestrebt wurde, so ergeben waren
die Sufis ihren religiösen Anführern. Sie schuldeten ihnen absoluten
Gehorsam. »Sufianhänger«, schreibt Jacques Bergier, »lernten
Sprüche auswendig, die sie immer wieder aufsagen mußten. Ihnen
sollte ständig vor Augen geführt werden, daß sie nichts und der
ihnen vorgesetzte Scheich alles war. Einer dieser Merksätze lautete:
›Ich bin in den Händen meines Scheichs wie der Leichnam in den
Händen eines Totenwäschers.‹«

Nach Bergier lernten die Sufis durch Zuwendung zum Geistigen
auf irdischer Ebene »Wunder« zu vollbringen. Sie waren, speziell im
Trancezustand, angeblich zu erstaunlichsten Leistungen fähig.
»Feuer kann ihnen dann nichts mehr anhaben«, führt Bergier aus.
»Sie lecken an rotglühenden Eisenstangen oder verschlucken ohne
mit der Wimper zu zucken glühende Kohle. Sie stechen sich Spieße
durch Wangen und Zunge, wobei kein Tropfen Blut fließt. Sie sind
plötzlich dazu in der Lage, übermenschliche Kraftakte zu leisten. So
stemmen sie scheinbar mühelos riesige Steinbrocken, verbiegen
Eisen oder zerreißen eiserne Ketten. Die Abwendung vom Irdischen stärkt den Geist. Und der Geist ist dann dazu in der Lage, den
Körper unglaubliche Leistungen vollbringen zu lassen.«

Das eigentliche »Heilige Wissen« wurde strikt geheimgehalten
und Außenstehenden nicht offenbart. Die verschiedenen Bruderschaften der Sufis verfügten alle über bestimmte Geheimwörter. Sie
wurden zu Beginn jedes Gesprächs genannt. Dann zitierte man
Koranverse, wobei aber bestimmte Worte in einer ganz besonderen
Betonung gesprochen wurden, die wiederum nur den Eingeweihten
bekannt war.

So ist wenig über die echte Glaubenswelt der Sufis bekannt. Sie
waren von der Wirksamkeit magischer Praktiken überzeugt, wobei
unsichtbare Geistwesen um Hilfe gebeten wurden. Gefürchtet war
»sih'r«, die Schwarze Magie, deren Anhänger Totenköpfe, Mu-
mien- oder Totenhände als Hilfsmittel benutzten.

Der Geheimbund der Drusen

Die Bewegung der Drusen geht auf Mohammed ibn Ismail Daraze (gestorben etwa 1020) zurück, der in Syrien lehrte. Noch heute gibt es hier, besonders im Hauran oder Djebel ed Durus, aber auch in Israel, in Jordanien, im Irak und im Libanon Anhänger, die auf einen künftigen Lehrmeister warten. Religiöses Zentrum ist Sueida in Syrien, eine alte malerische Festung mit mittelalterlich anmutenden engen Gassen. Die Drusen widersetzten sich stets fremden Einflüssen. Nach dem Ersten Weltkrieg bekämpften sie, häufig mit brachialer Gewalt, die französischen »Besatzungstruppen«, deren Autorität sie auf keinen Fall anerkennen wollten.

Nach Überzeugung der Drusen offenbarte sich Gott im Lauf der Weltgeschichte durch insgesamt zehn Propheten. Der letzte sei Hakim in Ägypten gewesen (996–1020), der als fanatischer Eiferer Christen wie Juden verfolgen ließ. 1017 erschien am ägyptischen Hof ein gewisser Darasi, der ein engster Vertrauter Hakims wurde. Mit religiösem Eifer verkündete er, Hakim sei von göttlichem Wesen. Das löste helle Empörung unter der Bevölkerung aus, die Darasi fast zu Tode gesteinigt hätte. Hakim schickte ihn daraufhin als Missionar nach Hermon. Sein Nachfolger wurde der Perser Hamsi. Ihm gelang es tatsächlich, daß sein Gebieter als »göttliches Wesen« anerkannt wurde. Diese Erhebung in den ägyptischen Olymp wurde mit dem Tode al-Hakims freilich wieder zurückgenommen.

Das heilige Buch der Drusen, »Kitab el-Hikmet«, auch Buch der Weisheit genannt, soll al-Hakim von Gott selbst diktiert worden sein. Es war zunächst nur Eingeweihten zugänglich und wurde erst im 17. Jahrhundert durch einen christlichen Gelehrten aus Syrien in Europa bekannt.

Der Religionswissenschaftler Alfred Blum-Ernst konstatierte 1929 in seinem *Handbuch der Religionsgeschichte* (Stuttgart 1929, S. 629): »Die Drusen halten ihre Religion sehr geheim und zerfallen in Eingeweihte und Nichteingeweihte. Die Eingeweihten kommen jeden Donnerstagabend zusammen, um miteinander in ihren heiligen Schriften zu lesen und über Politik und sonstige Vorkommnisse zu reden, in schmucklosen Gebäuden auf den höchsten Hügeln, abseits von den Wohnstätten der Menschen.« Und Jacques Bergier schreibt:»Trotz aller für religiöse Geheimbünde typischen Maßnahmen, nichts über die innersten Überzeugungen nach außen dringen zu lassen, wurde manches Detail bekannt. Sie verfaßten umfangreiches Schrifttum über Zahlenmystik. Die Schöpfung sei nach einem übergeordneten Plan erfolgt, den man zu erforschen trachtete. Zahlen galten als magisch. Der Tod wurde keineswegs als Ende allen Seins angesehen. Vielmehr war man davon überzeugt, daß es den Menschen gestattet sei, immer wieder auf die Erde zurückzukehren. Was ein Mensch in einem Leben nicht geschafft hatte, nämlich wirkliche Erkenntnis über die geheimsten Dinge zu erlangen, sollte ihm in einem späteren Leben möglich sein. Gott gestattete den Menschen also den Weg zum Wissen. Und wenn sie zu dumm waren, um ihn zu erkennen, dann mußten oder durften sie immer wieder neu geboren werden, um spirituell weiterzukommen.«

Drusischen Ursprungs ist die syrischen Sekte der Alauiten und der Nossarier, die im 18. Jahrhundert zahlreiche Anhänger fand. Auch die Anhänger dieses geheimen Bundes glaubten an Wiedergeburt. Freilich sollten hauptsächlich Verräter geheimen Wissens dadurch bestraft werden, daß sie nach dem Tode in Gestalt von Tieren oder gar von furchteinflößenden Monstern zur Erde zurückkehren mußten. Geheime Messen wurden zelebriert, die nach strengen rituellen Vorschriften abgehalten wurden.

Die strenge Abgrenzung von der Außenwelt brachte die Alauiten oder Nossarier in den Verdacht perverser sexueller Exzesse, die angeblich bei nächtlichen Zusammenkünften gefeiert wurden. Diese Gerüchte wurden von Gegnern in Umlauf gebracht und dürften nichts anderes als böswillige Nachrede sein, die jeder Grundlage entbehrt. »Man denke in diesem Zusammenhang daran«, erklärt Professor Dr. Georg Fohrer, »daß noch nach dem Zweiten Weltkrieg in Polen das Gerücht aufkam, Juden würden Menschen fangen, schächten und ihr Fleisch verzehren. Es scheint das Los fast jeder Glaubensgemeinschaft zu sein, von Außenstehenden, die keine Ahnung haben oder bösartige Lügen in die Welt setzen wollen, aufs Schlimmste verunglimpft zu werden!«

Die Rosenkreuzer

Als Gründer des Geheimbundes der Rosenkreuzer wird Christian Rosencreutz angesehen, der 1378–1484 gelebt haben soll. Gelebt haben soll, denn heute ist seine historische Existenz umstrittener denn je. Dabei verfügen wir über umfangreiche Daten aus seiner Biographie. Sie wurde angeblich von Johann Valentin Andreae (1586–1654) zusammen mit weiteren, ungenannten Autoren verfaßt und unter dem Titel *Fama Fraternitatis (Geschichte der Bruderschaft)* herausgegeben. In gedruckter Form erschien sie 1614 in Kassel, nachdem das Werk bereits mehrere Jahre als Handschrift zirkulierte.

Aber kann man das Werk als glaubwürdig bezeichnen? Beschreibt es einen realen Lebenslauf oder nur einen fiktiven?

Versuch einer Biographie

Christian Rosencreutz' Eltern, verarmte deutsche Adelige, sahen sich – so »Fama Fraternitatis« – nicht dazu in der Lage, für ihren geliebten Buben ausreichend zu sorgen. Vor allem sollte ihm auch eine gute Ausbildung zugute kommen. So wurde er mit fünf Jahren in die Obhut eines Klosters gegeben. Dort erwies er sich als eifriger und gelehriger Schüler. Bald schon beherrschte er sowohl Griechisch als auch Latein. In Pflanzen- und Naturheilkunde wußte er schnell mehr als so mancher Mitbruder und die meisten der Ärzte seiner Zeit.

Bald wurde er unruhig. Er hielt es in den engen Klostermauern nicht mehr aus. Hinaus in die Welt wollte er – und noch viel mehr lernen. Er beschloß, das Heilige Land zu besuchen. Zusammen mit einem älteren Mönch trat er also in jungen Jahren eine Pilgerfahrt an. Sein Wegbegleiter starb unterwegs, so daß Christian auf sich allein gestellt war. Er schlug sich nach Damaskus durch, erregte dort mit seinem medizinischen Wissen Aufsehen. Die klügsten Köpfe der Stadt scharten sich um ihn. Sie unterrichteten ihn in Mathematik, weihten ihn in »Geheimnisse« ein und lernten von ihm Naturheilkunde.

Auf Anraten seiner Lehrer setzte er seine Reise fort. In Damcar, einer Stadt, die es auf keiner Landkarte gibt, wurde er von den Weisesten der Weisen in die geheimsten Geheimnisse der Natur eingeweiht. Ihm wurde gar ein »Buch M.« vorgelegt: das »Liber Mundi« oder »Buch der Welt«, das »sämtliche Geheimnisse des Universums« enthielt. Christian war begeistert. Er übersetzte das Werk ins Lateinische und wollte es so bald wie möglich so vielen Menschen, die des geheimen Wissens würdig waren, zugänglich machen. Er kam nach Ägypten, eignete sich dort das Wissen der alten Geheimgesellschaften an, studierte im marokkanischen Fez schließlich Magie und Kabbala.

Begeistert war er von seinen Lehrmeistern der arabisch-afrikanischen Welt. Weil sie erkannten, daß er nach Wissen lechzte, unterrichteten sie ihn. Es störte sie dabei überhaupt nicht, daß er ein Fremder mit fremdem Glauben war. Herb enttäuscht wurde Rosencreutz freilich, als er auf dem Rückweg nach Deutschland in Spanien Station machte. Er hatte erwartet, daß die Welt europäischer Gelehrsamkeit sehr darauf erpicht sein würde, an seinen vielseitigen Erkenntnissen teilhaben zu dürfen. Sie begegnete ihm statt dessen mit Hohn und Ablehnung.

Wieder in Deutschland, grübelte er darüber nach, was er mit seinem erlernten Wissen anfangen solle. Auf keinen Fall sollte es in Vergessenheit geraten. Andererseits aber war seiner Überzeugung nach die breite Öffentlichkeit ebensowenig reif für sein neues Weltbild wie die Studierten an den Universitäten. Pessimist war er nicht. Ohne Zweifel werde eines Tages eine reifere, aufgeklärtere Zeit anbrechen, die Verständnis genug für sein Wissen habe. So setzte er sich mit drei Männern zusammen, die einst mit ihm das gleiche Kloster besucht hatten. Sie waren bereit, ihm dabei zu helfen, die Früchte seiner Reisen schriftlich festzuhalten. Irgendwann würde man, davon waren die Brüder überzeugt, diese Aufzeichnungen lesen, danach neu orientiert leben.

Unendlich schien das Wissen, das schriftlich festgehalten werden mußte. Allein schon die medizinischen Erkenntnisse füllten Bände. Bald wurde im ganzen Land bekannt, daß Christian Rosencreutz ein Heiler mit wundersamen Fähigkeiten sei. Aus nah und fern strömten die Kranken herbei und baten ihn um Hilfe. Sie wurde niemandem versagt.

Später kamen vier weitere Mönche hinzu, die mit dem Gründer im neuen Orden vom Rosenkreuz zusammenlebten. Mit vereinten Kräften arbeiteten sie an einer umfassenden Geheimbibliothek aller Künste und Wissenschaften.

Schließlich war die Arbeit getan. Sollte man weiter im Orden zusammenleben? Man entschied sich dagegen. Man wolle sich trennen, in die Welt hinausgehen und die Menschen in medizinischen Fragen beraten. So weit man auch räumlich voneinander getrennt war, es sollten doch stets die sechs Ordensgrundsätze eingehalten werden.

Erste Ordensregeln

Die erste Regel lautete: Keiner der Ordensbrüder durfte einen anderen Beruf ergreifen als den eines Arztes. Patienten waren kostenlos zu behandeln.

Die Regel Nummer 2: Wo man sich auch aufhielt, nirgendwo durfte das Mönchsgewand getragen werden. Jeder Ordensbruder mußte sich so unauffällig wie nur möglich benehmen und sich nach den örtlichen Sitten und Gebräuchen richten.

Regel Nummer 3: An einem bestimmten Tag im Jahr versammelte man sich wieder im Ordenstempel. Dieser Tag wurde als »Tag C« bezeichnet und nicht näher umschrieben. Sollte Fronleichnam gemeint sein, das in der Kirchensprache Latein als das Fest »Corpus Christi« bezeichnet wird?

Regel Nummer 4: Unbedingt mußte gewährleistet werden, daß jeder Bruder sein Wissen weitergab. Ein jeder Bruder mußte einen Nachfolger bestimmen, der nach seinem Tode sein schweres Amt übernehmen und ausschließlich für den Orden arbeiten würde.

Regel Nummer 5: Der Name der Bruderschaft war in Ehren zu halten. Die Initialen RC (Rosae Crucis) waren das Siegel ihrer Bruderschaft.

Regel Nummer 6: Nicht nur das gesamte Wissen des Ordens, sondern auch die Existenz der Bruderschaft mußten geheimgehalten werden. Irgendwann einmal sollte die Zeit reif sein, dann würden die Brüder Orden und Wissen offenbaren.

Geheimnisvolle Zeichen

Die lateinische Grabinschrift auf der letzten irdischen Ruhestätte von Christian Rosencreutz ist überliefert: »Obwohl er mehr als 100 Jahre alt geworden war, hatte er weder Krankheit an seinem Leibe erfahren noch an anderen geduldet.« Wo sich das Grab befindet, darüber schweigt die Biographie. Zwei seiner treuen Diener haben ihn beerdigt. Sie durften niemandem verraten, wo sich sein Grab befand.

Im Jahre 1604, so heißt es in der *Fama Fraternitatis* weiter, stießen einige Brüder vom Orden der Rosenkreuzer in Deutschland in einer Baugrube auf ein verstecktes Mausoleum. An der Tür stand auf latein: »Nach 120 Jahren werde ich wieder erscheinen.« Bei diesem Satz soll es sich um eine Prophezeiung von Christian Rosencreutz gehandelt haben.

Das imposante Mausoleum war siebeneckig und in zahlreiche Kammern unterteilt. Im Zentrum stand ein Altar. Kein Fenster ließ Sonnenlicht in das Innere der Gruft einfallen, und doch war alles von einem geheimnisvollen Licht erfüllt.

In dem Grab befand sich eine gewaltige Bibliothek. Sie enthielt von jedem einzelnen Buch der Geheimbibliothek des Ordens eine gut erhaltene Kopie. Darunter war die Aufzeichnung der Lebensgeschichte von Christian Rosencreutz.

Der Leichnam des Ordensgründers aber wurde erst gefunden, als man den Altar entfernte. Sein Körper sei »schön und ruhmwürdig« gewesen und habe keinerlei Spuren des Verfalls oder gar der Verwesung gezeigt. In den Händen hielt der Tote sein kostbarstes Gut: ein Exemplar des Buches »T«, das noch wertvoller als das legendäre »Liber Mundi« gewesen sei.

Die Brüder vom Rosenkreuz waren überzeugt, daß das Auffinden der geheimen Gruft jenes Zeichen sei, auf das sie alle so sehnsüchtig gewartet hatten.

1604 entdeckte der Astronom Johannes Kepler »neue« Sterne in den Sternbildern Schwan und Schlange. Auch das wurde von den Brüdern als »himmlisches Zeichen« gewertet, das eine entscheidende Wende in der Geschichte des Ordens kennzeichnete. Ihrer festen Überzeugung nach war nun endlich jene Zeit gekommen, von der

Bruder Christian immer so begeistert gesprochen hatte. Sie mußten, ja sie durften nun nicht mehr nur im geheimen wirken. Die Botschaft vom Orden des Rosenkreuz war zu verkünden. Viele Menschen würden in die Geheimnisse des Ordens eingeweiht werden.

So ausführlich seine Biographie auch ausgestaltet wurde: Christian Rosencreutz läßt sich historisch nicht nachweisen. Vielleicht ist die angebliche Biographie nur eine Fiktion. Wie auch immer: Sie legt anschaulich dar, worauf es dem Begründer des Ordens, wer auch immer das gewesen sein mag, ankam.

Skeptiker wenden ein: Weil es keine echten Beweise für die Existenz des Christian Rosencreutz gebe, habe es vor Jahrhunderten auch keinen alten »Orden vom Rosenkreuz« gegeben. Diese Argumentation ist mit großer Wahrscheinlichkeit falsch. Vermutlich gehen die Anfänge des Ordens in Zeiten lange vor dem legendären Gründer zurück. Tatsächlich dürfte es bereits lange vor seinem angeblichen Geburtsjahr 1378 in verschiedenen Ländern Europas Gruppierungen gegeben haben, aus denen sich später der weltberühmte Orden formierte.

Dahingestellt bleiben muß, ob es Christian Rosencreutz war, der diesen Einigungsprozeß herbeiführte, oder ob andere »Wissende« die Hände im Spiel hatten.

Frühe Wurzeln des Rosenkreuzerordens

Der Ursprung der Geheimgesellschaft läßt sich bis ins 13. Jahrhundert zurückverfolgen. Kirchliche und weltliche Fürsten waren damals stärker denn je. Kritik an der Obrigkeit wurde nicht geduldet. Strikte Vorschriften regelten weltliches wie religiöses Leben. Wer forschend nach Wissen suchte, das über die offiziellen Lehrbücher hinausging, der mußte befürchten, als Ketzer angeklagt zu werden. So mancher Wissende wirkte im geheimen. Zu frisch waren die Erinnerungen an das Ende der Templer auf dem Scheiterhaufen. Bekannt war auch, wie die Ordensführer gefoltert und gequält worden waren. Alchimistische Studien waren erst einmal tabu – und wurden doch betrieben.

In jener Atmosphäre der Angst erschien eine ganze Reihe von

»Rosenromanen«. Sie enthielten satirisch-sarkastische Kritik an der Obrigkeit und – mehr oder minder versteckt – Hinweise auf Geheimgesellschaften, die alchimistische Studien betrieben. Besonders konkret wurde Raimundus Lullus (1235–1315). Er vermeldet, daß es in jenen Jahren im Untergrund etablierte Geheimgesellschaften, etwa in Italien, gegeben habe, in denen alchimistische Studien betrieben wurden. Alchimie galt als magische Praxis, bei der nur vordergründig versucht wurde, Blei in Gold zu verwandeln. Wichtigeres Ziel war es, im Menschen selbst eine Wandlung zu vollziehen. Er sollte zu höheren Erkenntnissen gelangen.

Zu den wichtigsten Stoffen, die in keiner Alchimistenküche fehlen durften, gehörte frischer Tau. Angeblich wurde er bei Mixturen verwandt, mit denen Gold hergestellt werden sollte. Licht spielte ebenso eine große Rolle bei den Ritualen. Manche Substanzen durften nur bei Sonnenlicht angefertigt werden. Das Kreuz war das Symbol des alchimistischen Lichts. Nun heißt Tau auf lateinisch »ros« und Kreuz »crux«. Entstand aus einer Verbindung dieser Worte das roscrux, später der Rosenkreuzer?

Waren die ersten Rosenkreuzer Alchimisten des Mittelalters, die unter Lebensgefahr ihren Studien nachgingen? Oder entstand das »Rosenkreuz« erst viel später, zu Luthers Zeiten? Wollten die Rosenkreuzer ihren Protest gegen die katholische Kirche symbolhaft ausdrücken, indem sie Martin Luthers Hauswappen verwandten? Es wurde um 1524 entworfen und zeigte eine von zwei Ringen umgebene Rose, in deren Mittelpunkt das Kreuz stand.

Rose und Kreuz standen auch im Zentrum des symbolischen Schmucks der Rosenkreuzer. Er bestand aus einer Rose und einem Kreuz mit dreizehn Juwelen. In den Ordensregeln heißt es, in der Mitte des Kreuzes sei ein Diamant als Zeichen der Weisheit anzubringen. Oben auf dem oberen, senkrechten Balken solle der grüne Jaspis das Licht, der gelbe Hyazinth die Liebe und der weiße Chrysolith die Reinheit symbolisieren. Auf dem rechten Balken befänden sich ein Saphir als Zeichen der Wahrheit, ein grüner Smaragd als Stein des Lebens und ein goldener Topas als Sinnbild der Harmonie. Auf dem linken Balken stünden ein hellgrüner Chrysopras für die Kraft des Gesetzes, ein gestreifter Sardonyx für das Glück und ein gestreifter Chalzedon für den Sieg.

Auf dem unteren Balken schließlich seien weitere Steine anzubringen: ein violetter Amethyst für die Gerechtigkeit, ein farbiger Beryll für die Demut und ein hellroter Sarder für den Glauben.

1615 erschien ein Werk von grundlegender Bedeutung in zwei Sprachen: Das lateinische »Confessio Fraternitatis R. C. Ad Eruditos Europae« und das deutsche »Confession oder Bekandnuß der Societet und Brüderschaft R. C. An die Gelehrten Europae«. Den Eingeweihten, die bereits die »Fama Fraternitatis« studiert hatten, bot es nicht viel Neues.

Besonders betont wurde, daß der Orden der Rosenkreuzer allen würdigen Menschen offenstehen müsse, ungeachtet ihres Standes oder ihrer Klasse. Vehementen Angriffen sahen sich die »falschen Alchymisten« ausgesetzt. Dabei handelt es sich nach rosenkreuzerischer Auffassung um solche Menschen, die mit Hilfe von Geheimwissenschaften schnöde Gewinne erzielen wollen, indem sie beispielsweise minderwertiges Metall wie Blei in edles Gold verwandelten.

Der Geheimorden und der christliche Glaube

Die Rosenkreuzer lehnten den Islam strikt ab und bekannten sich zum christlichen Glauben. Die christliche Orientierung wurde 1621 in den »Statuten der Gesellschaft zum Studium der göttlichen Weisheit« besonders hervorgehoben. Da heißt es:

»Jesus hat gesagt, wenn zwei in seinem Namen versammelt sind, um zum Vater zu beten, dann wird ihr Gebet erhört werden, da er unter ihnen weilt.

1. Jeder Jünger soll seine Mitgesellen sehr lieben,
2. soll weder über seinen Mitgesellen schlecht reden noch ihn verachten,
3. soll seinen Mitgesellen treu sein,
4. soll gegen seinen Mitgesellen wahrhaftig sein,
5. soll sich gegen seinen Mitgesellen demütig und sittsam erzeigen,
6. soll nicht spöttisch auf dieses hohe Studium sein,
7. soll verschwiegen halten, was er in diesem hohen Studium gelernt,

8. soll von seinem Vermögen seinen Mitgesellen mildiglich und williglich mitteilen.

Das höchste Mitglied dieser Gesellschaft ist der Herr, Jesus Christus, Gottes Sohn. Die Gesellschaft steht unter seinem Schutz, durch sein Wort ist er gegenwärtig. Daher unterliegen alle Mitglieder der strengen Pflicht, für ihn die Regeln der Gesellschaft zu achten.«

Das Verhalten des Schülers wurde in weiteren Vorschriften reglementiert:

»1. Der Schüler soll Gott fürchten, denn Gottesfurcht ist der Anfang, die Wurzel und die Krone der Weisheit.

2. Er soll sich der Ordnung unterwerfen.

3. Er darf nur wenig Umgang mit der Welt pflegen, denn nach dem Wort des Apostels Jakobus bedeutet Liebe zur Welt Abneigung gegen Gott.

4. Er soll fromm, rein, frei von Sünden sein.

5. Er soll vorsichtig und überlegt handeln.

6. Er soll keusch sein.

7. Er soll demütig sein.

8. Er soll das Geld verachten.

9. Er soll Weisheit und ängstliche Vorsorge der Menschen geringachten.

10. Er soll von dem brennenden Wunsch nach göttlicher Weisheit beseelt sein.

11. Er soll gehorsam sein.

12. Er soll arbeitsam sein.

13. Er soll nicht von Anfang an nach den großen Geheimnissen suchen.

14. Er soll die hohen Studien verehren.

15. Er soll seinem Lehrer gegenüber dankbar, zuvorkommend und edelmütig sein.

16. Er soll bereitwillig Almosen geben.«

Auf keinen Fall wollte man Mitglieder aufnehmen, die bei der Magie nur an persönlichen Reichtum dachten. Offensichtlich war den Verfassern der Ordensregeln bekannt, daß wilde Gerüchte um die Ordensgemeinschaft kursierten, wonach die Rosenkreuzer Alchimisten waren, die mit Hilfe von Zaubersprüchen Gold herstellen

konnten. Von primitivem, materiellem Alchimismus distanzierte
man sich:

»1. Flieht die alchimistischen Bücher und ihre Sprüche sowie die
   Schmeichler, die nach euerem Geld trachten.
 2. Die Rosenkreuzer wollen ihren Reichtum teilen, aber jene, die
   ihn rauben wollen, werden dem Löwen vorgeworfen.
 3. Sie führen in einfacher Weise und ohne mysteriöse Sätze zur
   Kenntnis aller Geheimnisse.«

Die »chymische Hochzeit«

Die Rosenkreuzer traten Gerüchten, nach denen sie über geheime
Mittelchen verfügten, die ein ewiges Leben ohne Altern garantie-
ren, energisch entgegen. Menschen, die dem Orden in der Hoffnung
beitreten wollten, den Tod mittels Magie zu besiegen, konnte man
im Kreis der Schüler nicht brauchen.

»Die Rosenkreuzer erfassen alles, was dem menschlichen Verständnis unklar ist. Sie erklären, daß ihre Allheilmittel nicht vor dem
Tode bewahren. Und obwohl sie jeden glücklich machen und das
Leid auf der Welt mindern können, tun sie es nicht, da man sie nur
nach harter Arbeit und wenn man von Gott geschickt ist, finden
kann.«

1616 erschien in Straßburg *Die Chymische Hochzeit: Christiani
Rosencreutz: Anno 1459.* Man munkelte, der Verfasser sei Johann
Valentin Andreae. Andreae hatte zu Beginn des 17. Jahrhunderts in
Tübingen studiert. Er war ein vielseitiger Wissenschaftler, bewan-
dert in Mathematik, Philosophie und Astronomie. Die geheimen
arabischen und hebräischen okkulten Werke waren ihm vertraut.
Besonders gut kannte er die Schriften John Dees (1527–1608). Dee
soll vom Engel Uriel einen »Kristall« erhalten haben, den er dazu
benützte, um gezielt Zukunftsvisionen herbeizuführen.

Der Inhalt der *chymischen Hochzeit* mutet mysteriös und geheimnisvoll an. Da wird der greise Christian Rosencreutz zu einer Hochzeit eingeladen. Um an den Feierlichkeiten teilnehmen zu können,
muß er sich vorbereiten und verschiedenen Prüfungen unterziehen.
Nachdem alle Bedingungen erfüllt sind, wird er bei den Hochzeits-

feierlichkeiten als Ehrengast huldvoll empfangen. Ihm wird ein hoher Orden, der »Goldene Stein«, verliehen. Historisches Vorbild für die Hochzeit soll die Eheschließung zwischen Friedrich V., der später König von Böhmen wurde, und Elisabeth von England gewesen sein. 1620 wurde Friedrich V. gestürzt.

Dr. Raymond Drake, ein englischer Erforscher von Geheimbünden, interpretiert den »esoterischen Roman« so: »Die alten Alchimisten sahen das irdische Geschehen zwei Einflüssen ausgesetzt. Da war einmal die Materie, aus der der Mensch mit seinen irdischen Bedürfnissen entstanden war. Auf der anderen Seite war da das Himmlische, das Göttliche. Der Mensch sollte nun zu Höherem streben, sich von der Gier nach Besitz lösen. Indem er das himmlische Wissen in sich aufnahm, machte er den entscheidenden Sprung in der Entwicklung nach vorn – zum perfekten Menschen. Um diesen entscheidenden Schritt tun zu können, mußte er spirituell wachsen, auf spiritueller Ebene vorankommen. In der ›chymischen Hochzeit‹ muß sich Rosencreutz erst vorbereiten. Er erfüllt erst Bedingungen, damit er spirituell vorankommen kann. Die Hochzeit schließlich ist das Symbol für die Vereinigung von Irdischem mit Göttlichem. Der Orden vom ›Goldenen Stein‹ schließlich erinnert an den Stein der Weisen, den Alchimisten niederer Rangordnung zum Goldmachen benutzten. Für die Rosenkreuzer freilich war Alchimie Umwandlung, Veredelung des Geistes, nicht plumper Materie.«

Ganz ähnlich urteilten Jacques Bergier und Louis Pauwels in ihrem Buch *Aufbruch ins dritte Jahrtausend*: »Die Rosenkreuzer betonen immer wieder, das Ziel der Wissenschaften der Transmutation (der Umwandlung von Blei in Gold) sei die Transmutation des Geistes selber. Dabei handelt es sich nicht um Magie oder um eine göttliche Belohnung der Mühen, sondern um eine Entdeckung realer Tatsachen, die den Geist des Forschers zwingen, sich anders zu verhalten.« Nach Bergier ist das Symbol von »Mann und Frau«, etwa in der »chymischen Hochzeit«, Sinnbild für Vereinigung von scheinbaren Gegensätzen, von Logik und Intuition, von Nehmen und Geben.

Im 17. Jahrhundert öffnete sich der Orden der Rosenkreuzer und nahm zahlreiche Mitglieder auf. Gerüchte kursierten, wonach man nur der Gemeinschaft beitreten müsse, um an das Geheimnis zu kommen, das auf leichtem Wege Reichtum verschaffte. Tatsächlich traten eine Reihe von Betrügern auf, die von sich behaupteten, Rosenkreuzer zu sein. Sie seien im Besitz geheimer Lösungsmittel oder Pülverchen, mit denen etwa Blei in Gold verwandelt werden könne. Solche Mittel wurden natürlich für horrende Summen an Leichtgläubige verkauft.

Mit plumpen Tricks wurde die angebliche Wirksamkeit der »alchimistischen Methoden« demonstriert: Man nahm beispielsweise Blei, gab ein »Zaubermittel« hinzu, verflüssigte alles unter Hitze – und siehe da: Ein Teil des unedlen Bleis hatte sich scheinbar in Gold verwandelt. In Wirklichkeit hatte es natürlich keinen Verwandlungsprozeß gegeben, das »Zaubermittel« enthielt nur Goldkörner. Schwindler mußten also für ihre Darbietungen etwas Gold investieren, um ihre leichtgläubigen Opfer von der dargebotenen Magie zu überzeugen. Die bezahlten enorme Summen für die wertlosen Wunderpulver und Tinkturen.

Die Brüder vom Orden vom Rosenkreuz wurden mit Aufnahmeanträgen überhäuft. Die meisten lehnten sie ab, was in der Öffentlichkeit als Zeichen von Hochmut galt. Michael Maier (1568–1622), Leibarzt des Kaisers Rudolf II., Mitglied bei den Rosenkreuzern, sah sich genötigt, öffentlich den Orden zu verteidigen. Es sei kein Zeichen von Arroganz, wenn viele Aufnahmeanträge abgelehnt würden. Vielmehr verdeutliche das nur die strengen Maßstäbe, die der Orden anlege, wenn es um neue Mitbrüder ginge. Wolle man Rosenkreuzer werden, so müsse man sich in Geduld fassen. Es sei damit zu rechnen, daß die Bewerber fünf Jahre lang beobachtet und geprüft würden, ohne es zu bemerken.

In England setzte sich Robertus de Fluctibus, bürgerlich Robert Fludd (1574–1637), für die Belange der Rosenkreuzer ein. Ob er selbst Mitglied des Ordens war, ist umstritten. Fludd war im britischen Königreich als Arzt und Naturforscher bekannt, wurde aber wegen seiner Neigung zu okkult-magischen Praktiken vehement von Johannes Kepler angegriffen. Dabei war der berühmte deutsche Astronom und Mathematiker der Astrologie keineswegs abgeneigt. Er erstellte Prominenten wie Rudolf II. und Wallenstein Horoskope. 1602 publizierte er ein umfangreiches Werk *Über die sicheren Grundlagen der Astrologie.*

Robert Fludd sah eine Übereinstimmung zwischen Makrokos-
mos und Mikrokosmos. Die Welt sei wie ein großer Mensch, der
Mensch wie eine kleine Welt. Nach Fludds *Geschichte des Makro-
kosmos und des Mikrokosmos* war der Anfang allen Seins ein dunk-
ler, formloser Abgrund. Dann sei ein spirituelles Licht erschienen,
in dem sich die Intelligenz der Engel offenbarte. Aus dieser Energie
wurde die rationale Seele des Menschen. Schließlich tauchte das
göttliche Licht auf und brachte Ordnung in die Schöpfung.

Durch Veränderung des Menschen auf spiritueller Ebene könne,
so Fludd, auch die Welt verändert werden. Er veröffentlichte »Eine
umfangreiche Verteidigung der Bruderschaft vom Rosenkreuz,
einst in den Sumpf des Mißtrauens und der Schändlichkeit gezogen,
nun aber vom Wasser der Wahrheit wieder reingewaschen«.

Einer der prominentesten Rosenkreuzer Englands dürfte Francis
Bacon gewesen sein (1561–1626). Bacon, Politiker und Philosoph,
erforschte bereits übersinnliche Phänomene, als es den Begriff
»Parapsychologie« noch gar nicht gab. Er ging von geistiger Beein-
flußbarkeit von »unbelebten Gegenständen« aus und regte Versuche zur mentalen Veränderung von Pflanzenwachstum an. Gedankenübertragung war für ihn eine Tatsache. Wenn zum Beispiel
mehrere Teilnehmer an einer Kriegsschlacht mentale Bilder aus-
senden würden, so würde sich ihre Kraft verstärken. Sie könnten
dann über große Entfernung von anderen, sensitiv veranlagten
Menschen wahrgenommen werden. Er schrieb: »Die Berichte über
die Kraft der Imagination und die geheimen Vorgänge der Natur
sind so ungewiß, daß sie ein großes Maß von Prüfung erfordern,
bevor wir Schlüsse aus ihnen ziehen können.«

Bei Bacons romanhaftem »Nova Atlantis«, 1624 erschienen, handelte es sich um eine teilweise verschlüsselte Geschichte der Rosenkreuzer. Auf einer imaginären Insel Bensalem siedelte er das »Haus
der Gelehrten« an. Dort lebte eine nach Wissen und geistiger
Weiterentwicklung strebende Ordensgemeinschaft, deren Mitglieder deutlich als Rosenkreuzer zu erkennen sind: Sie tragen rote
Mäntel, ihr Zeichen ist ein rotes Kreuz.

Das Interesse am Rosenkreuzertum wuchs sprunghaft an. Hauptgrund war vermutlich, daß viele Menschen, unzufrieden mit der
hehren Wissenschaft, wie sie an den Universitäten gelehrt wurde,

Zugang zu okkultem Wissen suchten. Fludd sah sich genötigt, 1617 ein weiteres Werk zu veröffentlichen. Er unterschied darin zwischen guter und schlechter Magie. Die Rosenkreuzer, so beteuerte er, übten nur die gute aus. Der Orden sei eine Gemeinschaft von gleichgesinnten Menschen, die »geistige und philosophische Ziele« verfolgten. Nach Fludds Tod sank das Interesse am Rosenkreuzertum in Frankreich wie in Deutschland stark.

Schuld daran mag der Philosoph René Descartes (1596–1650) gewesen sein. Auch seine Vorstellungen waren zum Teil magischer Natur. So war er davon überzeugt, daß ein intensiver Gedanke im Menschen eine »Erhitzung« hervorrufe, welche die »tierischen Geister« zum Verlassen des Körpers nötige, die dann auf andere Menschen übergingen und so zu Gedankenübertragung führen könnten. Descartes beschäftigte sich mit den Rosenkreuzern. Er schrieb: »Wenn die Rosenkreuzer Betrüger sind, so ist es nicht recht, daß sie zu Lasten des guten Glaubens des Volkes einen zu Unrecht erworbenen Ruf genießen. Wenn sie der Welt etwas Neues gebracht haben, das es wert ist, gewußt zu werden, dann wäre es unredlich, alle Wissenschaften verachten zu wollen, unter denen es eine geben könnte, deren Grundlagen unbekannt sein könnten.«

Descartes bemühte sich um Kontakte mit Rosenkreuzern. Inwieweit er damit Erfolg hatte, ist umstritten. Gelegentlich wurde sogar behauptet, der französische Philosoph sei dem Orden beigetreten. Tatsächlich beschrieb er eines seiner wichtigsten Werke über die grundlegende Bedeutung der Mathematik in Begriffen der Rosenkreuzer als Opus, »in welchem die wahren Mittel aufgezeigt werden, um alle Schwierigkeiten dieser Wissenschaft zu lösen, und in welchem bewiesen wird, daß der menschliche Geist in diesem Bereich nicht weiter vordringen kann. Den Wissenschaftlern der ganzen Welt und insbesondere den hochlöblichen Brüdern Rosenkreuzer in Deutschland gewidmet.«

Von einem Deutschlandaufenthalt nach Frankreich zurückgekehrt, konstatierte Descartes, daß in seinem Heimatland eine wahre Rosenkreuzermanie ausgebrochen war. Als man ihm selbst vorhielt, er sei doch den Rosenkreuzern beigetreten, verwahrte er sich dagegen. Dabei war er zweifelsfrei von dem Ansinnen des Geheimbundes, eine neue Art der Wissenschaft zu kreieren, mehr als angetan. Er stellte sie sich als harmonische Verbindung aus Theologie, Physik und Mathematik vor.

Descartes bangte um seinen guten Ruf als Wissenschaftler und um seine persönliche Sicherheit. Auf alle Fälle wollte er es vermeiden, von seinen Kollegen an den Universitäten als unseriös angesehen zu werden. Ausschlaggebend für seine deutliche Distanzierung vom Geheimorden mag die Haltung der französischen Kirche gegenüber den Rosenkreuzern gewesen sein, die von einer abzulehnenden, bösen Sekte sprach. Descartes machte deshalb, wie in einer zeitgenössischen Biographie zu lesen war, »aller Welt sichtbar, insbesondere seinen Freunden«, daß er mit dem geheimnisvollen Orden gar nichts zu tun haben wolle. Diese ablehnende Haltung wurde in Frankreich wie in Deutschland publik gemacht.

Nach hundert Jahren des Schweigens tauchten in der ersten Hälfte des 18. Jahrhunderts gleich eine Reihe von Gruppen auf, die alle von sich behaupteten, der einzig wahre Orden vom Rosenkreuz zu sein. Jede dieser Gruppen verkündete, sie könne die eigene Geschichte bis auf den Ordensgründer zurückverfolgen. Freilich unterschieden sie sich alle in einem Punkt sehr deutlichen von dem Orden früherer Zeiten: Sie waren alle sehr materialistisch eingestellt, konzentrierten sich auf geheime Praktiken, die zur Herstellung von universellen Arzneien, aber auch von Gold und Diamanten führen sollten.

Große Bedeutung wurde den geheimen Ritualen beigemessen, die man in den verschiedenen Ordenshäusern zelebrierte. Es kam zu einer wahren Inflation von Vorschriften. So wurde in besonderen Regeln festgehalten, wie denn bei der Herstellung künstlicher Edelsteine zu verfahren sei. Sie dürften auf gar keinen Fall unnatürlich groß gemacht werden. Auf keinen Fall dürften die geheimen Riten und Zauberpraktiken enthüllt werden. Glaubhafte Berichte, daß tatsächlich magische Umwandlungen vollzogen, edle Substanzen produziert werden konnten, liegen freilich nicht vor.

In einem Punkt hielt man sich an einen Brauch, der bereits in den ersten Tagen des Rosenkreuzerordens vorgeschrieben war. Die Ordensbrüder benannten selbst ihre Nachfolger, die im Todesfalle ihre Stelle einnehmen sollten. Wie ein neues Mitglied in den Orden aufgenommen wurde, das war in den ersten Jahren des Ordens nicht genau festgelegt. Bei den neuen Gruppen war das anders. Präzise Vorschriften legten den Ablauf des Rituals fest. Das neue Mitglied wurde in eines der Ordenshäuser gebeten. Man überreichte ihm ein Zeichen des Friedens, meist einen Palmzweig, und begrüßte den Neuen durch drei Küsse. Kniend mußte er einen Eid leisten und schwören, von den ihm künftig anvertrauten Geheimnissen nichts an Uneingeweihte zu verraten. Geheimgehalten werden mußte auch, wo sich die verschiedenen Ordenshäuser befanden und wer alles der Gemeinschaft angehörte. Besonderer Geheimhaltung unterlagen die Namen der leitenden Brüder.

Dem neuen Eingeweihten wurden sieben Locken abgeschnitten. Einzeln verpackt sowie mit dem Geburtsnamen und neuen Ordensnamen versehen, wurden die Locken dann in die Hand des leitenden Ordensbruders übergeben, der sie verwahren mußte. Hatte man Ordensbrüder in den ersten Jahren der Geschichte des Geheimbundes auf strikte Keuschheit festgelegt, so wurde diese wichtige Mußbestimmung nun aufgelockert. Intimverkehr mit Frauen war nicht verboten. Es wurde den Jungmitgliedern aber nahegelegt, Kontakte mit dem anderen Geschlecht soweit wie möglich einzuschränken.

Spezielle Losungsworte dienten dazu, daß sich Ordensbrüder gegenseitig zu erkennen geben konnten, ohne Außenstehenden aufzufallen.

Groß war die Sorge um die Geheimhaltung. Logenmitglieder trugen daher immer einen schwarzen Bindfaden bei sich, der sie stets daran erinnern sollte, daß man sich durch heiligen Eid zum Stillschweigen verpflichtet hatte.

Fast alle Rosenkreuzergeheimbünde, die im 18. Jahrhundert entstanden waren, sind heute vergessen. Sie haben sich meist schon im 18. oder in den ersten Jahrzehnten des 19. Jahrhunderts ohne Nachfolger aufgelöst. 1780 legte in Amsterdam Baron Hans Heinrich von Ecker den Grundstein für die »Asiatischen Brüder vom Rosenkreuz«. Der Orden verstand sich als Sammelbecken für nach Wissen strebende Menschen möglichst vieler Glaubensrichtungen und Nationen. Hauptsächlich waren Christen und Juden, wohl auch Moslems aus der Türkei, Persien und Armenien vertreten. Sie durchliefen zunächst einmal neun Vorstufen, bevor sie endlich in den erlauchten Kreis der wirklich Wissenden aufgenommen wurden. Die Bezeichnungen für diese untergeordneten Grade sind überliefert. Sie lauteten: Junior, Theoreticus, Practicus, Philosophus, Minor, Major, Adeptus exemptus, Magister und Majus.

Kritiker wandten ein, es gehe dem Orden weniger darum, Neuzugänge so gründlich wie möglich vorzubereiten. Im Vordergrund stehe vielmehr das plumpe finanzielle Interesse der Vorstände der geheimen Gesellschaft. Anscheinend wurden nämlich bei jeder »Beförderung« in eine höhere Stufe nicht gerade niedrige Gebühren kassiert. Außerdem waren Mitgliedsbeiträge zu bezahlen, von denen der Orden lebte.

Der Graf von Saint Germain – Eingeweihter oder Scharlatan?

Der illusterste Rosenkreuzer des 18. und 19. Jahrhunderts war zweifelsohne der Graf von Saint Germain. Er behauptete, portugiesischer Herkunft zu sein, und tauchte um 1740 an verschiedenen europäischen Königshöfen auf. Angeblich war er im Besitz magisch-alchimistischer Geheimnisse, ein Zauberelixier habe ihn seit zwei Jahrtausenden jung gehalten.

Saint Germain gewann rasch das Vertrauen König Ludwigs XVI. und seiner Geliebten, Madame Pompadour. Die nicht uneitle Dame soll in besonderem Maße Interesse am Lebenselixier gehabt haben. Fasziniert war sie auch vom scheinbar unendlichen Reichtum des geheimnisvollen Mannes. Er besaß herrlichste Edelsteine in Hülle und Fülle, die er häufig verschenkte.

Auch Voltaire (1694–1774), der große französische Philosoph und Dichter, war vom rätselhaften Grafen begeistert. Er nannte ihn »den Mann, der niemals stirbt und alles weiß«.

Woher stammte sein Vermögen? Hatte er reichen Damen aus dem Adel seine Geheimmixturen verkauft? Damen aus dem französischen Hochadel waren von ihm entzückt. Gräfin d'Adhémar schrieb, daß »seine Beinkleider, die sehr anlagen, eine seltene Formvollkommenheit ahnen ließen. Wenn er lächelte, blitzten seine ebenmäßigen Zähne, ein hübsches Grübchen zierte sein Kinn. Sein

Der geheimnisvolle Graf von Saint Germain.

*Mann und Frau in kosmischer Verbindung nach der Lehre der Rosenkreu-
zer.*

Die Insignien einer Freimaurerloge.

Ein Logenmeister in vollem Ornat.

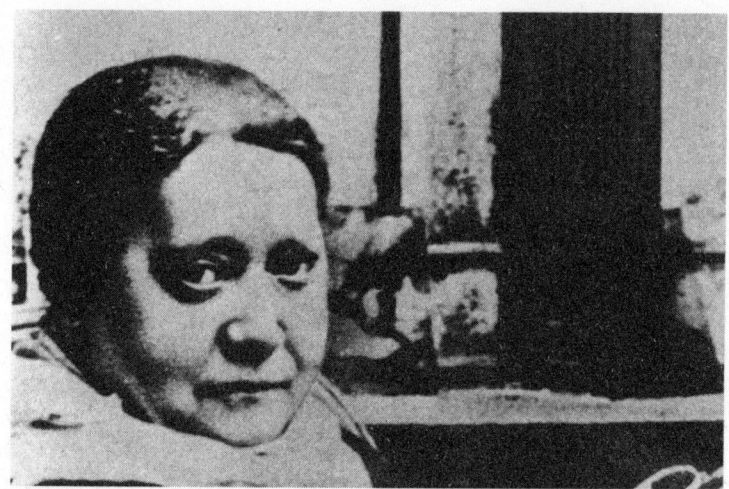

Helena Petrovna Blavatsky, die Gründerin der Theosophischen Gesellschaft.

In ihren Büchern wie "Isis entschlüsselt" und "Die Geheimlehre" berichtete Helena Petrovna Blavatsky von den mystischen Geheimnissen alter Geheimgesellschaften.

Haar war schwarz und sein Blick sanft und eindringlich. Und ach, was für Augen! Niemals habe ich solche Augen gesehen!«

Mehr als über seine physischen Reize wurde über den Reichtum des Grafen diskutiert. Woher hatte er immer wieder so viel Geld?

Konnte er vielleicht gar edle Steine auf künstlichem Wege billig herstellen? Nutzte er dazu Geheimwissen der Rosenkreuzer? Die abenteuerlichsten Gerüchte kursierten. War Saint Germain ein Spion für Frankreich? Oder für Preußen? Oder für England?

Unbestreitbar verfügte er über erstaunliche Kenntnisse, die seine Zeitgenossen verblüfften. So konnte er mit geheimnisvollen Tropfen und Tinkturen Seide und Leder in einer unnachahmlichen Art und Weise prachtvoll färben.

1710 will die Gräfin de Gegy Saint Germain in Venedig kennengelernt haben. Fünfzig Jahre später, 1760, begegnete sie ihm wieder. Zunächst erkannte sie ihn gar nicht. Irgendwie kam ihr sein Gesicht vertraut vor. Aber woher? Schließlich fragte sie diskret, ob es möglich sei, daß sie 1710 seinem Herrn Vater in Venedig begegnet sei. Lachend erklärte der Graf, er selbst sei es gewesen. Er könne sich noch gut daran erinnern. So lange sei es schließlich gar nicht her. Die Dame mochte das kaum glauben. Sah doch der Graf unverändert aus, die Zeit schien spurlos an ihm vorübergegangen zu sein. 1710 war er nach Jean Philippe Rameau etwa 45, eher wahrscheinlich 50 Jahre alt. Dann müßte er 1760 fast einhundert Jahre alt gewesen sein, sah aber allenfalls nur halb so alt aus.

1733 beteiligte sich der Graf, wie die Journalistin Sandra Grabow feststellte (*Unknown Reality,* Nr. 5/1996), an dem Entwurf für den Suezkanal. 1737 bis 1742 weilte er am Hof des Schahs von Persien, wo er in »bislang unbekannte Rätsel und Geheimnisse« eingeweiht worden sei. 1743 versetzte er die Mitglieder des Londoner Königshauses in Erstaunen. Er war vermögender denn je, verschenkte Reichtümer, als stünden ihm unergründliche Ressourcen zur Verfügung. 1744 verließ er England und fand sich 1745 am Wiener Hof ein. Die Chroniken erwähnen ihn aber nicht weiter.

1756 begegnete ihm der Weltreisende Robert Clive in Indien. Zwei Jahre später war er wieder in Frankreich am Königshof. 1758 bekundete Madame Pompadour, damals habe er wie ein gutaussehender Fünfzigjähriger gewirkt, obwohl er eigentlich rund 100 Jahre »auf dem Buckel« hatte.

1760 lobte der angesehene »Londoner Chronicle« das jugendliche Aussehen des bekannten Rosenkreuzers. Er müsse wohl wirklich über das Geheimnis der ewigen Jugend verfügen. Im selben Jahr ging er nach den Recherchen von Sandra Grabow einer wichtigen Friedensmission nach. Es gelang ihm, daß sich Preußen und Österreich an den Verhandlungstisch setzten und einen Friedenspakt unterzeichneten.

1762 warnte er Vertreter des französischen Adels. Er habe eine schlimme Vision von Erniedrigung und Tod gehabt. Man nahm ihn freilich nicht ernst. Seine teilweise brutalen Schilderungen wurden als amüsante Abwechslung in einem langweiligen Alltag gesehen und von Mitgliedern des höchsten Adels beklatscht.

Von 1766 bis 1769 bereiste er Indien. Gleichzeitig soll er 1768 und 1769 in Deutschland mehrere Fabriken eröffnet haben. 1770 jedenfalls war er in Moskau, um den Fürsten Orlow zu treffen. Wieder zurück in Deutschland, soll er Franz Anton Mesmer in die Geheimwissenschaften eingeweiht haben. Auch musikalisch soll der berühmt-berüchtigte Graf ein Genie gewesen sein. 1780 veröffentlichte Walsh in London seine Werke für Violine.

1784 meldete einer seiner größten Gönner, der Prinz Karl von Hessen-Kassel, das Ableben des Grafen. »Er war vielleicht einer der größten Weisen, die jemals lebten.« Er wäre 124 Jahre alt geworden. Freilich nahm er ein Jahr später, am 15. Februar 1785, in Paris am »Internationalen Kongreß der Freimaurer« teil. Das belegen ganz eindeutig sorgsam geführte Protokolle.

1789 war König Gustav von Schweden überaus beeindruckt vom Grafen. Er ernannte ihn zu seinem persönlichen Leibarzt und hielt sich strikt an seine präzisen Anweisungen. Madame d'Adhemar staunte über sein kraftvoll-jugendliches Aussehen. Sie schätzte ihn auf »etwa 45 Jahre«, dabei muß der rätselhafte Mann bereits annähernd 150 gewesen sein.

1793 war er wieder in Frankreich. Es gelang ihm, wie aus zeitgenössischen Überlieferungen hervorgeht, Madame Pompadour zu sprechen. Marie Antoinette habe er vor ihrer Hinrichtung Trost spenden können. Im August 1836, der Graf müßte bereits 176 Jahre alt gewesen sein, führte ihn eine traurige Pflicht nach Deutschland.

Er nahm an der Beerdigung von Carl von Essen teil. Die übrigen Trauergäste wunderten sich über seine kuriose Kleidung, die so gar nicht in die Zeit zu passen schien. Niemand zweifelte aber daran, den Wundermann höchstpersönlich gesehen zu haben.

1820 soll er sich dem Herzog von Berry am Vorabend seiner Erschießung gezeigt haben. 1867 habe er in Wien am Treffen der »Großen Loge« aktiv teilgenommen.

Saint Germain liebte es, unter Verwendung verschiedenster Falschnamen zu reisen. »So hieß er in Berlin Algarotti, in Rußland Audar, in Italien Montreffat, in Deutschland Graf Welldone«, schreibt Sandra Grabow. »In einem alten Tagebuch eines Landsknechts, das circa 1618 geschrieben wurde, wird von einem gewissen Montsalvari berichtet, den ich jedoch mit dem Grafen von Saint Germain gleichsetzen möchte. Montsalvari kam eines Tages in ein Wirtshaus und erregte dort durch sein Auftreten und seine eigentümlichen Erzählungen großes Aufsehen. Die Wirtin fragte: ›Sind Sie ein Zauberkünstler?‹ Darauf antwortete er: ›Nennt es so, Madame, doch werdet Ihr mich nicht auf Messen, Märkten und dergleichen finden. Ich treibe meine Künste aus freier Profession. Name ist Schall und Rauch!‹ Der Graf verblüffte seine Zuhörer weiter, nämlich mit Erzählungen aus dem Jahre 2000. Die Bauern fragten: ›Könnten Sie uns nicht etwas aus Ihrem Leben erzählen?‹ Daraufhin antwortete der Graf: ›Ja, sehr gerne, denn in ein paar Jahrtausenden kommt schon allerhand zusammen.‹ Montsalvari erzählte dann den Bauern von schnellen Wagen, die nicht von Pferden gezogen werden, und von Luftfahrzeugen. Er erzählte von Maschinen, die denken können. Meinte er damit Computer?«

Noch 1972 verblüffte der Franzose Richard Chanfay Frankreichs Fernsehzuschauer mit alchimistischen Experimenten und der Behauptung, er sei der Graf von Saint Germain.

Der geheimnisvolle Graf fasziniert also im wahrsten Sinne des Wortes seit Jahrhunderten die Menschen. Niemand wußte so recht, woher er kam und wohin er ging, wer er wirklich war. Er verfügte über enormen Reichtum. Besaß er wirklich das »Lebenselixier der ewigen Jugend«, wie er behauptete? Schöpfte er aus alten, geheimen Dokumenten der Rosenkreuzer? Einer Herzogin, so berichtet Sandra Grabow, machten ihre kleinen Fältchen im Gesicht Sorgen.

Sie habe den Grafen gefragt, wie sie denn das Altern aufhalten könne. Sandra Grabow: »Da sagte der Graf: ›Diejenigen, die über dieses Geheimnis verfügen, legen keinen Wert darauf, daß es bekannt wird!‹ Nach langem Hin und Her gab der Graf der Herzogin eine kleine Flasche mit einer durchsichtigen Flüssigkeit, die sie auf ihren Nachttisch stellte. Die Kammerzofe, die danach allein im Gemach der Herzogin war, bekam aus irgendeinem Grund eine Magenkolik und suchte in ihrer Verzweiflung nach Schnaps. Weil der Schnaps in der Regel auf dem Nachttisch stand, schnappte sich die Kammerzofe in ihrer Not die kleine Flasche und trank sie in einem Zuge aus. Die Kolik war verschwunden.«

Ob der Zofe freilich die ewige Jugend beschert wurde, darüber schweigt sich die Quelle aus.

Saint Germain – Wissender oder Gaukler?

Das Phänomen Saint Germain ist schwer zu beurteilen. War er ein Wissender, der in die tiefsten Geheimnisse der Rosenkreuzer eingeweiht wurde? Wie sind manche seiner Zukunftsvisionen zu erklären, die sich Jahrhunderte später erfüllten?

Je intensiver man sich mit seinem Leben beschäftigt, desto widersprüchlicher werden die Erkenntnisse. Nach heutigen Lexika wurde der Graf »etwa 1710« geboren. Das ist kaum möglich. In jenem Jahr lernte ihn die Gräfin de Gegy in Venedig als einen charmanten erwachsenen Mann kennen. Im gleichen Jahr begegnete er Jean Philippe Rameau. Der schätzte ihn damals auf fünfundvierzig bis fünfzig Jahre. Das Rätsel wird wohl nie gelöst werden können. Es sei denn, der wackere Graf taucht tatsächlich in unseren Tagen nochmals auf und beweist seine Identität.

Rosenkreuzer in Amerika

1907 wurde in den Vereinigten Staaten der erste Rosenkreuzerorden jenseits des Ozeans gegründet: die »Roscrucian Fellowship«. Ihr Oberhaupt war der deutsche Einwanderer Carl von Grasshof, der von sich behauptete, bei Reisen durch verschiedene Länder Osteuropas die Weihen empfangen zu haben. Als Oberhaupt des Ordens nannte er sich Max Heindel. In seinem Werk »Die Weltanschauung der Rosenkreuzer« enthüllte er alle seine angeblichen Geheimnisse. Er verstieß damit gegen den altehrwürdigen Grundsatz der alten Orden, strikte Geheimhaltung zu wahren. Im Zentrum seiner Regeln standen Gesundheitsvorschriften, der Verzicht auf Alkohol, Tabak und Fleisch. Bei seinen magischen Praktiken wurden unsichtbare Geisthelfer herbeizitiert.

1909 trat Max Heindel im kalifornischen San José mit seiner Lehre an die Öffentlichkeit. Angeblich sei 1693 eine Gruppe »wahrer Rosenkreuzer« nach Amerika ausgewandert, weil man irgendwo in der Neuen Welt, speziell in Philadelphia, das »Lebenselixier« zu finden hoffte. Bis 1801 soll es den Orden gegeben haben, dann wurde er aufgelöst. 1909 sei es zu einer Neugründung gekommen. Als Oberhaupt wurde H. Spencer Lewis gewählt. 1915 wurde ein »Manifest« publiziert und angeblich von 300 namhaften Anhängern des Ordens begeistert aufgenommen. Am 22. Juni 1916 führte Lewis, von Beruf Werbefachmann, vor 27 Mitgliedern seines Ordens ein alchimistisches Experiment durch, bei dem sich Zink in reines Gold verwandelt haben soll. Lewis' »Ancient and Mystical Order Rosae Crucis« (AMORC) beanspruchte für sich, der einzig wahre Rosenkreuzerorden Amerikas zu sein. Seine Kritiker warfen ihm vor, zu wahllos neue Mitglieder aufzunehmen, die durch Inserate in den auflagenstärksten Zeitungen angeworben wurden. Mitglied konnte jeder werden, der eine Aufnahmegebühr von fünf Dollar entrichtete und monatlich einen Beitrag von 3,50 Dollar leistete. Dafür bekam man einen Mitgliedsausweis und ein »persönliches, geheimes« Kennwort. Alle zwei Wochen flatterte dann schriftliches Unterrichtsmaterial ins Haus. Die Schüler sollten ihr Leben dank der Anweisungen des Meisters einfacher und erfolgreicher gestalten können.

Die Versprechungen des Ordens waren alles andere als zurückhaltend: Die persönliche Willenskraft sollte so gestärkt werden, daß man auch scheinbar unmögliche Pläne verwirklichen konnte. Das Gedächtnis sollte zu wahren Wunderleistungen befähigt werden. Der Organismus sollte gestärkt werden, bis er gegen jede Ansteckungsgefahr und Krankheit immun war. Die tiefsten Geheimnisse von Leben, Sterben und Wiedergeburt sollten offenbart werden. Ja, jedem Teilnehmer würden die verborgensten Geheimnisse des Lebens enthüllt.

Es gab auch Rituale bei der endgültigen Aufnahme eines Schülers in den Orden. Viele Lernende konnten wegen der oft großen Entfernungen nicht in einen der Ordenstempel kommen. Sie erhielten postalisch Anweisungen, wie der Ritus zu Hause vorzunehmen sei. Auf einen Spiegel mußte ein Kreuz gemalt werden, dann der Adept drei Minuten lang in meditative Ruhe versinken und wiederholt »Heil Rosenkranz« ausrufen. Schließlich sollte er den Zeigefinger – welcher Hand blieb freigestellt – zur Stirn führen und dabei immer wieder das Wort »Frieden« singen.

1939 verstarb H. Spencer Lewis. Sein Sohn Ralph Spencer trat seine Nachfolge an. Er beanspruchte für sich, der Führer der Rosenkreuzer Nord-, Zentral- und Südamerikas, des Britischen Commonwealth, Frankreichs, der Schweiz, Schwedens und Afrikas zu sein. Nach seinem Tod ging das Regiment an Gary Stewart über.

AMORC besteht noch heute. Es dürfte sich um die bedeutendste Rosenkreuzer-Gruppe der Welt handeln. Die Zentrale in San José wirkt selbst auf Skeptiker mehr als imposant. Sie besteht aus zahlreichen Gebäuden, beherbergt eine riesige Sammlung ägyptischer und babylonischer Fundstücke. Ein eigenes Planetarium steht den lernbegierigen Studenten zur Verfügung, ebenso ein Wissenschaftsmuseum und manch modernes Labor. Das Zentrum bietet Kurse von der Fotografie bis zur Parapsychologie. So groß und prächtig die AMORC-Zentrale auch ist, es drängt sich doch eine entscheidende Frage auf: Hat das, was da geschieht, noch viel mit dem legendären »Orden vom Rosenkreuz« zu tun? Vielleicht haben in unserer Zeit echte Geheimgesellschaften wie der ursprüngliche Rosenkreuzerorden keine Chance. Oder gibt es noch Bruderschaften, die im verborgenen arbeiten, ohne Mitglieder durch Inserate zu werben?

Die Freimaurer

1714 veröffentlichte der Theologe Sincerus Renatus, der mit bürgerlichem Namen Samuel Richter hieß, eine längere Abhandlung mit dem Titel *Die wahrhafte und vollkommene Bereitung des philosophischen Steins, der Brüderschaft aus dem Orden des goldenen Rosenkreutzes.* Darin stellte er wiederholt die Behauptung auf, es gebe keine Rosenkreuzer mehr in Europa. Die Brüder seien allesamt nach Indien ausgewandert. Tatsächlich war es um jene Zeit um den geheimen Orden still geworden. Es gab weder öffentliche Angriffe gegen die Gemeinschaft, noch irgendwelche Veröffentlichungen ihrer Mitglieder.

Das so entstandene Vakuum wurde sehr bald vom geheimen Orden, der Freimaurer gefüllt. Bereits 1459 waren die »Brüderordnungen der Steinmetzen von Straßburg« erlassen worden. Und 1529 war in Amsterdam eine Geheimloge gegründet, wieder aufgelöst und 1637 erneut aktiviert worden. Sie benannte sich nach Frederik Vrendendal. Beide Gruppierungen können als Vorläufer des späteren Freimaurertums angesehen werden.

Frühe Anfänge

Die frühesten Vorgänger der Freimaurer, die es zu jener Zeit als organisierten Geheimorden noch gar nicht gab, wandten sich von der Alchimie ab. Vermutlich geschah das auch aus Angst vor kirchlichen Angriffen. In intensiven Studien widmeten sich die Freimaurer der Architektur und Baukunst, also kaum geheimnisvollen oder gar okkulten Themen.

Die Bezeichnung Freimaurer geht auf eine Arbeiterzunft zurück, auf die Angehörigen des ehrbaren Steinmetzberufs. Sie werden erstmals in amtlichen Dokumenten der Stadt London 1375 als »freemasons« erwähnt. Es waren hoch angesehene Fachkräfte, gut bezahlt und im ganzen Land gesucht. Sie formierten sich zu Berufsgenossenschaften und zogen durch die Lande, stets auf der Suche nach neuen Aufträgen. Bevor sie ans Werk gingen, errichteten sie an der Baustelle eine Hütte. Darin schliefen sie, darin nahmen sie ihre Mahlzeiten ein, darin machten sie Pausen. Die Ruhehütte wurde als Loge bezeichnet. Diese Bezeichnung wurde bald auf einzelne Gruppen von Steinmetzen, aber auch von Bauhandwerkern übertragen.

Einzelne Logen genossen einen besonders guten Ruf, weil sie schneller und gleichzeitig besser arbeiteten als andere. Sie bekamen mehr Aufträge als andere Gruppierungen. Natürlich wollten sie ihren Vorsprung gegenüber Kollegen wahren. Deshalb hüteten sie ihre selbst entwickelten Arbeitssysteme als strenges Geheimnis, das keinem Außenstehenden preisgegeben werden durfte. Um zu verhindern, daß sich Spione in die Loge einschlichen, ersann man Losungsworte, die Fremden niemals anvertraut wurden. So war gewährleistet, daß keine unerwünschten Gäste aufgenommen wurden.

Die Symbole aus jener Anfangszeit des Geheimordens haben sich bis in unsere Tage erhalten. Es sind die Werkzeuge, die beim Bau von Häusern wie Kathedralen unerläßlich waren: Winkel, Zirkel und Senkblei.

Jahrhundertelang waren Logen Zusammenschlüsse von Handwerkern. Im frühen 17. Jahrhundert wurden aber auch sogenannte Ehrenmitglieder aufgenommen, die keine Steinmetzen oder Maurer waren, zum Beispiel in der 1619 in London gegründeten Loge der »Freien und Angenommenen Maurer«. Berufsfremde hatten die doppelte Gebühr zu entrichten. 1620 wurden von der »Masonic Hall« in London erste Protokolle über Zusammenkünfte verfaßt.

Nach und nach entstanden weitere Logen. Ihre Mitglieder äußerten immer wieder den Wunsch, man möge doch alle kleineren Geheimbünde unter das Dach einer umfassenden Organisation stellen. 1717 wurde daher eine »Großloge« ins Leben gerufen.

Dazu stand in der 1738 von Dr. James Anderson herausgegebenen Chronik der Freimaurer: »König Georg I. hielt am 20. September 1714 einen höchst glanzvollen Einzug in London, und als der Aufstand 1716 vorüber war, hielten die Logen in London es für zweckmäßig, unter einem Großmeister, als dem Mittelpunkte der Einigkeit und Harmonie, sich fest zu verbinden. Sie und einige isolierte Brüder versammelten sich, und nachdem sie den ältesten Meister in den Stuhl gesetzt, konstituierten sie sich als eine Große

Loge in gehöriger Form und beschlossen, die Jahresversammlungen und das Jahresfest zu halten und dann einen Großmeister aus ihrer Mitte zu wählen, bis sie die Ehre eines adeligen Bruders an der Spitze haben würden. In Übereinstimmung damit wurde am Tage St. Johann des Täufers im dritten Jahre der Regierung König Georgs I. Anno Domini 1717 die Versammlung und das Fest der Freien und Angenommenen Maurer abgehalten in der besagten Loge. Die Brüder wählten Anthony Sayer, Gentleman, zum Großmeister der Maurer, der sodann von dem erwähnten ältesten Meister mit Abzeichen seines Amtes und seiner Gewalt bekleidet und von der Versammlung gebührend beglückwünscht wurde, die ihm Verehrung erwies.«

Umstritten ist heute mehr denn je, ob bei der Organisation und Durchführung dieser Ordensgründung auch Rosenkreuzer anwesend waren. Diese Vermutung wird zwar seit Jahrhunderten immer wieder angestellt, es gibt aber keinen schriftlichen Anhaltspunkt, der sie auch nur andeutungsweise bestätigen würde.

Was als Selbstschutz von Handwerkern begonnen hatte, wandelte sich im Laufe der Zeit: Die Logen wurden immer mehr zu Zufluchtsorten für Freidenker, die ihre oft fortschrittlichen Ansichten nicht in der Öffentlichkeit zu äußern wagten. So strömten vor allem Mitglieder des geistlichen Standes, aber auch Philosophen, in die Logen. Große Anziehungskraft übten sie auch auf den Adel aus. Das ist eigentlich verwunderlich. Setzten sich doch die Logen für allgemeine Brüderlichkeit und Aufhebung der Standesunterschiede ein.

In zahlreichen Logen Europas wurde bei der Aufnahme eines neuen Bruders gefragt, welchem Stande und welcher Glaubenskonfession er denn angehöre. Daraufhin antwortete ein anderer Bruder: »Diese Frage geht verloren, der Freimaurer fragt nicht nach Stand und Glaube.« Auch für die Geschichte der Freimaurer gilt: Die Ausnahme bestätigt die Regel. So wurden Mitte des 19. Jahrhunderts in Sachsen Dienstboten von der Aufnahme in den Orden ausgeschlossen.

1751 gründete Reichsfreiherr Karl Gotthilf von Hund einen Freimaurerorden mit strengen Gesetzen. Angeblich hatte er in Frankreich die einzig legitimen Nachfahren des Templerordens getroffen und will von ihnen in ihr Regelwerk eingeweiht worden sein. Sein

Bestreben war es, das edle Rittertum, das mit dem Mittelalter verschwunden war, von der Idee her wiederzubeleben. Er wollte auch an die Suche nach alchimistischen Erkenntnissen erneut anknüpfen. Es erwies sich aber, daß von Hund das wachsende Interesse an Einweihung in verborgene Geheimnisse auszunützen versuchte, um sich selbst zu bereichern. Während materielle Güter für den wahren Freimaurer bedeutungslos und schon gar keine Voraussetzung dafür sein dürfen, in den Orden aufgenommen zu werden, standen bei von Hund die Finanzen im Vordergrund. Erhebliche Geldsummen, unerschwinglich für den Normalbürger, wurden abverlangt, bevor eine Aufnahme in die Ordensloge erwogen wurde. Der Schwindler starb am 8. November 1776 in Meiningen. Noch sechs Jahre wurde sein System von treuen Anhängern befolgt, 1782 kam es zur Auflösung. Eine Verbindung zwischen dem Freimaurertum und dem altehrwürdigen Orden wurde auf dem »Generalkonvent der Freimaurerei« in Hanau mit Entschiedenheit verneint.

Die Auflösung des von Hundschen Ordens führte unter den verschiedenen Logen zu einer gewissen Aufgeregtheit und Orientierungslosigkeit. Seine Ordensregeln waren von verschiedenen Geheimbünden übernommen, zumindest aber in das eigene Werk von Vorschriften eingearbeitet worden. Nun wandte man sich wieder den Vorschriften zu, wie sie etwa von dem Portugiesen Martinez de Pasqualis um 1750 propagiert worden waren.

1766 verkündete der Benediktinerpater Antoine Joseph Pernetty sein eigenes System. Er versuchte vor allem die okkultistische Erforschung der Wirklichkeit ins Zentrum der Bewegung zu rücken, gleichzeitig aber auch christliches Glaubensgut zu übernehmen. Eine der wichtigsten Lehren Pernettys war jene von der Dreifaltigkeit Gottes, die das höchste himmlische Wesen als eine Einheit aus Gott-Vater, Gott-Sohn und Heiligem Geist sieht. Obwohl er die Verehrung Marias als Mutter Gottes deutlich betonte, wurde er von der Kirche abgelehnt. Besonders das esoterische Gedankengut war nach Ansicht der führenden Theologen nicht akzeptabel. So sah sich Pernetty genötigt, von Frankreich nach Berlin überzusiedeln. Er erhielt einen Posten am Hofe Friedrichs des Großen, wo er bis 1783 in der Bibliothek des Monarchen als Archivar arbeitete. Er kehrte nach Frankreich zurück und starb dort 1783.

Die Chronik der Ordensgeschichte

Nach der Gründung der Großloge dauerte es nicht lange, bis unter den Ordensbrüdern der Wunsch aufkam, eine Chronik der geheimen Gesellschaft erstellen zu lassen. Dabei war man sich nicht ganz einig, ob dies in Form einer historisch korrekten oder einer mythologischen Schrift geschehen sollte.

Uneins war man auch in der Frage, wer denn als erster Freimaurer anzusehen sei. Viele Freimaurer beriefen sich auf das sogenannte »Regiusmanuskript« aus dem 14. Jahrhundert. In dem in Versform abgefaßten Werk wird berichtet, daß der griechische Mathematiker Euklid (etwa 365–300 v. Chr.) die Kinder vornehmer Familien in die Grundregeln der Geometrie eingewiesen habe. Zu Zeiten des angelsächsischen Königs Athelstan (925–940), des Enkels Alfreds des Großen, sei seine Lehre nach England gelangt. Der Regent galt als Beschützer der Steinmetzen. Nach einer Freimaurerschrift von 1722, der Roberts-Chronik, studierte er Geometrie. Er soll die Maurer mehr geschätzt haben als seinen eigenen Vater. Es erscheint aber mehr als fraglich, ihn bereits als »Ordensbruder« zu bezeichnen.

Nach der 1723 von Dr. James Anderson verfaßten Chronik geht die Freimaurerei in Zeiten weit vor Christi Geburt zurück. Bereits Adam, so heißt es da, habe seine Söhne in Geometrie unterrichtet. Auf Grund dieser Kenntnisse konnte Kain die Stadt Enoch bauen. Seth, der dritte Sohn von Adam und Eva, nach der Ermordung Abels geboren, sei auch Freimaurer gewesen, kundig in Geometrie und Astronomie. Fast wäre das uralte Wissen verlorengegangen, hätte es nicht Noah, der Erbauer der Arche, gerettet. Nach der Flut wurde die Wissenschaft der Geometrie von Noah und seinen drei Söhnen in die Welt hinausgetragen.

Die Anderson-Chronik sieht die Geschichte Europas durch die Jahrtausende vom Freimaurergedanken in stärkstem Maße beeinflußt. Schon zu Zeiten des Alten Testaments, das die Freimaurer mit speziellem Interesse studierten, habe es das geheime Gedankengut bereits gegeben.

Nach biblischer Chronologie arbeiteten Freimaurer bereits 2247 v. Chr. an dem legendären Turm zu Babel. Gott zerstörte das

Wunderwerk, die legendäre Sprachverwirrung trat ein. Die Bauleute – erste »Freimaurer«? – strebten in alle Welt und lehrten die
Völker. Im Land von Euphrat und Tigris wurden die Gelehrten-
schulen der chaldäischen Magier gegründet, deren Absolventen bis
nach Ägypten gekommen sein sollen.

Mizraim, ein Sohn des Ham, wirkte in Ägypten. Ein anderer Sohn
Hams lehrte den Kanaanitern die Kunst des Städtebaus. Abraham
war demnach auch ein Wissender: Er studierte in Ur, vielleicht auch
in Ägypten. Großes »freimaurerisches« Wissen eigneten sich die
Israeliten, wenn auch unfreiwillig, in Ägypten an, als sie für den
Pharao Fronarbeit leisten mußten.

Immer wieder verweist die Anderson-Chronik auf den göttlichen
Ursprung der Freimaurerkunst. Gab nicht Gott selbst Moses kon-
krete Anweisungen für den Bau der Bundeslade? Überwachte er
nicht Bezalel und Aholiab bei der Errichtung der Stiftshütte? Hatte
nicht Gott Moses den genauen Grundriß diktiert? So gab es für die
Freimaurer der ersten Stunde keinen Zweifel: Moses war ebenso
Freimaurer wie schon Adam und seine Söhne, auch wenn die
Organisation noch gar nicht bestanden hatte.

Es würde den Rahmen des vorliegenden Buches sprengen, sollte
auch nur der Versuch unternommen werden, alle Spuren freimaurerischen Denkens, die in der Anderson-Chronik aufgezeichnet
werden, kurz zu erwähnen. Nur einige der wichtigsten – historisch
manchmal falschen – »Belege« sollen hier angeführt werden.

1004 v. Chr. weihte Salomo seinen großen Tempel ein. Nach
Überzeugung vieler Freimaurer war auch er als Großmeister der
Loge von Jerusalem ein Mitglied ihrer Zunft.

Während der ägyptischen Sklaverei erlernten die Kinder Israels
das Bauhandwerk, in der babylonischen Gefangenschaft gaben sie
es an die Handwerker Nebukadnezars und Cyrus' weiter. Nebukadnezar selbst soll 588, als er mit Hilfe jüdischer Eingeweihter
eine rege Bautätigkeit entwickelte, zum Großmeister geworden
sein.

536 v. Chr., aus babylonischer Gefangenschaft entlassen, bauten
die Juden den Tempel Salomos wieder auf. Davon erfuhren die
Griechen. Sie inspizierten die sakrale Anlage und kopierten die
Bauweise in vielen ihrer heiligen Bauten. Sie selbst waren ursprüng-

lich keineswegs kundig in der Geometrie – Juden hätten Thales von Milet in ihr mathematisches Wissen eingeweiht.

352 v. Chr. erbaute in Kleinasien Mausolos für sich und seine Frau Artemisia prunkvolle letzte Ruhestätten. Er wurde durch diese genialen Leistungen ebenso zum Großmeister wie Philadelphus, Baumeister des Leuchtturms von Pharos. In Syrakus wurde 212 v. Chr. der Baumeister und Mathematiker Archimedes erschlagen. Aus seinen Werken bezogen die Römer ihr Wissen. So konnte Caesar Großmeister der Loge von Rom werden. Und mit den Römern wurde das geheime Wissen in ganz Europa verbreitet.

Mit der Christianisierung gelangte es auch nach England. Die Gotik, die für den Historiker im 13. Jahrhundert beginnt, führt die Freimaurertradition auf Frankreichs Hausmeier Karl Martell zurück, der sie Mitte des achten Jahrhunderts nach England exportiert habe. Ohne freimaurerisches Denken sei sie unmöglich. Auch die englischen König Wilhelm der Eroberer und Rufus seien Logenbrüder und Baumeister gewesen.

In der freimaurerischen Denkweise gilt selbst die afrikanische Kultur als von freimaurerischen Gedanken beseelt. So soll der geheimnisvolle Gebäudekomplex von Simbabwe das Werk von Logenbrüdern sein.

Das Ritual der Einweihung und die Ordensregeln

Am Tag seiner Einweihung findet sich der Neuling vor der Tür seiner künftigen Loge ein. Sein Führer klopft für ihn an und bittet in seinem Namen um Einlaß. Der Neue hat seinen weltlichen Besitz symbolisch aufgegeben. Um seinen Hals trägt er eine lose geknüpfte Schlinge. Sie stellt die Verbindung zwischen einem jeden Mitglied der Freimaurer-Loge und seinem Orden dar. Die Augen des Novizen sind verbunden. Das soll ihn an die Verschwiegenheit erinnern, zu der er als Mitglied des Geheimbundes verpflichtet ist.

Schließlich öffnet sich die Tür. Der Neue wird eingelassen. Beim Eintritt wird ihm ein Degen an die Brust gesetzt. So soll symbolisch sein Mut geprüft werden. Ist er bereit, Gefahren auf sich zu nehmen, um zu höheren Erkenntnissen zu gelangen?

An seinem rechten Fuß trägt er einen Pantoffel. Auch das ist ein Symbol, dessen genauen Sinn freilich nur Eingeweihte kennen. Man vermutet eine Anspielung auf einen aus biblischen Zeiten überlieferten Brauch, bei dem das Abstreifen einer Sandale eine bedeutungsvolle Geste darstellte. Die Handlung soll bekunden, daß man dazu bereit ist, Pflichten auf sich zu nehmen. Die wohl wichtigste Bedingung, die der Neuling erfüllen muß, ist absolute Verschwiegenheit. Schließlich wird ihm die Augenbinde abgenommen. So soll verdeutlicht werden, daß er zur Erkenntnis geführt wird.

Er findet sich in einem vollkommen schwarzen Raum wieder, der die »Tiefen der Erde« darstellt. Sobald sich seine Augen an die Dunkelheit gewöhnt haben, erkennt er im Licht einer flackernden Kerze einen Tisch, einen Schemel, einen Totenschädel und Gebeine. An den Wänden sind Bilder und Worte angebracht: ein Hahn, die Worte »Wachsamkeit«, »Beharrlichkeit« und »Vitriol«. Salz, Brot, ein Krug mit Wasser und Schwefel stehen auf dem Tisch. Noch kann er davon Abstand nehmen, in den Geheimbund der Freimaurer aufgenommen zu werden. Darauf weist ihn eine Inschrift hin.

Der Adept wird nun allein gelassen. Er muß sein »spirituelles Testament« machen. Danach wird er einer geheimen Prüfung unterzogen, um dann in den ersten Grad der Loge eingeweiht zu werden. Die Einweihungsrituale unterscheiden sich häufig in nicht unwesentlichen Details bei den verschiedenen Gruppen. Ein einheitliches Ritual gibt es nicht. Häufig wird rituell nachvollzogen, was einst dem legendären Hiram Abif, einem mythischen Märtyrer der Freimaurerbewegung, widerfahren sein soll: Angeblich wurde er von seinen Feinden gefoltert, ließ sich aber auch nicht durch schlimmste Folterqualen die Geheimnisse seines Ordens entlocken. Rituell wird der qualvolle Tod des Hiram Abif nachgestellt, indem der Aufzunehmende auf ein mit Symbolen beschriftetes Leichentuch gelegt wird.

Häufig wird das Ende des legendären Hiram plastisch nachgestellt. Mit verbundenen Augen liegt der Neuling am Boden, vernimmt, wie seine »Mörder« miteinander reden. Sie beabsichtigen, ihn um Mitternacht in einem Schutthaufen zu verscharren. Der Vorgang der Beerdigung wird ebenfalls symbolisch wiederholt: Der Neue wird in eine Decke gehüllt und ein Stück durch den Raum getragen. Bald darauf vernimmt er zwölf Glockenschläge. Die Mörder beschließen, auf seiner »letzten Ruhestätte« einen Akazienzweig zu hinterlassen, bevor sie zu einer Reise nach Äthiopien aufbrechen wollen.

Das Wort »Vitriol«, das an der Wand geschrieben steht, stellt eine Abkürzung des lateinischen Satzes »Visita Interiora Terrae Rectificandoque Invenies Occultum Lapidem« dar: »Erforsche das Innere der Erde, und indem du dich läuterst, wirst du den verborgenen Stein finden.« Hier wird eine Parallele zu den Rosenkreuzern deutlich: Der Forschende findet Zugang zu den innersten Geheimnissen des Zusammenhangs zwischen den Dingen, indem er sich selbst in seinem Wesen ändert. Durch Veredelung der Gesinnung, also durch einen alchimistischen Vorgang, wird der Mensch zu höheren Stufen des Seins emporgehoben und dazu in die Lage versetzt, höhere Wahrheiten zu erkennen, die dem Normalsterblichen verborgen bleiben müssen.

Durch das Einweihungsritual soll der Mensch nicht nur in die Loge hineinfinden. Er soll sich selbst und seine innersten Bedürfnisse erkennen. Seine intimsten Sehnsüchte sollen ihm offenbart werden. Der Prozeß des Forschens und Suchens wird freilich mit der ersten Einweihung keineswegs abgeschlossen, eher erst in Gang gesetzt. Der Freimaurer sieht sich zeit seines Lebens als einen Suchenden, der stets darum bemüht ist, das »Licht, das die Wahrheit erhellt«, zu finden. Dieses Licht wird in allen Einweihungszeremonien durch Kerzen dargestellt.

Mit der Aufnahme in eine Freimaurerloge beginnt ein »neues Leben«, das durch zahlreiche »Grade«, gewöhnlich 33, führt. Die ersten drei Grade werden als »blaue Logen« bezeichnet. Ihnen schließen sich 30 »Perfektionslogen« an. Die 33 Logen heißen:

1. Lehrling,
2. Geselle,
3. Meister,
4. Geheimer Meister,
5. Vollkommener Meister,
6. Geheimer Sekretär,
7. Vorsteher und Richter,

8. Intendant der Bauten,
9. Auserwählter Meister der 9,
10. Auserwählter Meister der 15,
11. Auserwählter Ritter,
12. Groß-Architekt,
13. Royal Arch,
14. Auserwählter, Vollkommener und Erhabener Meister,
15. Ritter des Ostens,
16. Meister von Jerusalem,
17. Ritter vom Osten und Westen,
18. Ritter vom Rosenkreuz,
19. Hoher Priester,
20. Obermeister aller Logen,
21. Preußischer Ritter,
22. Prinz von Libanon,
23. Meister des Allerheiligsten,
24. Obermeister des Allerheiligsten,
25. Ritter der ehernen Schlange,
26. Schottischer Trinitarier,
27. Obermeister des Tempels,
28. Ritter der Sonne,
29. Groß-Schotte des heiligen Andreas,
30. Kadosch-Ritter,
31. Groß-Richter,
32. Meister des Königlichen Geheimnisses und
33. General-Groß-Inspektor.

Die Laufbahn des Freimaurers ist von immer neuen Aufnahme-ritualen geprägt, die vor jedem neuen Grad auf ihn warten. Stets gilt dabei, daß symbolhaft der Weg zu neuen Erkenntnissen dargestellt wird. Häufig gilt es dabei, dunkle Räume zu durchschreiten, die Unkenntnis und Unwissenheit darstellen. Je höher der erreichte Grad ist, desto komplizierter werden die Weihezeremonien. Bei der Erhebung in den sehr hohen 30. Grad werden zum Beispiel nachein-ander vier Räume betreten.

Der erste Raum ist von der Ausstattung her schwarz gehalten. Er stellt ein Grab dar. Eine dreieckige Lampe läßt schwach eine Falltür erkennen, die in den Keller führt. Im Keller selbst ist eine Gruft, darin ein Grab, auf dem drei Totenschädel ruhen. Der rechte trägt eine Königskrone, der mittlere einen Lorbeerkranz, der linke die Papsttiara.

Der zweite Raum stellt den vollkommenen Gegensatz zum ersten dar. Er ist dementsprechend gänzlich weiß ausgestattet. Im Osten dieses Raums stehen zwei viereckige Altäre. Auf einem brennt Weihrauch in einer Schale, auf dem anderen, in einer zweiten Schale, Weingeist. Weitere Lichtquellen gibt es nicht. Im Licht der Schalen ist ein schwarzweißer Doppeladler mit weit ausgebreiteten Flügeln zu erkennen.

Blau ist die Farbe des dritten Raumes. An der Decke wölbt sich der Sternenhimmel. Im Osten des Raums führt eine Treppe mit sieben Stufen zu einem Podest, auf dem sieben Sessel stehen. Auf dem mittleren thront der Vorsteher. Über dem Sessel des Obersten ist ein purpurroter Baldachin aufgespannt, hängt die schwarzweiße Fahne der Kadosch-Ritter. Auf einem Tisch vor dem Sessel steht eine Waage, liegen zwei gekreuzte Dolche und das Buch des Ordens. Drei Kandelaber mit je einer Wachskerze sind mit schwarzem Krepp umwickelt.

Der vierte und letzte Raum gilt als der »Senat«. Im Osten des Raums befindet sich eine mit schwarzem Velours bespannte Wand mit eingestickten Totenköpfen, die von Dolchen durchbohrt sind. Daneben steht ein Thron, über dem ein schwarzweißer Doppeladler mit ausgebreiteten Schwingen hängt. In den Klauen hält er einen Dolch, auf dem die Worte »Siegen oder sterben« stehen. Um seinen Hals hängt ein Balkenkreuz mit schwarzem Band. Auf der Brust trägt er ein Amulett mit den Worten »Nec preditor, nec proditur innocens feret«, deren tiefere Bedeutung nur dem Eingeweihten bekannt sein darf. An den Schwingen des imposanten Adlers hängt ein schwarz-weißes Tuch. Darauf sind rote Kreuze zu erkennen. Hinter dem Thron stehen zwei Fahnen über Kreuz.

Neun gelbe Kerzen erleuchten den Raum. Zwei davon stehen im Westen, sieben im Osten. In jeder der vier Ecken steht je eine Zeremonialschale mit brennendem Weingeist. Im Westen stellt ein Pyramidenstumpf aus imitiertem schwarzem Marmor ein Mausoleum dar. Darauf steht eine in schwarzen Krepp gehüllte Urne mit einem Lorbeerkranz. Zwischen dem Pyramidenstumpf und der Westwand, genau in der Mitte, befindet sich eine symbolhafte »Himmelsleiter«. Sie erinnert daran, wohin der Weg eines jeden wahrhaftig Suchenden führt.

Der Hinweis auf den »Weg zum Himmel« stellt im Zusammenhang mit dem Geheimbund der Freimaurer ein Kuriosum dar. Völlig zutreffend bemerkt Franjo Terhart, Kulturbeauftragter der Stadt Neukirchen-Vluyn, in seinem Werk »Einweihungslehren« (München 1996, S. 130): »Von allen Geheimbünden, die die bürgerliche westliche Welt hervorgebracht hat, stellt die Freimaurerei den vollkommensten Typus dar. Sie ist keine Religion, keine Sekte, sondern ein reiner Männerbund mit diesseitiger Ausrichtung. Von einer besseren Welt im Jenseits ist bei den Freimaurern nicht die Rede. Nicht Meditation und Gebet gehören zu ihrem Programm, sondern ›Arbeit‹, wozu allerdings das tief erlebte Ritual gehört. Man darf aber auch nicht leugnen, daß es im Laufe der Geschichte – von Logen zu Logen unterschiedlich stark ausgeprägt – esoterische Züge gab. Das betrifft vor allem die früheren Logenbrüder in Schottland.«

Freimaurer in der Neuen Welt

Im 18. Jahrhundert fiel der Freimaurergedanke besonders in der Neuen Welt jenseits des Ozeans auf fruchtbaren Boden. Die Aussiedler, die Europa manchmal fluchtartig verließen, erträumten sich eine Welt der Freiheit. Sie haßten den politischen Despotismus, der die Gedankenfreiheit, die für sie das wichtigste Merkmal wahren Menschseins darstellte, unterdrückte. Ihnen war das Individuum wichtiger als die politische Einheit.

In Amerika angekommen, war die Enttäuschung freilich zunächst groß. Fast schien es so, als ob die Unterdrückung in der Neuen Welt noch größer sei als zu Hause. Die Kolonien wurden von England aus streng reglementiert, was in Amerika zu einer ständig wachsenden Freiheitsbewegung führte. In dieser Epoche der Geschichte blühte das Freimaurertum auf. 1732 wurde der Freimaurer Daniel Coxe aktiv. Er versuchte politisch zu wirken, die verschiedenen Kolonien zu einer Macht zu einen, die sich Europa selbstbewußt widersetzen konnte.

Diese Bemühungen beeindruckten amerikanische Politiker in höchstem Maße. So kam es, daß besonders in den Jahren zwischen 1760 und 1770 Männer wie George Washington und Benjamin Franklin dem Geheimorden der Freimaurer beitraten. Daher war die frühe amerikanische Politik, die sich bewußt von Europa absetzen wollte, in starkem Maße von den Gedanken des Freimaurertums geprägt, obwohl die Ursprünge des Ordens in Europa alles andere als politisch waren.

Eines der bekanntesten Ereignisse der Geschichte Amerikas, die sogenannte Bostoner »Tea-Party«, gilt heute als Symbol des amerikanischen Freiheitsstrebens. Der Sachverhalt in Stichworten: Am 16. Dezember 1773 kaperten einige Dutzend als Mohawk-Indianer verkleidete Männer unter Führung von Samuel Adams drei englische Schiffe im Hafen von Boston. Als Protest gegen eine zu hoch empfundene Steuer warfen sie wütend fast 400 Teekisten über Bord.

An jenem Abend war eigentlich im Wirtshaus zum »Grünen Drachen« ein Treffen der Freimaurer angesagt. Es mußte, wie noch heute erhaltene Dokumente belegen, mangels Teilnahme abgesagt werden. Die Herren waren »verhindert«, »anderweitig beschäftigt«. Freimaurer John Johnson fertigte damals ein Bildchen des Treffpunkts an und notierte darunter: »Wo wir uns trafen, um die Versendung einiger Schiffsladungen Tee zu planen.«

Ziel der wirksamen Aktion war es, König Georg von England zu verdeutlichen, daß man sich in Amerika nicht mehr länger am Gängelband der Engländer führen lassen wolle. Man sah sich als frei und unabhängig. Die Forderung, die immer wieder aus Europa übermittelt wurde, man solle brav seine Steuern zahlen, löste in starkem Maße Empörung und Ablehnung aus.

So bekannt die »Bostoner Tea-Party« ist, sowenig gehen die Geschichtsbücher darauf ein, daß die Drahtzieher dieses Aktes der politischen Auflehnung Freimaurer waren.

Verzweifelt versuchten die Briten, ihren schwindenden Machteinfluß zu bewahren, doch vergeblich. 1775 etwa sollten die Aufständischen in Lexington durch eine militärische Niederlage »zur

Räson« gebracht werden. Die Briten waren davon überzeugt, einen leichten Sieg erringen zu können. Sie meinten, die Stadt innerhalb von wenigen Stunden einnehmen, die aufrührerischen Freiheitskämpfer aburteilen und strafen zu können. Freilich schlug der Plan fehl: Die Bürger von Lexington waren von Paul Revere, einem Silberschmied und Graveur (1735–1818), gewarnt worden. In einem nächtlichen Gewaltritt von Boston in die bedrohte Statt hatte er die Kunde vom bevorstehenden Angriff übermittelt.

Weniger bekannt ist, daß Revere einer der führenden Freimaurer Amerikas war. In den Jahren von 1762 bis 1784 entwarf er künstlerische Einladungen zu den verschiedenen Logentreffen.

Der Einsatz britischer Streitkräfte in Massachusetts führte zum amerikanischen Unabhängigkeitskrieg von 1775 bis 1783. Von den 56 Personen, die am 4. 7. 1776 die Unabhängigkeitserklärung unterzeichneten, waren 15 bekennende Freimaurer: Benjamin Franklin, Lymann Hall, John Hancock, Joseph Hewes, William Hooper, Thomas McKean, Thomas Nelson, Robert Treat Paine, John Penn, Roger Sherman, Richard Stockton, Matthew Thornton, George Walton, William Whipple und John Witherspoon.

Erst 1783 gewannen die früheren Kolonialisten dank des Eingreifens von Frankreich und Spanien ihre Unabhängigkeit.

Freimaurer und Politik

Der vehemente Einsatz von Freimaurern in der amerikanischen Unabhängigkeitsbewegung kann nicht bestritten werden. So gab es gerade in Amerika zahlreiche wichtige Politiker, die Freimaurer waren. 1752 wurde George Washington (1732–1789), Präsident der Vereinigten Staaten, als Mitglied in den Geheimorden aufgenommen. 1794 ließ er sich von William J. Williams, einem Künstler, der ebenfalls Freimaurer war, als Logenbruder porträtieren. Er stieg in der Ordenshierarchie schnell auf und brachte es zum »Großmeister der Loge von Virginia«. Der Präsident nutzte während des Unabhängigkeitskrieges seine Verbindungen und erteilte wichtige Aufträge stets nur solchen Offizieren, die dem Orden angehörten.

Wie viele weitere Präsidenten dem Orden beitraten, ist letztlich nicht mit Sicherheit feststellbar. Bekennende Ordensmitglieder waren: James Monroe (1758–1775), Andrew Jackson (1767–1845), James K. Polk (1795–1849), James Buchanan (1791–1868), Andrew Johnson (1808–1875), James A. Garfield (1831–1881), William McKinley (1884–1901), Theodore Roosevelt (1858–1918), William H. Taft (1857–1930), Warren G. Harding (1886–1923).

Es kann also keinen Zweifel daran geben, daß die Geschichte der Vereinigten Staaten in starkem Maße von Freimaurern geprägt wurde. Daraus läßt sich aber keineswegs ableiten, daß es eine speziell freimaurerische Politik gab. Freilich erfreut sich in den USA – und nicht nur dort – in unseren Tagen ein Gewirr aus allen möglichen Verschwörungstheorien großer Beliebtheit. Demnach sollen es Ordensbrüder sein, die schon seit Jahrhunderten die Geschicke der Welt lenken. So werden die Freimaurer als »Auslöser« der Französischen Revolution angesehen, die von »unbekannten Oberen« geleitet worden sei.

Diese geheimen Lenker des Weltenschicksals werden gewöhnlich als »Illuminati«, als »Erleuchtete«, bezeichnet. Sie traten tatsächlich in Bayern auf, dürften aber keinerlei Interesse an einem Umsturz in Frankreich oder Amerika gehabt haben. Sie waren nämlich strikte Anhänger der Monarchie und setzten sich für eine absolute Regierungsform ein, also für ein Staatswesen, wie es von den Freiheitskämpfern attackiert wurde. So gehörten auch zahlreiche Freimaurer zu den Menschen, die 1793 und 1794 unter der Guillotine endeten.

Es gab in Frankreich, in Amerika und in Rußland Freimaurer in der Politik. Eine einheitliche »freimaurerische Politik«, gelenkt von irgendwelchen geheimen Mächtigen, ist aber als eine unsinnige, absurde Fiktion anzusehen. Es hat sie zu keinem Zeitpunkt der Geschichte gegeben – weder in der Vergangenheit noch in der Gegenwart. Auf gegenteilige Behauptungen, die nur als absurd bezeichnet werden können, ausführlicher einzugehen lohnt sich nicht. Nur ein Beispiel sei angeführt: Der spanische Diktator General Franco war nachweislich einer der vehementesten Gegner des Geheimordens. Er ließ seine Geheimpolizei ausspionieren, ob etwa Landeskinder bei Auslandsaufenthalten dem Geheimorden beigetreten waren. Schon der Verdacht, ein Ordensmitglied gewesen zu sein, genügte, um für lange Jahre hinter Kerkermauern zu verschwinden. Und jener Diktator, der ein ausgewiesener Hasser der Freimaurer war, wurde von einem populärwissenschaftlichen Magazin 1981 zum »Freimaurer« erklärt.

Die Ordensregel der Geheimhaltung, die von den Freimaurern bis in unsere Tage streng beachtet wird, wurde von Diktatoren jeder Gesinnungsart benutzt, um der uninformierten Bevölkerung ein Schreckensbild geheimer Verschwörungen vorzugaukeln. Nur mit brachialer Gewalt sei diesen Feinden des Volkes beizukommen. Den Despoten mag dabei das Freimaurertum bei Ablenkungsmanövern hilfreich gewesen sein. Wer mit verbrecherischer Grausamkeit das eigene Volk knechtet, weist gerne auf angeblich im geheimen wirkende Feinde des Volks hin, deren schädliches Verhalten allenfalls – wenn überhaupt – im Kopf der Diktatoren existiert.

So darf es nicht verwundern, daß im Dritten Reich Freimaurer grausam verfolgt wurden.

Aleister Crowley und die Freimaurer

Aleister Crowley, eigentlich Edward Alexander Crowley (1875–1947), gründete mehrere magisch-esoterische Geheimorden. Alle sollten dem Ziel dienen, Eingeweihten die verborgenen Mächte zu offenbaren, die unser Leben seiner Ansicht nach nachhaltig beeinflussen. Seine Devise »Tue, was du willst, so soll das ganze Gesetz sein!« wurde meist mißverstanden. Crowley wollte keineswegs zur zügellosen Selbstentfaltung auffordern. Vielmehr war der englische Meister davon überzeugt, daß alles Tun des Menschen dem Geschehen und seinen Gesetzen ausgeliefert sei. Nur mittels Magie, so Crowley, ist ein Erkennen der Abläufe möglich, können ihre unveränderlichen Gesetze genutzt werden.

1883 wurde in England die Geheimgesellschaft der »Goldenen Dämmerung« gegründet, die sich selbst die Aufgabe gestellt hatte, das Okkulte zu erforschen. Crowley trat dem Geheimorden bei und übte die magischen Rituale der Gruppe aus. In seinem Haus Boleskine am Loch Ness versuchte er in Kontakt mit Schutzengeln zu treten. Sehr erfolgreich war er wohl nicht: Statt positiver Helfer soll eine ganze Schar bösartiger Geister aufgetaucht sein.

Der sich wachsender Beliebtheit erfreuende Orden beobachtete Crowley mit Skepsis. Die Mehrheit der Mitglieder hielt den Engländer für unwürdig, in ihren Kreisen zu verkehren. Er wurde 1900 aus der Gemeinschaft ausgestoßen und schloß sich 1911 dem »Ordo Templi Orientis« an, dem Orden der Tempelherren des Ostens, der 1902 in Deutschland gegründet worden war. In dieser Gruppe wurde die Ansicht vertreten, die menschliche Sexualität sei der Schlüssel zur Erkenntnis und würde dem Menschen die Augen über sein innerstes Wesen öffnen. Bereits ein Jahr später erhielt Crowley das Angebot, die Leitung der Geheimgesellschaft in England zu übernehmen. Er fühlte sich geehrt und akzeptierte gerne.

1920 lebte Crowley in einem alten heruntergekommenen bäuerlichen Anwesen auf Sizilien. Er wirkte damals auf seine Zeitgenossen fast wie ein mönchischer Biedermann. Sie wären entsetzt gewesen, hätten sie von den sexbetonten Ritualen gewußt, die in der Abgeschiedenheit seines Anwesens gefeiert wurden. Schüler aus zahlreichen Ländern reisten an, um vom Meister in die Geheimnisse der Natur und des menschlichen Wesens eingeweiht zu werden.

Bald kursierten wildeste Gerüchte. Man sagte Crowley und seinen Anhängern nach, Tieropfer darzubringen. Angeblich schreckten sie auch nicht davor zurück, bei ihren Zeremonien Babys zu töten. Zu einer Untersuchung der Vorwürfe kam es nicht, Crowley wurde aber von der italienischen Regierung dazu gezwungen, ins Ausland umzusiedeln.

Nach dem englischen Forscher Dr. Raymond Drake fällt es auch heute, Jahrzehnte nach dem Tod des Magiers, schwer, Crowley richtig einzuordnen.

»Er war ein Mensch«, schreibt Dr. Drake, »der sich heftigsten Exzessen widmete. In einer puritanischen Gesellschaft zog er einerseits viele Menschen in seinen Bann, andererseits fand ihn ein Großteil der Bevölkerung abstoßend. Ich möchte fast annehmen, daß dies gewollt war. Ihm lag nichts an einer Vielzahl von Jüngern, die einen Meister suchten. Er war auch ein hochbegabter Künstler, malte und schrieb Gedichte. Er setzte sich auch mit Geheimorden wie dem der Freimaurer auseinander.« Nach Dr. Drake war Crowley, der sich gern als der Drache der Apokalypse bezeichnete, fasziniert vom möglichen Einfluß von Vertretern des Ordens auf die Gesellschaft. Er war oft verbittert, weil es ihm nie gelang, selbst wirklich Gesellschaftspolitisches zu verändern.

Freimaurer heute

Heute leben in mehr als 130 Ländern unseres Planeten Freimaurer. Sie haben sich zu etwa 40 000 Logen zusammengeschlossen. Ihre Mitgliederzahl läßt sich nur schätzen, weltweit bekennen sich wohl etwa sechs Millionen Menschen zu freimaurerischem Gedankengut. Sie sind keine okkulten Verschwörer, sondern freiheitlich-liberalem Gedankengut zugetan. Toleranz gegenüber fremden Ideen und Wertvorstellungen ist die vielleicht wichtigste Maxime der Ordensbrüder. An der Schwelle zum dritten nachchristlichen Jahrtausend gehören karitative Aufgaben zu den wichtigsten Zielen der Freimaurerlogen in aller Welt. Sie träumen von einer besseren Welt. Sie sind davon überzeugt, daß Menschen, die besser über die geheimen Zusammenhänge der Wirklichkeit informiert sind, auch bessere Menschen sein können.

Madame Blavatskys Theosophische Gesellschaft

Der New Yorker Rechtsanwalt und Journalist Henry S. Olcott bekam 1874 den Auftrag, ein Thema zu recherchieren, das ihn auch privat intensiv beschäftigte: Spiritualismus. Aus »sicherer, stets gut informierter Quelle« hatte er von geheimnisvollen Ereignissen auf einem Bauernhof in Chittenden im Staate Vermont erfahren. Gespannt reiste er an, wäre aber bald wieder enttäuscht zurückgekehrt, weil ihm nur die üblichen angeblichen Kontakte mit Totengeistern geboten wurden. Aus dem Munde der Gebrüder Horatio und William Eddy sprachen angeblich Jenseitige. Ihre Fähigkeiten seien ihnen angeboren, da eine ihrer Vorfahren 1692 in Salem als Hexe verbrannt worden sei. Ob das als Qualifikation genügte?

Von den Darbietungen der Brüder Eddy war Olcott enttäuscht. Sie boten, was es in jener Zeit in Séancen immer gab: Stimmen von Indianern, die über das ihnen zugefügte Unrecht klagten, die über ihre Ermordung berichteten. Es kamen auch sehr viele im amerikanischen Bürgerkrieg zu Tode gekommene Soldaten zu Wort.

Später freute er sich aber darüber, daß er nicht überstürzt wieder abgereist war. Lernte er doch Helena Petrowa Blavatsky (1831–1891), die Okkultistin und Mitbegründerin der »Theosophischen Gesellschaft«, kennen. Sie behauptete, selbst mediale Fähigkeiten zu besitzen und hatte einige Zeit hauptberuflich als Medium gearbeitet.

Henry S. Olcott beschrieb sie so: »Sie war von großer, kräftiger Gestalt und trug zu ihrem Kostüm ein rotes Hemd nach der Art der italienischen Revolutionäre unter Garibaldi. Sie hatte ein flächiges, mongolenhaft geschnittenes Gesicht und kurzes, krauses blondes Haar.« Olcott spürte eine geistige Verwandtschaft mit der Dame, freundete sich mit ihr an.

Als er wieder in New York war, erhielt er einen geheimnisvollen Brief. Absender war der Großmeister einer »Bruderschaft von Luxor«. Olcott sei dazu auserwählt, von »Schwester Helen« zum »Goldenen Tor der Wahrheit« geführt zu werden. Dieser in goldener Tinte auf grünem Papier geschriebene Brief änderte Olcotts Leben radikal – und das seiner Frau. Er stellte alle Zahlungen an sie ein. Die so frei werdenden Mittel ließ er Helena Blavatsky zukommen. Zunächst zahlte er ihre Miete, doch bald schon zog er in ihre kleine, fast ärmliche Wohnung in Manhattan ein. Andächtig lauschte er, wenn Madame ein illustres Völkchen, bestehend aus Freimaurern, Rosenkreuzern, Kabbala-Anhängern und Okkult-Spiritisten, einlud und rege Diskussionen entstanden.

Das Buch Dzyan

Bei ihren sonntäglichen Gesprächsrunden berichtete Madame Blavatsky ausführlich über ihre Reisen, die sie durch Indien geführt hatten. Dabei hatte sie verschiedene Geheimlehren entdeckt, die sie zutiefst beeindruckten. Sie sei auch von tibetischen Meistern der

Geheimwissenschaften eingeweiht worden. Schon damals soll sie ein geheimnisvolles Werk besessen haben, das sie »Buch von Dzyan« nannte.

Das sei ein Werk der Geheimwissenschaften, die Kopie einer Kopie von uralten Originalen, deren Ursprung irgendwo in Tibet gelegen habe. Das heilige Original sei älter als die Erde gewesen. Es besitze geheimnisvolle Kräfte, nur Eingeweihte dürften es berühren. Ohne die unentzifferbaren Symbole und Buchstaben zu kennen, hätte sie das Buch als eine geistige Stimme vernommen, die ihr den verborgenen Inhalt offenbarte.

Viele Jahrtausende hätten tibetische Mönche das Geheimnis des »Buches Dzyan« bewahrt und von Generation zu Generation weitergegeben. Von Generation zu Generation sei das Buch abgeschrieben worden, stets mit der Warnung versehen, es dürfe niemals in unwürdige Hände gelangen. Sonst bestehe eine »ungeheure Gefahr«.

Am 8. September des Jahres 1875 wurde auf Anregung Olcotts eine Gesellschaft gegründet, um die Themen der sonntäglichen Treffs einer breiteren Öffentlichkeit zugänglich zu machen. Madame Blavatsky stimmte dem Vorschlag zu. Die Ordensgemeinschaft, zunächst aus sechzehn Teilnehmern bestehend, ernannte Olcott zum Präsidenten, Madame Blavatsky zur Vorsitzenden.

Über den Namen der Geheimgruppe konnte man sich zunächst nicht einigen. »Rosenkreuzer-Gesellschaft«, »Ägyptologische Gesellschaft« und »Hermetische Gesellschaft« fanden keinen Anklang und wurden schließlich abgelehnt. Der Name sollte den als göttlich angesehenen Ursprung des Wissens deutlich werden lassen, und so beschloß man, die Bezeichnung »Theosophische Gesellschaft« zu wählen. Theosophie wurde als »Lehre und Weisheit von Gott« verstanden. Die Ordensgründer wollten das Wissen publik machen und eine weltweite Bewegung auslösen.

Madame Blavatsky war begeistert. Sie beschloß, zu weiteren Reisen aufzubrechen, so auch nach Indien (1878). 1888 erschien ihr Hauptwerk, die *Geheimlehre*. Darin offenbarte sie die Weltgeschichte aus der Sicht der Theosophie. Nur drei Jahre später verstarb die Ordensgründerin an einem grippalen Infekt. Ihr »Testament« hatte sie bereits in ihrem Werk *Schlüssel zur Theosophie* zu

Papier gebracht. Sie rief dazu auf, eine überkonfessionelle Bruder-schaft der Menschheit zu gründen, deren Ordensmitglieder in »öst-lichen Weltanschauungen« unterrichtet werden und sich dem Stu-dium der »okkulten Wissenschaften« widmen sollten.

Im Kern sagte ihre Lehre, daß der ungebildete, nicht eingeweihte Mensch die Welt falsch sieht. Er nimmt einerseits die Materie, andererseits das Spirituelle, den Geist wahr. Für den Theosophen aber werde bald klar, daß diese Gegensätze nur scheinbarer Natur seien.

Somit vertrat Madame Blavatsky eine strenge »Alleinheitslehre«, die auch als Monismus bezeichnet wird. Sie erklärte die scheinbare Vielfalt als unterschiedlich wirkende Ausdrucksformen eines Stoffs, der in Gestalt von Geist und Materie erkannt wird. Beide seien aber nur verschiedene Seinsweisen ein und derselben Ursubstanz.

Das Materielle freilich galt als niedrigere Form der schöpferi-schen Kraft, auf das mit einer gewissen Verachtung herabgeblickt wurde. Kurioserweise repräsentierten im Weltbild der Theosophen die geheimnisvollen ägyptischen Sphingen eben jene niedere mate-rielle Welt. Sie galten als Wesen, die gefangen seien zwischen der profanen Welt der Materie und der des Geistes. Meditierend seien aber auch sie dazu in der Lage, höhere Wirklichkeiten zu erkennen. Sphingen wurden vom Maler Frantisek Kupka, einem Künstler aus der Tschechoslowakei und Anhänger der Theosophie, in verschie-denen Gemälden dargestellt.

Alles in der Gegenwart Existierende wurde auf einen Urschöp-fungsakt zurückgeführt, der im »Buch Dzyan« in einer Art Genesis beschrieben wird. Da heißt es in Strophe I:

»Es gab keine Zeit, denn sie lag schlafend im unendlichen Schoße der Dauer. Dunkelheit allein erfüllte das unendliche All. Das Leben pulsierte unbewußt im Weltenraum. Die sieben erhabenen Beherr-scher und die sieben Wahrheiten hatten aufgehört zu sein.«

In Strophe II steht: »Wo waren die Bauleute, die leuchtenden Söhne, die Hervorbringer der Form aus der Nichtform, der Wurzel der Welt? Die Stunde hatte noch nicht geschlagen. Der Strahl war noch nicht in den Keim geblitzt.«

Strophe III: »Die letzte Schwingung der siebenten Ewigkeit durchdringt die Unendlichkeit. Die Schwingung breitet sich aus, sie berührt mit ihrem raschen Flügel das ganze Weltall und den Keim, der in der Dunkelheit wohnt, der über den schlummernden Wassern atmet. Die Wurzel des Lebens war in jedem Tropfen des Ozeans der Unsterblichkeit enthalten, und der Ozean war strahlendes Licht, welches Feuer, Wärme und Bewegung war. Das Dunkel verschwand und war nicht mehr. Siehe, der helle Raum, welcher der Sohn des dunklen Raumes ist, erscheint fortan wie die Sonne. Er ist der feurige göttliche Drache der Weisheit. Wo war der Keim, und wo war jetzt die Finsternis? Der Keim ist die Tat, und die Tat ist das Licht, der weiße strahlende Sohn des dunklen verborgenen Vaters.«

Ähnliche Gedanken mögen, in abgewandelter Form, bereits von den Rosenkreuzern und den Freimaurern geäußert oder zumindest gedacht worden sein. Bei Madame Blavatsky kam aber ein weiteres, wichtiges Element hinzu.

Das Göttliche war demnach nur eine besonders weit entwickelte Seinsform, aus der sich letztlich alle irdischen, scheinbar niedrigeren Seinsformen entwickelt hatten. Es gab demnach keine unüberwindbare, unüberschreitbare Schwelle zwischen dem Irdischen und dem Göttlichen. Die Grenze war nur scheinbar und konnte von jedem Menschen überschritten werden, der sich spirituell entsprechend weiter entwickelte. Um das Ziel zu erreichen, sich mit dem Göttlichen zu vereinen, ja selbst zum Göttlichen zu werden, bedurfte es intensiver Studien, wie sie in der Geheimgesellschaft der Theosophen betrieben wurden.

Geheimlehre und Geschichte der Welten

Die *Geheimlehre* der Helena Blavatsky beschrieb eine Geschichte des Universums, die in mythischen Zeiten lange vor der Existenz der uns bekannten Realität beginnt. Sie enthielt zudem eine Geschichte der Erde, umfaßte dabei aber nicht nur die Vergangenheit, sondern auch die Zukunft. Nach Blavatsky sind nach einem göttlichen »Schöpfungsplan« insgesamt sieben »Wurzelrassen« vorgesehen, die einander ablösen.

Die erste davon stammte angeblich vom Mond und lebte auf einem Kontinent namens »Unvergängliches Heiliges Land«.

Die zweite Wurzelrasse, die Hyperboräer, vegetierte vor 18 Millionen Jahren auf einem riesigen Kontinent in der Nähe des Nordpols stumpf und ohne Intelligenz dahin. Sie war knochenlos und gummiartig und vermehrte sich durch Zellteilung.

Die dritte Rasse lebte auf einem Kontinent namens Lemuria. Es soll ein Volk von Riesen gewesen sein. Die Kolosse waren angeblich doppelgeschlechtlich und begatteten sich selbst. Ihr geheimnisvolles Land habe sich südlich der Wüste Gobi im Indischen Ozean befunden. Es sei bei einer Katastrophe unvorstellbaren Ausmaßes in den Fluten des Meeres versunken. Während Lemuria dem Untergang geweiht war und versank, hob sich gleichzeitig im Atlantischen Ozean Atlantis aus den Fluten. Auf diesem Kontinent lebte die vierte Wurzelrasse.

Nach Blavatsky gehört der Mensch der Gegenwart zur fünften Wurzelrasse. Ihr Ursprung lag in Nordasien. Von dort aus gab es eine Wanderbewegung gen Westen und Süden. Die fünfte und sechste Rasse soll es nach Blavatsky erst in der Zukunft geben. Auch sie würden auftauchen und wieder verschwinden. Dann sei ein großer Zyklus beendet. Madame Blavatsky war davon überzeugt, daß sich das irdische Leben auf der Erde seinem Ende zuneigte. Künftige Generationen würden den Planeten verlassen und sich in den Tiefen des Weltalls eine neue Heimat suchen. Dort würde dann ein neuer Zyklus beginnen. Auch in der neuen Welt werde es wieder eine Folge von einander ablösenden Rassen geben.

Blavatsky contra Darwin

Die Blavatsky-Schüler waren begeistert. Sie hatten oftmals privat im stillen Kämmerlein versucht, den Ursprüngen des Seins auf den Grund zu kommen. Viele von ihnen hatten die Schriften Darwins gelesen und waren von seiner Sicht der Dinge entsetzt. Nach Darwin war ja der Mensch keineswegs das Endprodukt irgendwelcher höherer Mächte. Er wurde vielmehr als Zufallsergebnis und Weiterentwicklung der Tiere gesehen. Die Naturgesetze waren, so Darwin, streng und doch geradezu genial: Zufällig entstandene »Verbesserungen« im Körperbau wurden weitervererbt, weil sich die überlegenen Tiere durchsetzen und damit leichter fortpflanzen konnten. So stellte die Natur mit ihren Gesetzen sozusagen ein Sieb zur Verfügung, das die weniger gut gelungenen Lebensformen aussortierte, die besseren hingegen durchließ.

Darwins Welt war eine zutiefst materialistische und letztlich ausschließlich mechanische. Ein geistiges Prinzip gab es nicht mehr, nur noch den Zufall und das rein organische Leben, das sich nach und nach im Laufe der Evolution verbesserte. Spirituelles war bei Darwin nicht vorgesehen. Hoffnung auf ein Leben nach dem Tode gab es nicht. Der Körper, von der Evolution im Laufe der Zeit zu einer immer optimaler ausgestatteten biologischen Maschine entwickelt, wurde geboren und starb wieder. Nichts überdauerte den Tod, nichts überlebte. Das Fleisch zerfiel und löste sich auf. Das Ende war ein Nichts.

William Butler Yeats (1865–1939), der berühmte irische Dichter und Theosoph, dessen Frau medial veranlagt war, sprach von »einer Revolte der Seele gegen den Intellekt«. Für die Anhänger von Madame Blavatskys Geheimgesellschaft siegte der Geist. Sie nahmen Darwin und seine Anhänger nicht wirklich ernst, sondern bemitleideten sie als arme, beschränkte Materialisten.

Im Gegenzug äußerten sich darwinistisch geschulte Wissenschaftler negativ über Madame Blavatskys Gruppe. Ihre Lehre sei nur dummes Geschwätz ohne echten esoterischen Hintergrund und völlig inakzeptabel. Dabei wurde außer acht gelassen, daß eben diese Lehre auch in Indien selbst, im Ursprungsland großer esoterischer Schulen, zahlreiche Anhänger fand. Speziell Blavatskys Werk *Entschleierte Isis* wurde begeistert aufgenommen. Auch anerkannte westliche Wissenschaftler wie der geniale Erfinder Thomas Alva Edison (1847–1931) traten der Theosophischen Gesellschaft bei.

»Es wurde deutlich«, sagte mir Dr. Raymond Drake in einem Gespräch, »daß wirkliche Wissenschaftler sich nicht mit einem Weltbild begnügen wollten, das mechanische Abläufe so perfekt wie nur möglich beschrieb und erklärte. Männer wie Edison fragten nach der ›Grenze‹ des Lebens, ob danach nicht noch etwas folgen könne, etwas, das mit den Thesen eines Darwin keineswegs auch nur andeutungsweise erklärt werden konnte – und kann.«

Das Bild vom Menschen, wie es in der Theosophischen Gesellschaft gelehrt wurde, war weitaus komplexer als das darwinsche Modell. Nach Darwin war der Mensch letztlich nur ein Apparat, der durch zufällige Auslese und das »Aussortieren« von weniger lebensfähigen Arten immer besser funktionierte. Nach der Geheimlehre indes setzt sich der Mensch aus insgesamt vier Leibern zusammen: aus dem physischen, dem astralen, dem mentalen und dem ätherischen. Der Mensch strebt nach Vervollkommnung. Sein Idealziel ist ein spiritueller Zustand. Um ihn schlußendlich zu erreichen, muß der Mensch immer wieder und wieder geboren werden. Sein Leben ist eine Aufeinanderfolge von Leben, Sterben und Wiedergeborenwerden. Im Idealfall nähert er sich von Leben zu Leben dem optimalen Zustand absoluter Reinheit an.

Für Helena Blavatsky war die Reinkarnation das große positive ausgleichende Element. Guter Lebenswandel wurde spätestens in einem künftigen Leben belohnt, schlechter bestraft. Der Kreis des Lebens wurde von einem unsichtbaren, dem Menschen unbekannten Gesetz gesteuert, das auf »intelligente und gerechte Weise jeder Ursache ihre Wirkung zuordnet«.

Der Geheimorden des »Golden Dawn«

Madame Blavatskys Hauptwerk erschien 1888. Im selben Jahr wurde in England der »Geheimorden des Golden Dawn« gegründet. Der vollständige Name lautete »Hermetischer Orden der goldenen Dämmerung«. Die Mitglieder bezogen ihr Wissen aus einem Text, der als »Cypher Manuskript« bezeichnet wurde.

Der Ursprung dieser Abhandlung verliert sich im Dunkel der Geschichte. Angeblich war sie in einer Geheimschrift verfaßt. Ein Freimaurer namens Gregor Mathers hatte sie von William W. Westcot erhalten und mit Eifer übersetzt.

Der Orden verdient seine Bezeichnung »geheim« wirklich. Näheres über die mysteriöse Gruppe wurde nämlich erst 55 Jahre nach der Gründung, also 1937, bekannt, als Israel Regardie (1907–1985) gleich vier Bücher veröffentlichte, in denen er sein okkultes Wissen offenbarte. Fünf geheime Rituale soll es gegeben haben, die von einer deutschen Rosenkreuzergesellschaft altägyptischen geheimen Praktiken entlehnt wurden.

William Butler Yeats, der 1923 den Nobelpreis für Literatur erhielt, gehörte gleichzeitig der »Theosophischen Gesellschaft« wie dem »Golden Dawn« an. Er schwankte zwischen beiden Gruppierungen, wandte sich zeitweise von Madame Blavatsky ab. Hauptgrund dafür war wohl, daß die Lehrer des »Golden Dawn« sich nicht nur darauf beschränkten, mysteriöse Texte zu rezitieren und okkulte Symbole zu verehren. Sie praktizierten spezielle »seelische Übungen«, die als absolutes Muß angesehen wurden, wenn ein Schüler sich mit Erfolg in praktischer Magie üben wollte.

Diese Praxisbezogenheit machte den »Golden Dawn« anziehender als Madame Blavatskys Theosophie. Freilich nutzten die Lehrer des Ordens diesen Vorzug nicht, um Mitglieder zu werben. Man arbeitete im geheimen. So kam es, daß zwar eine illustre Schar von prominenten Briten dem Bund angehörte, daß seine Mitgliederzahl aber nie die Grenze von 300 überschritt.

Den Gründern der Golden-Dawn-Geheimgesellschaft wird seit Jahrzehnten Unseriosität vorgeworfen. Manchmal wird unterstellt, freilich ohne echte Beweise, William W. Westcot habe das »Cypher Manuskript« verfaßt. Dieser Vorwurf konnte bislang weder entkräftet noch hinlänglich bewiesen werden. Fest steht: Betrügerische finanzielle Motive gab es nicht. Denn sonst hätten die »Golden Dawn«-Mitglieder ihren Bund nicht so strikt geheimgehalten, nicht nur wenigen Menschen den Beitritt gestattet. Schwindler, die mit Geheimgesellschaften Geld verdienen wollen, handeln ganz anders: Sie machen imposante Reklame und versuchen so viele Anhänger wie nur möglich anzulocken.

Sie entwickeln dann auch keine komplizierten Aufnahmerituale, sondern erleichtern Neuzugängern den Schritt in den Orden, kassieren dafür aber dicke Gebühren. Wenn die Gründer des »Golden Dawn« also Betrüger waren, dann verhielten sie sich höchst untypisch.

Zentrum des Ordens war im letzten Jahrzehnt des 19. Jahrhunderts der »Isis-Urania-Tempel« in London. In jenen Jahren wurden eher merkwürdige denn geheimnisvolle Riten zelebriert. So stellten die Mitglieder wiederholt Zaubertränke her, die nur als ekelhaft bezeichnet werden können. Bei einem wurde eine Schlange nach einem geheimen Rezept und einem seltsamen Ritual folgend zubereitet und mit weiteren Zutaten als stinkender Sud getrunken. Man hoffte dadurch, bestimmte Geistwesen heraufzubeschwören.

Gregor Mathers entpuppte sich als ein skurriler, zum Größenwahn neigender Mensch. Er behauptete, der wiedergeborene König Jakob IV. zu sein. »Ich fiel nicht 1513 bei der Schlacht von Flodden, sondern überlebte als unsterblicher Eingeweihter!« Dementsprechend forderte er von allen Mitgliedern der Geheimgesellschaft absolute Unterwerfung. Was er sagte, das war als oberstes Gesetz anzusehen und durfte in keiner Weise auch nur andeutungsweise kritisiert werden.

Die Geheimlehre des »Golden Dawn«

Die Lehre des »Golden Dawn« orientierte sich an der Kabbala. Nach der Kabbala-Magie mußte die Seele eines Verstorbenen zehn Sphären durchlaufen, um von der Ebene der Sterblichen zu Gott zurückzugelangen. Im Ritus des »Golden Dawn« gab es zehn Grade bis zur höchsten Stufe der Einweihung: Zelator, Theoricus, Praktikus, Phiolosophus, Adeptus Minor, Adeptus Major, Adeptus exceptus, Magister Templi, Magus und Ipsissimus.

Das Aufnahmeritual wurde mit den Worten »Khabs. Am Pehkt. Komx om Pax. Licht in Fülle« begonnen, die »Mögest du den Segen des Lichts empfangen und der mystischen Erfahrung teilhaftig werden, des Ziels all unserer Arbeit« bedeuten sollen. Anschließend wurde der Aufzunehmende mit oft derben Mitteln in völlige Verwirrung versetzt. Ihm sollte verdeutlicht werden, daß er ein Unwissender war, der rein gar nichts wußte, dem nicht einmal wirklich klar war, wo er sich befand. Erschreckende Bilder von Tod und Finsternis, vom Abstieg in die Hölle wurden suggeriert.

Wie man dabei verfuhr, ist umstritten. Möglicherweise wurden dem Kandidaten Drogen verabreicht, die ihm Sterbeerlebnisse vorgaukelten. Er starb einen spirituellen Tod, um dann, in die Ordensgemeinschaft aufgenommen, zu neuem Leben zu erwachen.

Dieser Ritus war alles andere als angenehm und dürfte einem

Horrortrip geglichen haben. Die darauf folgende Zeremonie beschreibt Jörg Wichmann ausführlich in seinem Werk *Die Renaissance der Esoterik* (Stuttgart 1990, S. 73):

»Berühre die Stirn und sprich ›Ateh‹ (Dein ist), die Brust und sprich ›Malkuth‹ (das Reich), die linke Schulter und sprich ›ve-Gebura‹ (und die Kraft), die linke Schulter und sprich ›ve-Gedulah‹ (und die Herrlichkeit). Lege die Hände über der Brust zusammen und sprich ›le Olam‹ (in Ewigkeit), Amen.

Ziehe danach ein Pentagramm (also einen fünfzackigen Stern) nach Osten, deute kraftvoll in seine Mitte und rufe den Gottesnamen ›JHVH‹ (Jahwe), ziehe danach ein Pentagramm nach Süden und rufe den Gottesnamen ›Adonai‹, ziehe dann ein Pentagramm nach Westen und rufe den Gottesnamen ›Eheie‹, ziehe dann ein Pentagramm nach Norden und rufe den Gottesnamen ›Agla‹. Vollende den Kreis im Osten.

Stelle dich mit ausgebreiteten Armen in Kreuzform hin und sprich: Vor mir Rafael, hinter mir Gabriel, zu meiner Rechten Michael, zu meiner Linken Uriel. Dabei stelle dir die riesigen Gestalten der Erzengel vor, die dich schützen und dir Kraft geben. Sprich dann: Um mich flammende Pentagramme, und über mir leuchtet der sechsstrahlige Stern. Schlage dann wie zu Anfang das kabbalistische Kreuz.«

Durch das Ritual sollte ein eigenes Universum geschaffen werden, in dessen Zentrum der einzelne Mensch stand. Die beschriebenen Bewegungsabläufe mußten einem geheimen Ritus entsprechend zelebriert werden, der nicht mehr bekannt ist. Die heiligen Namen Gottes wurden nicht nach Gutdünken ausgesprochen. Sie wurden in einer ganz bestimmten, geheimen Art und Weise silbenweise betont. Dabei war sogar genau vorgeschrieben, wie während der einzelnen Silben ein- und ausgeatmet werden mußte.

Mit anderen Worten: Im Geheimorden vom »Golden Dawn« wurde Magie praktiziert. Ziel war es, die allgegenwärtigen Kräfte herbeizurufen und nutzbar zu machen. Die Einweihung in den Orden war demnach gleichzeitig auch ein Kurs in Magie. Je höher ein Wissender in der Hierarchie der Geheimgesellschaft aufstieg, desto mehr magisches Wissen wurde ihm vermittelt. Hatte er erst einmal den fünften Grad, der als »Adeptus Minor« bezeichnet wurde, erreicht, dann tat sich ihm eine weitere Tür auf. Er konnte in eine Geheimgesellschaft in der Geheimgesellschaft aufgenommen werden. Ziel der Anhänger des Geheimnisses im Geheimnis war die praktische Magie.

Sie muß als alchimistisch bezeichnet werden: Es galt nämlich im eigenen Inneren eine Veränderung herbeizuführen, wollte man auf magischem Wege in der äußeren Welt etwas verändern. Nach Ansicht der Mitglieder des magischen Geheimbundes im »Golden Dawn« muß dabei das Unbewußte aktiviert werden, das aus fünf Ebenen besteht. Im Ritual wurden fünf Hilfsmittel benutzt, die die Pendants zu diesen fünf Ebenen waren: ein dunkelviolettes Oval oder Ei, eine blaugrüne Scheibe, ein gelbes Quadrat, ein rotes, gleichseitiges Dreieck, ein silberfarbener, auf dem Rücken liegender Halbmond.

In der Lehre der Kabbala ging man davon aus, daß der Magier in den zehn Sphären aufsteigen mußte, um etwas bewirken zu können. Ganz ähnlich verfuhr man im »Golden Dawn«. Die geheimen Rituale dienten dabei letztlich einem einzigen Zweck: Die Willenskraft des Menschen sollte auf ein bestimmtes Ziel gelenkt werden, damit jeder Wunsch in Erfüllung gehen konnte. Das war nicht jedem Menschen möglich, Veranlagung mußte vorhanden sein. Dieses Potential konnte dann genutzt werden. Fehlte es, so halfen auch alle Zeremonien nichts.

Der Anhänger des »Golden Dawn« verstand seine eigene Willenskraft als Mittel, die Dinge nach eigenem Willen geschehen zu lassen. Franjo Terhart beschreibt dies sehr plastisch (*Einweihungslehren,* München 1996, S. 207): »Ein wirklicher Magier ist Lenker und Herr seiner selbst, denn er weiß sich als Zentrum des Ausdrucks des ursprünglichen Willens Gottes, der auf ewig das Universum erschafft und erhält. Somit zieht er all seine Kraft aus dem unerschöpflichen Reichtum der grenzenlosen göttlichen Substanz.«

Die Ära nach Madame Blavatsky

Helena Petrovna Blavatsky starb am 8. Mai 1891. Die beiden Bücher, die sie in ihrer Geheimlehre angekündigt hatte und in denen sie ihr Weltbild abrunden wollte, sind nie erschienen. Als Nachfolgerin hatte sie Annie Besant vorgesehen (1847–1933). Die bekannte Sozialreformerin und Frauenrechtlerin wuchs als Calvinistin auf, wandte sich dann aber dem katholischen Glauben zu. Nach ihrer Scheidung von einem Geistlichen der Kirche von England wurde sie Atheistin. Schließlich entdeckte sie die Theosophie.

Sie war von der Lehre der Wiedergeburt überzeugt. Den Grafen von Saint Germain hielt sie für eine Reinkarnation von Sir Francis Bacon (1561–1626) und Christian Rosencreutz.

Nach dem Tode von Helena Blavatsky wurde sie Vorsitzende. Eine wichtige Rolle sollte nach dem Wunsch der Gründerin der Geheimgesellschaft auch William Quan Judge spielen. Judge war aus Irland in die USA eingewandert. Seit 1874 beschäftigte sich der Jurist mit Magie, gehörte zu den Gründungsmitgliedern der »Theosophischen Gesellschaft« und wurde ihr zweiter Präsident.

Kaum hatte Judge vom Ableben der Blavatsky gehört, schickte er Annie Besant ein Telegramm. Sie solle nichts unternehmen, bevor er mit ihr gesprochen habe. Er reiste sofort nach England, um sich mit der neuen Vorsitzenden zu treffen. Er unterbreitete ihr einen Vorschlag: Sie sollten sich die Leitung der »Theosophischen Gesellschaft« teilen. Er wolle die Leitung in Amerika, sie solle die in England übernehmen. Sie willigte ein, nachdem sie zufällig einen Brief entdeckte, der vermutlich von Madame Blavatsky selbst verfaßt worden war: »Judges Plan ist richtig.«

In den folgenden Jahren kam es zu intriganten Auseinandersetzungen um die Besetzung der Führungsposition der »Theosophischen Gesellschaft«. William Quan Judge forderte schließlich gar die Absetzung von Annie Besant, die von »dunklen Mächten« beherrscht werde. Olcott unterstützte Annie Besant, Judge trennte sich von den Theosophen und gründete eine eigene Geheimgesellschaft. Als Henry S. Olcott 1907 starb, wurde Annie Besant Präsidentin des Geheimbundes, der nun immer stärker an die Öffentlichkeit trat.

Einen Großteil ihrer Aufmerksamkeit widmete sie Indien. Die Inder, deren Vorfahren das Geheimwissen um die wahre Natur von Mensch, Tod und Wiedergeburt entdeckt hätten, müßten zu neuem Nationalstolz geführt werden. Sie ließ in Indien einen neuen Bund entstehen, den »Theosophical Order of Service«. Bald schon wurden überall auf dem Subkontinent Zweigniederlassungen eröffnet.

So wie in Amerika Freimaurer die treibende Kraft bei der Erlangung der Unabhängigkeit waren, so wurde unter Annie Besant die Theosophie der Vorreiter für die Unabhängigkeit Indiens vom Britischen Empire. Annie Besant gründete das »Central Hindu College«, zu dessen bekanntesten Studenten Mahatma Gandhi und Jawaharal Nehru zählten. Immer stärker kritisierte sie in einer eigenen Zeitung die englische Vorherrschaft. Das führte dazu, daß sie verhaftet und unter Arrest gestellt wurde. 1917 wurde sie, inzwischen 70 Jahre alt, Präsidentin des »Indian National Congress«. Damit dürfte sie die politisch mächtigste Vorsteherin einer mystischen Geheimgesellschaft der Weltgeschichte gewesen sein.

Der Orden vom Stern des Ostens

Charles Webster Leadbeater (1847–1934), ein umstrittenes, wichtiges Mitglied der »Theosophischen Gesellschaft«, brachte viele der Mitglieder des Bundes in Rage. Behauptete er doch, daß der 14jährige Sohn eines indischen Beamten und Theosophen, Jiddu Krishnamurti, das große neue Medium sei. Die Menschheit sei, so Leadbeater, reif dazu, sich zur nächsthöheren Wurzelrasse zu entwickeln. Jiddu Krishnamurti würde die entsprechenden Weisheiten verkünden. Jiddu sei die Wiedergeburt des Messias, der Weisheitslehrer des 20. Jahrhunderts.

Annie Besant gründete einen eigenen neuen Orden, den vom Stern des Ostens, dessen ausschließlicher Zweck die Verbreitung der Offenbarungen Krishnamurtis sein sollte. Viele, wenn nicht gar die meisten Mitglieder der »Theosophischen Gesellschaft« alter Schule, waren entsetzt. Sie befürchteten, daß damit eine Entwicklung ins Leben gerufen werde, die den ursprünglichen Absichten der Helena Blavatsky zentral zuwiderlief. Wenn man sich auch darüber streiten konnte, welche Ziele die Madame verfolgt hatte, so war doch klar, daß sie auf keinen Fall eine neue Religion ins Leben rufen wollte.

Die Proteste häuften sich. Rudolf Steiner (1861–1925), immerhin Leiter der deutschen Abteilung der »Theosophischen Gesellschaft«, verließ die Gemeinschaft unter Protest und gründete die

»Anthroposophische Gesellschaft«. Annie Besant und Charles W. Leadbeater hielten aber an ihrem Plan fest, den sie zielstrebig weiterverfolgten. Leadbeater adoptierte Jiddu Krishnamurti und versuchte ihn zusammen mit Annie Besant auf seine angebliche Aufgabe als künftiger Messias vorzubereiten.

Krishnamurti erwies sich als gelehriger, aber keineswegs folgsamer Schüler. Gern ließ er sich in die Geheimwissenschaften des Okkultismus einführen. Aber immer lautstärker meldete er Zweifel an seiner angeblichen Mission an. Er glaubte bald nicht mehr an seine Berufung, von der Annie Besant und Charles W. Leadbeater so begeistert sprachen. 1929 kam es zum Eklat: Vor einer Versammlung von 3000 Menschen verkündete er, er sei weder der künftige Messias noch dessen Sprachorgan. Er löste den »Order of the Star in the East« auf und bekundete seine grundsätzliche Ablehnung religiöser Sekten. Er verließ seine Muttergesellschaft, vermittelte aber sein Wissen in Vorträgen und Seminaren bis an sein Lebensende im Jahre 1986.

Annie Besant verstarb 1933 im Alter von 85 Jahren, hochgeachtet und doch verbittert. Krishnamurtis Weigerung, der Gesellschaft als »Messias« zu dienen, führte dazu, daß immer mehr Menschen die theosophische Bewegung verließen. Sie besteht aber auch heute noch. Das Zentrum der Gesellschaft befindet sich in Adyar in Indien. Haupttätigkeitsfeld ist der sozialhumanitäre Bereich, Hauptlehre ist die Verbrüderung der gesamten Menschheit. Die Theosophen wollen den Frieden in der ganzen Welt herbeiführen und alle künstlichen Grenzen beseitigen.

Die Rückkehr der Geheimbünde?

Richard Bach, Autor der *Möwe Jonathan*, schrieb in seinem Werk *Der unsichtbare Ring:* »Aber bedenke stets, daß Unverständnis die Wahrheit nicht davon abhält, dennoch wahr zu sein.« Das mag auch und gerade für die großen geheimen Gesellschaften zutreffen. Wir wissen heute mehr denn je über ihre Lehren – und verstehen doch vieles nicht. Manche esoterische Weisheit erscheint uns inakzeptabel, nicht nachvollziehbar. Das mag aber an der Begrenztheit unserer Wissenschaften liegen.

So sind auch heute die geheimen Gesellschaften eine echte Herausforderung an die Welt der Wissenschaft. Stellte doch schon Justus von Liebig (1803–1873), einer der großen Väter der Chemie, fest: »Die Wissenschaft fängt eigentlich erst da an, interessant zu werden, wo sie aufhört.«

Vergleichen wir zwei Positionen miteinander. 1. Indem der Mensch seinen Willen durch magische Praktiken stärkt, kann er die Wirklichkeit verändern. 2. Der Flügelschlag eines Schmetterlings in Australien kann in Chile zu einem Erdbeben führen. Beide Sätze muten dem Zeitgenossen letztlich gleich befremdlich an. Für den Laien klingen beide Sätze letztlich gleich »unwissenschaftlich«. Der erste Satz faßt die Ansicht vieler mittelalterlicher Geheimbündler zusammen, der zweite entspricht den Erkenntnissen moderner Chaosforschung.

Der Physikprofessor Capra schreibt (*Wendezeit*, Bern 1983, S. 80): »Das Universum wird nicht mehr als Maschine betrachtet, die aus einer Vielzahl von Objekten besteht, sondern muß als ein unteilbares, dynamisches Ganzes beschrieben werden, dessen Teile auf ganz wesentliche Weise in Wechselbeziehung stehen und nur als Strukturen eines Vorgangs von kosmischen Dimensionen verstanden werden können.« Und an anderer Stelle (S. 81): »Die doppelte Natur von Materie und Licht ist sehr merkwürdig. Es scheint unmöglich, den Gedanken zu akzeptieren, daß etwas gleichzeitig ein Teilchen sein kann, also eine auf ein kleines Volumen begrenzte Einheit, und eine Welle, die sich über einen weiten Raum erstreckt. Und doch mußten die Physiker genau das akzeptieren.«

Solche Sätze hätten die Eingeweihten des Templerordens, die alten Freimaurer, die Rosenkreuzer oder die Theosophen Madame Blavatskys wahrscheinlich weniger in Erstaunen versetzt als heutige Zeitgenossen.

Wissenschaften wie die Physik werden in unseren Tagen allem Anschein nach immer geheimnisvoller und esoterischer. Und die Erkenntnisse jahrhundertealter Geheimbünde klingen letztlich immer wissenschaftlicher. Werden einmal beide Welten vereint? Wird die Wissenschaft von morgen an die Magie von vorvorgestern erinnern?

Fritjof Capra fordert jedenfalls schon seit Jahren, daß wir unser Weltbild grundlegend ändern müssen. Es sei an der Zeit, die »alten Bruchstücke« unserer seiner Ansicht nach veralteten Wissenschaft wieder »zu einer Einheit zusammenzufügen und in einer neuen, angemessenen Rationalität zu begreifen«. Das angesehene Magazine *Time Life* urteilte: »Das Abendland hat seine Kulturrevolution noch vor sich – die Umpolung aller Werte auf dem Weg zu einer neuen Sicht der Wirklichkeit.«

Wie könnte eine solche neue Betrachtungsweise aussehen? An die Stelle von quantitativem Messen von Mengen müsse, so Capra, qualitatives Werten treten. Unsere Welt sei mehr als die Summe ihrer Teile.

Für Professor Capra steht fest: Ein Denkzeitalter geht zu Ende, ein neues beginnt. Es wurde bereits im »Buch der Wandlung I-Ging« vorhergesagt. In dem chinesischen Orakelbuch, dessen älteste Teile wohl im sechsten vorchristlichen Jahrhundert entstanden sind, heißt es: »Nach einer Zeit des Zerfalls kommt die Wendezeit. Das starke Licht, das zuvor vertrieben war, tritt wieder ein. Es gibt Bewegung. Diese Bewegung ist aber nicht erzwungen. Es ist eine natürliche Bewegung, die sich von selbst ergibt. Darum ist die Umgestaltung des Alten auch ganz leicht. Altes wird abgeschafft, Neues wird eingeführt, beides entspricht der Zeit und bringt daher keinen Schaden.«

Leben wir in der Zeit des Wandels, die einem neuen Zeitalter vorausgeht? Man könnte die Worte des I-Ging auch auf die verschiedenen geheimen Gesellschaften und ihre Wirkungsweise beziehen. Vor Jahrhunderten waren die geheimen Orden stark. Sie verehrten das göttliche Licht. Mit der Zerschlagung der Orden, etwa mit der blutigen Vernichtung der Templer, »war das Licht vertrieben« worden. Kehrt es zurück? Werden im neuen Zeitalter wieder einst von Geheimgesellschaften propagierte Sehensweisen gepflegt werden? Fügen wir wieder die Fragmente zusammen, die das alte Weltbild ausmachten: Materie und Geist, exaktes (freimaurerisches) Messen und Ausloten einerseits und mystisch-spirituelles Empfinden andererseits?

Literaturverzeichnis

Bibeltexte
Das Alte Testament liegt in zahlreichen Übersetzungen vor. Wer sich an möglichst wortgetreu übersetzten Ausgaben orientieren möchte, der möge auf folgende Werke zurückgreifen:
Die vierundzwanzig Bücher der Heiligen Schrift, übersetzt von Leopold Zunz, Victor Goldschmidt Verlag, Basel ohne Jahresangabe
Die fünf Bücher der Weisung, verdeutscht von Martin Buber gemeinsam mit Franz Rosenzweig, Jakob Hegner, Köln und Olten
Bücher der Kündung, verdeutscht von Martin Buber gemeinsam mit Franz Rosenzweig, Jakob Hegner, Köln und Olten
Bücher der Geschichte, verdeutscht von Martin Buber gemeinsam mit Franz Rosenzweig, Jakob Hegner, Köln und Olten
Die Schriftwerke, verdeutscht von Martin Buber, Lambert Schneider, Heidelberg

Agamon, David (Herausgeber): *Sungods in Exile,* Sudbury 1978
Akcura, Yusuf (Herausgeber): *Die Karte des Piri Reis,* Istanbul 1966
Albright, William F.: *Die Bibel im Licht der Altertumsforschung,* Stuttgart 1957
Alcock, Leslie: *Arthur's Britain, History and Archaeology AD 376–634,* London 1971
Ancient Astronaut Society (Herausgeber): *Neue Beweise der Prä-Astronautik,* Rastatt 1979
Ancient Skies und *Scientific Ancient Skies,* Ancient Astronaut Society, Postfach, CH-3803 Beatenberg, Schweiz
Ashe, Geoffrey: *A Guidebook to Arthurian Britain,* Wellinborough 1983
Ashe, Geoffrey: *Camelot and the Vision of Albion,* London 1971
Ashe, Geoffrey: *König Arhur,* Düsseldorf, Wien 1986
Barthel, Manfred: *Was wirklich in der Bibel steht,* Düsseldorf und Wien 1987
Barber, Richard: *King Arthur in Legend and History,* London 1973
Beck, Andreas: *Der Untergang der Templer,* Freiburg im Breisgau 1992
Bellamy, John: *Robin Hood, A Historical Enquiry,* London 1985
Bellinger, Gerhard J.: *Lexikon der Mythologie,* Augsburg 1996
Benesch, Kurt: *Rätsel der Vergangenheit,* Gütersloh 1977
Bibby, Geoffrey: *Dilmun,* Hamburg 1973
Blavatsky, Helena P.: *Die Geheimlehre,* 4 Bände, Den Haag o. J.

Bokor, Charles: *Von Winkelmaß und Zirkel. Die Geschichte der Freimaurerei,* München 1980

Buisman, Wolfram: *Geheimnis der Religionen,* Augsburg 1994

Burman, Edward: *The Assassins, Northamptonshire* 1987

Challenge, Georg Lorbertz, Heideweg 5, 54614 Heisdorf

Charpentier, Louis: *Macht und Geheimnis der Templer,* Freiburg im Breisgau 1979

Clausen, Ernst: *Die Freimaurer. Einführung in das Wesen des Bundes,* Leipzig 1922

Däniken, Erich von (Herausgeber): *Fremde aus dem All,* München 1995

Däniken, Erich von: *Erich von Däniken im Kreuzverhör,* Düsseldorf und Wien 1978

Däniken, Erich von: *Raumfahrt im Altertum,* München 1993

Daraul, Arkon: *A History of Secret Societies,* Secaucus, New Jersey, 1961

Davidovits, Joseph und Morris, Margie: *The Pyramids – An Enigma Solved,* New York 1988

Davidovits, Joseph: »Ancient and Modern Concretes – What Is the Real Difference?«, *Concrete International/Design and Construction,* Band 12, Nr. 9, Dezember 1987

Davies, Nigel: *Opfertod und Menschenopfer,* Düsseldorf und Wien 1981

Dibelius, Martin: *Die Lade Jahwes,* Göttingen 1906

Dopatka, Ulrich: *Lexikon der Außerirdischen Phänomene,* Bindlach 1992

Eggebrecht, Eva: »Die Geschichte des Pharaonenreiches«, in: *Das alte Ägypten,* herausgegeben von Eggebrecht, Arne, München 1984

Eisfeldt, Otto: *Einleitung in das Alte Testament,* Tübingen 1956

Ekschmitt, Werner: *Die Sieben Weltwunder,* Mainz 1984

Endres, Franz C.: *Das Geheimnis des Freimaurers,* Stuttgart 1927

Ermel, Gisela: *Auf den Spuren des Grals,* Essen 1996

Evola, Julius: *Das Mysterium des Grals,* München-Planegg 1955

Fay, Bernard: *Revolution and Freemasonry 1680–1800,* Boston 1935

Fiebag, Dr. Johannes und Peter: *Die Entdeckung des Grals,* München 1990

Fiebag, Dr. Johannes und Peter: *Neue Spuren zum Gral,* in: Erich von Däniken, Hrsg.: *Kosmische Spuren,* München 1992

Fischinger, Lars A.: *Göttliche Zeiten,* Münster/Westfalen 1996

Fohrer, Georg: *Einleitung in das Alte Testament,* Heidelberg 1969

Fort, Charles Hoy: *Das Buch der Verdammten,* Frankfurt 1995

Fort, Charles Hoy: *Neuland,* Frankfurt 1996

Fort, Charles Hoy: *The Complete Books of Charles Fort,* New York 1974

Freud, Sigmund: *Der Mann Moses und die monotheistische Religion,* Frankfurt am Main 1987

Gordon, Cyrus: *Geschichtliche Grundlagen des Alten Testaments,* Wiesbaden ohne Jahresangabe

Gorion, Micha Josef ben: *Sagen der Juden zur Bibel,* Frankfurt am Main 1980

Grabow, Sandra: »*Der Graf von Saint Germain«, Unknown Reality,* Frankfurt/Oder, Januar/Februar 1996

Grabow, Sandra: *Die Menschen und ihre Götter, Unknown Reality* (Mario Ringmann, Hamburgerstr. 11, D 15234 Frankfurt/Oder)

Gressmann, Hugo: *Die Lade Jahves und das Allerheiligste des Salomonischen Tempels,* Leipzig 1920

Grundmann, Herbert: *Religiöse Bewegungen im Mittelalter,* Darmstadt 1961

Habeck, Reinhard und Krassa, Peter: *Das Licht der Pharaonen,* München 1992

Habeck, Reinhard: »Glühbirnen im alten Ägypten«, in: Däniken, Erich von (Hrsg.): *Kosmische Spuren,* München 1988

Hapgood, Charles: *Maps of the Ancient Sea Kings,* Philadelphia, Toronto, New York 1966

Hassanin, Samir: *Ägypten mit den Augen eines Ägypters erleben,* Aarau, ohne Jahr

Hausdorf, Hartwig und Krassa, Peter: *Satelliten der Götter,* München 1995

Heckethorn, Charles W.: *The Secret Societies of All Ages and Countries,* Vol. I, New York 1965

Heinichen, Otto: *Die Grundgedanken der Freimaurerei im Lichte der Philosophie,* Berlin 1927

Heydecker, Joe J.: *Die Schwestern der Venus,* München 1991

Holtorf, Jürgen: *Die Logen der Freimaurer,* München 1991

Horn, Siegfried: *Der Spaten bestätigt die Bibel,* Hamburg 1970

Horneffer, August: *Der Bund der Freimaurer,* Jena 1913

Jaynes, Julian: *Der Ursprung des Bewußtseins durch den Zusammenbruch der bikameralen Psyche,* Reinbek bei Hamburg 1988

Karst, Josef: *Werke des Eusebius,* Leipzig 1911

Kautzsch, E.: *Die Apokryphen und Pseudepigraphen des Alten Testaments,* 2 Bände, Nachdruck, Darmstadt 1975

Kebra Negest veröffentlicht in Abhandlungen der Philosophisch-philologischen Klasse der Königlich Bayerischen Akademie der Wissenschaften, Band 23, 1. Abteilung

Keller, Werner: *Und die Bibel hat doch recht,* Düsseldorf und Wien 1964

Kolatch, Alfred J.: *Jüdische Welt verstehen,* Wiesbaden 1996

Lande-Nash, Irene: *3000 Jahre Jerusalem,* Tübingen 1964

Langbein, Walter-Jörg: *Bevor die Sintflut kam,* München 1996

Langbein, Walter-Jörg: *Das Sphinx-Syndrom,* Berlin 1997

Langbein, Walter-Jörg: *Die großen Rätsel der letzten 2500 Jahre,* München 1997

Lehmann, Alfred: *Aberglaube und Zauberei,* 3. Auflage, Stuttgart 1925

Lennhoff, Eugen: *Die Freimaurer,* Zürich 1932

Lepsius, Richard: *Briefe aus Ägypten, Äthiopien und der Halbinsel Sinai,* Berlin 1852

Lévi, Eliphas: *Geschichte der Magie,* Basel 1978

Littmann, Enno: *The Legend of the Queen of Sheba in the Tradition of Axum,* Leyden 1904

Loomis, Roger S.: *Arthurian Literature in the Middle Ages,* Oxford 1959

Magazin für Grenzwissenschaften, Postfach 1106, 56631 Plaidt

Mandel, Gabriel: *Das Reich der Königin von Saba,* Bern 1976

Martin, Ernst: *Zur Gralssage,* Straßburg 1880

Matthews, John: *Der Gralsweg,* München 1989

Melhedegaard, Frede: *Fortiden er noglen til fermtiden,* Kopenhagen 1976

Melhedegaard, Frede: *The Power of the Past,* Kopenhagen 1975

Mellor, Alec: *Die unbekannte Grundurkunde der christlichen Freimaurerei,* Ütersen 1968

Mellor, Alec: *Logen, Hochgrade, Rituale,* Graz 1966

Mellor, Alec: *Unsere getrennten Brüder, die Freimaurer,* Graz 1964

Negerlein, Julius von: *Die Idee des Aberglaubens,* Berlin und Leipzig 1931

Negerlein, Julius von: *Haupttypen des Aberglaubens,* Berlin und Leipzig 1935

Palgen, Rudolf: *Der Stein des Weisen,* Breslau 1922

Phillips, Graham: *The Search for the Grail,* London 1995

Pollard, Alfred: *The Romance of King Arthur,* London 1979

Portier, J. R.: *The Illustrated Guide To The Bible,* London, New York 1995

Redaktion Das Beste: *1000 Fragen an die Heilige Schrift,* Stuttgart 1992

Regardie, Israel: *Die Elemente der Magie,* Reinbek 1993

Rothenburg, Benn: *Timna – Das Tal der biblischen Kupferminen,* Bergisch Gladbach 1973

Sachmann, Hans-Werner und Müller, Reinhold: »Merkwürdige Hieroglyphen im Sethos-Tempel von Ägypten«, *Ancient Skies,* Nr. 4, Feldbrunnen, Schweiz, 1991

Sassoon, George und Dale, Rodney: *Die Manna-Maschine,* Berlin 1995

Schick, Hans: *Die geheime Geschichte der Rosenkreuzer,* Schwarzenburg 1980

Schoch, Peter: »The Great Sphinx Controversy«, *Fortean Times,* No. 9/1995

Schottmüller, Konrad: *Der Untergang des Templerordens* (Nachdruck), Walluf 1970

Schröder, Leopold von: *Die Wurzeln der Sage vom heiligen Gral,* Wien 1910

Sellin, Ernst: *Einleitung in das Alte Testament,* Heidelberg 1910

Spiegelberg, Wilhelm: *Der ägyptische Mythos vom Sonnenauge,* Straßburg 1917

Steiner, Rudolf: *Theosophie,* Stuttgart 1973

Temple, Robert K. G.: *Das Sirius-Rätsel,* Frankfurt 1977

Terhart, Franjo: *Einweihungslehren,* München 1996

UFO-Kurier, Hirschauer Straße 10, 72108 Rottenburg

Unknown Reality, Mario Ringmann, Hamburger Straße 11, 15234 Frankfurt/Oder

Vivian, Herbert: *Secret Societies of Old and New,* London 1927

Waitkus, Wolfgang: *Die Texte in den unteren Krypten von Dendera und ihre Aussagen zur Funktion und Bedeutung dieser Räume,* Doktorarbeit, Hamburg 1991

Weise, Andreas: *Landkarten – Entdecker – Konquistadoren,* Gotha 1989

Westwood, Jennifer: *Albion, A Guide to Legendary Britain,* London 1987

Wildermann, Anton: *Die Beurteilung des Templerprozesses bis zum 17. Jahrhundert,* Konstanz 1971

Wissenschaft ohne Grenzen, Thomas Mehner, WOG-Verlag, Neuer Friedberg 1, 98527 Suhl

Walter-Jörg Langbein
MAGISCHE WELTEN

• Wissen ohne Grenzen
• Ausblick in die Zukunft • Mysterien des Altertums
• Magie im Mittelalter • Propheten und Hellseher
• Traumwelten

MOEWIG

Walter-Jörg Langbein
Magische Welten

368 Seiten, Hardcover
DM 10,-/öS 73,-/sfr 10,-
ISBN 3-8118-1424-9

Phänomene, die jeder Logik widersprechen, ereignen sich jeden Tag auf unserem geheimnisvollen Planeten. Menschen sehen in Visionen die Zukunft voraus, lassen mit Gedankenkraft schwere Eisenkugeln schweben, beeinflussen die Welt durch magische Riten. Wunder, Wahn oder Wirklichkeit?

Walter-Jörg Langbein

GÖTTER AUS DEM KOSMOS

MOEWIG

Vorwort Erich von Däniken

Unsere Vergangenheit war anders – spannend wie ein Krimi schildert der bekannte Sachbuchautor und Forscher Walter-Jörg Langbein die aufregenden neuen Entdeckungen der Prä-Astronautik.

„Götter aus dem Kosmos" folgt den Spuren außerirdischer Besucher – von der Vergangenheit bis zum modernen UFO-Phänomen.

Walter-Jörg Langbein
Götter aus dem Kosmos

288 Seiten, Hardcover
Format: 13 x 21 cm
DM 19,80/öS 145,-/sfr 19,-
ISBN 3-8118-1392-7

Hans-Werner Peiniger

DAS RÄTSEL: UNBEKANNTE FLUGOBJEKTE

MOEWIG

Mit Beiträgen von:
Michael Hesemann,
Dr. Johannes Fiebag,
Werner Walter

UFOs – sind sie tatsächlich Besucher aus dem All, Einbildung oder schlichtweg Betrug?

Seit 25 Jahren untersucht die „Gesellschaft zur Erforschung des UFO-Phänomens", die größte deutsche Vereinigung von Wissenschaftlern und UFO-Experten, das Geheimnis der fliegenden Untertassen. In diesem Buch hat Hans-Werner Peiniger die wichtigsten Forschungsergebnisse zusammengetragen.

Hans-Werner Peiniger
Das Rätsel: Unbekannte Flugobjekte

288 Seiten, Hardcover
Format: 13 x 21 cm
DM 19,80/öS 145,-/sfr 19,-
ISBN 3-8118-1393-5